U0597551

RONGHE CHUBAN YU KEYAN GUANLI LUNHENG

融合出版与科研管理论衡

姜洋　高伟　李博　主编

黑龙江科学技术出版社
HEILONGJIANG SCIENCE AND TECHNOLOGY PRESS

图书在版编目（CIP）数据

融合出版与科研管理论衡 / 姜洋，高伟，李博主编.
哈尔滨：黑龙江科学技术出版社，2025. 6. -- ISBN
978-7-5719-2835-3

Ⅰ. G239.2；G322.1

中国国家版本馆 CIP 数据核字第 2025NX3164 号

融合出版与科研管理论衡

RONGHE CHUBAN YU KEYAN GUANLI LUNHENG

姜洋 高伟 李博 主编

责任编辑 焦 琰

出　　版　黑龙江科学技术出版社

　　　　　地址：哈尔滨市南岗区公安街 70-2 号　邮编：150007

　　　　　电话：（0451）53642106　传真：（0451）53642143

　　　　　网址：www.lkcbs.cn

发　　行　全国新华书店

印　　刷　哈尔滨午阳印刷有限公司

开　　本　787 mm×1092 mm　1/16

印　　张　16

字　　数　330 千字

版　　次　2025 年 6 月第 1 版

印　　次　2025 年 6 月第 1 次印刷

书　　号　ISBN 978-7-5719-2835-3

定　　价　85.00 元

【版权所有，请勿翻印、转载】

《融合出版与科研管理论衡》

编委会

主　编：

　　姜　洋（黑龙江省科学院高技术研究院）

　　高　伟（黑龙江省科学院）

　　李　博（黑龙江省科学院）

副主编：

　　岳　欢（黑龙江省科学院高技术研究院）

　　赵　娴（黑龙江省能源环境研究院）

　　尉一平（黑龙江省科学院高技术研究院）

　　郝冰玉（黑龙江科学编辑部）

　　潘　爽（黑龙江科学编辑部）

　　田金苗（黑龙江科学编辑部）

前　言

在信息化迅猛发展背景下,融合出版与科研管理的结合展现出了巨大的潜力与广阔的前景,且这种结合并非简单的叠加,而是通过多维度、深层次的协同合作来实现知识传播与创新、资源整合利用及产业发展等多方面的显著效益,进而在全球知识经济舞台上占据更为有利的地位。

本书重点关注融合出版与科研管理的协同发展,思考其内涵和意义,强调把握机遇、发挥融合出版产业与科研产业的互动优势,形成相互促进、协同发展的良好局面。分析了融合出版与科研管理中存在的技术、管理和观念问题,找到技术与内容间的平衡之道,凭借融合出版多样化的媒介形式及广泛的传播渠道将科研成果以更为丰富、生动且易于接受的方式呈现给社会各界。从大数据、人工智能、物联网、区块链应用等领域入手,实现科研管理的数字化转型,通过对成功案例的剖析总结实践中的团队建设与经验积累、风险预测与控制、资源整合与利用,以实现持续改进与优化。通过融合出版与科研管理的有效结合提出建立融合出版与科研管理的协同合作机制,实现资源共享与优化配置,更高效地将我国的科研成果进行转化,令其在国际出版市场和科研合作中占据主动地位,以体现我国在全球知识经济领域的重要价值。

本书由主编姜洋负责整体架构,并撰写第一章、第二章。主编高伟负责科研管理材料的收集分析与第三章、第六章的撰写。主编李博负责科研管理相关内容调研及第四章、第十章的撰写。副主编岳欢负责第八章、第九章主体内容的撰写。副主编赵娴负责第五章的撰写。副主编尉一平、郝冰玉负责第七章的撰写。副主编潘爽、田金苗负责第八章、第九章部分章节的撰写。

未来,智能化融合发展、全球化融合拓展、绿色可持续融合趋势将更加明显,融合出版与科研管理的结合将在知识经济领域培育新的经济增长点,以此为我国经济可持续发展注入新的动力。

目　录

第一章　融合出版与科研管理的时代背景

第一节　新媒体崛起的时代浪潮

一、新媒体传播模式的多样化发展

数字化时代，新媒体传播模式的多样化发展正深刻地改变着信息传播的格局与生态，传统媒体长期以来所遵循的单向传播模式有着其特定的历史背景与局限性。以电视为例，电视台制作节目并按照预定的节目单播出，观众只能在固定的时间、频道选择观看既定内容，反馈机制极为薄弱，即便有观众热线或信件反馈，其时效性和参与规模都无法与新媒体相提并论。报纸和广播亦是如此，信息从媒体机构向广大受众单向推送，受众难以深度介入信息的创作与传播流程。

（一）社交媒体

新媒体的出现彻底打破了这种传统的单向传播范式，构建起一个高度多元且互动性极强的传播体系，社交媒体平台无疑是其中的典型代表，像 Meta、微博等，用户拥有了前所未有的信息传播自主性。他们能够轻松地发布文字、图片、视频等丰富多样的内容形式，并且这些内容可以迅速地在庞大的用户群体中传播开来。用户之间的互动成为新媒体传播的核心特征之一，评论功能让用户能够针对某一信息发表自己的见解、感受与评价，点赞则以一种简洁直观的方式表达对信息的认可或喜爱，转发更是使得优质内容快速在网络空间扩散，形成多对多的复杂传播网络。例如一位用户分享的一篇深度剖析社会热点事件的文章，可能在短时间内被其众多好友转发，而这些好友的好友又继续接力转发，从而使文章的阅读量呈几何级数增长，其传播范围跨越地域、年龄、阶层等界限，影响力也随之急剧放大。这种传播模式不仅加速了信息的扩散速度，还在传播过程中不断丰富信息的内涵与价值，因为众多用户的评论和讨论往往会为原始信息增添不同的视角与解读。

（二）直播模式

新媒体催生的直播模式更是开启了信息传播的新纪元，直播借助实时视频传输技术，将主播与观众紧密地连接在一个虚拟空间中，在电商领域，直播带货成为一种极具影响力的营销模式，主播在直播间展示商品的外观、性能、使用方法等详细信息，观众可以实时提问，如产品的材质是否环保、是否有售后服务保障等，主播则立即给予解答，这种即时互动有效地消除了消费者的疑虑，增强了他们对产品的信任感，从而促进购买决策的形成。例如一些美妆主播在直播中试用各种化妆品，分享使用心得，并根据观众的要求推荐适合不同肤质的产品，一场成功的直播带货活动能够实现销售额的巨大突破，为电商行业注入新的活力。

在教育领域，直播教学打破了传统教育的时空限制，教师可以运用直播平台为分布在各地的学生授课，无论是偏远山区的孩子还是因特殊原因无法到校学习的学生，都能够同步参与课堂教学。在直播过程中，学生可以随时提问，教师及时给予解答，就如同在传统课堂中面对面交流一样，直播教学还可以实现教学资源的共享，优秀教师的课程能够惠及更多的学生，促进教育公平的实现。例如一些知名高校的教授通过直播平台开设公开课，吸引了大量校内外学生和社会人士参与学习，极大地拓展了教育的覆盖面和影响力。

（三）其他传播模式

除了社交媒体和直播，新媒体还涵盖了其他多种创新传播模式，例如虚拟现实（VR）和增强现实（AR）技术为信息传播带来了全新的沉浸式体验。在新闻报道中，利用 VR 技术可以让读者身临其境般地感受新闻事件发生的现场氛围，如战争地区的废墟景象、自然灾害的破坏场景等，这种沉浸式传播能够更深刻地触动受众的情感，增强信息的感染力和传播效果。在文化传播方面，AR 技术可以应用于博物馆、历史古迹等场所，游客通过手机扫描特定标识即可获取相关文物或古迹的详细历史信息、动画演示等，使文化传播更加生动有趣、富有创意。

自媒体平台如微信公众号、抖音短视频等，让无数个体拥有了自己的媒体渠道，任何人只要有独特的观点、专业的知识或有趣的创意，都可以创建自己的自媒体账号并发布内容。一些美食博主通过分享自己的烹饪经验、美食探店经历等吸引了大量的粉丝关注，科技博主则专注于解读最新的科技产品、科技趋势等，为科技爱好者提供有价值的信息，自媒体的发展丰富了信息来源的多样性，打破了传统媒体对信息传播的垄断，使信息传播更加贴近大众、贴近生活。

随着移动互联网的进一步普及和5G技术的大规模应用，新媒体传播模式还将继续创新和演进，高速稳定的网络环境将为超高清视频直播、大规模多人在线互动等提供更有力的支持，进一步提升新媒体传播的质量和效率。同时人工智能技术在新媒体中的应用也将日益广泛，如智能推荐算法能够根据用户的兴趣、行为习惯等为其精准推送个性化的信息，提高信息传播的针对性和有效性，智能创作辅助工具则能帮助内容创作者更高效地制作优质内容，激发更多的创意灵感，可以预见，未来新媒体传播模式将更加智能化、个性化、多元化，为人类社会的信息交流与文化传播开辟更加广阔的天地。

二、新媒体受众的特征变化

在新媒体蓬勃发展的浪潮下，受众群体展现出了与传统媒体时代截然不同的特征，这些变化深刻地影响着信息传播的整个流程与格局。

（一）受众主动性增强

新媒体环境赋予了受众前所未有的主动性，以往在传统媒体的主导下，受众处于被动接收信息的位置，例如传统电视观众只能在电视台预先设定好的节目时间表范围内选择节目，报纸读者也只能浏览既定排版印刷的新闻报道和文章，广播听众同样是按照电台的节目单收听节目，几乎没有太多自主选择信息内容和接收时间的权力。然而，新媒体时代的到来彻底改变了这一局面，如今借助搜索引擎这一强大的信息检索工具，受众能够输入自己感兴趣的关键词，瞬间获取海量相关信息。无论是想要了解某一特定历史事件的详细经过，还是查询某类产品的技术参数、用户评价，抑或是探索某种学术理论的研究进展，搜索引擎都能在极短时间内提供丰富多样的信息来源，如学术论文、新闻报道、博客文章、论坛讨论等，受众可以根据自身需求对这些信息进行筛选甄别。

（二）受众参与度提升

社交媒体平台则更是进一步强化了受众的主动性，以微博为例，用户可以根据自己的喜好关注各类明星、名人、专家学者、媒体机构以及兴趣小组等，这些被关注对象所发布的信息会按照时间顺序或用户设定的优先级依次呈现在用户的个人信息流中，用户可以自由选择浏览哪些内容，忽略哪些内容。同时，微博的话题功能允许用户自主搜索感兴趣的话题标签，如旅游攻略、科技前沿、美食分享等，点击进入话题页面后，就能浏览到众多其他用户发布的与该话题相关的微博内容，包括文字、图片、视频等多种形式，这种方式极大地拓宽了受众获取信息的渠道和范围，使其能够精准定位到自己感兴趣的信息领域。

新媒体受众的参与度提升是另一显著特征，在传统媒体时期，受众与媒体之间的互动极为有限，传统报纸虽然有读者来信栏目，但受到版面和处理流程的限制，能够刊登的读者反馈数量极少，且互动周期漫长。电视和广播节日中，观众和听众的参与方式也较为单一，如拨打热线电话参与节目讨论，但这种方式在时间和参与人数上都有很大的局限性。新媒体的出现彻底打破了这些束缚，为受众提供了极为丰富的参与信息传播的方式。评论功能是新媒体平台上受众表达观点态度最常见的方式之一。在新闻网站、社交媒体平台、视频分享平台等几乎所有的新媒体渠道上，受众都可以在阅读或观看信息内容后，立即在评论区发表自己的看法、见解、疑问或批评。例如在一篇关于某部热门电影的新闻报道下，读者可以分享自己对电影剧情、演员表演、拍摄手法等方面的评价，这些评论不仅能够与其他读者进行交流互动，还能在一定程度上影响其他潜在观众对该电影的认知和期待，一些评论如果得到大量点赞或回复，还可能引发更广泛的社会讨论，甚至成为新的新闻热点话题。

（三）受众成为内容创造者

新媒体受众的创作参与更是将其从单纯的信息接收者转变为信息传播者和创造者，在自媒体平台如抖音短视频、微信公众号、B站等上，无数普通用户拿起手机、相机，运用视频编辑软件、文字编辑工具等创作出丰富多彩的内容。一些美食爱好者通过拍摄制作美食教程视频并发布在抖音上，分享自己的烹饪技巧和美食心得，吸引了大量粉丝关注和点赞。一些摄影爱好者在微博上开设个人摄影作品展示账号，定期发布自己的摄影佳作，并配以文字介绍拍摄背景、创意构思等，与其他摄影爱好者进行交流互动，还有一些年轻的创作者在 B 站发布原创动画、游戏解说、生活 vlog 等内容，凭借独特的创意和个性魅力获得了大量观众的喜爱和支持。这些受众创作的内容不仅丰富了新媒体的信息资源库，还为其他受众提供了多元化的信息消费选择，形成了一种全新的信息传播生态，即人人都可以成为信息的生产者和传播者，信息传播不再是少数专业媒体机构的专利。

在商业领域，受众特征的变化促使企业营销模式发生了重大变革，企业不再仅仅依赖传统广告投放来推广产品和服务，而是更加注重与消费者的互动和个性化沟通。例如通过社交媒体平台开展互动式营销活动，邀请消费者参与产品设计、品牌推广等环节，根据消费者的反馈和需求及时调整产品策略和营销方案。同时，企业也更加关注消费者在新媒体上的口碑传播，因为消费者的好评和推荐在新媒体环境下能够迅速扩散，对产品销售和品牌形象有着至关重要的影响。

在政治领域，新媒体受众的高参与度使得公众舆论对政府决策和公共事务管理的影响力日益增强，政府部门越来越重视通过新媒体平台倾听民众声音、了解民意诉求。例如，一些地方政府开设官方微博、微信公众号等，及时发布政务信息、政策解读等内容，并通过评论区、留言板等功能与民众进行互动交流，收集民众对政府工作的意见和建议，从而提高政府决策的科学性和民主性。同时，民众也可以通过新媒体平台对政府的公共服务、社会治理等工作进行监督和评价，促进政府职能转变和服务效能提升。

三、新媒体对传统媒体的冲击

（一）新媒体在传播速度上的优势

新媒体在信息传播速度上展现出了绝对的优势，这是其对传统媒体冲击的首要体现。在新媒体环境中，借助互联网技术与移动终端设备的普及，信息能够实现近乎即时的传播，以微博为例，作为一款极具代表性的社交媒体平台，其信息传播速度之快令人惊叹，一旦某个事件发生，无论是重大时政新闻、社会热点话题还是娱乐八卦消息，现场的目击者、亲历者或相关人士能够迅速通过文字、图片、视频等多种形式将信息发布到微博上，这些信息在短短几分钟内就可以传播至全球各地的海量用户群体中。例如在一场体育赛事的决赛现场，比赛的精彩瞬间、突发的意外情况或冠军的诞生时刻，都能被观众第一时间拍摄下来并上传至微博，附带相关的文字描述和话题标签，瞬间引发数以万计甚至百万计的微博用户的关注、转发和评论，相关话题也会迅速登上微博热搜榜，成为全社会瞩目的焦点。

与之形成鲜明对比的是传统媒体繁琐且耗时的信息传播流程。传统媒体如报纸，需要经过记者深入现场进行采访、撰写新闻稿件，然后编辑进行严格的审核把关，确保新闻内容的准确性、客观性和合法性，接着进行排版设计，确定报纸的版面布局、字体字号、图片处理等细节，之后才能交付印刷。印刷完成后，还需要通过物流运输将报纸分发至各个销售网点，最后读者才能在报刊亭、订阅点等地购买到报纸阅读新闻。这一系列流程下来需要花费数小时甚至一整天的时间，例如对于一场夜间突发的重大新闻事件，即使报纸编辑部能在第一时间组织记者采写稿件，经过上述流程后，报纸最快也只能在第二天才能与读者见面，此时新闻已经失去了其最宝贵的时效性，许多读者可能早已通过新媒体平台获取了相关信息，这使得传统报纸在信息传播的及时性方面处于极为不利的地位。

（二）新媒体促使受众市场的转移

新媒体的崛起还导致了受众市场的重大转移，这对传统媒体构成了极为严峻的挑战，随着互联网的普及和移动智能设备的广泛应用，年轻一代尤其是"80后"、"90后"和"00后"群体逐渐成为新媒体的主力军，这些受众群体具有鲜明的特征，他们往往年轻、具备

4

高学历和较高的消费能力，对新鲜事物充满好奇心和探索欲，追求个性化、便捷化和互动性强的信息获取方式，新媒体平台恰好满足了他们的这些需求。"80后"作为互联网初兴的见证者，在成长过程中逐渐适应了数字化的生活方式，对于新媒体平台所提供的丰富信息和便捷服务有着较高的接受度，更倾向于通过新媒体平台快速获取各类知识和信息，以满足自身不断提升的需求。"90后"则是伴随着互联网和移动设备成长起来的一代，他们个性张扬、追求自由，更加注重自我表达和个性化体验，新媒体平台为他们提供了广阔的空间，使其能够自由地分享生活、表达观点，并且可以根据自己的兴趣爱好定制个性化的信息内容，如通过社交媒体关注感兴趣的博主、话题群组等。"00后"作为完全的"互联网原住民"，对新媒体的依赖程度更高，他们出生在数字化浪潮中，成长在物质充裕和选择多样化的时代，对于新鲜事物的接受速度极快，对传统媒体的关注度较低，更愿意在短视频、直播等新媒体平台上花费时间，追求娱乐化、碎片化的信息体验，并且喜欢通过弹幕、评论等方式与创作者和其他用户进行互动，以满足自己的社交需求和表达欲望。

（三）新媒体对广告市场的占领

新媒体对广告市场的侵蚀更是给传统媒体带来了巨大的经济压力，由于新媒体能够借助大数据分析、人工智能算法等技术手段，精准地定位目标受众群体的年龄、性别、地域、兴趣爱好、消费习惯等特征，广告商可以根据这些精准的用户画像投放广告，从而提高广告投放的效果和转化率。例如一家时尚品牌想要推广其新款服装系列，它可以在社交媒体平台上针对年轻女性、时尚爱好者、特定地区的潜在消费者投放广告，这些广告能够精准地出现在目标受众的信息流中，吸引他们的关注和点击。相比之下，传统媒体的广告投放相对较为粗放，虽然电视、报纸、广播等传统媒体也有一定的受众定位和细分，但在精准度方面远远不及新媒体。例如电视广告往往是按照节目类型、时段等进行投放，难以做到对单个受众的精准定位，这就导致广告效果难以保证，广告商对传统媒体的广告投放意愿逐渐降低，转而将更多的广告预算投向新媒体平台，使得传统媒体的广告收入不断下滑，面临着巨大的经济困境。

面对新媒体如此强大的冲击，传统媒体积极采取各种应对策略，寻求转型与发展之路，许多传统媒体机构开始大力发展自己的新媒体业务，将传统媒体的内容优势与新媒体的技术优势相结合。例如，报纸媒体纷纷推出自己的电子报纸、手机客户端和网站，将纸质版的新闻内容数字化，同时增加了视频、音频、互动图表等多媒体元素，提升了内容的可读性和吸引力。电视台也加强了网络直播、视频点播、社交媒体互动等新媒体业务的拓展，将电视节目通过网络平台进行二次传播，扩大节目影响力和受众覆盖范围。比如央视电视台在重大活动和赛事直播中，不仅通过电视信号进行播出，还在网络平台上进行同步直播，并设置了多视角观看、实时互动评论等功能，吸引了大量网络观众的关注和参与。

尽管新媒体对传统媒体造成了巨大的冲击，但传统媒体在内容的权威性、深度报道、专业采编团队等方面仍然具有不可替代的优势，在未来的传媒发展格局中，传统媒体与新媒体并非完全对立的关系，而是相互补充、相互融合的关系。传统媒体可以借鉴新媒体的技术和传播理念，不断创新和优化自身业务，新媒体也可以学习传统媒体的内容制作规范和专业精神，提升内容质量和可信度。两者共同推动传媒行业朝着更加多元化、智能化、融合化的方向发展，为受众提供更加丰富、优质、便捷的信息服务。

四、新媒体时代信息传播速度的变化

在新媒体时代，信息传播速度经历了一场前所未有的变革，这种变革如同一股强大的洪流，深刻地重塑了整个信息传播的生态系统，对社会的各个层面都产生了广泛而深远的影响。

（一）搭建了信息传播高速通道

互联网和移动通信技术的蓬勃发展为信息传播搭建了高速通道，信息传播速度由此实现了质的飞跃。在过去，传统媒体时代信息的传播受到诸多限制，例如报纸需要经过采编、排版、印刷、发行等一系列繁琐流程，广播和电视节目也需遵循特定的制作和播出安排，信息传播往往存在明显的时间滞后性。但是新媒体时代的到来彻底打破了这些束缚，如今，任何个体或组织只要拥有一部智能手机或接入互联网的设备，就能够在瞬间将信息传播至全球各个角落。

以微博这一极具代表性的社交媒体平台为例，其信息传播速度之迅猛令人惊叹，一条热门新闻一旦在微博上发布，如发生重大国际事件或者某地区突发的自然灾害消息，在短短几分钟内，阅读量便可轻松突破数百万，转发量也会呈几何级数增长，相关话题更是如同火箭般迅速蹿升，登上热搜榜，进而引发全社会范围内的广泛关注与热烈讨论。这种传播速度的提升使得信息的时效性得到了极大的增强，信息能够以最快的速度抵达受众群体，让人们能够近乎实时地了解到世界各个角落正在发生的事情。例如在某些选秀节目上，观众可以通过微博投票等方式选择自己喜欢的演员支持和鼓励，粉丝即使不到现场也能够看到自己偶像的表演，同时也能够向更多的人宣传节目，因此这种社交媒体的运用可以使人们实时关注到各种信息。

（二）虚假信息和谣言的快速扩散

信息传播速度的急剧加快是一把双刃剑，在带来诸多便利和机遇的同时，也引发了一系列严峻的挑战，其中最为突出的便是虚假信息和谣言的快速扩散问题。在新媒体环境下，信息发布的门槛大幅降低，几乎任何人都可以成为信息的传播者，而缺乏有效的审核机制使得虚假信息和谣言有了滋生的温床，在一些突发事件中，如某城市发生地震后，由于官方信息发布可能存在一定的延迟或者信息不够详尽，一些不实信息便可能趁机迅速传播开来。例如，有人可能在未经证实的情况下在社交媒体上发布关于地震震级的夸大信息、虚假的受灾范围或者误导性的救援建议等，这些不实信息会在短时间内被大量用户转发和传播，引发社会恐慌情绪的蔓延，给当地居民的生活秩序带来严重干扰，同时也给政府和相关部门的应急处置工作造成极大的困难，政府部门在忙于抗震救灾的同时，还不得不耗费大量精力去辟谣和澄清不实信息，以稳定社会秩序和公众情绪。

（三）信息传播的把控策略

面对信息传播速度加快带来的这些问题，社会各界需要共同努力，采取一系列有效的应对措施。

首先，新媒体平台自身应当加强信息审核机制建设，建立专业的审核团队，利用人工智能技术和大数据分析等手段，对用户发布的信息进行快速筛查和过滤，尽可能在信息发布的源头阻止虚假信息和谣言的传播。例如社交媒体平台可以通过算法识别那些频繁发布虚假信息的用户账号，并对其进行封禁或限制发布权限处理，对于一些热门话题或重大事件相关的信息，可以优先进行人工审核，确保信息的真实性和准确性后再允许其广泛传播。

其次，政府部门应当加强对新媒体信息传播的监管力度，制定完善的法律法规和规章制度，明确信息发布者的责任和义务，对故意传播虚假信息、制造谣言等违法行为进行严厉打击。例如对于那些恶意编造和传播虚假信息，造成社会恐慌和不良后果的个人或组织，依法追究其刑事责任，同时，政府部门还应当建立健全信息发布机制，在突发事件发生时，及时、准确、透明地向公众发布官方信息，满足公众的知情权，抢占信息传播的主导权，避免因官方信息缺位而导致虚假信息泛滥。

再次，教育机构和社会组织应当加强对公众的媒介素养教育，提高公众的信息辨别能力和批判性思维能力。开展相关课程、培训、讲座等活动，向公众传授信息传播的基本知识、信息辨别技巧以及正确的信息使用方法，让公众能够在面对海量信息时保持清醒的头脑，理性地分析和判断信息的真伪和价值。例如学校可以将媒介素养教育纳入学生的综合素质教育体系，从小培养学生的信息辨别意识和能力，社会组织可以通过社区宣传、线上线下活动等方式，向广大居民普及媒介素养知识，提高公众对虚假信息和谣言的防范意识。

最后，新闻媒体行业应当加强自律，坚守新闻职业道德和行业规范，提高新闻从业者的专业素养和责任意识。新闻媒体作为信息传播的重要力量，应当在追求时效性的同时，更加注重信息的真实性、准确性和深度报道，在信息核实过程中，要秉持严谨、客观、公正的态度，对信息来源进行多渠道验证，对事件进行全面深入的调查采访，确保所发布的新闻报道经得起时间和公众的检验。例如，在报道某重大社会事件时，新闻媒体不仅要报道事件的表面现象，更要深入挖掘事件背后的原因、影响和社会意义，为公众提供全面、客观、真实的信息服务，引导公众正确看待事件，避免因片面或不实报道引发公众误解和社会舆论混乱。

第二节　新媒体技术与融媒体运营

一、大数据在新媒体中的应用与价值

在当今数字化时代，新媒体与大数据技术的融合正以前所未有的深度和广度重塑着信息传播的格局，大数据技术在新媒体领域的应用已渗透到各个环节，从信息采集到内容创作与优化，再到用户关系管理，为新媒体的蓬勃发展注入了强大动力，并创造出了不可估量的价值。

（一）捕获海量的用户数据

新媒体平台凭借其强大的数据收集能力，能实时捕获海量的用户数据，这些数据涵盖了用户在网络空间中的各种行为轨迹，其中浏览历史尤为关键，每一次用户在网页上的点击浏览，都像是在留下数字足迹，记录着他们对不同主题、领域的兴趣偏好。例如一位用户频繁浏览科技类新闻网站的人工智能、量子计算等板块，这就清晰地表明了他对前沿科技领域的浓厚兴趣，搜索记录则更直接地反映了用户当下的需求与关注点，这为新媒体平台提供了精准把握用户意图的线索。

点赞和评论行为则进一步丰富了用户数据的维度，当用户对一篇关于美食推荐的文章点赞，或在评论区分享自己的用餐体验和对美食的独特见解时，新媒体平台不仅能了解到用户对美食话题的喜爱，还能深入挖掘其对特定美食类型、地域美食文化的偏好倾向。通过对这些点赞、评论内容的语义分析，平台可以洞察用户的情感态度、价值取向以及消费意向，若用户在评论中多次提及对有机食品的青睐，那么在推送相关产品广告或内容推荐时，就可以更精准地定位到这类用户群体。

（二）构建用户兴趣模型

基于对这些丰富多样的用户数据的收集与整合，新媒体平台构建起了强大的用户兴趣模型，以社交媒体平台为例，运用对用户多维度行为数据的深度分析，平台能够将用户精准地划分到不同的兴趣群组中。对于关注时尚领域的用户群体，平台可以深入了解他们对时尚潮流的偏好是倾向于高端奢侈品还是大众时尚品牌，对服装风格的喜好是简约风、复古风还是潮流街头风等更为细致的需求倾向。这种精准的用户兴趣洞察能力为个性化信息推荐奠定了坚实的基础，当平台向一位热爱户外运动的用户推送登山装备的评测文章、户外探险的精彩视频以及相关的运动活动信息时，用户接收到的不再是杂乱无章、与自身兴趣无关的海量信息，而是经过精心筛选、高度契合其需求的个性化内容推荐。这不仅极大地提高了用户获取有价值信息的效率，节省了用户在信息海洋中筛选的时间和精力，同时也使得广告投放的精准度得到质的飞跃。

（三）分析受众喜好

在新媒体内容创作与优化的领域中，大数据分析已成为不可或缺的核心驱动力，对热门话题、关键词搜索频率以及内容传播数据进行全面而深入的分析，新媒体从业者能够如同拥有了"市场风向标"一般，精准地洞察当下受众关注的热点问题以及市场动态趋势的微妙变化。

热门话题和关键词搜索频率犹如社会舆论和公众兴趣的"晴雨表"，以搜索引擎的大数据为例，当某一时期内关于"新能源汽车"的关键词搜索量呈现爆发式增长时，这无疑向新媒体内容创作者发出了强烈的信号：新能源汽车领域正成为当下公众关注的焦点热点。创作者们便可迅速响应，围绕新能源汽车的技术创新、市场发展趋势、不同品牌车型对比等多个角度策划创作一系列相关内容，例如制作深度解读新能源汽车电池技术突破的文章，拍摄试驾热门新能源车型的视频评测，或者开展关于新能源汽车未来发展对传统燃油汽车行业冲击的专题讨论等。这些基于热门话题和高搜索频率关键词创作的内容，由于紧密贴合了受众当下的兴趣关注点，往往能够在发布后迅速吸引大量用户的关注与阅读，在新媒体平台上获得较高的流量与传播热度。

在新媒体用户关系管理的复杂体系中，大数据技术犹如一把神奇的钥匙，为平台打开了深入理解用户行为和需求变化的大门，进而为提升用户体验和忠诚度开辟了广阔的道路，新媒体平台通过大数据分析用户的活跃度、留存率、流失率等关键指标，精准地绘制出用户在平台上的行为轨迹图。例如分析用户登录平台的频率、参与互动活动的次数、发布内容的数量等数据，可以清晰地了解到用户的活跃程度，对于那些活跃度较高的用户，平台可以进一步分析其行为特征，挖掘出他们对平台特定功能、内容类型的偏好，从而为他们提供更优质、更个性化的服务和内容推荐，以进一步提升他们的使用体验和忠诚度。对于在社交平台上频繁参与话题讨论且喜欢分享个人生活点滴的活跃用户，平台可以为其推荐更多优质的话题群组、个性化的好友推荐以及专属的社交互动活动，鼓励他们继续保持高活跃度，成为平台的核心用户群体和口碑传播者。

二、人工智能助力融媒体内容生产

在融媒体时代，人工智能技术正以前沿科技的力量深度介入并重塑着内容生产的每一个环节，从创作辅助到审核把关，再到推荐分发，带来了一场全方位、多层次的革命性变革，为融媒体的蓬勃发展注入了强劲动力，开启了内容生产智能化的新纪元。

人工智能在融媒体内容创作辅助方面展现出了令人瞩目的能力，犹如一位多才多艺且不知疲倦的创作助手，为创作者们提供了前所未有的便利与创新可能，在文字创作领域，基于自然语言处理技术的人工智能写作机器人已成为新闻机构等内容生产主体的得力工具。这些智能机器人能够依据给定的主题、关键词或特定风格要求，在极短的时间内生成结构合理、逻辑连贯的文章，例如在体育赛事报道方面，当一场足球世界杯比赛结束后，人工智能写作机器人可以迅速抓取比赛的关键数据，如进球时间、进球球员、比赛亮点瞬间等信息，并结合预设的新闻报道模板和语言风格，生成一篇详细的赛事报道文章。这种自动化的新闻生成方式在处理数据性强、规律性明显的新闻内容时效率极高，大大缩短了新闻发布的时间差，让受众能够更快地获取到最新消息。据统计，在一些大型体育赛事期间，采用人工智能写作机器人辅助生产的新闻稿件数量相较于传统人工撰写方式能够提升数十倍之多，显著提高了新闻生产的整体效率和时效性。

对于视频创作而言，人工智能技术的应用更是为创作者们带来了全新的创作体验和高效的制作流程，经过对视频素材的深度分析，人工智能能自动识别出其中的精彩片段、关键场景以及情感高潮点等元素。例如在一部旅游纪录片的素材中，人工智能可以精准地筛选出风景优美、具有代表性的景点画面，以及游客们丰富多彩的互动场景和生动有趣的文化体验瞬间。根据创作者预设的剪辑风格和节奏要求，人工智能将这些筛选出的片段进行智能拼接组合，生成一个初步的视频剪辑版本，创作者只需在此基础上进行一些微调与个性化润色，即可完成一部高质量的视频作品。这种智能化的视频创作辅助方式不仅节省了大量繁琐的人力筛选和剪辑工作，还能够为创作者提供更多创意灵感和风格尝试的机会，比如一些短视频创作平台利用人工智能技术开发了一键生成特效视频的功能，用户只需上传简单的视频素材，选择心仪的特效风格，如复古风、科幻风、梦幻风等，人工智能就能自动为视频添加相应的特效、音乐和字幕，快速生成具有专业水准的特效短视频，极大地降低了视频创作的门槛，激发了广大用户的创作热情，促进了视频内容的多元化和丰富性发展。

随着社交媒体、视频分享平台等的蓬勃发展，海量的用户生成内容如潮水般涌来，传统的人工审核方式由于效率低下、人力成本高昂且难以应对复杂多变的违规形式，已逐渐难以满足平台对内容审核快速、高效、准确的要求。而人工智能审核系统的出现，犹如一位精准严谨的"内容卫士"，为融媒体平台的内容生态环境保驾护航。

人工智能审核系统依托先进的机器学习算法，能对文本、图片、视频等各种形式的内容进行自动识别和分类，快速且精准地判断其是否存在违规信息，在文本审核方面，自然语言处理技术中的文本分类算法被广泛应用，对大量标注有违规与非违规标签的文本数据进行训练，人工智能系统能够学习到不同类型违规文本的语言特征和语义模式。例如对于包含色情低俗词汇、暴力恐怖描述、虚假广告宣传话术以及恶意诋毁他人等不良言论的文本，人工智能审核系统能够迅速识别并标记出来。当社交媒体平台上出现一篇含有虚假医疗广告宣传内容的文章时，人工智能系统可以在文章发布的瞬间对其进行扫描分析，准确判断出其中的虚假宣传信息，并根据平台设定的规则采取相应的处理措施，如禁止发布、删除文章或对发布者进行警告等，从而有效地防止了虚假信息在平台上的传播扩散，保护了用户的合法权益和平台的信誉形象。

人工智能审核系统不仅能够快速准确地识别出违规内容，还能够根据平台的需求和政策变化不断进行自我优化和升级，持续学习新的违规案例和审核标准，使人工智能系统能不断提高对新型违规内容的识别能力和审核准确性，适应融媒体平台内容审核日益复杂多变的需求。例如随着网络诈骗手段层出不穷，一些诈骗分子开始利用短视频平台进行隐蔽的诈骗宣传活动，人工智能审核系统可以通过学习新出现的诈骗案例特征，及时更新审核模型，有效识别并阻止这类新型诈骗内容在平台上的传播，为用户营造一个安全、可靠、健康的融媒体内容消费环境。

三、虚拟现实技术对提升新媒体用户体验的影响

在当今数字化浪潮汹涌澎湃的时代，虚拟现实（VR）技术作为一项极具颠覆性的前沿科技，正以前所未有的深度和广度渗透新媒体领域，为用户体验带来了一场震撼性的变革与升华。无论是在新闻纪实的信息传播前沿，还是娱乐文化的创意表达舞台，抑或是教育与培训的知识传承阵地，VR技术都以其独特的沉浸式魅力，重塑着用户与新媒体内容之间的互动模式，开启了一扇通往全新感知世界的大门。

在新闻与纪实报道领域，VR技术的应用无疑是一场信息传播方式的革命。传统的新闻报道形式，如文字、图片和视频，尽管在长期的发展过程中不断演进，但始终难以突破二维平面的限制，用户在接收信息时往往处于一种相对被动和间接的状态，而 VR 技术的出现，彻底打破了这种局限，将用户从信息的旁观者转变为事件的"亲临者"。

以重大自然灾害报道为例，当一场地震、洪水或飓风肆虐过后，新闻媒体借助 VR 技术所进行的报道能够让用户仿佛瞬间穿越到灾区现场，通过精心制作的 VR 视频或实时直播，用户不再仅仅是透过屏幕看到受灾房屋的残垣断壁、救援人员忙碌而坚毅的身影以及灾民们无助的眼神，而是能够真切地"置身"于那片废墟之中，360°全方位地感受灾难的惨烈与无情。用户可以自由转动头部，选择观察的方向，是聚焦于救援直升机吊运救灾物资的紧张场景，还是深入到临时安置点去了解灾民的生活困境，是凝视被洪水淹没的街道上漂浮的杂物，还是仰望天空中弥漫的尘土与阴霾。这种自主性和全方位视角的体验，极大地提高了用户的参与感和关注度，使用户对新闻事件的理解不再停留在表面的文字描述或有限的视频画面上，而是深入到事件的核心，深刻地感受到灾难的严重性和真实性。

从新闻传播的效果来看，VR 技术在提升用户信息留存率和传播分享意愿方面也表现出显著优势，研究表明，相比传统新闻报道形式，用户在体验过 VR 新闻后，对事件细节的记忆更加深刻，对新闻内容的讨论和分享积极性更高。这是因为 VR 技术所营造的沉浸式体验能够激活用户大脑中的多个感知区域，形成更为强烈的神经刺激，使得信息在大脑中的编码和存储更加牢固。同时这种独特的体验也激发了用户的社交分享欲望，他们渴望将自己在 VR 新闻中所感受到的震撼与他人分享，从而在社交媒体平台上引发广泛的传播和讨论，进一步扩大了新闻事件的传播范围和社会影响力。

在娱乐与文化传播的过程中，VR 技术如同一颗璀璨的星星，为游戏、影视、演出等行业注入了全新的活力，开创了前所未有的互动式体验模式，满足了当代观众对于个性化、沉浸式娱乐体验的强烈渴望。

在游戏领域，VR 游戏的崛起彻底改变了玩家与游戏世界之间的互动关系，以往的传统游戏，玩家主要通过键盘、鼠标或游戏手柄等外设，在二维屏幕上操控游戏角色，与虚拟环境进行有限的交互。而 VR 游戏则借助头戴式设备和先进的动作捕捉技术，将玩家真正带入了游戏世界的核心，以一款热门的 VR 冒险游戏为例，玩家佩戴上 VR 设备后，瞬间就被传送到了一个神秘而奇幻的冒险世界中。玩家不再是机械地按下按键来控制角色行走，而是能够亲身感受到自己在虚拟世界中的每一个动作，如真实地迈出步伐在古老的森林中穿梭，用力跳跃越过湍急的河流，伸手攀爬陡峭的山峰。当遇到游戏中的怪物时，玩家能够直观地看到怪物张牙舞爪地扑向自己，通过手柄的操作进行躲避、攻击等动作，与怪物展开面对面的激烈战斗，在与非玩家角色（NPC）交流时，玩家仿佛与他们共处同一空间，可以近距离观察 NPC 的表情、动作和神态，聆听他们生动的语音对话，从而更加深入地融入游戏剧情之中。这种身临其境的游戏体验不仅极大地提升了游戏的趣味性和挑战性，还为游戏开发者开辟了广阔的创作空间，他们可以设计出更加复杂、逼真和富有情感深度的游戏世界，满足不同玩家群体对于冒险、解谜、角色扮演等多种游戏类型的需求。

在影视行业，VR 电影和视频的出现为观众带来了一场观影方式的革命。传统电影观众只能坐在固定的座位上，被动地观看屏幕上呈现的画面，与电影中的角色和故事世界存在着明显的距离感。而 VR 影视则打破了这种观影模式，让观众能够"走进"电影情节之中，与角色同处一个空间，亲身体验故事发展的每一个细节和情感起伏。例如在一部 VR 爱情电影中，观众不再是单纯地看着男女主角在屏幕上谈情说爱，而是可以坐在他们约会的餐厅餐桌旁，见证他们初次相遇时的羞涩与心动，可以跟随主角来到海边漫步，感受海风的吹拂和海浪的拍打声，甚至可以在主角面临情感抉择的关键时刻，仿佛置身于他们身边，感受到那种紧张和纠结的氛围。这种沉浸式的观影体验使得观众不再是电影的旁观者，而是成为故事的一部分，能够更加深入地理解角色的情感和内心世界，与电影产生更为强烈的情感共鸣。同时 VR 影视还为观众提供了一定的互动性，观众可以根据自己的意愿选择不同的视角观看电影，或者在某些特定情节节点上做出简单的选择，从而影响电影故事的发展走向，这种个性化的观影体验为影视创作开辟了新的方向，激发了创作者们探索更多元化叙事结构和互动式剧情设计的热情。

四、融媒体运营的跨平台整合策略

在当今数字化媒体蓬勃发展的时代，融媒体运营的跨平台整合策略已成为媒体机构实现可持续发展与竞争力提升的核心要素，整合不同平台的资源、数据与渠道，使媒体打破传统媒体之间的壁垒，构建起全方位、多层次的传播生态系统，以满足日益多样化和个性化的用户需求，实现内容价值的最大化与品牌影响力的拓展。

（一）内容整合

内容整合是融媒体运营跨平台整合策略的基石。在信息爆炸的时代，媒体机构所拥有的内容资源散落在各个不同的平台，如报纸的文字报道、电视台的视频节目、网站的图文资讯以及社交媒体账号的碎片化内容等，为了实现这些内容资源的有效利用和协同传播，建立一个统一的内容资源库显得尤为关键。

这个内容资源库应具备强大的汇聚与整合功能，能容纳各种形式的内容，包括文字、图片、音频和视频等，并对其进行标准化处理，例如一家大型融媒体集团旗下拥有报纸、电视台、网站、社交媒体账号等多种媒体平台，集团通过开发专门的内容管理系统（CMS），将各个平台上的优质内容按照统一的格式和规范进行采集、整理与存储。在这个过程中，对于文字内容，系统会自动进行排版优化、关键词提取与分类标注，对于图片和视频内容，则进行分辨率调整、格式转换以及元数据添加等操作，以便于后续的管理与检索。

而电视台作为传统的主流媒体平台，具有权威性强、受众覆盖面广的优势，适合播出深度报道、专题节目等内容，在内容分发时可从内容资源库中选取经过深入调查采访、分析解读的深度新闻报道，如关于重大政策解读、社会热点问题剖析的专题节目，以及具有较高文化艺术价值的纪录片、电视剧等内容进行播放，满足观众对于深度信息和高品质视听享受的需求，提升电视台的品牌形象和影响力。

（二）用户数据整合

用户数据整合是融媒体运营跨平台整合策略的核心驱动力之一。在多平台运营的环境下，用户与媒体机构的互动行为分散在各个不同的平台，如网站的注册登录、浏览搜索行为，社交媒体平台的点赞、评论、分享互动，移动应用的使用时长、功能操作等，为了全面深入地了解用户，建立一个统一的用户数据中心并构建完整的用户画像体系至关重要。

用户数据中心应具备强大的数据收集、清洗和整合功能，在各个平台部署数据采集工具，收集用户的各种行为数据，例如在网站端，收集用户的注册信息（姓名、性别、年龄、联系方式等）、浏览记录（访问的页面、停留时间、浏览顺序等）、搜索关键词等数据，在社交媒体平台，获取用户的点赞、评论、分享内容信息，以及关注的账号、参与的话题讨论等数据，在移动应用端记录用户的使用时长、使用频率、功能操作路径、地理位置信息等数据。这些原始数据往往存在数据格式不一致、数据质量参差不齐、数据冗余等问题，因此需要进行数据清洗工作，去除无效数据、重复数据，对数据格式进行统一标准化处理，确保数据的准确性和完整性。

在数据整合阶段将来自不同平台的用户数据进行关联与融合，例如通过用户的唯一标识（如手机号码、邮箱地址、社交媒体账号 ID 等）将网站用户数据、社交媒体用户数据和移动应用用户数据进行匹配与整合，构建成一个完整的用户数据记录。在此基础上，利用数据分析技术和算法模型构建用户画像体系，用户画像应涵盖用户的基本属性（如年龄、性别、地域、职业等）、兴趣爱好（如喜欢的新闻类型、娱乐节目、体育项目、文化艺术形式等）、消费习惯（如消费能力、消费偏好、购买频率等）、行为路径（如在不同平台之间的切换习惯、信息获取路径、互动行为模式等）等多个维度的信息。

（三）平台渠道整合

平台渠道整合是融媒体运营跨平台整合策略的外在表现形式，旨在加强不同平台之间的互联互通和协同合作，打破平台之间的信息孤岛，构建起一个有机统一的媒体传播网络。在平台合作方面，电视台与视频网站的合作已成为一种常见且有效的模式，电视台拥有丰富的优质节目资源和专业的制作团队，而视频网站则具有强大的技术平台、庞大的用户基础和灵活的传播机制。两者合作可以实现资源共享与优势互补，例如电视台可以将其制作的电视节目在视频网站上进行同步播出或二次传播，借助视频网站的广泛用户覆盖和强大的传播能力，扩大节目受众范围。一些热门电视剧在电视台首播后，通过在视频网站上线，吸引了大量年轻观众和网络用户的观看与讨论，进一步提升了节目的知名度和影响力，同时，视频网站还可以根据自身平台特点和用户需求，对电视节目进行重新剪辑、制作花絮、添加互动元素等二次创作，为用户提供更加丰富多样的观看体验。

报纸与社交媒体平台的合作也具有重要意义。报纸作为传统的纸质媒体，具有内容深度、权威性强的优势，但在信息传播速度和互动性方面相对较弱，社交媒体平台则以其信息传播迅速、互动性强、话题制造能力强的特点弥补了报纸的不足。报纸可以通过社交媒体账号推广报纸的优质文章和活动，吸引更多读者关注，例如报纸将一篇深度报道文章发布在社交媒体平台上，并结合热门话题标签进行推广，引导用户点击阅读原文，从而增加报纸文章的阅读量和传播范围。同时报纸还可以将社交媒体上的用户反馈和话题讨论引入到报纸内容创作中，增强内容的互动性和贴近性，开设读者来信专栏或根据社交媒体上的热点话题策划相关报道专题，使报纸内容更加贴近读者需求和社会热点，提升报纸的品牌影响力和读者忠诚度。

第三节　出版行业的变革

一、数字出版对传统出版模式的颠覆

在当今数字化时代的浪潮中，数字出版的蓬勃兴起犹如一场深刻的革命，对传统出版模式产生了全方位、多层次的颠覆性影响，从出版流程的重塑到传播渠道的拓展，从读者阅读体验的革新到盈利模式的转变，无一不在改写着出版行业的游戏规则，开启了出版业崭新的发展篇章。

（一）缩短了出版周期

传统出版模式的流程犹如一条精密而漫长的生产线，每个环节都需耗费大量的时间与精力，且相互依存、顺序推进，选题策划作为出版的起始点，需要出版团队进行深入的市场调研、分析读者需求和文化发展趋势，往往耗时数月之久才能确定一个具有市场潜力的选题方向。作者创作环节则因个人创作风格、创作难度以及创作周期的不确定性，可能持续数年时间，例如，一部高质量的文学巨著或学术专著，作者可能需要花费数年甚至数十年的心血进行构思、撰写与反复修改。

编辑校对环节更是容不得丝毫马虎，编辑人员需要对作品进行逐字逐句的审核，检查内容的准确性、逻辑性、语言表达的规范性以及是否符合出版规范和法律法规要求等。这一过程不仅需要专业的知识素养，还需要极大的耐心和细致入微的工作，通常需要多轮校对，耗费大量时间。排版印刷环节则涉及与印刷厂的沟通协作，确定排版样式、纸张选择、印刷数量等诸多细节，印刷过程本身也需要一定的时间周期，尤其是对于大规模印刷的出版物，从下单到成书可能需要数周甚至数月时间。最后发行销售环节需要将印刷好的书籍运输到各地书店、报刊亭等销售终端，这一物流配送过程同样面临着时间和空间的限制，导致书籍从出版到上架销售存在明显的滞后性。

相比之下，数字出版借助数字化技术的强大力量，对这一冗长的出版流程进行了大刀阔斧的革新与压缩，在选题策划阶段，数字出版可以利用大数据分析技术，快速收集和分析海量的市场数据、读者阅读行为数据以及文化热点信息，精准洞察读者的兴趣偏好和市场需求趋势，从而在更短的时间内确定具有潜力的选题方向。例如通过对各大数字阅读平台的读者搜索关键词、阅读评论、购买记录等数据的分析，能够及时发现哪些主题或类型的作品受到读者的热烈追捧，哪些领域存在市场空白或潜在需求，为选题策划提供科学依据和决策参考，大大缩短了选题策划的周期，有的甚至可以在数天内完成一个具有针对性和市场前景的选题策划。

（二）打破了传播渠道的限制

传统出版的传播渠道主要依赖于实体场所，书店和报刊亭作为传统出版的主要销售终端，在过去的很长一段时间内承担着将出版物传递给读者的重要使命，然而这种传播方式受到地理位置、营业时间、店面空间等诸多因素的限制，其传播范围相对有限。一家书店无论规模多大，其所能覆盖的读者群体仅仅局限于周边地区的居民以及少数专程前来购书的读者，报刊亭则主要集中在城市的繁华地段或交通枢纽附近，且由于其空间狭小，所能陈列的出版物种类和数量都极为有限，难以满足广大读者多样化的阅读需求。此外，传统出版的传播渠道还受到物流配送的制约，对于一些偏远地区或交通不便的地方，书籍的配送难度较大，导致这些地区的读者获取出版物的难度增加，出版资源的分配不均衡问题较为突出。

数字出版则依托互联网这一全球性的信息网络，彻底打破了传统出版传播渠道的时空限制，构建起了一个全方位、多层次、无边界的传播体系，各大数字阅读平台如掌阅 iReader、微信读书等，汇聚了海量的数字图书资源，涵盖了各种类型和题材的作品，从经典文学名著到畅销小说，从学术研究著作到实用工具书，从儿童读物到漫画绘本，应有尽有。这些平台通过互联网连接全球各地的读者，读者只需拥有一部智能手机、平板电脑或电子阅读器等设备，并连接到互联网，即可随时随地访问平台，搜索、下载和阅读自己感兴趣的数字图书。例如一位身处偏远山区的读者，无需前往大城市的书店，就可以在自己家中通过手机下载到来自世界各地的优秀书籍，与全球读者同步享受阅读的乐趣。

（三）丰富了阅读模式

传统出版以纸质书籍为主要载体，其阅读体验具有独特的魅力，但形式相对单一，读者在阅读纸质书籍时，主要通过视觉感知文字和图片信息，通过翻动书页的方式逐页阅读，这种阅读方式在一定程度上受到书籍排版、字体大小、纸张质量等因素的影响。例如对于一些视力不佳的读者来说，字号过小可能会导致阅读困难，对于一些需要频繁查阅资料或进行对比阅读的读者来说，纸质书籍的翻阅和查找功能相对不便。此外，纸质书籍在呈现多媒体信息方面存在明显的局限性，难以提供音频、视频等丰富的多媒体内容，无法满足读者对于多元化阅读体验的需求。数字出版则充分利用现代信息技术，融合了文字、图片、音频、视频等多种元素，为读者打造了一个丰富多彩、生动立体的阅读世界，极大地提升了读者的阅读体验。

二、出版内容形式的多元化拓展

在当今数字化与科技飞速发展的时代背景下，出版行业正经历着深刻的变革与转型，出版内容形式的多元化拓展成为这一变革进程中的显著特征，传统出版长期以来以文字和图片为主要载体，承载着人类的知识、文化与思想的传播使命。随着信息技术、多媒体技术以及互联网的迅猛发展，音频、视频、虚拟现实（VR）、增强现实（AR）以及互动式等新兴出版内容形式如雨后春笋般涌现，极大地丰富了出版的内涵与外延，为读者带来了前所未有的阅读体验，也为出版行业开辟了更为广阔的发展空间。

（一）音频出版

音频出版的兴起顺应了现代快节奏生活的需求，为人们在忙碌的日常中提供了一种便捷的知识获取与娱乐方式，各类有声书籍、广播剧等音频作品的风靡，充分彰显了其在出版领域的独特魅力与广泛受众基础。有声书籍涵盖了丰富多样的题材，从经典文学名著到畅销小说，从励志自助类书籍到学术知识科普读物，几乎无所不包。例如许多文学经典如《红楼梦》《三国演义》等被专业的播音人员或知名演员以富有情感和表现力的声音演绎成有声版本，让听众在无法捧书阅读的时候，依然能够通过耳朵领略到名著的深邃内涵与文学魅力。对于那些视力障碍者或阅读困难的人群而言，有声书籍更是成为他们获取知识、享受阅读乐趣的重要途径，极大地促进了知识的无障碍传播。

广播剧则以其独特的艺术形式，通过声音的塑造、音效的烘托以及角色的配音表演，构建出一个个生动鲜活的虚拟世界，听众在收听广播剧的过程中，凭借着丰富的想象力，在脑海中勾勒出故事中的人物形象、场景画面以及情节发展脉络。广播剧的题材广泛，既有根据文学作品改编的作品，也有原创的悬疑、言情、科幻等各类故事，例如一些知名的悬疑广播剧通过扣人心弦的剧情、紧张刺激的音效以及逼真的角色配音，让听众仿佛置身于神秘的案件现场，跟随主角一同揭开重重谜团，其紧张刺激的程度丝毫不亚于观看一部精彩的悬疑电影。

（二）视频出版

视频出版作为出版内容形式多元化拓展的重要组成部分，以其直观、生动、形象的特点，在教育、文化传播等领域发挥着日益重要的作用，教育类视频课程的出现，彻底改变了传统教育教学中单纯依赖文字教材和教师口头讲解的模式，为学生提供了更为直观、高效的学习途径。在知识讲解方面，视频课程可以通过动画演示、实景拍摄、教师出镜讲解等多种形式，将抽象的知识概念转化为具体可感的视觉形象，帮助学生更好地理解与掌握。例如在数学教学中，复杂的几何图形变换、函数图像的绘制与变化等内容，通过动画演示能够清晰地展示其变化过程与规律，让学生一目了然。在物理教学中，实验演示视频能够真实地呈现物理实验的操作步骤、实验现象以及实验结果，使学生仿若置身于实验室中，亲身体验实验的乐趣与奥秘，从而加深对物理原理的理解与记忆。

文化类视频节目则成为传承与弘扬优秀文化的重要载体，以《国家宝藏》为例，这档节目创新性地将博物馆中的文物与舞台表演、历史故事讲述相结合，通过精美的舞台设计、精彩的演绎以及生动的讲述，将一件件文物背后的历史文化内涵、制作工艺、流传经历等内容生动地呈现在观众面前。观众在欣赏节目的过程中，不仅能够领略到文物的精美绝伦，更能深入了解其承载的历史文化价值，从而激发起对中华优秀传统文化的热爱与传承之情。类似的文化类视频节目还有很多，它们从不同的角度切入，如历史文化纪录片聚焦于特定的历史时期或历史事件，通过实地拍摄、专家访谈、史料展示等方式，还原历史真相，展现历史文化的魅力。

（三）虚拟现实（VR）和增强现实（AR）出版

虚拟现实（VR）和增强现实（AR）技术在出版领域的应用，为读者带来了前所未有的沉浸式阅读体验，进一步拓展了出版内容的呈现形式与传播边界，在旅游出版领域，VR技术的应用堪称一场革命。以往，人们只能通过文字描述、图片展示或视频拍摄来了解旅游目的地的风貌与文化特色，而这些方式都难以让读者产生身临其境的感觉。VR技术则通过创建虚拟的旅游环境，让读者仿佛真实地置身于旅游目的地之中，例如借助VR设备，读者可以漫步在巴黎的卢浮宫，近距离欣赏蒙娜丽莎的神秘微笑，感受艺术的魅力与震撼，或者站在埃及的金字塔前，仰望古老而宏伟的建筑，惊叹于人类文明的伟大创造力，这种沉浸式的旅游体验不仅能够满足人们对旅游的向往与好奇，还能为旅游规划提供参考，帮助游客更好地选择旅游目的地与旅游线路。

VR/AR出版的实现依赖于先进的硬件设备与软件开发技术，VR设备如头戴式显示器、手柄等，能够为用户提供沉浸式的视觉与听觉体验，通过追踪用户的头部动作、手部动作等，实现与虚拟环境的自然交互。AR设备则通常借助手机或平板电脑的摄像头，将虚拟信息与现实场景相结合，为用户呈现出增强现实的效果。在软件开发方面，需要专门的VR/AR开发引擎，这些引擎能够创建虚拟场景、设计交互逻辑、导入模型与素材等，实现VR/AR应用的开发与制作。尽管目前VR/AR技术在出版领域的应用还面临着成本较高、技术不够成熟、内容制作难度较大等问题，但随着技术的不断进步与普及，其在出版行业的发展前景十分广阔。

三、出版行业产业链的重构

在数字化浪潮的席卷下，融合出版已成为出版行业发展的大势所趋，深刻地改变着出版行业产业链的各个环节与整体格局，传统出版产业链的线性模式在融合出版环境中逐渐被打破，各环节之间不再泾渭分明，而是相互交织、融合渗透，形成了一个更为复杂、多元且充满活力的新型产业链生态系统。

（一）内容创作主体的变化

传统出版模式下，内容创作主要依赖于专业作者，他们凭借深厚的学术造诣、丰富的文学素养或专业领域的知识积累进行创作，创作过程相对封闭且集中于特定的作者群体。随着互联网的普及和社交媒体、网络文学平台等的兴起，内容创作的格局发生了翻天覆地的变化，如今内容创作已不再是专业作者的专利，广大读者通过各类网络平台积极参与到创作分享中来，开启了全民创作的新时代。

自媒体写作便是这一变革的典型代表。自媒体人借助微信公众号、微博、今日头条等平台，以个人视角和独特风格创作并发布各类文章，涵盖了新闻评论、生活感悟、专业知识分享、文化艺术探讨等丰富多样的主题，这些自媒体文章形式灵活，内容贴近生活实际或紧跟社会热点，能迅速吸引大量读者的关注与互动。例如许多美食博主通过自媒体分享精美的美食图片、详细的烹饪步骤以及个人的美食体验，不仅积累了庞大的粉丝群体，还在一定程度上影响了读者的饮食选择和烹饪习惯。

在这种全民创作的浪潮中，传统出版社也积极调整策略，主动挖掘网络平台上的优秀作品资源，一些具有潜力的网络文学作品在经过出版社的精心编辑、包装和推广后，成功实现了从网络文学到传统纸质出版的转型，进一步扩大了作品的影响力和受众范围。例如，《甄嬛传》最初以网络小说的形式在网络上连载，因其精彩的宫斗剧情和细腻的人物刻画深受读者喜爱，后被出版社选中，出版了纸质书籍，进一步巩固了其在文学市场中的地位，并为后续的电视剧改编奠定了坚实的基础。

（二）技术提供商为出版行业技术赋能

在传统出版产业链中，出版社主要扮演着内容编辑和印刷发行者的角色，编辑团队负责对作者提交的作品进行严格的审核、校对、修改和润色，确保作品的质量和内容符合出版标准与市场需求。印刷发行环节则涉及与印刷厂的合作安排印刷事宜以及通过书店、报刊亭等传统渠道将书籍推向市场。在融合出版环境下，出版社面临着全新的挑战与机遇，其角色也发生了深刻的转变，逐渐从传统的编辑发行者向内容整合者和品牌运营者转型。

在融合出版产业链的重构过程中，技术提供商的地位日益凸显，成为推动出版行业数字化转型和创新发展的关键力量。随着数字技术的飞速发展，出版行业对于数字化技术支持的需求呈现出多样化和精细化的趋势，技术提供商凭借其专业的技术研发能力和创新解决方案，为出版行业提供了全方位的技术赋能。

虚拟现实（VR）/增强现实（AR）技术在出版领域的应用则为出版内容的创新呈现开辟了全新的维度，技术提供商通过开发 VR/AR 应用，将传统的文字、图片等平面出版内容转化为沉浸式、交互式的虚拟现实或增强现实体验。在教育出版领域，VR/AR 技术可以为学生创造逼真的学习情境，如通过 VR 技术让学生身临其境地参观历史古迹、自然博物馆等，通过 AR 技术使教材中的知识内容以三维立体模型的形式展示在学生眼前，增强学生的学习兴趣和理解记忆效果。在儿童出版领域，VR/AR 应用可以将童话故事、科普知识等内容以生动有趣的互动形式呈现给孩子们，如让孩子们通过 AR 技术与童话中的角色互动游戏，在虚拟的童话世界中探索冒险，极大地丰富了儿童读物的内容形式和阅读体验。

（三）出版发行渠道的多元化和融合化态势

融合出版背景下，出版发行渠道呈现出前所未有的多元化和融合化态势，传统的书店和网络电商平台虽然仍然是出版发行的重要渠道，但社交媒体、数字阅读平台、图书馆电子资源平台等新兴渠道的崛起，使得出版发行渠道的版图得到了极大的拓展与重塑，这些不同类型的渠道之间既相互合作，携手共进，又在市场竞争中各显神通，共同构建了一个复杂而又充满活力的出版发行网络。

社交媒体平台在出版发行过程中扮演着日益重要的角色，出版机构和作者纷纷借助微信、微博、抖音等社交媒体平台进行图书的宣传推广，发布图书介绍、精彩片段分享、作者访谈、读者书评等内容，吸引广大用户的关注与互动，从而激发读者的购买欲望。例如，许多图书出版前，出版社会在微博上发布新书预告信息，并配以精美的封面图片和引人入胜的文案介绍，同时邀请知名博主、读书达人进行转发推荐，引发话题讨论和传播热度。数字阅读平台则以其丰富的数字图书资源和便捷的阅读服务成为出版发行的核心渠道之一，这些平台如腾讯阅文集团旗下的众多阅读平台、百度阅读等，汇聚了海量的电子书资源，涵盖了各种类型和题材的作品。数字阅读平台不仅提供了便捷的阅读体验，还通过个性化推荐算法，根据读者的阅读历史、兴趣偏好等数据为读者精准推荐图书，提高了图书的曝光率和销售转化率。

四、出版市场竞争格局的变化

在融合出版的汹涌浪潮冲击下，出版市场竞争格局经历了深刻且全方位的变革，传统出版单位长期以来相对稳定的竞争态势被彻底打破，新的竞争力量不断崛起，多种新兴出版业态蓬勃涌现，市场竞争的维度与深度均得到了前所未有的拓展，这一系列变化既带来了全新的机遇，也伴随着诸多严峻的挑战，深刻地重塑着整个出版行业的生态面貌。

随着数字技术在出版领域的深度渗透，科技公司敏锐地捕捉到了其中蕴含的巨大商机，纷纷涉足出版行业，凭借其在大数据分析、人工智能推荐算法、云计算等前沿技术领域的显著优势，强势切入出版市场，与传统出版单位展开了一场激烈的市场份额争夺战。

这些科技公司以互联网巨头为代表，它们搭建的数字阅读平台犹如一座座庞大的数字图书馆，汇聚了海量的图书资源，通过先进的大数据分析技术，对平台上用户的每一个阅读行为进行精准记录与深度挖掘。从用户的阅读时长、阅读频率、阅读偏好的书籍类型，到对特定章节的停留时间、翻阅速度，甚至是用户在阅读过程中的批注、评论等互动行为，无一遗漏地被纳入数据采集与分析的范畴。基于这些海量且细致的数据，人工智能推荐算法得以大显身手，它如同一位智能阅读管家，能够根据每个用户独特的阅读行为模式与兴趣特征，为其量身定制个性化的推荐书籍列表。例如当用户频繁阅读科幻类小说并对其中涉及人工智能、星际探索等特定主题表现出浓厚兴趣时，平台便会精准地推送同类型且口碑良好的其他科幻作品，以及相关的科普读物、学术研究论文等拓展性资料，极大地提升了用户发现心仪书籍的效率，增强了用户对平台的黏性与忠诚度。

这种高度个性化的出版服务模式，与传统出版单位相对粗放式的大众营销方式形成了鲜明对比，传统出版单位在选题策划与发行推广过程中，虽然也会进行一定程度的市场调研与读者需求分析，但受限于技术手段与数据获取渠道的局限性，往往难以做到像科技公司那样精准地把握每一位读者的个性化需求。例如，传统出版单位通常根据市场的普遍趋势与热门题材确定选题方向，在发行环节则主要依赖书店、报刊亭等传统渠道进行铺货销售，缺乏对读者个体阅读习惯与兴趣变化的实时跟踪与反馈机制。因此，在面对科技公司的竞争时，传统出版单位不可避免地受到了严重冲击，许多原本忠实于传统纸质书籍阅读的读者，在体验到数字阅读平台便捷、个性化的服务后，逐渐转向了数字阅读领域，导致传统出版单位的图书销量出现下滑趋势，不得不重新审视自身的竞争策略与业务模式，积极探索数字化转型之路。

自出版平台的蓬勃兴起无疑是出版行业竞争格局变化中的一颗重磅炸弹，它彻底颠覆了传统出版模式下作者对出版社的高度依赖，赋予了作者前所未有的创作自主权与出版自由，从根本上打破了传统出版长期以来形成的相对垄断的市场格局。在自出版平台出现之前，作者若想将自己的作品公之于众并推向市场，往往需要经历漫长而艰难的投稿过程，需要面对出版社严格的选题筛选、编辑审核等重重关卡。只有极少数作品能够有幸获得出版社的青睐，得以正式出版发行，而大多数作者则在这个过程中遭遇挫折，甚至被迫放弃出版梦想，自出版平台的诞生彻底改变了这一局面。这些平台以其简洁易用的操作界面、便捷高效的出版流程以及广泛的传播渠道，吸引了大量怀揣创作热情的作者投身其中。例如一些知名的自出版平台如亚马逊的 Kindle Direct Publishing（KDP）、起点中文网等，为作者提供了从作品上传、格式转换、封面设计到定价发行等一站式服务，作者只需按照平台的指引，简单几步操作即可完成作品的出版准备工作，并迅速将其推向全球市场。

跨媒体出版单位作为融合出版时代的新兴力量，以其独特的全媒体出版运营模式，整合多种媒体资源，实现了内容在不同媒体平台之间的无缝衔接与协同发展，展现出了强大的市场竞争力，逐渐在出版市场竞争格局中占据了一席之地。这类企业通常具备敏锐的市场洞察力与前瞻性的战略眼光，能够精准地挖掘出具有跨媒体开发潜力的优质内容资源，并围绕这些资源进行全方位、多层次的深度开发与运营。在影视改编方面，企业会邀请知名导演、编剧、演员等组成强大的制作团队，将小说中的精彩故事与人物形象搬上大银幕或小荧屏，通过电影、电视剧等影视作品的广泛传播，迅速提升作品的知名度与影响力，吸引大量影视观众的关注。例如，《琅琊榜》小说在被改编成电视剧后，凭借其精彩的剧情、精美的制作以及演员们出色的表演，在国内外都取得了巨大的成功，不仅电视剧收视率屡创新高，还带动了原著小说的销量大幅增长，形成了影视与出版相互促进的良性循环。

相比之下，传统出版单位往往由于业务领域相对单一，缺乏跨媒体资源整合与运营的能力，在面对跨媒体出版单位的竞争时显得力不从心，为了应对这一挑战，传统出版单位纷纷寻求战略转型，加强与影视、游戏、动漫等其他媒体行业的合作与交流，尝试构建自己的跨媒体出版产业链，以提升自身的市场竞争力与抗风险能力。

第四节　科研管理的新需求

一、科研数据管理的信息化需求

科研数据的来源极为广泛，涵盖了实验观测、调查研究、模拟计算等诸多关键环节，在实验观测方面，无论是物理实验中对微观粒子的精确探测，还是生物学实验里对生物样本的细致观察，都会产生海量的数据。例如高能物理实验中的大型强子对撞机，每次运行都会产生数以亿计的粒子碰撞数据，这些数据需要被及时记录和存储。在调查研究领域，社会科学研究人员通过大规模的问卷调查、实地访谈等方式收集数据，涉及的样本数量往往数以万计，所产生的数据涵盖了各种文本信息、受访者的音频记录以及相关的图像资料等。以人口普查为例，其涉及全国乃至全球范围内的人口信息收集，包括年龄、性别、职业、家庭状况等多方面的数据，数据量极其庞大。

传统的人工管理方式在面对如此庞大且复杂的数据资源时，暴露出了诸多难以克服的缺陷，人工管理在数据存储方面总是依赖于纸质文档、简单的电子表格以及有限容量的本地硬盘存储，这种存储方式不仅存储空间有限，难以满足数据量快速增长的需求，而且极易受到物理损坏、丢失等风险的威胁。例如纸质文档可能会因为火灾、水灾等自然灾害而损毁，本地硬盘可能因硬件故障导致数据丢失且难以恢复。在数据检索与查询方面，人工管理主要依靠人工翻阅文档、逐一比对数据等方式，这种方式效率极其低下。对于大规模的数据集合，科研人员可能需要耗费数天甚至数月的时间才能找到所需的数据，严重影响了科研工作的进度和效率。在数据安全方面，传统人工管理缺乏有效的加密技术和严格的访问控制手段，数据可能被随意复制、传播，重要数据的保密性、完整性和可用性难以得到保障。例如一些涉及科研机密的实验数据可能因人为疏忽或恶意窃取而泄露，给科研机构带来巨大的损失，在数据共享与协作方面，传统方式受到地域、组织架构等因素的限制，数据共享极为不便，科研人员往往需要通过邮寄、人工传递等方式共享数据，这不仅耗时费力，而且容易出现数据版本不一致、数据丢失等问题，严重阻碍了跨机构、跨地区科研合作的深入开展。

科研数据的高效存储是科研数据管理信息化的首要需求。随着科研项目的持续推进，数据源源不断地产生，犹如汹涌的洪流，如果没有强大而高效的存储系统作为支撑，科研工作将陷入困境。一个优秀的科研数据存储系统应当具备充足的存储空间，以容纳不断增长的数据量，在现代科研中，数据的增长速度呈指数级上升。以基因测序研究为例，随着测序技术的不断进步，单次测序所产生的数据量从最初的几百兆字节迅速增长到如今的数太字节甚至更多，这就要求存储系统能够不断扩展其容量，以适应这种快速增长的需求。存储系统的可扩展性不仅仅是简单的增加硬盘容量，还包括存储架构的灵活性和可升级性，例如采用分布式存储架构，可以将数据分散存储在多个节点上，当需要增加存储容量时，只需添加新的存储节点即可，而不会对整个存储系统的运行造成太大影响。同时存储系统还需要具备高可靠性，能够防止数据丢失，这可以通过数据冗余技术来实现，如采用RAID（独立磁盘冗余阵列）技术，将数据在多个磁盘上进行冗余存储，即使某个磁盘出现故障，也能够通过其他磁盘上的数据恢复丢失的数据。

为了实现高效存储，科研机构和企业不断探索和采用新的存储技术和解决方案，云存储技术作为一种新兴的存储方式，正逐渐在科研数据存储领域得到广泛应用。云存储提供商如亚马逊云服务（AWS）、微软Azure云存储等，拥有大规模的数据中心，能够提供海量的存储容量。科研人员可以将数据上传到云端，无需担心本地存储设备的容量限制，云存储还具备良好的可扩展性，用户可以根据自己的需求随时增加或减少存储容量。同时云存储提供商采用了先进的数据安全技术，如数据加密、身份认证、访问控制等，确保数据在云端的安全性，例如在生物医学研究中，许多科研团队将大量的基因数据、临床试验数据存储在云端，既方便了数据的管理和共享，又保障了数据的安全。除了云存储，还有一些新型的存储介质如固态硬盘（SSD）、磁带库等也在科研数据存储中发挥着重要作用，固态硬盘具有读写速度快、抗震性强等优点，适合存储一些对读写速度要求较高的数据，如实时监测数据、大型数据库索引文件等。

科研数据的多样性和复杂性使得索引机制的建立面临诸多挑战，对于文本数据，常见的索引技术包括倒排索引、全文索引等，倒排索引通过将文档中的关键词与文档编号建立映射关系，能够快速定位包含特定关键词的文档。全文索引则是对文档中的所有单词进行索引，支持更复杂的查询操作，如短语查询、模糊查询等。例如在医学文献数据库中，科研人员可以通过输入疾病名称、症状、治疗方法等关键词，利用倒排索引或全文索引快速检索到相关的研究论文，在艺术史研究中，研究人员可以通过上传一幅古代绘画的图片，利用基于图像特征的索引技术在图像数据库中查找相似风格、主题或作者的绘画作品。

二、跨学科科研合作的管理挑战

在当今科技飞速发展的时代，跨学科科研合作已成为推动科学创新与进步的关键力量，不同学科领域的交叉融合，为解决复杂的科学问题、开拓新的研究方向提供了前所未有的机遇。这种合作模式也给科研管理带来了一系列严峻且独特的挑战，这些挑战涉及人员沟通协作、项目规划与资源分配以及成果评价等多个重要层面，需要科研管理人员以创新的思维和精细的管理策略加以应对。

跨学科科研合作的首要障碍在于不同学科背景的科研人员之间存在着显著的知识体系差异，各学科在长期的发展过程中形成了各自独特的理论框架、研究范式和专业术语。例如在自然科学领域，物理学家擅长运用数学模型和物理定律进行精确的理论推导，并通过严谨的实验设计来验证假设，化学家则聚焦于物质的组成、结构、性质及其变化规律，在分子和原子层面开展研究，而生物学家更多地关注生命现象和生物有机体的结构、功能、发育与演化。相比之下，社会科学领域的学科如社会学、经济学和心理学等，侧重于研究人类社会行为、社会关系、经济活动以及心理现象等，其研究方法多依赖于调查研究、案例分析、统计分析以及理论建构等手段。

这种知识体系的巨大差异直接导致了科研人员在研究方法和思维方式上的不同，在跨学科合作项目中，这些差异会引发沟通障碍和协作困难，例如在一个旨在探索人工智能技术在医疗保健领域应用的跨学科项目中，计算机科学家可能更关注算法的优化、数据的处理和模型的构建，他们习惯用代码和数据结构来表达思想，而医学专家则更侧重于临床实践、疾病诊断与治疗方案的制定，使用的是医学专业术语和临床经验来描述问题，当双方试图交流合作时，可能会出现鸡同鸭讲的局面，彼此难以理解对方的意图和需求，从而影响项目的推进效率。

为了打破这种沟通壁垒，科研管理人员需要采取一系列积极有效的措施。首先，搭建多样化的沟通平台至关重要。这可以包括定期组织面对面的研讨会、学术讲座、工作坊等，为不同学科的科研人员提供直接交流互动的机会。在这些活动中，可以设置专门的环节，让科研人员介绍各自学科的基础知识、研究方法和最新进展，增进彼此的了解。例如在一个生物信息学跨学科项目中，定期举办的研讨会可以邀请生物学家讲解生物学问题的背景和需求，计算机科学家介绍相关算法和数据处理技术，运用这种互动交流，双方能够逐渐熟悉对方的工作领域和思维方式。其次，建立在线交流社区也是一个不错的选择。利用网络平台，科研人员可以随时分享研究思路、遇到的问题以及相关资料，促进信息的及时流通和交流。例如创建项目专属的论坛或即时通信群组，方便成员之间随时随地进行讨论，科研管理人员还应组织跨学科培训课程，有针对性地帮助科研人员学习其他学科的基础知识和常用研究方法，拓宽他们的知识视野，提高跨学科沟通能力。这些培训课程可以邀请不同学科的专家授课，采用案例教学、实践操作等多种教学方式，使科研人员能够更好地理解和应用其他学科的知识。

跨学科科研项目由于涉及多个学科领域，其目标设定相较于单一学科项目更为复杂，项目的总体目标不仅要具有明确的科学意义和应用价值，还需要充分考虑各学科的特点和需求，确保各个学科在项目中都能发挥其独特的优势，并且相互协同配合。例如在一个智能交通系统的跨学科研究项目中，交通工程学科关注交通流量的优化、道路设施的规划与设计，电子工程学科侧重于车辆通信技术、传感器技术的研发，而管理学则着眼于交通运营管理模式的创新以及政策法规的制定，如何将这些不同学科的关注点整合到一个统一的项目目标中，是科研管理人员面临的一大挑战。

在确定了项目总体目标之后，任务分配成为又一难题。不同学科在项目中的贡献难以简单地用传统的量化指标来衡量，在一个涉及材料科学、机械工程和工业设计的新产品研发项目中，材料科学家可能在新型材料的研发阶段投入了大量的时间和精力，其成果对于产品的性能提升起到了关键作用，机械工程师则在产品的结构设计和制造工艺优化方面发挥着核心作用，工业设计师则致力于产品的外观设计和用户体验优化，他们的工作虽然难以直接用数据来量化，但对于产品的市场竞争力却有着重要影响。在这种情况下，如何公平、合理地分配任务，确保每个学科都能得到适当的资源和回报，成为科研管理人员需要精心权衡的问题。

跨学科科研合作中的资源分配是一个极为复杂且敏感的问题。不同学科对实验设备、研究经费、人力资源等资源的需求存在着显著差异，而在有限的资源条件下，如何根据项目需求和各学科的实际情况进行合理分配，确保各个学科都能获得足够的支持以完成任务，是科研管理人员面临的一项艰巨任务。

为了实现资源的合理分配，科研管理人员首先要对项目所需的各类资源进行全面梳理和评估，制定详细的资源需求清单，明确各学科在不同研究阶段对实验设备、经费和人力资源的具体需求。根据项目的总体目标和各学科的任务分配情况，制订资源分配计划，在资源分配过程中，应遵循公平、公正、透明的原则，充分考虑各学科的实际需求和贡献。例如采用比例分配法、优先级排序法等方法，根据各学科在项目中的重要性和资源需求程度进行分配，同时建立资源共享机制也是提高资源利用效率的有效途径。对于一些昂贵的实验设备，可以建立共享实验室或设备租赁平台，让不同学科的科研人员在不同时间段共享使用。在人力资源管理方面，要运用跨学科团队组建、人才交流与培训等方式，促进人才资源的优化配置，科研管理人员还应积极拓展资源渠道，争取更多的外部资源支持项目，比如申请政府科研基金、企业合作项目、国际科研合作资助等，以缓解资源紧张的局面。

三、科研成果转化的管理新要求

在融合出版与科研管理相互交织的时代背景下，科研成果转化作为连接科研创新与市场应用的桥梁，其重要性越发凸显，这一关键环节对管理工作提出了一系列全新且更为严苛的要求，涵盖市场需求洞察、知识产权战略运用、资金运作与财务管理以及合作伙伴协同管理等多个核心维度，科研管理团队必须精准把握并妥善应对，方能在激烈的科技竞争与复杂的市场环境中，实现科研成果的高效转化与价值最大化。

在科研成果转化的复杂进程中，对市场需求的精准把握犹如一座明亮的灯塔，为科研活动指明方向，科研管理人员肩负着引导科研人员密切关注市场动态、深入洞悉行业发展趋势以及精准捕捉社会需求的重要使命，唯有确保科研成果与市场需求实现紧密无缝的对接，才能够为其成功转化奠定坚实基础。

以当今蓬勃发展的人工智能领域为例，科研人员在专注于算法优化、模型创新等核心技术研究的同时，绝不能忽视市场对于人工智能应用的多元化需求，在智能家居领域，消费者期望人工智能系统能够实现更加智能、便捷、个性化的家居控制体验，如通过语音指令精准控制各种家电设备、自动调节室内环境参数以适应不同场景需求等。在医疗健康领域，市场迫切需要人工智能技术辅助医生进行疾病诊断、精准医疗决策以及高效的医疗影像分析，提高医疗服务的准确性与效率。科研管理人员需要通过组织市场调研、行业研讨会、与企业界保持紧密沟通等多种方式，将这些市场需求信息及时传递给科研团队，促使他们在科研过程中充分考虑应用场景与用户体验，从而研发出具有市场竞争力的科研成果。

知识产权管理在科研成果转化的整个链条中占据着核心地位，是确保科研成果合法权益得到有效保护并实现价值最大化的关键环节。科研成果往往蕴含着丰富的知识产权元素，包括专利、商标、著作权等多种形式，科研管理人员必须以严谨专业的态度，全方位构建并实施知识产权战略。

在知识产权保护层面，科研管理人员应树立强烈的知识产权保护意识，及时推动科研成果的专利申请工作，在科研项目启动初期，就应当对可能产生的知识产权进行全面梳理与评估，制订详细的知识产权保护计划，对于具有创新性与商业价值的科研成果，如新型药物研发中的独特化合物结构、高新技术产品中的关键技术创新点等，要在第一时间提交专利申请，确保其在法律框架下得到充分保护，防止竞争对手的侵权行为。同时规范商标的使用与管理也是知识产权保护的重要内容，针对具有市场潜力的科研成果转化产品或服务，应及时进行商标注册，通过塑造独特的品牌形象，提升产品的市场辨识度与竞争力，在著作权保护方面，对于科研过程中产生的学术著作、研究报告、软件代码等作品，要严格依照著作权法的规定进行登记与保护，维护科研团队的创作成果与合法权益。

在知识产权的运营与价值实现层面，科研管理人员需要具备敏锐的市场洞察力与战略眼光，根据市场情况灵活制定知识产权授权、转让等策略，以实现知识产权的最大经济价值。

例如在某些技术领域，如果科研机构自身缺乏大规模产业化的能力与资源，可以考虑将核心专利技术授权给具有强大生产制造与市场推广能力的企业，通过收取专利许可费、技术服务费等方式实现收益。在授权过程中，要精心设计授权条款，明确授权范围、期限、使用方式以及双方的权利义务关系，确保科研机构的利益得到充分保障。对于一些具有自主产业化条件且市场前景广阔的科研成果，可以选择自行开展产业化运营，运用建立科技企业、引入战略投资等方式，将知识产权转化为实际的经济效益与社会效益，积极参与知识产权交易市场与技术转移平台的建设与运作，促进知识产权的流通与增值，拓宽知识产权转化渠道，提高转化效率。

科研成果转化犹如一场需要充足资金燃料驱动的长途旅程，资金筹集与财务管理工作无疑是这场旅程的强大引擎，科研成果转化的各个环节，从产品研发的深入探索、中试生产的规模验证到市场推广的广泛拓展，均需要大量的资金投入作为坚实支撑，科研管理人员在此过程中承担着资金筹集与合理配置的关键职责。

在资金筹集方面，科研管理人员需要积极拓展多元化的资金来源渠道。政府资助作为科研资金的重要来源之一，科研管理团队应密切关注国家和地方各级政府出台的科技扶持政策，精心组织科研项目申报，争取各类科研专项资金、产业扶持基金以及科技创新补贴等。例如国家自然科学基金、科技部重点研发计划等项目为科研成果转化提供了大量的前期研发资金支持，地方政府为促进区域产业升级与科技创新，往往设立了专项产业基金，对符合当地产业发展方向的科研成果转化项目给予重点扶持。

在财务管理方面，科研管理人员要建立健全科学严谨的财务管理制度，对科研成果转化过程中的资金流向与使用情况进行全程监控与精细化管理，制订详细的项目预算计划，根据项目的不同阶段与任务需求，合理分配资金，确保资金使用的针对性与高效性。例如在产品研发阶段，要重点保障研发人员的人力成本、实验设备购置与研发材料费用等，在中试生产阶段，要加大对生产设备调试、工艺流程优化以及产品质量检测等方面的资金投入，在市场推广阶段，则要将资金重点用于广告宣传、市场渠道拓展以及销售团队建设等方面。同时加强财务风险预警与防控机制建设，定期对项目财务状况进行分析与评估，及时发现潜在的财务风险因素，如资金短缺、成本超支、投资回报率不达预期等，并采取相应的应对措施加以防范与化解。

四、科研人员激励机制的更新需求

在当今融合出版与科研管理深度交融的时代背景下，科研领域正经历着深刻的变革与转型，传统的科研人员激励机制在新的科研环境和需求面前逐渐显露出其局限性，亟待更新与完善，这不仅关乎科研人员个体的积极性与创造力的激发，更直接影响到整个科研事业的持续健康发展以及科研成果的广泛传播与应用转化。

长期以来，传统科研评价体系将论文发表数量和影响因子作为主要考核指标，这种激励机制在一定历史时期对推动科研发展起到了积极作用，但随着科研内涵与外延的不断拓展，其弊端日益凸显，过于强调论文数量使得科研人员面临巨大的发表压力，部分人员为了追求数量指标而不择手段，严重扭曲了科研的本真目的。

一些科研人员为了增加论文发表数量，不惜将一个完整且具有内在逻辑连贯性的研究成果强行拆分成多篇小论文，分别投往不同杂志，这种做法不仅破坏了研究成果的完整性和系统性，也使得读者难以全面深入地理解其科研工作的全貌与价值。例如在某些前沿材料科学研究中，一项关于新型超导材料的系统性研究可能涵盖材料的合成、结构表征、物理性能测试以及潜在应用探索等多个有机联系的部分。但是为了满足论文数量要求，科研人员可能将材料合成部分单独成篇，结构表征与性能测试又分别撰写论文，导致原本完整的科研故事被碎片化呈现，其他科研人员在参考引用时难以获取全面准确的信息，阻碍了科研交流与合作的深入开展。

同时，部分科研人员为了追求论文发表数量，倾向于选择一些容易发表但学术水平和影响力较低的杂志，这些杂志在同行评审过程中把关不严，导致一些质量参差不齐的论文得以发表，这不仅降低了科研整体质量水平，也造成了学术资源的浪费与学术环境的浮躁。例如在一些新兴交叉学科领域，由于缺乏权威且成熟的专业期刊，部分科研人员为了快速发表论文，选择一些刚刚创刊、尚未建立严格学术声誉的杂志，这些杂志为了吸引稿件，可能放宽评审标准，使得一些缺乏深度和创新性的研究成果得以刊登，误导了其他科研人员对该领域研究进展的判断，也不利于学科的健康有序发展。

为了扭转这一局面，构建更加科学合理的激励机制迫在眉睫，新的激励机制应将科研成果的质量置于核心地位，注重对研究的创新性、深度、科学性以及严谨性进行综合评价。对于创新性成果，无论是理论上的重大突破还是技术上的全新发明，都应给予高度认可和奖励，例如在基础物理学研究中，像引力波的发现这样具有划时代意义的成果，其对整个物理学界乃至人类认知宇宙的方式都产生了深远影响，相关科研团队理应得到全方位的激励与支持，包括充足的科研经费继续深入探索、国际学术交流机会以分享成果并促进合作以及在科研荣誉体系中给予顶级表彰等。

随着科学技术的加速发展，跨学科研究已成为攻克复杂科学问题、开拓新兴研究领域的关键途径，跨学科科研合作并非一帆风顺，由于涉及不同学科背景的科研人员，在知识结构、研究方法和思维模式上存在显著差异，导致沟通障碍、任务分配难题以及资源协调困难等诸多管理挑战接踵而至。在这种情况下，科研人员参与跨学科项目的积极性往往受到抑制，因此激励机制的创新调整成为推动跨学科合作深入开展的重要驱动力。

在现代科研体系中，科研成果转化作为连接科技创新与经济社会发展的桥梁，其重要性日益凸显，科研人员不再仅仅局限于实验室中的基础研究与技术研发，而是需要积极参与到成果转化的全过程，包括产品商业化策划、市场推广营销以及后续技术改进与升级等环节，激励机制必须与时俱进，充分反映科研成果转化环节的价值贡献，激发科研人员在这一领域的积极性与创造性。

按比例分配成果转化收益是一种直接且有效的激励方式。当科研人员参与科研成果转化并取得经济效益时，根据其在转化过程中的贡献程度，给予相应比例的收益分配。例如在一个生物医药科研成果转化项目中，科研人员在前期药物研发过程中投入了大量的时间和精力，成功研发出具有市场潜力的新型药物，在后续成果转化过程中，科研人员继续参与临床试验设计、药品生产工艺优化以及市场推广策略制定等工作。如果该药物最终成功上市并取得良好的市场销售业绩，科研人员应按照其在整个过程中的贡献比例，分享相应的经济收益，这种激励方式能够让科研人员切实感受到自身努力与成果转化效益之间的紧密联系，从而更加积极主动地参与到成果转化工作中，有助于吸引更多优秀科研人才关注科研成果转化领域，促进科研与市场的深度融合。

除了经济收益分配，荣誉称号的授予对于科研人员在成果转化方面的贡献认可也具有重要意义，荣誉称号不仅是对科研人员个人成就的一种肯定和表彰，更是一种社会声誉和学术地位的象征，能够激励科研人员追求更高的目标和更大的成就。例如设立"科研成果转化突出贡献奖"，对那些在科研成果转化过程中表现卓越、成功推动科研成果从实验室走向市场并产生显著经济社会效益的科研人员进行表彰。获得该荣誉称号的科研人员将在科研界、企业界以及社会各界获得广泛的认可和尊重，这将进一步提升他们的职业成就感和社会影响力，同时也为其他科研人员树立了榜样，引导更多科研人员重视科研成果转化工作。

此外，在科研项目申报与资源分配过程中，对于具有丰富成果转化经验和良好业绩的科研人员或团队，应给予优先支持。例如在科研项目立项评审中，适当增加成果转化潜力与实践经验的评价权重，优先资助那些能够将科研成果有效转化为实际生产力的项目，在科研资源分配方面，如实验场地、设备使用、科研人才配备等，向积极参与成果转化的科研人员倾斜，为他们提供更好的工作条件和资源保障，助力其在成果转化道路上取得更大的成功。

第二章 融合出版与科研管理的内涵

第一节 融合出版的内涵

一、融合出版内容的融合形式

融合出版内容的融合形式丰富多样，正深刻地改变着出版行业的格局与读者的阅读体验。在当今数字化时代背景下，跨媒体内容融合与不同领域知识内容的交融已成为融合出版的显著特征，且这两种融合形式在多维度上不断拓展与深化，展现出强大的生命力与广阔的发展前景。

（一）跨媒体内容融合

跨媒体内容融合作为融合出版的重要体现形式，其核心在于将多种媒体形式有机地整合在同一出版产品中，打破了传统出版单一媒体呈现的局限，这种融合形式的发展得益于数字技术的迅猛进步，为不同媒体元素的融合提供了技术支撑与实现的可能性。

在传统出版中，文字与图像虽常相伴出现，但融合程度相对有限，而在融合出版环境下，文字与图像的融合达到了新的高度。以电子教材为例，其中不仅有清晰准确的文字讲解知识点，还配备了大量高分辨率、精美且具有针对性的图像，如科学实验的示意图、历史事件的图片资料、文学作品中的人物形象插画等。这些图像不再是简单的装饰，而是与文字内容紧密配合，共同构建知识体系，例如在生物学研究中，相关的科研工作人员可以利用人工智能技术对科研项目申报书进行智能评估和筛选，以此来提高项目立项的准确性和效率，并实现多维度的评估分析，比如科研人员可以运用自然语言处理技术深度理解申报书的内容或者结合图像识别技术对附带的图表、数据可视化内容进行分析，在筛选出优秀的申报书案例之后，除了在学术期刊上以文字形式发表以外，还可以制作成生动的视频讲解或者转化为音频内容，以方便科研人员能够在更多的场景中获取信息，并为读者提供更沉浸式的阅读体验。

在文字与图像的融合基础上，音频元素的加入进一步丰富了出版内容的表现力，有声读物是这种融合形式的典型代表，将文字内容转化为生动的语音朗读，配合背景音乐与音效，为读者提供了全新的阅读体验。在儿童读物领域，这种融合尤为突出，例如童话故事书，除了精美的文字与插画外，还附带音频版本，专业的配音演员用富有感染力的声音演绎故事中的角色，生动的音效如森林中的鸟鸣声、城堡里的钟声等，以及轻柔的背景音乐，将孩子们带入充满奇幻色彩的童话世界。对于视力障碍者或在一些无法专注于视觉阅读的场景下，如驾车、运动等，有声读物让他们也能够轻松享受阅读的乐趣，同时在一些教育类出版产品中，音频也发挥着重要作用，例如语言学习教材，音频可以提供标准的发音示范，帮助学习者纠正发音，加深对语言的理解与掌握。

（二）知识内容的融合

融合出版不仅在媒体形式上实现了融合，在知识内容层面也打破了学科界限，促进了不同领域知识的相互交融，这种交融使得出版内容更加丰富多元，富有深度与内涵，能够更好地满足现代读者对综合性知识的需求。

科技出版与人文社科领域的结合是当前融合出版中知识交融的重要体现，在科技成果的传播过程中，融入人文社科的思考已成为一种趋势，例如在介绍人工智能技术发展的出版物中，除了阐述技术原理、算法模型等科技内容外，还会探讨人工智能对社会就业结构的影响、引发的伦理道德争议以及对人类文化传播与交流方式的改变等人文社科方面的问题。这种融合让读者在了解科技前沿动态的同时，也能深入思考科技进步背后所涉及的社会、文化、伦理等多方面的影响，同样在人文社科研究成果的出版中，也越来越多地借助科技手段与科技知识。

在自然科学领域，融合出版也促进了各学科间知识的整合，以环境科学研究成果的出版为例，其中涉及地理学、生态学、化学、生物学等多个学科的知识，在相关出版物中，需要综合运用地理学的知识来描述环境问题的地域分布特征，运用生态学原理分析生态系统的结构与功能变化，借助化学知识研究污染物的成分与化学反应过程，依据生物学知识探讨生物多样性的变化及其对生态环境的影响。这种多学科知识的整合有助于从不同角度深入剖析环境问题的本质，提出更为全面、有效的解决方案，这种自然科学各学科间的知识整合在融合出版中的体现，推动了学科间的交叉融合与协同创新，为科学研究与知识传播提供了更为广阔的平台。

艺术与其他领域知识的交融也为融合出版内容带来了独特的魅力。在设计艺术领域，与工程技术、材料科学等知识的融合十分常见，例如在工业设计出版物中，设计师不仅需要具备艺术审美能力，还需要深入了解工程力学原理、材料性能与加工工艺等知识。相关出版物会展示如何在产品设计中兼顾美观性与实用性、艺术性与工程可行性，将艺术创意与工程技术、材料科学知识有机结合，创造出既具有艺术价值又符合市场需求的产品设计方案。在数字艺术领域，与计算机科学、数学等知识的融合更为紧密，例如计算机图形学的发展为数字艺术创作提供了强大的技术支持，艺术家通过运用数学算法与计算机编程技术，创造出绚丽多彩、极具创意的数字艺术作品。相关出版内容会涵盖数字艺术创作的技术原理、艺术表现手法以及创作案例等多方面知识，展示艺术与计算机科学、数学等领域知识交融所产生的创新成果，为读者提供了对数字艺术这一新兴领域全面而深入的认识。

二、出版渠道融合的特点

在当今数字化浪潮的席卷下，出版行业正经历着深刻的变革，出版渠道融合成为这一变革进程中的关键特征，出版渠道融合并非简单地将多种渠道罗列在一起，而是呈现出多方面极具深度和广度的显著特点。这些特点相互交织、协同作用，重塑着出版业的生态格局，深刻影响着出版产品从创作到抵达读者手中的每一个环节。

（一）全渠道覆盖

全渠道覆盖是出版渠道融合最为直观的特点之一，意味着出版产品能够突破传统渠道的局限，通过多元化的途径广泛地传播至各类受众群体。

传统书店作为出版业历史悠久的销售渠道，在渠道融合的大背景下依然占据着重要地位，尽管面临着线上渠道的强烈冲击，但许多书店积极寻求转型与创新，以适应新的市场环境。大型连锁书店通过优化店面布局，打造集阅读、休闲、文化活动于一体的综合性文化空间，吸引读者前来驻足，例如一些书店设置了舒适的阅读区，提供咖啡茶饮等配套服务，定期举办作者签售会、读书分享会、文化讲座等活动，将书店从单纯的书籍销售场所转变为文化交流的中心。电商平台的崛起彻底改变了出版产品的销售模式与市场格局，以亚马逊、当当网等为代表的综合性电商平台以及众多专业图书电商平台，汇聚了海量的出版资源，涵盖了从学术专著到大众读物、从纸质书籍到电子出版物等几乎所有类型的出版产品。其强大的搜索功能、精准的分类推荐以及用户评价体系，使得读者能够在短时间内快速找到自己心仪的书籍，并通过便捷的在线支付与高效的物流配送服务，实现购买流程的无缝对接。电商平台还通过大数据分析技术，深入了解读者的阅读习惯、购买偏好与消费行为，从而为读者提供个性化的图书推荐与促销活动，进一步提升了销售转化率与用户满意度。社交媒体的迅猛发展为出版渠道融合注入了强大的活力，成为出版产品传播与推广的新兴力量，微博、微信、抖音、小红书等社交媒体平台拥有庞大的用户群体与高度活跃的社交生态，出版单位与作者借助这些平台能够以更加生动、灵活、互动性强的方式展示出版产品的特色与亮点。通过发布精彩的书籍片段、作者创作心得、读者书评与读后感、书籍相关的短视频或图片等内容，吸引用户的关注与讨论，激发用户的阅读兴趣与购买欲望。移动阅读应用的普及满足了现代读者碎片化阅读与随时随地获取出版内容的需求，这些应用平台整合了丰富多样的出版资源，包括电子书籍、杂志、报纸、漫画等各类数字出版物，并提供了舒适的阅读界面、便捷的操作功能以及个性化的阅读设置，如字体大小调整、背景颜色切换、书签添加、笔记记录等，为读者打造了优质的移动阅读体验。

（二）出版渠道协同性的增强

出版渠道融合的另一个重要特点是渠道间协同性的显著增强，各渠道不再各自为政，而是形成了一个相互关联、相互配合、相互引流的有机整体，共同推动出版产品的传播与销售。

线上线下渠道的协同合作是出版渠道融合的典型体现，传统书店与电商平台之间的协同关系日益紧密。一方面，电商平台为传统书店提供了线上销售拓展的机会，传统书店可以将库存书籍上架到电商平台，扩大销售范围，提高库存周转率。同时，电商平台的大数据分析能够为传统书店提供精准的采购建议与市场预测，帮助书店优化图书采购品类与数量，降低经营风险。另一方面，传统书店作为电商平台的线下体验店与提货点，为线上消费者提供了实体体验与便捷提货的服务。例如借助大数据分析科研人员的研究兴趣和专长，这一过程不仅在线上通过大量的数据挖掘和算法模型得以实现，还在线下通过对科研人员的实地调研、面对面访谈等方式进行补充和验证。线上获取的大量数据能够提供宏观的趋势和普遍特征，而线下的深入交流则能捕捉到更细腻、个性化的信息，两者相辅相成。最终，将相关成果整理在科技期刊中，线上通过期刊的电子版广泛传播，设置在线评论区促进读者之间的交流，线下发行纸质版期刊，举办相关的学术研讨会和讲座，邀请作者和读者进行面对面的深入探讨。这种线上线下渠道的协同合作，充分展示了团队协作的成功经验，能够更有效地推动科研成果的传播和应用。同时，社交媒体也可以为传统书店进行宣传推广，吸引读者前往实体书店参加活动或购买书籍。反过来，其他渠道也为社交媒体提供了丰富的内容素材与话题来源，电商平台的用户评价、销售数据，传统书店的线下活动现场照片与视频，移动阅读应用的读者阅读行为数据与反馈等都可以成为社交媒体上的热门话题与内容创作素材，进一步促进社交媒体的传播与互动。

在出版渠道融合的进程中，用户体验的一致性成为各出版单位日益重视的关键特点，无论读者通过何种渠道获取出版内容，都期望能够享受到相对统一、稳定、优质的阅读界面、功能服务以及售后保障等，这种用户体验的一致性对于提升品牌忠诚度具有极为重要的意义。

为了实现用户体验的一致性，出版单位在不同渠道的阅读界面与功能服务设计上力求统一，无论是在移动阅读应用、电商平台的电子书阅读页面，还是在传统书店购买的纸质书籍所对应的数字增值服务平台上，读者都能够感受到相似的阅读布局、字体排版、图像显示效果等。例如，许多出版单位会采用标准化的电子书格式与排版规范，确保在不同的阅读设备与应用上都能够呈现出清晰、美观、易读的文字内容与图片效果。除了阅读界面与功能服务的统一，出版渠道融合还注重在售后保障与客户服务方面为读者提供一致的体验，无论是在电商平台购买纸质书籍还是数字出版物，还是在移动阅读应用内购买虚拟阅读产品，读者都能够享受到相似的退换货政策、质量保证服务以及客户咨询与投诉处理机制。

三、融合出版商业模式的创新

在数字化浪潮的冲击下，融合出版作为出版业的新兴业态，其商业模式正经历着深刻而全面的创新变革，这种创新不仅仅是简单的形式调整，更是涉及付费模式、增值服务以及广告盈利等多个关键维度的重构与突破，为出版业在新时代的发展注入了强大的活力与竞争力。

（一）付费模式的多元化

付费模式的多元化是融合出版商业模式创新的重要体现之一，它打破了传统出版单一的一次性购买付费模式，为使用者提供多种灵活的付费选择，更好地适应了不同读者群体的阅读习惯、消费偏好以及经济承受能力，极大地拓展了出版市场的盈利空间。

按章节付费模式在网络文学领域得到了广泛应用，并逐渐渗透到其他类型的融合出版产品中，这种模式允许读者先免费阅读部分章节，对作品的风格、内容质量和情节发展有一个初步的了解和判断，然后再根据自己的兴趣和需求决定是否付费继续阅读后续章节。对于读者而言，按章节付费提供了一种低风险、高自主性的消费方式，可以更加精准地选择自己真正感兴趣的内容进行付费阅读，避免了因一次性购买全书而可能面临的内容不符合预期的风险。例如，在一些网络文学平台上，一部长篇小说可能会先免费开放前几十章供读者试读，读者在阅读过程中如果被故事所吸引，便可以选择按章节付费解锁后续内容，每章节的价格通常相对较低，一般在几毛钱到几块钱不等。这种小额多次的付费方式，使得读者在阅读过程中的消费决策更加灵活，也有助于培养读者对特定作品或作者的长期忠诚度。订阅付费模式在融合出版中也扮演着重要角色，它为出版单位提供了一种相对稳定的收入来源，同时有助于增强读者与出版平台之间的黏性。订阅付费通常分为月度订阅、季度订阅和年度订阅等多种形式，读者在订阅期间可以无限制地阅读平台上的特定内容或所有内容，这种模式在数字杂志、在线漫画、有声读物等领域应用较为广泛。以数字杂志为例，一些知名的时尚杂志、科技杂志等推出了数字版订阅服务，读者每月支付一定的订阅费用，即可在手机、平板电脑等设备上阅读最新一期的杂志内容。与传统纸质杂志订阅相比，数字版订阅具有更加便捷、及时的优势，读者可以随时随地获取最新的杂志内容，并且还可以享受到一些额外的增值服务，如杂志内容的搜索功能、互动式广告体验等。打赏付费模式则为读者提供了一种更加直接、个性化的表达对作者或作品喜爱与支持的方式，同时也为作者创造了一种额外的收入来源，激发了作者的创作热情和创新动力。这种模式的出现打破了传统出版中读者与作者之间相对单一的经济关系，构建了一种更加互动、多元的创作与消费生态。例如，在一些网络文学平台上，当读者阅读到一篇精彩的小说章节或一个感人的故事时，他们可以通过平台提供的打赏功能，向作者送上一份"心意"。这些打赏资金将直接进入作者的账户，成为作者创作收入的一部分，对于作者来说，打赏不仅是一种经济上的认可和奖励，更是一种精神上的激励和鼓舞。

(二) 增值服务收费

增值服务收费是融合出版商业模式创新的另一个关键维度，它通过为读者提供个性化定制内容、在线学习课程、作者互动交流活动等一系列超出传统出版范畴的增值服务，实现了出版商业价值的深度挖掘与拓展，满足了读者对于知识获取、文化体验以及社交互动等多方面的高层次需求。

随着读者需求的日益个性化和多样化，个性化定制内容服务成为融合出版增值服务收费的重要组成部分，出版单位利用大数据分析、人工智能等先进技术手段，深入了解读者的阅读习惯、兴趣偏好、消费行为等多维度数据信息，从而为读者量身定制个性化的出版内容。例如，对于一位对历史文化感兴趣且偏好阅读深度学术著作的读者，出版单位可以根据其阅读历史和收藏记录，为其推荐一系列相关的历史研究专著、学术论文集，并提供个性化的阅读书单定制服务。融合出版与在线教育的深度融合催生了丰富多样的在线学习课程与培训服务，成为出版单位增值服务收费的又一重要领域，这些课程内容丰富、形式多样，包括视频讲座、电子教材、在线测试、互动讨论区等多种教学元素，为读者提供了一种便捷、高效、互动性强的学习方式。例如，一家专业的出版单位可以针对职场人士推出一系列职业技能提升课程，如商务英语培训课程、项目管理培训课程、数据分析与处理课程等。在融合出版商业模式中，作者作为内容创作的核心，其品牌价值和粉丝影响力也成为重要的商业资源，出版单位通过组织作者互动交流活动，如线上作者见面会、读者粉丝社群建设、作者签名售书活动等，为读者提供了与作者近距离接触、互动交流的机会，同时也为出版单位开展粉丝经济运营创造了条件。

（三）广告盈利模式的创新

广告盈利模式的创新是融合出版商业模式创新的重要支撑点，它借助大数据精准投放技术，将广告与出版内容进行有机结合，在不影响读者阅读体验的前提下，实现了广告收益的最大化，为出版单位开辟了一条全新的盈利渠道，同时也为广告主提供了更加精准、高效的广告投放平台。

在融合出版环境下，大数据精准投放广告的核心原理是基于对读者数据的深度挖掘与分析，构建读者画像和行为模型，从而实现广告的精准匹配与个性化推送。出版单位通过收集读者在平台上的各种数据信息，如阅读历史、搜索记录、浏览偏好、购买行为等，运用数据挖掘算法、机器学习技术等先进手段，对这些数据进行分析处理，提取出读者的兴趣爱好、消费能力、地理位置等关键特征信息，构建出详细的读者画像。为了确保广告在不影响读者阅读体验的前提下实现有效投放，融合出版单位在广告与出版内容的有机结合方面进行了大量的创新实践，探索出了多种行之有效的结合形式。一种常见的形式是内容植入式广告，即将广告信息巧妙地融入到出版内容中，使广告成为内容的一部分，让读者在阅读过程中自然而然地接受广告信息。另一种形式是互动式广告体验，利用融合出版平台的互动功能，为读者提供与广告互动的机会，从而提高广告的吸引力和参与度。

四、融合出版中版权管理的变化

在融合出版的浪潮下，版权管理领域正经历着前所未有的深刻变革，这种变革不仅体现在版权内涵与外延的拓展上，还涉及管理方式的创新、授权模式的多样化以及版权交易平台的兴起等多个层面，深刻地影响着出版行业的生态格局以及相关利益主体的权益分配与业务运作模式。

（一）版权内涵与外延的拓展

融合出版打破了传统出版单一媒体形式和有限传播渠道的限制，使得版权的内涵与外延得到了极大的丰富与拓展，在传统出版模式下，版权主要聚焦于纸质书籍、报刊杂志等印刷品的复制权、发行权等基本权利。随着数字技术的飞速发展，融合出版涵盖了文字、图像、音频、视频等多种媒体形式的综合运用，并且出版内容能够通过互联网、移动网络等多种传播渠道进行广泛传播。这就意味着版权不再仅仅局限于传统的印刷复制与发行领域，而是延伸到了数字复制权、网络传播权、信息网络传播权、改编权、汇编权等多个新的权利范畴。

例如一部文学作品在融合出版的框架下，不仅拥有纸质图书出版的版权，还涉及电子图书版本在各大数字阅读平台上的传播权，以及基于该作品改编成有声读物、影视作品、动漫作品等的改编权。当这部作品被制作成互动式多媒体电子书时，其中包含的音频朗读、视频讲解、动画演示等元素又各自涉及相应的版权问题。随着社交媒体、短视频平台等新兴传播渠道的兴起，作品在这些平台上的传播与推广也涉及特殊的授权与版权管理要求，例如一些作者或出版商会将作品的短视频片段授权给社交媒体达人进行宣传推广，这就涉及在特定平台、特定时长、特定用途下的版权授权与收益分配问题。这种版权内涵与外延的拓展，使得版权管理变得更加复杂和多元化，要求版权所有者和管理者必须具备更全面的版权意识和更精细的管理能力，以确保在融合出版的各个环节中版权都能够得到有效的保护和合理的运用。

（二）数字化版权管理技术的应用

为应对融合出版带来的版权保护新挑战，数字化版权管理技术（DRM）应运而生并得到了广泛应用，DRM 技术通过一系列先进的技术手段，对数字出版内容进行全流程的版权保护，从内容的加密存储、传输分发到用户的阅读使用，都能够实现有效的监控与管理，从而最大限度地限制未经授权的复制、传播与使用行为。加密技术是 DRM 的核心组成部分之一，运用对数字出版内容进行加密处理，使得只有经过授权的设备或用户才能够解密并正常阅读使用该内容，例如电子书出版商可以使用加密算法将电子书文件加密后分发给销售平台或读者，读者在购买电子书后，需要使用特定的阅读软件或设备，并输入合法的授权密钥才能解密并打开电子书进行阅读，这种加密方式有效地防止了电子书在网络上被非法复制和传播，保护了版权所有者的权益。

此外，DRM 技术还包括权限管理功能，能够对数字出版内容的使用权限进行精细设置，例如出版商可以根据不同的授权协议，设置读者对电子书的阅读次数、阅读时长、打印份数、复制粘贴权限等。对于一些专业的学术文献或商业报告，出版商可能会限制读者只能在特定的设备上阅读，且禁止打印和复制内容，以保护其商业机密和知识产权。运用这些权限管理功能，DRM 技术能够在满足读者正常阅读需求的同时，有效地防止版权内容被滥用，确保版权所有者的利益得到充分保障。

然而，DRM 技术在应用过程中也面临一些挑战和争议，一方面，过于严格的 DRM 措施可能会给读者带来不便，影响阅读体验。例如一些 DRM 加密的电子书在不同的阅读设备或软件之间可能存在兼容性问题，导致读者无法正常阅读或转移阅读设备。另一方面，一些技术高手可能会试图破解 DRM 保护措施，从而引发新的版权侵权风险。尽管如此，随着技术的不断发展和完善，DRM 技术仍然是目前融合出版中版权管理的重要手段之一，并且在不断地优化升级，以平衡版权保护与读者体验之间的关系。

（三）版权交易平台的兴起

融合出版的快速发展催生了版权交易平台的兴起，这些平台为版权所有者与使用者提供了便捷高效的交易场所，极大地促进了版权资源的合理流通与优化配置。版权交易平台依托互联网技术，打破了传统版权交易中信息不对称、交易流程繁琐、地域限制明显等诸多弊端，构建了一个开放、透明、规范的版权交易市场环境。版权所有者可以在版权交易平台上将自己拥有的各类版权资源进行详细登记和展示，包括作品的名称、类型、创作背景、版权范围、授权意向等信息，使潜在的使用者能够方便快捷地获取版权信息并进行筛选评估。例如一位独立音乐创作者可以将自己创作的多首歌曲的版权信息上传至版权交易平台，注明歌曲的风格、适合的使用场景（如广告配乐、影视插曲、网络直播背景音乐等）以及期望的授权价格和合作方式。

第二节 科研管理的范畴

一、科研项目立项管理的流程与要点

科研项目立项管理作为科研管理的关键起始环节，对于整个科研项目的顺利推进、资源合理配置以及最终成果的质量和价值实现都具有极为重要的意义，其流程涵盖项目申报、评审以及立项决策等多个相互关联且不可或缺的环节，每个环节又各自有着明确的要求与要点，以下将对其进行详细阐述。

（一）项目申报阶段

项目指南是科研人员申报项目的重要依据，通常明确规定了项目的资助方向、重点领域、申报条件以及预期目标等关键信息，科研人员在着手申报项目之前，必须对项目指南进行深入细致的研读，确保全面理解指南的各项要求和意图。例如在一些政府资助的科研项目指南中，会明确指出特定领域的研究热点和亟待解决的关键问题，科研人员需要准确把握这些信息，将自己的研究方向与指南要求紧密契合，提高申报项目的针对性和竞争力。

项目申请书是科研人员向资助方展示项目研究价值、可行性和自身实力的核心文件，其质量直接决定了项目申报的成功与否，一份完整且优秀的项目申请书应全面涵盖项目研究背景、目标、内容、方法、预期成果及创新点等关键要素。在阐述研究背景时，科研人员需要通过广泛查阅国内外相关文献资料，深入分析当前该领域的研究现状、存在的问题以及尚未解决的技术瓶颈等。项目目标的设定应明确、具体且具有可衡量性，项目研究内容是申请书的核心部分，应详细阐述为实现项目目标所开展的具体研究工作，包括研究的主要问题、研究对象的选择、研究的技术路线和实验方案等。研究方法的选择应科学合理、切实可行，并具有创新性，科研人员需要根据项目的研究内容和目标，选择合适的研究方法和技术手段，如实验研究、理论分析、数值模拟、调查研究等。科研人员需要根据项目目标和研究内容，预测在项目完成时能够取得的具体成果，如发表的学术论文数量与质量、获得的专利授权、研发的新产品或技术原型、培养的科研人才等，对预期成果的价值和应用前景进行简要分析，说明其对学科发展、社会经济或行业技术进步的潜在贡献，使评审专家能够直观地感受到项目的预期效益。

（二）评审环节

评审专家的专业素养、学术水平和公正态度对于项目评审的质量和结果具有决定性影响，在评审环节开始之前，需要精心遴选相关领域的专家组成评审委员会。评审专家应具备深厚的学术造诣和丰富的科研经验，在本领域具有较高的知名度和影响力，熟悉国内外该领域的研究现状和发展趋势。同时，为了确保评审的公正性和客观性，应尽量避免专家与申报项目存在利益关联，如申报人所在单位的同事、合作过的伙伴或有其他直接利益关系的人员。

评审专家在对项目申请书进行评审时，通常会从多个维度进行严格审查评估，主要包括项目的科学性、创新性、可行性以及研究团队实力等方面，为了确保评审过程的公平公正公开，需要建立一套规范透明的评审制度和流程。在评审过程中，应严格遵循既定的评审程序和标准，所有评审专家都应按照相同的要求对项目申请书进行评审，避免主观随意性和人为因素的干扰。例如可采用匿名评审制度，隐去项目申报人的姓名、单位等信息，使评审专家仅根据项目申请书的内容进行评审，减少因个人偏见或人际关系对评审结果的影响。同时要对评审过程进行全程记录和监督，建立评审意见反馈机制，评审专家应详细记录对每个项目的评审意见和评分依据，并及时反馈给申报人。申报人如有异议，可在规定时间内提出申诉，由相关部门进行调查处理，确保评审过程的公正性和透明度得到有效保障。

（三）立项决策阶段

立项决策应依据评审结果进行，但并非简单地按照评审分数高低进行排序确定，在综合考量评审结果时，除了关注项目的评审得分外，还需要重点考量项目对学科发展、社会需求的重要性与紧迫性。对于一些具有重大科学意义、能够填补学科领域空白或对解决社会重大现实问题具有关键作用的项目，即使其评审得分不是最高，也可能因其特殊的战略价值而获得立项支持。例如，在一些关乎国家安全、公共卫生、环境保护等重大领域的科研项目立项决策中，政府部门或资助机构会更加注重项目的社会效益和战略意义，优先支持那些能够为国家和社会带来重大利益的项目。

立项决策的科学性与合理性不仅体现在对项目本身价值的准确判断上，还体现在对资源合理配置的考虑上，在确定立项项目时，需要综合考虑资助方的资金预算、资源分配能力以及不同项目之间的资源需求和协同关系等因素。例如对于一些大型科研项目，可能需要耗费大量的资金、人力和物力资源，在立项决策时需要评估资助方是否有足够的资源支持项目的实施，同时还要考虑如何在多个立项项目之间合理分配资源，避免资源过度集中或浪费，确保资源能够得到最优化的配置和利用，以实现科研投入的最大效益。

二、科研经费管理的规定与监督

现代科研经费来源呈现出多元化的特点，主要包括政府拨款、企业资助、科研基金等多种途径，政府拨款在科研经费体系中占据着重要地位，国家及各级地方政府通过各类科技计划、专项项目等形式向科研机构和科研人员提供资金支持，旨在推动基础研究、前沿技术研究以及解决重大社会民生问题的科研工作。例如国家自然科学基金委员会每年投入大量资金资助自然科学领域的基础研究项目，这些项目涵盖了数理科学、化学科学、生命科学、地球科学、工程与材料科学、信息科学等众多学科领域，为我国基础科学研究水平的提升奠定了坚实基础。

企业资助也是科研经费的重要来源之一。企业基于自身的技术创新需求、市场竞争战略以及社会责任等因素，与科研机构开展合作研究或直接资助科研项目，这种产学研合作模式不仅能够为科研机构带来资金支持，还能促进科研成果的转化与应用，实现科研与产业的紧密结合。例如一些高新技术企业为了开发新产品、改进生产工艺，会与高校或科研院所联合设立研发项目，共同投入资金、技术和人力等资源，共享研发成果。

科研经费一般分为直接费用和间接费用，直接费用是指在科研项目实施过程中直接发生的、与项目研究活动密切相关的费用支出，主要包括设备购置、材料采购、人员劳务、差旅费、会议费、国际合作与交流费等。间接费用则是指科研机构在组织和实施科研项目过程中发生的、无法直接计入项目成本的费用，主要用于补偿科研机构为项目研究提供的公共资源消耗、管理服务等支出，如科研设施设备的折旧与维护、水电费、物业管理费、科研管理人员的薪酬等。

科研经费预算编制是科研经费管理的重要环节，一份科学合理、详细准确的预算是确保科研项目顺利实施和经费合理使用的前提，在编制预算时，科研人员应根据项目研究目标、内容、技术路线以及实施周期等因素，对各项费用支出进行全面、细致的预估，并遵循相关经费管理政策和资助方的要求进行编制。预算内容应包括直接费用和间接费用的各项明细，如设备购置的名称、型号、数量、单价，材料采购的种类、数量、预计单价，人员劳务的发放标准、人数、发放时间，差旅费、会议费、国际合作与交流费的预计支出金额及用途等。

预算编制应坚持"目标相关性、政策相符性、经济合理性"的原则。目标相关性要求预算支出与项目研究目标紧密相关，为实现项目目标提供必要的资金支持。政策相符性是指预算编制应符合国家有关科研经费管理的法律法规、财务制度以及资助方的经费管理规定。经济合理性则强调预算支出应符合市场行情和实际科研需求，避免过高或过低估计费用，确保经费使用的效益最大化。

在项目实施过程中，科研人员应严格按照批准的预算执行经费支出，不得随意调整预算项目和金额，如因项目研究内容发生重大变化、市场价格波动等特殊原因确需调整预算的，应按照规定的程序和权限进行审批。一般情况下，较小幅度的预算调整可由科研机构内部自行审批，而对于较大幅度的预算调整或涉及关键预算项目的调整，则需报资助方批准。例如对于国家自然科学基金项目，若设备购置费用的调整幅度超过原预算的10%或涉及金额较大时，需向基金委提交预算调整申请报告，说明调整原因、调整内容及对项目研究的影响等，经基金委审核批准后方可调整。

科研机构自身的财务、审计部门在科研经费监督中发挥着重要的内部监督作用，财务部门通过对科研经费的日常核算与管理，对经费的收支情况进行实时监控，确保经费的使用符合预算安排和财务制度规定。财务人员在审核经费支出凭证时，不仅要关注凭证的合规性，还要对经费支出的合理性进行判断，如发现异常支出或潜在的财务风险，应及时向项目负责人和科研管理部门反馈，并提出相应的整改建议。

审计部门则定期对科研项目经费进行内部审计，审计内容包括预算执行情况、经费支出的真实性与合法性、财务管理制度的执行情况、资产管理情况等。内部审计通常采用抽样审计、专项审计等方式，深入审查科研经费使用的各个环节。例如在对某科研项目的内部审计中，审计人员会详细检查设备购置的合同执行情况、设备的验收与使用记录，材料采购的供应商资质、采购流程与库存管理，人员劳务费用的发放依据与发放记录，以及差旅费、会议费、国际合作与交流费等各项费用的报销凭证与审批手续等。

外部监督主要由政府审计机关、资助方等主体实施，其监督方式包括不定期抽检和专项审计等，政府审计机关作为国家监督体系的重要组成部分，依法对科研经费的使用情况进行审计监督，重点关注科研项目的立项审批、预算执行、经费使用效益等方面是否符合国家法律法规和政策规定。政府审计机关的审计具有权威性和强制性，其审计结果将作为对科研机构和科研人员考核评价、责任追究的重要依据。例如国家审计署会定期组织对重大科研项目或科研经费管理使用情况的专项审计，对发现的违规违纪问题依法进行处理，并向社会公布审计结果，以促进科研经费管理的规范化和透明化。

三、科研人员培养管理的途径

在当今科技飞速发展、竞争日益激烈，科研人员作为科技创新的核心力量，其培养管理至关重要，科研人员的素质与能力直接关系到科研成果的质量、科研项目的推进效率以及科研机构的整体竞争力。

（一）学术培训

学术培训是科研人员培养管理的重要基石，为科研人员提供了系统学习前沿知识与研究方法的平台，有助于拓宽其学术视野，激发创新思维，跟上学科发展的最新动态。学术讲座具有灵活性高、信息传播迅速的特点，是科研人员获取新知识的便捷途径，科研机构通常会定期邀请国内外知名专家学者举办学术讲座，讲座主题涵盖了各个学科领域的前沿热点问题、最新研究成果以及跨学科研究进展等。例如在物理学领域，可能会邀请诺贝尔物理学奖获得者介绍量子计算领域的突破性研究成果，讲解相关的理论基础和实验技术；在生物学领域，专家可能会分享基因编辑技术在疾病治疗方面的应用前景以及面临的伦理挑战等。这些学术讲座不仅使科研人员能够及时了解到本学科领域的顶尖研究成果，还能让他们接触到不同的研究思路和方法，启发他们在自己的研究工作中进行创新思考。参加学术讲座还为科研人员提供了与专家学者面对面交流互动的机会，他们可以就自己在研究过程中遇到的问题向专家请教，获得宝贵的建议和指导。

研讨会相较于学术讲座，更加注重学术交流与讨论的深度和广度，通常围绕某一特定的研究主题或学科领域，召集相关的科研人员、专家学者以及研究生等进行深入研讨。研讨会的形式多样，包括主题报告、分组讨论、案例分析、成果展示等环节。例如，在人工智能领域的研讨会上，首先会有知名学者就人工智能算法的最新发展趋势进行主题报告，介绍深度学习算法在图像识别、语音识别等方面的应用改进以及面临的挑战。随后，参会人员会根据自己的研究兴趣和专长分成若干小组，针对特定的问题如人工智能在医疗领域的应用伦理、数据隐私保护等进行深入讨论。在讨论过程中，大家各抒己见，分享自己的研究经验和观点，通过思想的碰撞与交流，产生新的研究思路和合作机会。研讨会还为科研人员提供了展示自己研究成果的平台，他们可以在会上介绍自己的研究进展和发现，接受同行的评价与建议，有助于进一步完善自己的研究工作。

（二）项目实践

项目实践锻炼是科研人员培养管理的核心环节，让科研人员亲身参与各类科研项目，使其在实践中不断积累经验，提升解决实际问题的能力，培养团队协作精神和科研项目管理能力。

科研项目种类繁多，涵盖了基础研究项目、应用研究项目、开发研究项目等不同类型。对于科研人员培养而言，参与不同类型的项目具有不同的意义和价值，基础研究项目注重对科学原理和规律的探索，参与此类项目有助于科研人员深入理解学科理论知识，培养其严谨的科学思维和创新能力。例如在数学基础研究项目中，科研人员需要通过深入的理论推导和证明，探索新的数学定理和模型，这对其逻辑思维能力和抽象思维能力的提升具有极大的促进作用。应用研究项目则侧重于将科学理论应用于实际问题的解决，科研人员在参与这类项目时，需要深入了解实际应用场景和需求，将理论知识与实际问题相结合，提出切实可行的解决方案。例如，在环境科学应用研究项目中，科研人员需要研究如何将污染治理的理论技术应用于具体的河流、湖泊污染治理实践中，这要求他们具备良好的问题分析能力和技术转化能力。

科研人员在项目参与过程中，还会经历不同的层次和角色转变。从最初作为项目团队的普通成员，在项目负责人和资深科研人员的指导下，承担一些具体的研究任务，如实验数据采集、文献资料整理、部分算法实现等，逐步积累实践经验，熟悉项目研究的基本流程和方法。随着自身能力的提升，他们会逐渐承担更多的责任，如负责项目的某个子课题研究、带领一个小团队完成特定的任务模块等，在这个过程中，他们的项目管理能力、团队协作能力和独立研究能力得到进一步锻炼。当科研人员具备了丰富的项目经验和较强的综合能力后，他们就有机会成为项目负责人，全面负责项目的规划、组织、协调和控制，这对其科研领导力、战略规划能力和资源整合能力提出了更高的要求。通过在不同类型项目中经历不同层次的角色转变，科研人员能够得到全方位的锻炼和成长，成为具有扎实专业基础、丰富实践经验和全面综合能力的优秀科研人才。

（三）国际合作

国际合作交流在科研人员培养管理中占据着日益重要的地位，它为科研人员提供了与国际前沿科研水平接轨的机会，促进了国际间科研理念、技术方法和文化的交流融合，有助于提升科研人员的国际视野和竞争力。

选派科研人员到国外先进科研机构访问学习是国际合作交流的重要形式之一。科研人员在国外访问学习期间，能够深入了解国际科研领域的最新发展趋势、先进的研究方法和技术手段，亲身感受国外科研机构的管理模式和科研文化氛围。例如，美国的一些顶尖科研机构如哈佛大学、斯坦福大学等在基础研究方面具有世界领先水平，科研人员在这些机构访问学习时，可以参与到国际一流水平的科研项目中，与国际知名专家学者进行近距离的交流与合作，学习他们严谨的科研态度、创新的研究思路和高效的科研管理方法。

参与国际合作项目是科研人员进行国际合作交流的另一种重要途径。国际合作项目通常涉及多个国家的科研机构和科研人员，项目研究内容往往具有全球性的重大意义和挑战性，如气候变化研究、全球公共卫生问题研究、国际空间探索合作等。在参与国际合作项目过程中，科研人员需要与来自不同国家和文化背景的团队成员进行紧密合作，共同制定项目研究计划、开展实验研究、共享数据资源和研究成果。例如，在国际气候变化研究合作项目中，来自中国、美国、欧洲各国、澳大利亚等国家和地区的科研人员组成联合研究团队，通过对全球气候数据的收集与分析、气候模型的建立与验证、气候变化影响评估与应对策略研究等多方面的合作，共同探索气候变化的规律和影响机制，为全球应对气候变化提供科学依据和政策建议。

四、科研设备与资源管理的措施

科研设备与资源作为科研活动的物质基础与核心要素，其管理水平的高低直接影响着科研工作的质量、效率以及科研成果的产出，在当今科技飞速发展、资源日益紧张且科研合作愈发频繁的背景下，构建科学、高效、完善的科研设备与资源管理体系显得尤为重要。

（一）设备采购管理

设备采购管理的首要环节是制定科学合理的采购计划，这一计划不能盲目跟风或临时拼凑，而需紧密结合科研需求与机构发展战略。科研机构应深入调研各科研团队的研究方向、项目进展以及未来规划，全面梳理当前设备资源状况，找出在研究过程中因设备缺失或性能不足而形成的瓶颈问题。例如在一个生物医学研究机构，如果多个课题组都致力于基因编辑技术的应用研究，而现有的基因测序仪数量有限且型号老旧，无法满足高通量、高精度的测序需求，那么基因测序仪就应被纳入重点采购考量范围。同时，机构发展战略也为采购计划提供了宏观导向，若某科研机构立志在新能源材料领域取得突破性成果并成为行业领军者，那么在采购计划中就应优先考虑购置先进的材料合成与表征设备，如高分辨率电子显微镜、高精度 X 线衍射仪等，以支持相关研究工作的开展并提升机构在该领域的科研实力。

在确定采购设备的类型与大致需求后，深入的市场调研与细致的性价比分析成为关键步骤，市场调研应涵盖多个方面，包括不同品牌、型号设备的技术参数、性能指标、功能特点、稳定性及可靠性等。例如，在采购高精度数控机床时，要对比国内外各大品牌产品在加工精度、重复定位精度、主轴转速范围、控制系统功能等方面的差异。同时了解各品牌设备的市场口碑、用户评价以及售后服务质量，运用查阅专业评测报告、咨询同行使用经验、实地考察设备使用现场等方式获取这些信息。性价比分析则需综合考虑设备的购置成本、运行成本、维护成本以及预期使用寿命和产出效益等因素，例如，一款进口的高端科研设备虽然购置成本较高，但因其技术先进、性能稳定、故障率低且使用寿命长，同时运行和维护成本相对合理，在长期使用过程中可能会比一些购置成本较低但后期运行维护费用高昂的设备更具性价比。

（二）设备使用管理

设备使用管理的核心在于确保设备的规范操作与安全运行，而制定详细、清晰、易懂的设备操作规程是实现这一目标的基础。操作规程应根据设备的具体类型、型号与功能特点进行量身定制，涵盖设备的开机预热、参数设置、样品处理与加载、运行操作步骤、数据采集与处理、关机及日常维护检查等各个环节。例如，对于一台电子天平，操作规程应明确规定天平的放置环境要求（如温度、湿度、震动情况等）、开机预热时间、校准方法与周期、称重范围与精度限制、样品放置与取放方式以及清洁维护注意事项等。

除了规范操作，定期对设备进行检测维护也是延长设备使用寿命、提高运行效率的关键措施，科研机构应建立健全设备定期检测维护制度，根据设备的类型、使用频率、工作环境等因素制定个性化的检测维护周期与项目清单。对于一些关键性能指标易受环境影响或随着使用时间推移容易发生漂移的设备，如高精度光谱仪、质谱仪等，应缩短检测周期并增加检测项目，检测维护工作可由内部专业技术人员或委托外部专业维修机构进行。

（三）搭建设备与资源共享平台

资源共享机制建设的核心载体是设备与资源共享平台的搭建。这一平台应具备完善的功能模块，包括设备信息展示、预约使用管理、实验数据共享、文献资料检索与下载等功能。在设备信息展示模块，详细列出共享设备的名称、型号、技术参数、功能特点、所在位置、开放时间以及使用收费标准（如有）等信息，使科研人员能够快速、全面地了解平台内可共享的设备资源情况。例如某高校科研设备共享平台上展示了一台价值数百万元的超高分辨率激光共聚焦显微镜，平台详细介绍了该显微镜的激发波长范围、分辨率指标、成像模式、可容纳样品尺寸以及配套的分析软件等信息，同时注明了该设备位于学校生命科学实验楼三楼，每周一至周五上午 9 点至下午 5 点开放预约使用，使用收费标准为每小时 500 元。

为确保资源共享机制的有效运行，还需要建立一系列配套的保障措施。首先是政策制度保障，科研机构应制定完善的资源共享管理办法与激励政策。管理办法明确资源共享的范围、对象、方式、流程以及各方的权利与义务等内容，规范资源共享行为。激励政策则鼓励设备拥有方积极参与资源共享，例如对提供共享设备的科研团队给予一定的经费补贴、设备维护升级优先支持或在科研成果评价与绩效考核中给予适当加分等，对积极使用共享资源开展科研工作且取得突出成果的科研人员也给予相应奖励，如科研项目申报优先推荐、科研奖金奖励等，提高各方参与资源共享的积极性与主动性。

其次是人员培训与技术支持保障。由于资源共享平台涉及多种设备与复杂的信息技术系统，需要对科研人员进行相关培训，使其熟练掌握平台的使用方法与操作流程。培训内容包括设备预约使用、实验数据上传与下载、文献资料检索等方面的技能培训，以及平台使用过程中的常见问题及解决方法介绍，同时平台应配备专业的技术支持人员，及时处理平台运行过程中出现的技术故障、网络问题以及用户咨询与投诉等，确保平台的稳定运行与用户的良好体验。

最后是信用评价与监督管理保障。建立资源共享信用评价体系，对参与资源共享的各方进行信用评价，对于设备提供方，评价其设备的完好率、开放时间遵守情况、服务质量等，对于设备使用方，评价其预约遵守情况、设备使用规范程度、实验数据共享诚信度等。信用评价结果定期公布，并与各方的资源共享权限、激励措施挂钩，对于信用不良的主体，采取相应的惩罚措施，如限制其设备使用权限、降低信用等级等。加强对资源共享过程的监督管理，定期对共享设备的使用情况、实验数据共享情况、文献资料使用情况等进行检查与审计，确保资源共享活动合法、合规、有序进行。

第三节　科研管理的基本理念与方法

一、目标导向的科研管理理念

在当今科技飞速发展、竞争日益激烈的时代背景下，目标导向的科研管理理念已成为推动科研工作高效、有序开展并取得重大突破的关键所在，这一理念贯穿于科研活动的各个环节，从项目的规划设计到执行监控，再到最终成果的评估验收，均以明确且具有针对性的科研目标为指引，确保科研资源的合理配置与高效利用，使科研工作紧密贴合国家战略需求、学科发展前沿以及社会实际问题，进而实现科研价值的最大化。

（一）国家战略需求

国家战略需求是科研目标设定的重要宏观导向。在全球科技竞争格局中，各国纷纷制定战略规划以抢占科技制高点，解决关乎国家安全、经济发展、社会稳定等方面的关键问题。例如在能源领域，随着传统化石能源的日益枯竭以及环境问题的愈发严峻，我国提出了"碳达峰、碳中和"战略目标，科研管理部门据此引导科研项目聚焦于新能源开发与利用技术研究，如高效太阳能电池、大规模储能技术、新型核电技术等，旨在减少对传统能源的依赖，推动能源结构转型，实现能源领域的可持续发展，为国家能源安全与应对气候变化战略提供坚实的科技支撑。又如在信息技术领域，面对数字化时代的浪潮以及国际信息安全挑战，国家大力发展自主可控的信息技术体系，科研项目围绕高性能芯片设计制造、操作系统研发、网络安全技术等关键方向展开，目标是打破国外技术垄断，构建安全可靠的信息基础设施，提升我国在全球信息技术产业中的竞争力与话语权，保障国家信息安全与经济社会数字化转型进程。

（二）学科发展趋势

学科发展趋势反映了科学知识体系内在的演进规律与前沿动态，是科研目标设定的重要依据之一。现代科学学科呈现出高度分化与深度融合并行的发展态势，一方面，各学科在细分领域不断深入探索，追求更高的精度与深度，另一方面，跨学科研究日益成为创新的源泉，不同学科之间的交叉融合催生了众多新兴研究领域与前沿方向。

以生命科学为例，随着分子生物学、基因编辑技术、生物信息学等学科分支的快速发展，生命科学研究逐渐从宏观层面深入到微观分子层面，对生命现象与疾病机制的理解不断加深。科研管理部门在生命科学领域的科研项目规划中，紧跟这一趋势，鼓励科研团队开展如基于基因编辑技术的疾病治疗研究、单细胞测序技术在发育生物学中的应用研究、多组学数据整合与分析方法研究等项目，旨在揭示生命奥秘，攻克重大疾病难题，推动生命科学领域的理论创新与技术突破。

同时，生命科学与物理学、化学、工程学、信息科学等学科的交叉融合也产生了许多新兴研究方向，如生物医学工程领域的医疗器械研发、生物制药工程中的药物递送系统设计、计算生物学中的生物分子模拟与药物设计等。科研管理部门积极引导科研人员跨越学科界限，组建跨学科团队，开展协同创新研究，以适应学科发展的多元融合趋势，促进生命科学领域的创新发展与应用转化。

（三）社会需求及科研团队的建立与管理

科研工作的最终目的是服务于社会，解决社会实际问题，因此社会需求也是科研目标设定不可或缺的考量因素，社会实际问题涵盖面广泛，包括医疗卫生、环境保护、农业生产、交通运输、公共安全等诸多领域。

科研团队是实现科研目标的核心力量，其成员的选拔应紧密围绕项目目标进行。首先需要确定团队核心成员，即项目负责人，项目负责人应具备深厚的专业知识、丰富的科研经验、卓越的领导能力与组织协调能力，能够准确把握项目目标，制定合理的研究计划，并有效地整合团队资源，引领团队朝着目标前进。例如，在一个大型航天科研项目中，项目负责人不仅要在航天工程领域具有卓越的学术造诣与工程实践经验，还需具备较强的项目管理能力，能够协调众多专业领域的科研人员，确保项目各环节的顺利衔接与推进。其次在选拔团队其他成员时，应根据项目目标所需的专业技能、知识背景与研究经验进行筛选，对于一个涉及多学科交叉的科研项目，如人工智能与医疗影像诊断融合研究项目，需要选拔计算机科学、医学影像学、数学、生物学等多学科背景的科研人员。计算机科学专业人员负责算法设计与软件开发；医学影像学专业人员提供专业的医学影像知识与临床经验，协助确定研究需求与评估研究成果；数学专业人员进行数据建模与算法优化；生物学专业人员则从生物学角度理解疾病机制与影像特征之间的关系，为项目提供多维度的研究视角与技术支持，确保团队具备实现项目目标所需的综合能力与知识结构。

为确保科研团队能够高效协作，实现项目目标，还需建立良好的团队协作机制与沟通渠道，明确各成员在团队中的角色与职责分工，制定详细的工作流程与协作规范，避免职责不清与工作冲突。例如在一个药物研发项目中，化学合成人员负责药物分子的设计与合成，药理实验人员负责药物活性与安全性评价，临床研究人员负责药物临床试验的组织与实施，各成员按照既定流程与规范有序开展工作，相互配合，形成紧密的工作链条。加强团队内部的沟通交流至关重要，定期召开团队会议，汇报研究进展，讨论研究中遇到的问题与解决方案，建立项目管理信息系统，实现团队成员之间信息共享与实时沟通，提高工作效率与协同效果。例如在一个分布式科研项目中，团队成员分布在不同地区甚至不同国家，通过使用项目管理信息系统，成员可以随时随地共享研究数据、文档资料，进行在线讨论与视频会议，及时解决项目推进过程中的技术难题与协调问题，确保项目目标的顺利实现。

二、过程控制的科研管理方法

在科研项目管理领域，过程控制的科研管理方法已成为确保科研项目高效、有序开展并达成预期目标的关键策略，这种管理方法强调对科研项目从起始到结束的完整生命周期进行细致入微且持续动态的监控与管理，通过严谨的规划、精准的数据收集与分析、及时有效的问题应对以及畅通无阻的信息沟通，全方位保障科研项目的顺利推进与最终成功。

（一）制定全面详细的项目计划

在科研项目启动之际，制定一份全面、系统且详细的项目计划是至关重要的基础工作，涵盖科研项目的各个方面，包括研究目标的明确细化、研究内容的详细分解、研究方法与技术路线的精心设计以及预期成果的具体设定等核心要素。例如在一个新型药物研发项目中，研究目标不仅要确定为开发出针对特定疾病具有显著疗效的新药，还需进一步细化到药物的疗效指标（如治愈率、缓解率、副作用发生率等）、安全性标准（如毒性测试结果、药物相互作用情况等）以及研发周期内各阶段的目标达成节点。研究内容则需详细划分成药物靶点的筛选与确定、先导化合物的合成与优化、药物制剂的研发、临床前动物实验的设计与实施、临床试验的各阶段规划（I期、II期、III期）等具体子任务。研究方法与技术路线部分应详细阐述所采用的药物设计技术（如基于结构的药物设计、计算机辅助药物设计等）、合成工艺（如有机合成路线、生物合成方法）、实验动物模型选择与建立、临床试验方案设计（包括患者招募标准、给药方案、疗效评估方法等）以及数据采集与分析方法等内容。预期成果不仅包括最终的新药产品，还应涵盖在研发过程中产生的知识产权（如专利申请）、学术论文发表、研究报告撰写等阶段性与最终性成果形式。

（二）掌握项目实施进展

一旦科研项目进入实施阶段，及时、准确且多维度地收集项目进展数据成为过程控制的核心环节之一，这些数据应涵盖研究成果完成情况、经费使用进度、人员投入情况等多个关键方面。在研究成果完成情况方面，应建立详细的成果记录与跟踪机制，定期收集科研团队在各个研究任务上取得的阶段性成果，如实验数据的获取与分析结果、理论模型的构建与验证情况、技术原型的开发与测试结果等。例如，在一个人工智能算法研发项目中，应记录算法在不同数据集上的训练准确率、召回率、F1值等性能指标的变化情况，以及算法优化过程中的关键改进点与突破。在经费使用进度方面，财务部门应按照项目预算科目，定期统计各项费用的支出情况，包括设备购置费、实验材料费用、人员劳务费用、差旅费、会议费等，并与项目预算进行对比分析，及时发现经费使用过程中的超支或结余情况。在人员投入情况方面，记录科研团队成员在项目上的工作时间投入、参与项目的人员变动情况（如人员的加入、离职、岗位调整等）以及各成员在不同任务中的工作量分配情况，以便评估人员资源的利用效率和团队协作情况。通过对这些多维度进展数据的收集与整理，为全面了解项目的运行状态和及时发现潜在问题提供了丰富的数据基础。

当通过数据分析发现研究进度滞后时，需要迅速制定并实施有效的调整措施。首先应深入分析导致进度滞后的原因，可能包括研究方法的有效性问题、技术难题的阻碍、人员能力不足或资源短缺等多种因素。针对不同的原因采取相应的对策，如果是研究方法问题，应组织专家团队对现有方法进行评估和优化，必要时引入新的研究方法或技术手段。例如在一个生物医学研究项目中，如果原计划采用的基因测序技术无法满足对复杂基因序列的准确分析需求，可考虑采用新一代高通量测序技术，并对相应的实验流程和数据分析方法进行调整。如果是技术难题阻碍，应加大技术攻关力度，调配更多的技术资源或寻求外部合作支持，例如在一个航空航天工程研究项目中，遇到关键零部件的制造工艺难题时，可组织内部顶尖技术人员成立攻关小组，同时与相关科研机构或企业开展合作研究，共同攻克技术难关。对于人员能力不足的情况，应及时安排培训课程或引进具有相关经验和技能的人才，提升团队整体实力。在资源短缺方面，应根据实际需求，合理追加资源投入，如增加实验设备、材料或调整人员配置等，确保研究工作能够顺利推进，追赶滞后的进度。

（三）建立有效的沟通机制

建立有效的沟通机制是过程控制的科研管理方法得以顺利实施的重要保障，其中科研管理部门与科研团队之间的密切沟通尤为关键。科研管理部门应定期与科研团队进行沟通交流，了解项目的最新进展情况、存在的问题与困难以及团队成员的需求和建议。沟通方式可以包括定期召开项目进展汇报会、一对一的面谈、线上沟通平台交流等多种形式。在项目进展汇报会上，科研团队应详细汇报项目在研究成果、经费使用、人员投入等方面的情况，展示取得的阶段性成果，提出遇到的问题和需要协调解决的事项。科研管理部门则应认真听取汇报，对项目进展进行点评和指导，对团队提出的问题及时给予回应和协调解决。一对一的面谈可以针对项目中的个别问题或特殊情况进行深入沟通，了解团队成员的个人想法和感受，提供更具针对性的支持和帮助。线上沟通平台则为日常沟通提供了便捷的渠道，团队成员可以随时在平台上分享项目进展、交流技术问题、提出意见建议，科研管理部门也可以及时发布项目相关通知、政策信息等，确保信息的及时传递和共享，促进双方的协同合作。

三、以人为本的科研管理思维

在当今知识经济时代，科研创新已成为推动社会进步与经济发展的核心动力，而在科研管理领域，以人为本的科研管理思维正逐渐成为主流理念，深刻地影响着科研管理的各个环节与层面。这种思维模式强调将科研人员作为科研管理的核心关注点，充分认识到科研人员的独特价值、多样需求以及无限潜力，通过全方位的管理策略与措施，激发科研人员的积极性、创造力与团队协作精神，进而实现科研目标并推动整个科研事业的蓬勃发展。

科研人员作为具有高度专业性和创造性的群体，在个性特征、思维方式、工作习惯以及科研风格等方面存在着显著的差异，有的科研人员擅长理论创新，能够凭借深厚的数学功底和敏锐的逻辑思维，在抽象的理论领域构建全新的学术模型与概念体系，而有的则精于实验操作，通过精湛的实验技术和严谨的实验设计，从实际的实验数据中发现新的科学现象与规律。例如在物理学界，爱因斯坦以其卓越的理论洞察力提出相对论，彻底改变了人类对时空的认知，而爱迪生则通过无数次的实验尝试，发明了电灯等众多实用电器，极大地改善了人类的生活。

以人为本的科研管理思维尊重这些个性差异，认识到不同的科研风格都有可能为科学研究带来独特的贡献，科研管理部门不应试图将科研人员强行纳入统一的模式或框架，而是应在充分了解每位科研人员特点的基础上，为他们提供个性化的支持与引导。对于理论型科研人员，可为其提供丰富的学术资源、组织高端学术交流活动，帮助他们拓宽理论视野、深化理论研究；对于实验型科研人员，则注重实验室设施的建设与更新、实验耗材的充足供应以及实验技术培训的开展，确保他们能够在实验领域充分施展才华。

创新是科学研究的灵魂，而科研人员对于创新有着强烈的内在需求，他们渴望在未知的科学领域自由探索，不受过多的束缚与限制，以追求新的知识突破与技术发明。这种自由探索的精神往往是产生重大科研成果的源泉，例如在生物科学领域，许多科学家在对基因编辑技术的探索过程中，正是凭借着对未知的好奇心和自由探索的勇气，不断尝试新的基因编辑方法与工具，才使得基因编辑技术取得了飞速发展，为人类治疗遗传疾病带来了新的希望。

科研管理部门应积极响应科研人员的创新需求，营造宽松自由的科研环境，这意味着减少不必要的行政干预与繁琐的审批程序，给予科研人员在研究方向选择、研究方法运用以及研究进度安排等方面更大的自主权。例如在科研项目立项过程中，不应过分拘泥于预设的项目指南，对于一些具有前瞻性和创新性但可能超出传统框架的研究设想，应给予充分的重视和支持，鼓励科研人员大胆尝试。同时建立容错机制，认识到科学研究本身具有一定的风险性和不确定性，对于科研人员在探索过程中出现的失败与挫折，应给予理解和包容，避免因一次失败而对科研人员的职业生涯产生负面影响，让科研人员能够毫无后顾之忧地全身心投入到创新探索中。

一个高效的科研团队犹如一台精密运转的机器，需要各个部件（成员）之间的紧密配合与协同工作，在科研团队组建过程中，以人为本的管理思维注重人员的专业互补，力求汇聚不同专业背景、技能特长的科研人员，以实现团队的协同效应最大化。例如在一个大型的航天科研项目中，需要涉及航空航天工程、材料科学、电子信息工程、自动控制等多个专业领域的人才，航空航天工程师负责航天器的整体设计与结构优化，材料科学家研发高性能的航天材料，确保航天器在极端环境下的可靠性，电子信息工程师构建航天器的通信与导航系统，自动控制工程师则专注于航天器的飞行姿态控制与轨道调整。通过这些不同专业人员的紧密协作，才能够使航天器从设计蓝图变为现实，并成功完成各项航天任务。

除了专业互补外，团队协作精神也是科研团队成功的关键因素之一，以人为本的科研管理思维强调在团队组建与管理过程中，注重培养团队成员的协作意识与合作能力。在团队内部建立明确的共同目标与价值观，使每个成员都清楚地认识到自己的工作对于实现团队整体目标的重要性，从而激发他们为团队共同努力的积极性。例如在一个致力于攻克癌症治疗难题的科研团队中，共同的目标就是开发出更有效的癌症治疗方法，拯救更多患者的生命，这个共同目标将团队成员紧密地联系在一起，无论是从事基础研究的科学家，还是负责临床试验的医生，都朝着这个目标齐心协力地工作。

通过建立合理的团队协作机制与激励措施，鼓励成员之间相互支持、相互配合。例如设立团队合作奖项，对在团队协作中表现突出的成员或小组进行表彰与奖励，在科研项目成果分配中，充分考虑团队成员的协作贡献，不仅仅依据个人的科研成果数量，而是综合评估成员在团队中的角色、投入的时间精力以及对团队整体成果的贡献程度，确保团队成员的付出得到公正的认可与回报，从而进一步强化团队协作精神，营造良好的团队合作氛围。

四、绩效管理在科研管理中的应用

在当今科技驱动发展的时代，科研管理的有效性对于科研机构乃至整个国家的科技创新能力具有决定性影响，绩效管理作为一种科学的管理工具，在科研管理领域的应用日益广泛且深入，它运用构建系统全面的绩效指标体系，实施严谨规范的绩效评估流程，以及建立紧密关联的绩效结果应用机制，为科研管理提供了量化、客观、动态的管理手段，有力地推动了科研资源的优化配置、科研人员积极性的激发以及科研整体水平的提升。

科研成果是衡量科研活动成效的核心要素之一，其指标的设定旨在全面、准确地反映科研团队或个人在知识创造与创新方面的产出情况。

论文发表数量与质量是科研成果的重要体现。论文数量反映了科研人员的科研活跃度和产出规模，在一定程度上展示了其在特定领域的研究积累，但是单纯的数量指标具有局限性，因此需同时考量论文质量。论文质量可通过多种方式衡量，如发表期刊的影响因子、论文的引用次数、是否被国际权威数据库收录等。例如，在自然科学领域，一篇发表于《自然》（*Nature*）或《科学》（*Science*）等高影响因子期刊的论文，往往代表着该研究在相关领域具有较高的创新性和重要性，其对学科发展的推动作用可能远超多篇普通期刊论文。科研管理部门在统计论文成果时，应建立科学的分级分类体系，对不同级别、不同影响力期刊发表的论文赋予不同的权重，以便更精准地评估科研人员的学术贡献。

专利申请与授权情况也是关键的科研成果指标。专利是科研成果转化为实际生产力的重要桥梁，体现了科研工作的创新性与实用性，专利申请数量反映了科研团队或个人在技术创新方面的活跃程度和创新意识，而专利授权数量则更直接地表明了这些创新成果在法律层面获得认可并具备潜在商业价值的情况。不同类型的专利，如发明专利、实用新型专利和外观设计专利，其技术含量和创新难度存在差异，在评价时应予以区分。例如发明专利通常涉及对产品、方法或其改进提出的新的技术方案，其审查过程严格，授权难度较大，因此在绩效评价中应给予较高的权重，以鼓励科研人员开展具有较高技术深度和创新性的研究工作，推动科研成果向实际应用转化，促进科技与经济的紧密结合。

为确保科研绩效管理的连续性和有效性，建立定期评估制度是关键，科研管理部门应根据科研项目的周期特点、科研机构的管理需求以及行业惯例，确定合理的评估周期，如年度评估、中期评估和结题评估等。

年度评估主要侧重于对科研团队或个人在过去一年中的科研工作进展进行总结和回顾，包括科研成果的产出情况、经费使用情况、团队建设情况以及存在的问题和困难等方面。通过年度评估，科研管理部门可以及时了解科研项目的运行状态，发现潜在的问题和风险，并为下一年度的科研计划调整和资源配置提供依据。例如在年度评估中，如果发现某个科研团队的论文发表数量未达到预期目标，且经费使用进度过快，科研管理部门可与团队负责人进行沟通，分析原因，可能是研究方向调整导致实验周期延长、人员变动影响工作效率等，进而共同制定针对性的改进措施，如调整研究计划、加强团队协作培训或补充人力资源等，确保项目能够顺利推进。

中期评估通常在科研项目实施过程的中间阶段进行，其目的是对项目的阶段性成果进行检验和评估，判断项目是否按照预定的研究计划和目标推进，研究方法是否合理有效，资源配置是否满足需求等。中期评估结果对于项目的后续调整和优化具有重要指导意义，如果在中期评估中发现项目存在研究方向偏差、技术难题难以攻克或资源短缺等问题，科研管理部门可组织专家进行会诊，提出调整建议，如修改研究方案、追加经费投入或寻求外部合作等，帮助项目克服困难，重回正轨。同时中期评估结果也可作为科研项目是否继续获得支持的重要依据之一，如果项目进展严重滞后或成果预期不佳，科研管理部门可能会考虑调整项目资助额度或终止项目，以避免资源浪费。

结题评估是在科研项目完成后对其整体绩效进行的全面评价，涵盖了科研成果指标、科研效率指标和科研影响力指标等各个方面的综合考量，结题评估结果不仅反映了科研团队或个人在该项目上的最终绩效表现，也为科研机构的科研管理经验总结、科研资源分配优化以及科研人员的绩效评价和奖励激励提供了重要数据支持。在结题评估过程中，科研管理部门应组织严格的评审程序，邀请同行专家、产业界代表、用户单位代表等多方面的专业人士参与评审，确保评估结果的客观性、公正性和权威性。例如对于一项应用型科研项目的结题评估，除了考察其学术成果（如论文发表、专利授权等）外，还应重点关注其成果转化情况，邀请相关企业代表介绍成果在实际生产中的应用效果、市场反馈以及经济效益等情况，以便全面、准确地评价项目的绩效。

绩效评估结果应作为科研资源分配的重要依据，以实现资源的优化配置，提高资源利用效率，科研管理部门可根据科研团队或个人的绩效表现，在科研经费分配、设备购置与使用、实验场地分配、人力资源配置等方面进行差异化支持。

对于绩效优秀的科研团队或个人，给予更多的科研经费支持，以鼓励他们开展更具创新性和挑战性的科研项目，购置先进的科研设备，吸引优秀人才加入团队，进一步提升科研实力。例如在科研经费申请竞争中，可对绩效排名靠前的团队或个人给予优先资助或提高资助额度，使他们能够获得更充足的资金保障，推动科研工作向更高水平发展。

相反，对于绩效不佳的科研团队或个人，适当减少资源分配，并要求其针对存在的问题进行整改，运用这种方式，引导科研资源向更具潜力和效益的科研项目和团队集中，避免资源的平均分配和浪费，提高整个科研机构的资源利用效率和科研产出效益。例如如果某个科研团队在连续几次绩效评估中表现较差，科研管理部门可对其科研经费进行削减，要求团队负责人制定详细的整改计划，并在一定期限内提高绩效水平，可对该团队的设备使用权限进行限制，督促其合理利用现有资源，提高科研效率。

第四节 融合出版与科研管理相结合的定义

一、两者结合的目标设定

在当今数字化、信息化高速发展的时代背景下，融合出版与科研管理的结合展现出了巨大的潜力与广阔的前景，这种结合并非简单的叠加，而是通过多维度、深层次的协同合作，实现知识传播与创新、资源整合利用以及产业发展等多方面的显著效益，进而在全球知识经济的大舞台上占据更为有利的地位。

融合出版凭借其多样化的媒介形式，包括但不限于电子书、有声读物、视频课程、互动式多媒体应用等，以及广泛的传播渠道，如互联网平台、社交媒体、移动终端应用商店等，打破传统出版在时间与空间上的限制，将科研成果以更为丰富、生动且易于接受的方式呈现给社会各界。无论是专业的科研工作者、相关领域的从业者，还是普通的科学爱好者，都能够在不同的场景下、以不同的方式接触到科研成果信息。

例如，在医学科研领域，一项关于新型癌症治疗方法的研究成果，可以通过融合出版制作成精美的科普视频，发布在视频分享平台上，以通俗易懂的语言和直观的动画演示向大众解释治疗原理和潜在效果。同时，还可以制作成专业的学术电子书，在科研数据库和电子图书馆中供医学专业人士深入研读，详细了解实验数据、研究过程和临床应用前景。这样一来，科研成果不仅能够在专业学术圈内部迅速传播，促进同行之间的交流与借鉴，还能够引起社会公众对医学科研进展的关注和支持，提升公众的科学素养和对科研工作的认可度。

出版单位拥有丰富的编辑、设计、排版、发行等专业资源，这些资源在传统出版业务中发挥着重要作用，而科研机构则具备先进的实验设备、海量的研究数据、顶尖的科研人才以及丰富的科研项目经验，两者的结合能够实现资源的深度整合与互补。

在具体实践中，出版单位的编辑团队可以与科研人员紧密合作，在科研项目的早期阶段就介入，帮助科研人员梳理研究思路、规划成果呈现方式，将科研成果转化为具有出版价值的内容。例如在一本关于量子物理前沿研究的专著出版过程中，编辑人员凭借其对出版市场需求和读者阅读习惯的了解，与科研团队共同确定书籍的章节结构、内容重点和表述方式，使专著既能准确传达科研成果的精髓，又能符合读者的阅读期望。同时科研机构的设备和数据资源也可以为出版单位的内容创作提供支持，例如出版单位在制作高质量的科学纪录片时，可以借助科研机构的实验室设备进行拍摄，获取珍贵的实验画面，利用科研数据进行可视化处理，制作出精准、生动的图表和动画，提升内容的科学性和吸引力。

通过建立融合出版与科研管理的协同合作机制，实现资源的共享与优化配置，提高资源的整体利用效率，在人力资源方面，科研人员可以参与出版单位的培训课程、学术讲座等活动，提升自己的科学传播能力和写作水平，出版单位的编辑、设计人员也可以到科研机构进行实习或交流学习，深入了解科研工作流程和前沿动态，增强自身的专业素养。在设备资源共享方面，科研机构的大型实验设备、高性能计算资源等可以在满足科研任务的前提下，向有需求的出版单位开放，用于内容创作中的数据处理、模拟实验等环节，出版单位的印刷设备、数字出版平台等资源也可以为科研机构提供服务，如印刷科研报告、搭建科研成果展示网站等。

融合出版产业与科研产业的互动融合是当今知识经济发展的必然趋势，这种融合能够打破两个产业之间的壁垒，形成相互促进、协同发展的良好局面，在产业上游，科研产业为融合出版产业提供丰富的内容源泉和技术支撑。科研项目所产生的大量研究成果、创新技术以及专业知识成为融合出版的核心内容资产，同时科研创新所带来的新技术，如区块链技术在版权保护中的应用、大数据分析在内容推荐与精准营销中的应用等，推动了融合出版产业的技术升级与业务创新。

在产业中游，融合出版产业通过其强大的传播与营销能力，将科研成果推向市场，提高科研成果的知名度和影响力，促进科研成果的转化与应用，例如，通过出版科技成果转化案例集、举办科研成果发布会等形式，为科研成果与企业、投资机构之间搭建沟通桥梁，加速科研成果从实验室走向市场的进程。在产业下游，融合出版产业与科研产业共同开拓市场，满足不同用户群体对知识产品和服务的需求。无论是面向企业的专业技术培训课程、行业研究报告，还是面向消费者的科普读物、知识付费产品，都是两个产业融合发展的产物，通过整合双方的资源和优势，能够更好地满足市场需求，提升用户体验，拓展市场份额。

融合出版与科研管理的结合能够在知识经济领域培育新的经济增长点，为我国经济的可持续发展注入新的动力。一方面，基于科研成果转化的融合出版产品具有较高的附加值和市场竞争力，例如将生物科技领域的最新研究成果开发成具有互动功能的数字教材或在线课程，不仅可以满足生物科技专业学生和从业者的学习需求，还可以通过国际市场销售，获取可观的经济收益。另一方面，融合出版与科研管理的结合能够带动相关产业的发展，形成产业链协同效应，例如在文化创意产业中，以科研成果为主题的文化创意产品开发，如科普玩具、科技主题展览等，可以借助融合出版的宣传推广渠道迅速打开市场，同时也为科研机构带来了新的合作机会和收入来源。

从国际竞争力的角度来看，融合出版与科研管理的结合能够提升我国在全球知识经济领域的地位，在全球范围内，知识创新与传播的速度和质量已经成为衡量一个国家竞争力的重要指标。通过融合出版与科研管理的有效结合，我国能够更高效地将科研成果转化为国际影响力，在国际出版市场和科研合作中占据主动地位。例如我国在5G通信技术、高铁技术等领域的科研成果，可以通过融合出版制作成多语言、多媒体的知识产品，向全球推广我国的科技成就和创新经验，吸引国际科研合作与投资，提升我国在全球科技与文化交流中的话语权和影响力。

二、融合过程中的资源共享模式

在融合出版与科研管理的融合过程中，资源共享模式是实现协同发展的关键环节，这种共享模式不仅能够充分发挥双方的资源优势，还能创造出更多的价值，推动知识的传播与创新，提升融合发展的整体效益。

科研机构在长期的研究过程中积累了海量的实验数据、调查数据以及各种类型的学术资源，这些数据对于出版单位来说是一座蕴藏丰富的宝藏，具有巨大的开发潜力。

科研机构的实验数据往往具有高度的专业性和科学性，例如在生命科学领域，科研机构通过基因测序实验、细胞培养实验等获取了大量的基因序列数据、蛋白质结构数据以及细胞生理活动数据。出版单位可以与科研机构合作，对这些数据进行深度挖掘，开发出具有针对性的数据报告，详细展示特定生物样本在不同实验条件下的数据变化趋势、相互关系以及潜在规律。对于科研工作者而言，这些数据报告能够作为重要的参考资料，帮助他们在自己的研究中进行对比分析、验证假设，对于对生命科学感兴趣的普通读者，这也是一种深入浅出了解生命奥秘的方式。

在社会科学和市场研究等领域，科研机构的调查数据涵盖了社会现象、消费者行为、市场趋势等多个方面，出版单位可以利用这些调查数据开发数据分析类图书或专题报告。以消费者行为调查数据为例，出版单位可以结合市场细分理论，对不同年龄段、不同地域、不同消费层次的消费者购买行为进行详细分析，制作成一本关于"消费者行为洞察"的图书。书中可以通过图表、案例等形式直观地展示数据背后的消费心理、影响因素以及市场机会，为市场营销人员、企业管理者以及相关专业的学生提供有价值的参考。

除了传统的图书和报告形式，出版单位还可以利用科研机构的数据进行融合出版产品的创新，例如开发数据可视化的在线平台或移动应用，将复杂的科研数据以交互式图表、动态地图、虚拟现实（VR）或增强现实（AR）场景等形式呈现给用户。在天文学领域，出版单位可以利用科研机构提供的星系观测数据，制作一款天文科普 APP，用户通过该 APP 可以在三维空间中观察星系的分布、恒星的演化过程，并且可以根据自己的兴趣选择不同的数据维度进行查看，如恒星的温度、质量、光度等，这种数据驱动的创新出版产品能够极大地提升用户体验，使知识传播更加生动、形象。

科研人员作为知识的创造者和研究者，在融合出版项目中发挥着不可替代的作用。他们可以作为作者或顾问参与其中，为出版内容提供专业知识支撑。当科研人员作为作者参与融合出版项目时，他们能够将自己的研究成果以通俗易懂的方式撰写成面向不同读者群体的出版物。例如科研人员结合开发科研项目管理系统整合了项目进度跟踪、经费使用监控以及风险预警等多项功能，运用与团队成员的线上工作计划和任务分配系统相连接，实时获取每个任务的完成情况，实现进度的动态更新，将经费使用模块与财务系统对接会自动获取经费的支出数据，对各项费用的去向和使用合理性进行实时监控。多个科研团队可以共享项目管理的模板和经验，互相借鉴优秀的项目管理方法，系统的应用经验和改进措施可以在期刊上分享，运用线上平台发布相关文章，详细介绍系统在不同科研场景中的应用案例和效果，促进更广泛的交流和学习。

在一些大型的融合出版项目中，如制作科学纪录片、开发在线教育课程等，科研人员可以作为顾问提供专业指导，对内容的科学性进行把关，确保所传播的知识符合最新的科研成果和学术规范。例如在制作一部关于宇宙探索的纪录片时，科研顾问可以对纪录片中的宇宙模型、星际航行原理、外星生命假说等内容进行审核，提供专业的修改意见，使纪录片在保证观赏性的同时，更具科学性和教育意义。此外，科研人员作为顾问还可以为出版项目提供最新的研究动态和前沿信息，帮助出版团队及时更新内容，保持作品的时效性。

科研机构的大型实验设备和检测仪器在融合出版的某些环节中具有重要的应用价值，科研机构的实验设备可以为融合出版中的内容创作提供支持，运用区块链技术可以确保科研数据的真实性和不可篡改，从而保障科研成果的可信度，在这一过程中，科研机构的大型实验设备和检测仪器所产生的数据能够被完整、准确地记录在区块链上，这些设备和仪器具备高精度、高灵敏度的特点为科研数据的获取提供了坚实的基础。例如在生物医学研究中，大型基因测序仪产生的海量基因数据可以通过区块链技术进行加密和存储，确保数据的原始性和完整性，同时在材料科学领域，先进的材料性能检测仪器所得到的数据也能被安全地记录在区块链中，为后续的研究和成果验证提供可靠依据。在期刊出版中要强调对这类通过大型实验设备和检测仪器获取并由区块链技术保障的可靠成果的推广，通过详细介绍实验设备和检测仪器的性能、使用方法以及在科研成果产生过程中的关键作用，让读者更好地理解成果的可靠性和创新性。

在融合出版产品的制作过程中，如印刷品的质量检测、电子出版物的兼容性测试等环节，科研机构的检测仪器可以发挥质量控制的作用，例如科研机构的色彩测量仪可以用于检测印刷品的色彩准确性和一致性，确保图书封面、插图等的印刷质量符合标准，电子设备测试仪器可以对数字出版物在不同终端设备上的显示效果、交互功能进行测试，保证产品在各种平台上都能提供良好的用户体验，利用科研机构的检测仪器进行质量控制，可以提高融合出版产品的质量和稳定性。

三、融合对出版与科研交互作用

在当今数字化与知识经济蓬勃发展的时代背景下，融合成为出版与科研领域的重要趋势，这种融合深刻地塑造了两者之间的交互关系，产生了多方面的积极影响，不仅推动了科研的进步与创新，也促使出版行业发生了深刻变革，进而在更广泛的知识传播与社会发展进程中发挥着关键作用。

出版作为科研成果面向外界的窗口，为科研提供了不可或缺的展示平台与广泛的传播渠道，学术期刊、专业书籍、会议论文集等传统出版形式长期以来一直是科研人员分享研究成果的重要途径。在这些出版平台上，科研人员能够将自己的研究发现、实验数据、理论模型等以系统、严谨的方式呈现给同行专家以及更广泛的读者群体。例如在自然科学领域，顶尖学术期刊如《科学》（*Science*）、《自然》（*Nature*）等，每周都会刊登来自世界各地科研团队的最新研究成果，这些成果涵盖了物理学、化学、生物学等多个学科的前沿进展。通过在这些高影响力期刊上发表论文，科研人员能够迅速将自己的工作展示在全球科研社区的视野中，吸引同行的关注与讨论，从而促进学术交流与合作的开展。

除了传统出版形式，现代数字出版技术的兴起进一步拓展了科研成果的传播范围与方式，在线学术数据库、开放获取期刊平台以及科研社交网络等新兴数字出版渠道，使得科研成果能够更便捷地被全球范围内的读者获取。以 arXiv 为例，这一著名的预印本服务器允许科研人员在论文经过同行评审之前就将其上传并公开分享，许多重要的科研突破往往在第一时间就能够在 arXiv 上看到，这大大加速了科研信息的传播速度，使得科研成果能够更快地在学术界引发讨论与反响。此外，一些科研社交网络平台如 ResearchGate 等，不仅提供了论文分享功能，还构建了科研人员之间的互动交流社区，在这里，科研人员可以围绕特定的研究主题展开讨论、分享见解、寻求合作，进一步增强了科研成果传播的互动性与影响力。

出版过程中所产生的各种反馈信息，包括编辑反馈和读者反馈，对于科研人员来说是极为宝贵的资源，能够为他们提供新的研究思路与方向，助力科研成果的进一步完善与升华。编辑在出版过程中扮演着重要的把关角色，他们通常具有丰富的学术背景和专业知识，以及对学科领域发展趋势的敏锐洞察力，在审阅科研稿件时，编辑不仅会对论文的语言表达、格式规范等进行审核，更会从学术价值、创新性、研究方法的合理性等多方面对稿件进行深入评估，并向作者提出建设性的修改意见。例如编辑可能会指出研究中存在的逻辑漏洞、数据不足或方法应用不当等问题，引导作者进行进一步的实验或数据分析，从而使研究更加严谨、完善，这些编辑反馈往往能够帮助科研人员发现自身研究中容易忽视的问题，促使他们从不同的角度审视自己的工作，进而推动研究向更高水平发展。

读者反馈同样对科研有着重要的促进作用，随着出版作品的广泛传播，不同背景的读者会对科研成果产生各种各样的反应和评价，读者可能会基于自己的研究兴趣或实际应用需求，对论文中的某些观点、结论或方法提出疑问、建议或不同看法。这些来自读者的反馈信息能够为科研人员提供全新的视角和思路，激发他们对研究课题进行更深入的思考与探索，例如在医学科研领域，一篇关于某种疾病治疗方法的研究论文发表后，临床医生读者可能会根据自己的实践经验，对该治疗方法的可行性、安全性或有效性提出反馈意见，这些反馈可能会促使科研人员进一步优化治疗方案，开展更深入的临床试验，或者探索新的治疗靶点和药物研发方向。此外，读者反馈还能够反映出科研成果在不同领域的应用潜力和社会需求，帮助科研人员更好地把握研究方向，使其科研工作更紧密地与实际应用相结合，提高科研成果的转化价值。

科研成果无疑是出版内容的核心源泉之一，源源不断地为出版行业注入新鲜血液，丰富了出版的素材库，新的科研发现、理论突破以及创新性的研究成果不断涌现，为各类出版物提供了丰富多样的主题和内容。在科学技术领域，每一项重大的科研发明或发现都可能催生出一系列相关的出版作品，比如随着基因编辑技术如 CRISPR - Cas9 的出现，不仅有大量的学术论文详细阐述该技术的原理、操作方法、应用前景以及伦理考量等方面的内容，同时也引发了众多科普书籍、科技新闻报道以及专业教材对基因编辑技术的广泛关注与深入解读。这些出版物旨在向不同层次的读者群体（从专业科研人员到普通大众），传播基因编辑技术的相关知识，满足他们对这一前沿科技领域的求知欲。

在人文社会科学领域，科研成果同样为出版提供了丰富的素材，例如历史学研究中的新考古发现、社会学领域的社会调查研究成果、文学研究中的新理论观点等，都为相关的学术著作、教材编写以及文化普及读物提供了坚实的内容基础。以历史学为例，近年来随着考古技术的不断进步，许多古代文明遗址的发掘和研究取得了重大突破，这些考古成果为历史出版领域带来了新的热点和话题。出版界迅速响应，推出了一系列关于古代文明研究的专著、图册以及科普读物，如《良渚古城遗址研究报告》《古埃及文明探秘》等，这些出版物通过精美的图片、详实的文字以及深入浅出的解读，将考古科研成果转化为大众能够理解和欣赏的文化产品，不仅丰富了出版市场的内容供给，也促进了历史文化知识的传播与传承。

四、基于融合的新型合作机制

在当今数字化浪潮与知识经济蓬勃发展的时代背景下，融合出版与科研管理的新型合作机制应运而生，成为推动两个领域协同创新、实现资源优化配置与价值共创的关键驱动力。其中，战略联盟合作机制、项目合作机制以及平台合作机制尤为突出，它们从不同层面与维度构建起了出版单位与科研机构之间紧密且富有成效的合作桥梁。

（一）战略联盟合作机制

战略联盟合作机制建立在出版单位与科研机构对长期发展战略的深入思考与契合之上，双方均认识到，在快速变化且竞争激烈的市场环境中，单打独斗已难以应对日益复杂的挑战与机遇。通过建立战略联盟，旨在实现资源共享的最大化、人才培养的系统性以及业务拓展的多元化，从而提升整体竞争力，在全球知识经济的大舞台上占据更为有利的地位。

对于出版单位而言，与科研机构的战略联盟能够为其注入源源不断的优质内容资源，科研机构所开展的前沿研究、取得的创新成果以及积累的丰富数据，都将成为出版单位打造高品质出版物的坚实素材基础。同时借助科研机构的专业声誉与学术影响力，出版单位能够提升自身品牌形象，增强在专业学术出版领域以及知识传播市场的公信力与话语权。

对于科研机构来说，出版单位则是其成果展示、知识扩散以及社会影响力提升的关键合作伙伴，运用出版渠道，科研成果能够更迅速、更广泛地传播至学术界、产业界乃至社会大众之中，接受同行的检验与评价，进而促进学术交流与合作的深入开展。此外，出版单位在市场运营、读者需求洞察以及内容营销等方面的专业经验与资源，也能够为科研机构在科研成果转化、产学研合作项目推进等方面提供有力的支持与指导。

在战略联盟框架下，资源共享涵盖了多个层面与领域，首先是数据资源的共享，科研机构将长期积累的实验数据、调查数据、研究报告等与出版单位开放对接。出版单位则利用自身的数据挖掘、分析与可视化技术，将这些数据转化为具有出版价值的信息产品，如数据驱动的专题报告、数据分析类图书以及可视化数据展示平台等。例如，在环境科学领域，科研机构的大量环境监测数据与出版单位合作后，可开发出面向政府决策部门、环保企业以及公众的环境质量评估报告与科普读物，直观展示环境变化趋势、污染源分布以及应对策略等内容。其次是人才培养方面，双方共同制定人才培养计划与交流机制，科研人员可参与出版单位组织的学术写作培训、科普创作工作坊以及媒体传播技能培训等活动，提升其将科研成果转化为通俗易懂且具有广泛传播力的出版物的能力。出版编辑人员则深入科研机构，参与科研项目的跟踪与研讨，学习专业知识，了解学科前沿动态，从而提高编辑团队在专业内容把关、选题策划以及与科研人员沟通协作方面的水平。例如，一些大型科研机构与知名出版单位合作设立了联合培训中心，定期举办跨领域的培训课程与学术交流活动，为双方人才的成长与交流搭建了平台。最后是业务拓展层面，双方携手探索新的业务增长点与市场机会，出版单位借助科研机构的技术研发优势，开拓数字出版、智能出版等新兴业务领域。例如，利用人工智能技术开发个性化推荐引擎，为读者精准推送符合其兴趣与需求的出版物，运用虚拟现实（VR）或增强现实（AR）技术打造沉浸式阅读体验产品。

（二）项目合作机制

项目合作机制以具体的科研项目或出版项目为核心纽带，双方依据项目需求与各自优势组建联合项目团队。在团队组建过程中，明确各方成员的角色、职责与权利义务关系至关重要，科研机构选派具有相关专业知识与研究经验的科研人员，他们负责提供项目的核心技术支撑、研究思路与数据资源。出版单位则安排擅长内容策划、编辑制作以及市场推广的专业人员，专注于将科研成果转化为具有市场吸引力与可读性的出版物，并确保项目成果能够在目标受众群体中得到有效传播。

为确保项目团队的高效协作与顺利运行，建立科学合理的项目管理体系必不可少，包括制定详细的项目计划，明确项目的各个阶段目标、任务分解、时间节点以及里程碑事件。同时建立有效的沟通机制，如定期召开项目例会、设立项目沟通平台（如即时通信群组、项目管理软件等），确保团队成员之间信息及时共享、问题及时反馈与解决。例如在一个关于新能源汽车技术研发与科普出版的联合项目中，科研团队每月向出版团队汇报研究进展、技术突破以及数据更新情况，出版团队则根据这些信息及时调整出版计划、优化内容结构，并反馈市场调研与读者需求信息给科研团队，以便科研人员在后续研究中更好地考虑市场应用与读者接受度等因素。

（三）平台合作机制

平台合作机制借助数字化平台实现出版单位与科研机构之间的高效连接与深度合作，这些数字化平台涵盖了科研数据共享平台、融合出版云平台以及各类专业服务平台等多种类型，具备丰富多样的功能模块，旨在满足双方在资源交易、项目对接、信息交流等多方面的合作需求。

科研数据共享平台主要功能在于整合科研机构的各类数据资源，包括实验数据、文献资料、科研项目信息等，并通过标准化的数据接口与安全的数据传输机制，向出版单位开放共享。同时平台提供数据搜索、筛选、分析以及可视化展示等工具，方便出版单位能够快速准确地获取所需数据，并进行深度挖掘与二次开发。例如在生物医学领域的科研数据共享平台上，出版单位可以搜索到特定疾病的基因测序数据、临床试验结果等信息，并利用平台提供的数据分析工具生成数据报告或科普文章素材。

融合出版云平台则聚焦于出版全流程的数字化管理与协作，提供从选题策划、内容创作、编辑审核、排版设计到数字发行、市场推广等一站式服务功能，在这个平台上，科研机构可以将研究成果直接上传并转化为多种出版格式（如电子书、电子期刊、数字教材等），出版单位则利用平台的编辑团队与技术资源进行加工制作与发行推广。平台则是运用大数据分析与智能推荐算法，实现出版物的精准推送与个性化定制，提高出版效率与市场响应速度。例如一位科研人员在融合出版云平台上提交了一篇关于人工智能算法研究的论文，平台自动根据论文内容进行关键词提取、分类标签生成，并推荐给相关领域的专业编辑与潜在读者群体，同时根据读者反馈与市场数据为出版单位提供定价、促销策略等方面的建议。

第三章 融合出版与科研管理的意义

第一节 出版行业新契机

一、拓展出版内容的来源渠道

在传统出版模式的长期运作中，出版内容的生成往往遵循着相对固定的路径，编辑团队主要围绕着既有的作者群体展开工作，通过向知名作家、学者约稿，或者在公开的投稿渠道中筛选有潜力的稿件，进而对这些稿件进行编辑、校对、排版等一系列流程，最终形成出版物面向市场。而对已有知识体系的整理总结也是常见的方式，例如对历史文化知识进行系统梳理后出版百科全书、文化典籍解读等类型的书籍，或是对学科基础知识进行整合汇编成教材、教辅资料等。这种模式在过去的很长时间内维持着出版行业的运转，但随着时代的发展，其局限性也逐渐显现。

融合出版与科研管理的协同共进则彻底打破了这种传统格局，为出版内容的来源开启了一片全新的广阔天地，科研机构作为知识创新与探索的核心阵地，汇聚了人类在各个领域最为前沿和深入的研究成果。这些成果以多种形式存在，其中实验数据是科研成果的基石，以物理学领域为例，在高能物理实验中，大型强子对撞机每一次的粒子对撞都会产生海量的数据，这些数据记录着粒子的各种特性、相互作用的细节等信息。在以往，这些数据仅仅在科研团队内部流通，用于特定的科研分析与理论验证，当与出版行业相结合时，它们可以被转化为极具价值的出版内容。

研究报告则是科研机构对某一特定研究课题进行系统分析和总结后的成果呈现，在环境科学领域，一份关于某一地区环境污染源解析的研究报告，可能会详细列出该地区各种污染物的来源比例、排放途径以及对周边生态环境和居民健康的潜在影响。这样的研究报告经过出版行业的加工处理，可以转化为面向政府环保部门、环境科研工作者以及关注环境问题的公众的出版物，对于政府环保部门而言，可以依据这些出版的研究报告制定更为精准的污染治理政策，环境科研工作者则能够从中获取新的研究思路和方法，而公众也能借此更好地了解身边的环境问题以及相应的科学应对措施。

学术论文更是科研成果传播的重要载体，它凝聚着科研人员的智慧结晶和研究心血。在医学领域，每年都会有大量关于疾病发病机制、治疗新方法、药物研发进展等方面的学术论文发表，这些学术论文往往具有较高的专业性和学术性，其受众主要为医学专业人士、科研人员等。通过融合出版的方式，可以将其中一些具有广泛社会影响的医学研究成果进行二次创作，以科普读物的形式出版。比如将关于癌症免疫治疗的最新研究成果转化为科普文章或书籍，用通俗易懂的语言向广大癌症患者及其家属介绍这种新型治疗方法的原理、疗效、优势以及可能存在的风险，帮助他们更好地理解和选择治疗方案。

阶段性总结也是科研过程中的重要环节，它反映了科研项目在特定时间节点上的进展情况、取得的成果、遇到的问题以及下一步的工作计划。在航天工程领域，一个大型航天项目往往会持续数年甚至数十年，在项目的不同阶段都会有相应的阶段性总结。这些阶段性总结不仅对项目内部的科研人员调整研究策略、优化资源配置具有重要意义，而且对于航天爱好者、相关专业的学生以及其他科研机构了解航天工程的全貌和发展历程有着极大的吸引力。通过出版航天工程的阶段性总结报告，可以让更多的人深入了解航天科技背后的艰辛与伟大，激发广大青少年对航天事业的热爱和向往，同时也能促进航天领域知识的传播与交流。

对未来研究方向的展望则为出版内容注入了前瞻性和创新性的元素，在人工智能领域，随着技术的快速发展，科研人员不断在探索新的研究方向，如人工智能与量子计算的融合、人工智能在生物医学领域的深度应用等。这些对未来研究方向的展望可以通过出版行业转化为专题报告、学术研讨论文集等形式，为人工智能领域的科研人员、科技企业研发人员以及投资者提供战略思考的依据。科研人员可以从中获取灵感，开拓新的研究思路，科技企业研发人员能够根据这些展望调整企业的研发方向，抢占市场先机；投资者则可以依据这些信息评估人工智能领域的投资潜力和风险，做出更为明智的投资决策。

这种跨领域的内容整合所带来的优势是多方面的，在内容的丰富性上得到了极大的提升，以往出版内容可能更多地局限于文学创作、历史文化、学科基础知识等领域，而融合科研成果后，出版内容涵盖了自然科学、工程技术、医学、社会科学等各个学科领域的前沿知识和最新研究成果。无论是对宇宙奥秘的探索、生命科学的突破，还是对社会现象背后深层次规律的剖析，都能在出版物中找到相应的内容。这使得出版市场能够满足不同读者群体日益多样化的阅读需求，无论是专业的科研工作者追求学术深度，还是普通读者对科学知识的好奇与探索，都能找到适合自己的出版物。在专业性和深度方面也有了质的飞跃，科研成果本身具有高度的专业性和严谨性，当它们融入出版内容后，能够提升出版物的学术水平和专业价值。

二、提升出版品牌的科技含量

在当今时代，科技已深度渗透到社会的各个层面，成为推动经济发展、文化传播和人类进步的核心力量，科技的日新月异不仅改变了人们的生活方式和思维模式，也重塑了出版行业的格局与生态。读者在这样的大环境下，对于出版产品的期望不再局限于传统的文字内容和单一的表现形式，而是愈发追求具有科技感和前沿性的阅读体验。渴望通过出版物深入了解最新的科技动态、掌握前沿的技术理念，并探寻这些科技成果对未来社会发展的深远影响。

融合出版与科研管理的有机结合，恰好为满足读者的这一需求提供了有力的途径，进而成为提升出版品牌科技含量的关键策略。出版品牌的科技含量，并非仅仅是在出版物中简单提及科技术语或概念，而是要深入挖掘科研成果的内涵，将其以精准、专业且富有创意的方式融入到出版内容、形式以及传播渠道等各个环节中，使出版品牌在读者心目中树立起专业、权威、创新的科技形象。

当出版单位能够敏锐地捕捉到科研领域的最新动态，并迅速将前沿科研成果转化为高质量的出版物时，便在科技出版领域占据了先机。例如在人工智能这一备受瞩目的新兴技术领域，一些具有前瞻性眼光的出版单位与顶尖科研机构携手合作，精心策划并推出了一系列关于人工智能算法原理、应用案例、发展趋势的专著。这些专著并非泛泛而谈，而是邀请了该领域的知名专家学者，如深度学习领域的先驱者、人工智能伦理研究的权威人士等，深入剖析人工智能技术的核心算法，如神经网络、深度学习模型等，详细阐述其数学基础、计算原理以及在图像识别、语音识别、自然语言处理等实际应用场景中的技术细节。同时还会探讨人工智能技术快速发展所带来的一系列社会伦理问题，如算法偏见、数据隐私保护、人工智能对就业结构的影响等。运用这样全面、深入且具有前瞻性的内容呈现，这些出版物在市场上迅速脱颖而出，成为人工智能领域专业人士和科技爱好者必读的经典之作，也使得出版单位在读者心中树立起了在人工智能出版领域的权威地位。

这些基于前沿科研成果出版的书籍和丛书，凭借其内容的高度权威性和先进性，在竞争激烈的出版市场中成功地塑造了独特的品牌形象，使它们成为读者获取高端科技知识的首选渠道，为出版品牌赢得了良好的口碑和广泛的市场认可。这种科技含量的提升所带来的品牌效应是多方面的。

在吸引优质作者资源方面，具有较高科技含量的出版品牌更容易获得顶尖科研人员和专家学者的青睐，这些科研人员深知，只有与专业、权威且具有创新意识的出版单位合作，才能确保自己的研究成果得到准确、深入且广泛的传播。例如一位在基因编辑技术领域取得重大突破的科研专家，在选择出版合作伙伴时，必然会优先考虑那些在生命科学出版领域已经树立了良好科技形象、拥有广泛读者群体和专业编辑团队的出版单位。因为这样的出版单位能够理解其科研成果的价值和意义，并且有能力将这些复杂的科研内容转化为通俗易懂、具有广泛影响力的出版物，从而使科研专家的研究成果能够在学术界和社会各界产生更大的影响。

在合作伙伴拓展方面，科技含量高的出版品牌也更具吸引力，科技企业、科研机构、教育机构等都希望与这样的出版单位建立合作关系，以实现资源共享、优势互补。例如一家科技企业在研发了一款新型的人工智能医疗诊断系统后，希望通过出版相关的书籍和宣传资料来推广其产品和技术理念，此时具有在人工智能出版领域良好声誉的出版单位就成为其理想的合作伙伴，双方可以共同策划出版项目，出版单位负责内容创作和编辑出版工作，科技企业则提供技术支持和案例素材，通过这种合作，双方不仅能够实现各自的目标，还能够提升彼此的品牌知名度和市场影响力。

从读者群体的角度来看，科技含量的提升能够吸引更多不同层次、不同背景的读者。对于专业读者而言，这些具有前沿科研成果的出版物是他们深入学习和研究的重要资料来源，对于普通读者来说，这些出版物则是他们了解科技前沿、拓宽视野的窗口。随着读者群体的不断扩大，出版品牌的市场份额也将随之增加，从而进一步巩固其在出版市场中的地位。

这种由科技含量提升所引发的品牌建设良性循环，最终将显著提升出版单位的核心竞争力，出版单位在拥有了优质的作者资源、广泛的合作伙伴和庞大的读者群体后，便能够在内容创作、市场推广、品牌运营等方面形成强大的合力。在内容创作上，能借助顶尖科研人员的力量，不断推出具有创新性和前瞻性的出版物；在市场推广方面，通过与合作伙伴的协同合作，能够拓宽出版产品的销售渠道和传播范围；在品牌运营上，凭借良好的品牌形象和广泛的市场认可，能够吸引更多的资源投入到品牌建设中，进一步提升品牌的知名度和美誉度。例如一家出版单位在成功打造了人工智能出版品牌后，可以进一步拓展到其他相关的科技领域，如大数据、物联网等，形成一个以科技出版为核心的多元化出版品牌体系，使得出版单位能够在不断变化的市场环境中保持领先地位，应对各种竞争挑战，实现可持续发展。

三、增加出版产品的附加值

在当今竞争激烈的出版市场中，如何提升出版产品的附加值成为出版单位谋求发展与突破的关键所在，融合出版与科研管理的深度融合，无疑为出版产品开辟了一条全新的增值路径，从知识内涵与呈现形式两个维度为出版产品注入了强大的活力与魅力，使其在市场中焕发出独特的光彩，赢得读者的青睐与市场的认可。

从知识含量与信息价值的角度来看，科研成果的融入宛如为出版产品注入了高浓度的知识精华，使其营养价值得到了质的飞跃。利用数字化工具进行科研项目的文献综述这一举措极大地提高了研究的起点，数字化工具如专业的文献数据库、文献管理软件和数据分析工具等，能快速、精准地从海量的文献资源中筛选出与科研项目相关的关键信息。运用这些工具，科研人员可以对前人的研究成果进行系统的梳理和分析，了解研究领域的现状和趋势，发现尚未解决的问题和研究空白，从而为自己的研究提供明确的方向和有价值的参考。在期刊出版中可以出版关于高效文献检索和利用的方法介绍，详细阐述如何选择合适的数据库、运用有效的检索策略、筛选高质量的文献以及对文献进行深度分析和整合的方法。比如介绍如何利用关键词组合和布尔逻辑运算符提高检索的准确性和全面性，如何评估文献的可靠性和相关性，如何运用文献管理软件对文献进行分类、标注和引用等。

在出版产品形式创新方面，科研管理中的创新思维和技术手段为出版业带来了前所未有的变革机遇，赋予了出版产品以全新的生命力和吸引力。科研管理人员和出版人员建立科研项目的知识图谱，运用创新的技术手段，清晰展示项目之间的关联和发展脉络，为科研决策提供强大支持。在构建知识图谱的过程中，引入增强现实（AR）技术，为科研人员带来更加直观和沉浸式的体验，利用 AR 技术，科研人员可以通过佩戴特殊的眼镜或使用移动设备，将虚拟的知识图谱与现实场景相结合。当他们查看某个科研项目时，不仅能够看到项目的基本信息、相关研究人员和机构，还能以三维立体的形式呈现项目之间的复杂关联和发展脉络。比如在观察一个关于新能源的科研项目时，AR 技术可以直观地展示该项目与其他相关领域如材料科学、环境保护等项目之间的交叉关系，以及随着时间推移所产生的技术演进和应用拓展。相关的图谱及深入分析不仅可以以传统的二维形式在专业期刊上呈现，还可以利用 AR 技术创建互动式的数字期刊内容，读者通过手机或平板扫描期刊中的特定图标或页面，即可激活 AR 功能，全方位、多角度地探索知识图谱。这种融合 AR 技术的知识图谱呈现方式，能帮助科研人员更快速、准确地把握科研领域的整体布局和动态变化，从而做出更明智的科研决策，推动科研创新的步伐。

虚拟现实（VR）技术在出版产品中的应用则更进一步，它能够为读者创造出一个完全虚拟的阅读环境。以一本关于历史文化科研的出版物为例，读者戴上 VR 设备后，仿佛穿越时空回到了古代，漫步在古老的城堡中，亲身体验城堡的建筑风格、内部布局以及当时人们的生活场景，或者走进古老的寺庙，聆听悠扬的钟声，感受宗教文化的庄严与神秘。在这个虚拟的世界里，读者能够进一步感受到科研人员的研究成果，感受其中的文化价值。

随着互联网和数字技术的飞速发展，读者面临着海量的出版产品选择，如何在茫茫书海中找到符合自己兴趣和需求的书籍成为一大难题。人工智能技术通过对读者阅读行为数据的深度挖掘和分析，如读者的浏览历史、购买记录、阅读时长、评分评论等，构建起读者的兴趣模型和阅读偏好画像。基于此，出版平台能够为每位读者精准推送个性化的出版产品推荐列表，例如对于一位热爱科幻文学且对人工智能题材特别感兴趣的读者，平台会优先推荐诸如《三体》系列中涉及人工智能情节的章节、最新出版的人工智能主题科幻小说以及相关的科普读物和学术研究著作等。这种个性化推荐功能不仅提高了读者发现心仪出版产品的效率，节省了读者的时间和精力，也使得出版产品能够更精准地触达目标读者群体，提高了出版产品的销售转化率和市场占有率，从而显著提升了出版产品的商业价值。

从收藏价值方面来说，具有创新形式的出版产品往往因其独特性和稀缺性而备受读者青睐，例如限量发行的采用精美 AR 或 VR 技术制作的出版物，其精美的设计、独特的阅读体验以及蕴含的前沿科技元素，使其具有了类似于艺术品的收藏价值。对于收藏爱好者来说，这些出版产品不仅是知识的宝库，更是具有纪念意义和文化内涵的珍贵藏品，其收藏价值随着时间的推移可能会不断攀升。

在文化价值层面，融合科技元素的出版产品成为文化传播与传承的新载体，以更加生动、形象、直观的方式将文化知识、历史故事、科学精神等传递给读者，尤其是年轻一代读者。通过这种创新的传播方式，能够激发读者对文化的热爱和对科学的探索精神，促进文化的传承与创新发展，使出版产品在文化传承的历史长河中留下浓墨重彩的一笔。

从商业价值的角度来看，出版产品附加值的提升直接转化为出版单位的经济效益。一方面，创新形式的出版产品往往能够以较高的价格定位进入市场，由于其独特的阅读体验和附加价值，读者也愿意为之支付更高的费用。另一方面，个性化推荐功能提高了出版产品的销售转化率和复购率，使得出版单位能够在相同的市场流量下实现更高的销售额和利润。此外具有收藏价值的出版产品还能够通过限量发行、版权授权等方式进一步拓展盈利渠道，为出版单位带来多元化的收入来源。

四、优化出版行业的人才结构

在传统出版模式的长期主导下，出版行业的人才布局呈现出相对固定和单一的特征，编辑人员专注于文字的雕琢、内容的审核与优化，校对人员严谨细致地排查文本中的错误与瑕疵，排版人员精心设计书籍的版式与布局，发行人员则全力拓展市场渠道，确保出版物能够顺利抵达读者手中，这种分工明确的人才体系在过去有效地支撑了出版行业的运转，满足了当时的市场需求。

随着融合出版与科研管理的兴起与蓬勃发展，出版行业的生态环境发生了深刻而根本性的变革，这一变革浪潮对出版行业的人才结构提出了全新的、更为严苛且多元化的要求，促使出版单位不得不重新审视并积极调整自身的人才战略，以适应时代发展的脉搏。

在处理与科研成果紧密相关的出版内容时，出版单位深刻意识到引进具有科学背景和科研素养专业人才的紧迫性与必要性，以生命科学领域的出版项目为例，一本关于基因编辑技术最新研究进展的专业书籍或学术期刊，其涉及的内容高度专业化、技术化，包含了复杂的分子生物学原理、基因操作技术细节以及大量的实验数据和研究成果分析。对于传统编辑人员而言，仅仅凭借其文字功底和一般性的知识储备，往往难以深入理解这些内容的精髓与要义，更难以准确地把握其中的核心价值和出版要点。

此时，具备生物学专业知识的编辑人员便能发挥不可替代的作用，能够运用自己在大学期间所积累的深厚生物学知识体系，包括细胞生物学、遗传学、生物化学等多方面的专业素养，迅速理解基因编辑技术背后的科学原理，如 CRISPR – Cas9 系统的作用机制、基因敲除与插入的技术流程以及在不同生物模型中的应用效果等。在与科研人员进行沟通协作时，他们能够使用专业术语进行精准的交流，提出具有深度和建设性的问题，对科研成果进行全面而细致的梳理与评估，确保出版内容既准确无误又能够突出重点，使专业读者能够从中获取有价值的信息，同时也能让有一定基础的非专业读者大致理解相关内容的重要性和意义。

数字出版技术、大数据分析技术、人工智能技术等新兴技术在出版行业的广泛渗透与深度应用，使得出版单位对技术人才的需求呈现出急剧增长的态势。在当今数字化时代，出版平台已不再仅仅是简单的文字展示窗口，而是一个集内容创作、编辑、存储、分发、互动交流以及数据分析于一体的复杂数字生态系统。技术人才在出版平台的搭建与维护方面承担着关键角色，需要精通多种编程语言和软件开发框架，如 Python、Java 等，运用这些技术构建稳定、高效、安全且功能完备的出版平台。从前端用户界面的设计与开发，确保读者能够获得便捷、友好的阅读体验，到后端服务器的架构与管理，保障大量数据的存储与快速处理，技术人才都需要具备扎实的专业技能和丰富的实践经验。例如在应对高并发访问量的情况下，技术人员需要通过优化服务器配置、采用缓存技术等手段，确保出版平台的稳定性和响应速度，避免出现页面加载缓慢甚至系统崩溃等问题。

在数据的挖掘与分析领域，技术人才借助大数据分析工具和技术，如 Hadoop、Spark 等，深入挖掘出版数据背后隐藏的信息和规律，使他们能够对读者的阅读行为数据进行全方位的分析，包括读者的阅读偏好、阅读时长、阅读频率、购买行为等多维度数据，从而为出版单位提供精准的市场定位和个性化的营销策略建议。例如通过分析发现某一特定地区或特定读者群体对某类主题出版物（如科幻小说、历史文化类书籍等）的浓厚兴趣，出版单位便可据此有针对性地策划选题、组织创作，并制定精准的推广方案，提高出版物的市场命中率和销售转化率。

融合出版的深入发展呼唤着具备跨学科知识和创新思维的复合型人才的涌现，这类复合型人才犹如出版行业的创新引擎，能够整合出版与科研资源，在不同学科知识的碰撞与交融中，策划出具有创新性和市场竞争力的出版项目。他们既熟悉出版行业的运作规律、市场需求和读者心理，又具备扎实的科学知识基础，能够敏锐地捕捉到科研成果中的出版亮点，并将其巧妙地转化为具有市场价值的出版物。

这种人才结构的优化对于出版行业而言，无疑是注入了一股全新的活力与创造力源泉，为整个行业的发展水平提升提供了强劲动力。具有科学背景的专业编辑人才的加入，使得出版内容的专业性和深度得到了显著增强，提高了出版单位在科技出版领域的话语权和品牌形象。技术人才的蓬勃发展推动出版行业实现了数字化转型和智能化升级，使其能够更好地适应互联网时代读者的阅读习惯和市场竞争环境。而复合型人才的引领作用则促使出版单位不断创新出版理念和商业模式，开发出更多具有创新性和差异化竞争优势的出版产品，拓展了出版行业的发展边界和市场空间。

第二节　助力科研管理新发展

一、促进科研成果的广泛传播

在当今全球化与信息化高速发展的时代，科研成果的价值实现与其传播的广度和深度紧密相连，科研成果犹如一颗蕴含巨大能量的种子，只有在广泛传播的肥沃土壤中，才能生根发芽，苗壮成长，进而对社会发展、人类进步产生深远影响，实现其最大的潜在价值。

传统的科研成果传播主要依赖于学术期刊这一重要媒介，学术期刊在科学研究的历史长河中一直扮演着不可或缺的角色，为科研人员提供了一个严谨、规范的平台，用于展示和交流最新的研究成果、理论创新以及实验发现。在各个学科领域，无论是自然科学中的物理学、化学、生物学，还是社会科学中的经济学、社会学、历史学等，学术期刊都是科研成果发布与传播的核心阵地。例如在顶尖的科学期刊如《自然》（Nature）和《科学》（Science）上发表的论文，能够迅速引起全球科研界的广泛关注，成为相关领域研究人员深入探讨和借鉴的重要依据。这些学术期刊通过严格的同行评审制度，确保了所刊登科研成果的质量与可信度，使得科研信息在专业学术群体内部得以有效传播与传承，推动着学科知识体系的不断积累与演进。

随着信息技术的飞速发展和互联网的普及，融合出版应运而生，为科研成果传播带来了前所未有的变革与机遇，极大地拓展了科研成果传播的可能性边界。一方面，建立科研成果在线数据库成为融合出版时代科研成果传播的重要创新举措。这些在线数据库依托强大的数字存储与管理技术，将海量的科研论文、研究报告、学位论文以及各类科研数据等以数字化形式进行集中存储，并在遵循相关版权规定和开放获取原则的基础上，向全球范围内的科研人员乃至普通公众开放。例如，国际上著名的arXiv预印本服务器，自1991年上线以来，已成为物理学、数学、计算机科学等多个领域科研人员分享和获取最新研究成果的重要平台。科研人员可以在论文正式发表之前，将其研究成果上传至arXiv，供同行提前查阅和讨论，这种开放获取的模式打破了传统学术期刊出版周期长、传播速度慢的局限，使得科研成果能够以最快的速度在学术界传播开来。全球各地的科研人员无论身处何时何地，只要具备网络接入条件，即可随时随地登录在线数据库，检索、浏览并下载自己感兴趣的科研文献资料，极大地提高了科研成果获取的便捷性和传播效率。另一方面，社交媒体、科普网站、视频平台等新媒体渠道的兴起，为科研成果走向更广泛的社会大众开辟了新的路径。在社交媒体平台上，科研机构、科研人员以及科普工作者可以通过创建官方账号，发布科研成果的简要介绍、图片、视频等内容，吸引大量普通用户的关注与互动。例如在微博、推特等社交媒体平台上，许多知名科研机构如中国科学院、美国宇航局（NASA）等经常发布一些关于其最新科研成果的推文，配以生动形象的图片或短视频，如中国科学院发布的关于量子通信研究新突破的图文介绍，美国宇航局发布的火星探测任务最新发现的视频片段等，这些内容往往能够在短时间内获得数以万计甚至数百万计的点赞、转发和评论，引发社会各界的广泛热议。通过社交媒体平台的传播，科研成果不再仅仅是学术象牙塔内少数人的专利，而是能够迅速进入普通公众的视野，激发公众对科学研究的兴趣和好奇心。

视频平台如抖音、B站等在科研成果传播方面也发挥着独特的作用，科研人员和科普创作者可以利用这些平台制作并发布科普短视频，以更加直观、生动的视频形式展示科研成果的魅力。例如在抖音上有许多科普账号通过制作简短而精彩的视频，介绍一些科学小实验、自然现象背后的科学原理、新型科技产品的功能与应用等内容。这些视频往往具有很强的视觉冲击力和趣味性，能够在短时间内吸引大量用户的观看和分享，B站则以其独特的弹幕文化和丰富的知识类视频内容而受到广大年轻用户的喜爱。在B站上，有许多关于科技前沿讲座、科研纪录片、学术报告分享等视频资源，用户在观看视频的过程中可以通过发送弹幕的方式进行实时互动交流，分享自己的想法和感受，这种互动性极强的传播方式使得科研成果的传播更加生动有趣，也更容易被年轻一代所接受和喜爱。

二、改善科研管理的信息流通

在科研管理的复杂体系中，信息犹如血液一般，维持着整个科研生态系统的正常运转，信息的及时、准确流通是确保科研工作高效开展、资源合理配置以及成果有效转化的关键所在。长期以来，科研管理过程中面临着诸多信息流通方面的障碍，这些障碍在一定程度上制约了科研创新的速度与质量，阻碍了科研成果向实际应用的转化进程。

传统的科研管理模式下，科研机构之间的信息共享机制不完善，不同科研机构可能由于竞争关系、地域限制、管理体制差异等原因，在科研项目信息、研究成果等方面缺乏有效的沟通与交流渠道。例如在同一研究领域的不同高校或科研院所，可能都在开展相似的科研项目，但由于缺乏信息共享平台，彼此之间对对方的研究进展、技术路线、实验数据等情况知之甚少。这不仅容易导致科研资源的重复投入与浪费，如重复购置实验设备、重复进行相同的实验研究等，还可能使得科研人员在研究过程中错失许多合作机会与创新灵感。因为他们无法及时了解到其他机构在相关领域的最新突破或面临的问题，难以在更广泛的范围内整合资源、协同创新，从而延缓了整个学科领域的发展进程。

科研人员之间的信息交流同样存在诸多困境，在大型科研项目中，往往涉及多个学科领域的众多科研人员，他们的专业背景、研究方法和思维方式各不相同。由于缺乏统一的信息交流平台和规范的信息传递机制，科研人员之间在沟通协作过程中容易出现信息传递不畅、误解甚至信息丢失等问题。例如在一个跨学科的生物医学研究项目中，生物学家、化学家、医学家等不同专业背景的科研人员需要密切合作。生物学家可能更关注生物样本的采集与分析，化学家则侧重于药物分子的合成与修饰，医学家关心的是药物在临床治疗中的效果与安全性。如果没有一个有效的信息交流平台，他们在交流各自研究成果和实验数据时可能会遇到困难。生物学家提供的生物样本数据可能无法被化学家准确理解和应用于药物分子设计，医学家在临床实践中发现的问题也可能无法及时反馈给其他学科的科研人员，导致整个项目的研究效率低下，甚至可能因为信息沟通不畅而使项目陷入困境。

融合出版与科研管理的结合为打破这些信息壁垒提供了创新性的解决方案，出版平台在其中扮演着信息枢纽的关键角色，成为整合和传播科研信息的核心力量。出版平台能够将科研项目信息进行全面整合，从科研项目的立项申报阶段开始，平台就可以收集项目的基本信息，包括项目名称、研究目标、研究内容、项目负责人及团队成员信息、预期成果等，并将这些信息进行分类整理和存储。在项目实施过程中，平台可以实时更新项目的研究进展情况，如实验数据的阶段性成果、技术方法的创新与突破、研究过程中遇到的问题及解决方案等。例如在一个新能源汽车研发项目中，出版平台可以详细记录电池技术研发团队在不同阶段的实验数据，如新型电池材料的能量密度提升情况、充放电循环寿命测试结果等，同时也可以记录整车设计团队在车辆轻量化设计、智能驾驶系统集成等方面的进展情况。这些信息通过平台进行整合后，能够为项目团队成员提供一个全面、直观的项目全景视图，方便他们随时了解项目的整体状态，及时发现问题并进行协调解决。

在跨学科的科研合作项目中，不同地区、不同学科背景的科研人员可以通过登录出版平台，便捷地获取项目相关信息。例如在一个全球性的气候变化研究项目中，分布在世界各地的气象学家、海洋学家、生态学家等科研人员可以在平台上查看其他成员的研究成果。气象学家可以了解海洋学家关于海洋温度变化对气候影响的研究数据，生态学家可以参考气象学家对大气环流模式变化的分析结果，从而更好地调整自己的研究方向和工作计划。当某个成员在研究过程中遇到问题时，也可以在平台上发布问题描述和求助信息，其他成员能够及时看到并提供解决方案或建议，这种基于出版平台的信息共享和交流机制，极大地提高了跨学科科研合作的效率，促进了不同学科知识的交叉融合与创新。

出版平台还能够积极收集和反馈市场需求信息、行业动态信息等外部信息给科研管理部门和科研人员，在当今快速发展的市场经济环境下，市场需求和行业动态瞬息万变。出版平台可以通过与企业、行业协会、市场调研机构等建立合作关系，广泛收集市场需求信息，例如在信息技术领域，出版平台可以与各大科技企业合作，了解企业在人工智能算法优化、大数据处理技术应用等方面的需求，在材料科学领域可以与制造业企业合作，收集企业对新型材料性能、成本控制等方面的要求。同时平台还可以关注行业动态信息，如政策法规变化、技术标准更新、竞争对手的研发进展等，这些外部信息通过出版平台及时反馈给科研管理部门和科研人员后，能够帮助他们在科研选题和项目规划阶段充分考虑市场需求和行业发展趋势。例如科研人员在了解到某一行业对某种新型材料的迫切需求后，可以有针对性地开展相关研究项目，提高科研成果的市场转化率，科研管理部门也可以根据市场需求信息和行业动态，合理调整科研资源配置，引导科研方向，避免科研工作与实际需求脱节，从而提高科研管理的效率和科学性。

三、提高科研资源的利用效率

在科研领域，科研资源的稀缺性与科研探索的无限需求之间的矛盾犹如一道紧箍咒，长期困扰着科研工作者与科研管理者，科研资源涵盖了诸多方面，包括人力、物力、财力以及各类信息资源等，其有效利用程度直接关系到科研成果的产出速度、质量与影响力。传统的科研管理模式往往在资源配置与利用环节存在诸多弊端，导致资源的浪费与闲置现象时有发生，严重制约了科研事业的高效发展。

从物力资源来看，科研机构购置的大量先进实验设备往往价格高昂，但使用频率却参差不齐，一些大型科研仪器设备，如高精度电子显微镜、高性能质谱仪等，由于其专业性强、操作复杂且维护成本高，仅在特定的科研项目或研究阶段有较高的使用率，而在其他大部分时间则可能处于闲置状态。这不仅造成了设备购置资金的巨大浪费，还使得设备的折旧损耗未能得到充分的价值回报。同时不同科研机构之间由于缺乏有效的资源共享机制，可能会出现重复购置相同或类似设备的情况，进一步加剧了资源的分散与浪费。例如在某一地区的多所高校或科研院所中，可能都各自拥有一套功能相近的生物基因测序仪，而实际上这些机构的科研项目在时间安排上可能存在差异，完全可以通过共享设备来满足各自的研究需求，从而避免不必要的资源重复投入。

在人力资源方面，科研人员的专业知识与技能具有高度的专业性和独特性，但在传统科研模式下，其知识与技能的应用范围相对狭窄。其往往专注于自己所在的科研项目或研究领域，与其他项目或领域的交流合作机会有限，导致其知识与技能的溢出效应未能得到充分发挥。例如一位在材料科学领域具有深厚造诣的科研人员，可能在新型材料的研发过程中积累了丰富的实验经验和理论知识，但由于缺乏与外界的有效沟通与合作平台，这些宝贵的知识与技能仅局限于本项目团队内部使用，无法为其他相关领域的科研项目提供借鉴与支持，造成了人力资源的潜在浪费。

融合出版与科研管理的有机结合，恰似一把解开科研资源利用困境的钥匙，通过创新的资源共享机制，为提高科研资源的利用效率开辟了新的路径。出版单位所拥有的编辑、设计、发行等专业资源，在科研项目的成果转化与推广阶段发挥着不可或缺的作用。在科研成果报告的整理与编辑环节，出版单位的专业编辑人员能够运用其娴熟的文字处理技巧和严谨的逻辑思维能力，将科研人员的研究成果进行系统梳理、优化结构、润色文字，使其更符合学术规范和读者阅读习惯。例如在一份关于量子物理前沿研究成果的报告中，编辑人员可以帮助科研人员将复杂的数学公式和理论推导过程进行清晰的阐释，添加必要的图表和注释，使报告内容更加通俗易懂、条理分明，便于其他科研人员以及相关领域的专业读者理解和参考。

在科研成果展示材料的设计制作方面，出版单位的设计团队能够凭借其丰富的创意和专业的设计软件操作技能，为科研成果打造精美的视觉呈现形式。无论是制作科研项目的宣传海报、成果展板还是学术会议的展示资料，设计团队都可以根据科研成果的特点和目标受众的需求，运用色彩搭配、图形设计、排版布局等设计元素，将抽象的科研内容转化为生动形象、富有吸引力的视觉作品。例如在一个生物科技成果展示活动中，设计团队可以通过设计逼真的生物分子结构模型图、动态的细胞活动演示视频等展示材料，让观众更加直观地感受科研成果的魅力，增强科研成果的传播效果。

出版单位的发行渠道则为科研项目的应用成果推广提供了广阔的平台，出版单位与各类图书馆、书店、学术期刊数据库以及线上阅读平台等建立了长期稳定的合作关系，能够将科研成果相关的出版物迅速推向市场，送达目标读者手中。例如一本关于新型农业种植技术的科研成果书籍，通过出版单位的发行网络，可以在全国乃至全球范围内的农业科研机构、农业院校以及广大农民读者中得到广泛传播，促进科研成果在农业生产实践中的应用与转化，提高科研成果的社会效益和经济效益。通过出版单位在编辑、设计、发行等方面的资源支持，科研人员能够从繁琐的非科研核心工作中解脱出来，将更多的时间和精力聚焦于科研创新的关键环节，如实验设计、数据分析、理论突破等，从而提高科研工作的整体效率和质量。

与此同时，科研机构所拥有的丰富资源也为出版行业的发展注入了强大动力，实现了资源的反向共享与协同增效。科研机构的大型实验设备在满足自身科研任务的前提下，为出版单位开展相关业务提供了有力的硬件支持，例如在制作高质量的科普视频过程中，出版单位往往需要借助科研机构的实验设备来拍摄一些微观世界的现象或科学实验过程。像拍摄细胞分裂的高清视频、展示化学反应的微观机制等内容，就需要利用科研机构的显微镜、高速摄像机等专业设备，才能获取精准、震撼的视频素材，提升科普视频的科学性和观赏性。在开展科研相关的市场调研时，科研机构的实验设备也可以发挥重要作用，例如出版单位为了了解某一新型科技产品在市场中的接受度和潜在需求，可能需要借助科研机构的检测设备对该产品的性能指标进行测试分析，获取客观的数据支持，从而为出版相关的市场调研报告或产品推广资料提供依据。

这种融合出版与科研管理的资源双向共享与优化配置模式，从根本上打破了传统科研与出版各自为政的资源利用格局，避免了资源的重复建设和浪费，实现了资源的最大化利用和协同增值。通过资源共享，科研机构和出版单位能够在各自的核心业务领域发挥更大的优势，形成相互促进、共同发展的良性循环，科研资源的利用效率得到显著提高，科研成果能够更快速、更有效地转化为实际生产力和社会价值，出版行业也能够借助科研资源的支持，推出更多高质量、具有创新性的出版产品，满足读者日益增长的知识需求和文化消费需求，为推动科技进步与文化繁荣做出更大的贡献。

四、加强科研团队的合作交流

在当今科技飞速发展的时代，科研创新已不再是单个科研人员或单个科研团队的孤立行为，而是需要广泛的合作交流与协同创新，融合出版作为一种新兴的媒介与平台，正逐渐在促进科研团队合作交流方面发挥着日益重要的作用，它犹如一座桥梁，连接着不同科研主体，为科研合作的拓展与深化提供了前所未有的机遇与便利。

传统的科研交流模式往往存在诸多局限性，在学术会议方面，虽然其是科研人员交流的重要场所，但受到时间、空间和参会规模的限制，能够参与其中的科研人员数量相对有限，且会议的持续时间通常较短，难以进行深入、全面的交流与探讨。学术期刊作为科研成果发布的主要阵地，更多地侧重于成果的展示，而在促进科研人员之间即时互动交流方面的功能相对薄弱，科研团队之间的合作意向表达与对接也缺乏一个高效、便捷且具有广泛影响力的平台，往往依赖于科研人员的个人人脉关系或偶然的机会，这在很大程度上制约了科研合作的广度与深度，阻碍了知识的快速流通与创新思想的充分碰撞。

在这个数字化的出版平台上，科研团队能够全方位地展示自身的研究成果、研究方向以及合作需求等关键信息，以一个在生物医学工程领域取得重要突破的科研团队为例，他们可以在融合出版平台上详细介绍其最新研发的新型生物传感器技术，包括该传感器的工作原理、技术优势、实验数据以及在疾病诊断、健康监测等方面的潜在应用前景等研究成果信息。同时团队还可以阐述其未来的研究方向，如进一步优化传感器的性能、拓展其应用领域到个性化医疗、药物研发监测等方面的规划。明确提出在技术转化、临床试验合作、跨学科研究等方面的合作需求，如寻求材料科学团队合作改进传感器材料，与临床医疗机构合作开展大规模临床试验，或者与计算机科学团队合作开发数据处理与分析算法等。这种详细而全面的信息展示，就像在科研合作的市场中树立了一块醒目的招牌，能够吸引来自不同地区、不同学科背景且具有相关兴趣与资源的科研团队或机构的关注。例如一家专注于医疗设备制造的企业在浏览出版平台时发现了该科研团队的信息，可能会因其先进的生物传感器技术与自身产品研发方向高度契合而主动联系，探讨合作开发新型医疗设备的可能性，一个在计算机视觉领域具有深厚技术积累的科研团队也可能因看到了该生物传感器在图像数据采集与处理方面的潜在合作点而表达合作意向，共同探索生物医学图像智能诊断的创新解决方案。

线下的科研成果研讨会则为科研人员提供了面对面深入交流的宝贵机会，在这些研讨会上，往往会聚焦某一特定的科研主题或领域，组织相关的科研团队和专家学者进行集中研讨。例如在一个关于新能源与环境可持续发展的研讨会上，来自新能源材料研发、能源转换与存储技术、环境科学与工程等不同学科领域的科研团队汇聚一堂。他们可以在会议期间展示各自的研究成果，分享研究过程中遇到的问题与挑战，并共同探讨解决方案，在关于新能源材料的讨论环节，从事太阳能电池材料研发的团队可以与从事储能材料研究的团队交流材料的性能优化经验，探讨如何构建更高效、更稳定的新能源材料体系，在能源转换与存储技术的讨论中，不同的科研团队可以分享各自在风力发电、水力发电、电池管理系统等方面的技术创新成果，探索多能源互补与协同优化的新模式，而环境科学与工程领域的团队则可以从环境影响评估、资源循环利用等角度出发，为新能源技术的可持续发展提供专业的建议和指导。这种多学科、多团队的面对面交流与碰撞，能够激发科研人员的创新思维，催生新的研究思路和合作项目。例如在一次研讨会上，一个从事纳米材料研究的团队与一个从事环境污染物治理的团队在交流过程中发现，某些纳米材料具有独特的吸附和催化性能，可以应用于环境污染物的高效去除，于是双方当场达成合作意向，共同开展基于纳米材料的环境修复技术研究项目，这种跨学科合作的创新模式为解决复杂的科研问题提供了新的途径和方法。

融合出版平台促进的这种科研团队合作交流有力地打破了学科界限，推动了多学科交叉融合的科研创新模式的形成与发展。在现代科学研究中，许多重大的科研问题和挑战往往跨越了单一学科的范畴，需要综合运用多个学科的知识、理论和方法才能得到有效解决。例如在脑科学研究领域，要深入理解大脑的工作机制、神经疾病的发病机理以及开发有效的治疗方法，就需要整合神经生物学、心理学、计算机科学、材料科学等多学科的研究成果和技术手段。融合出版平台通过促进不同学科背景的科研团队之间的交流与合作，使得各学科的知识和技术能够相互渗透、相互借鉴，为多学科交叉融合提供了肥沃的土壤。科研人员在交流合作过程中，能够接触到不同学科的思维方式和研究方法，拓宽自己的学术视野，从而在跨学科的研究方向上产生新的灵感和创新点。例如计算机科学领域的科研人员在与生物学团队合作过程中，可能会将人工智能算法应用于生物数据分析，开发出新型的生物信息学分析工具，而生物学团队则可以为计算机科学提供丰富的生物数据资源和实际应用场景，促进人工智能算法的优化和创新。这种多学科交叉融合的创新模式能够加速科研成果的产生和转化，为解决全球性的重大科研问题提供了更加强有力的支持。

在传统的科研管理模式下，科研项目往往在相对封闭的体系内进行，科研团队之间的合作相对有限，科研资源的共享和协同利用也存在诸多困难，融合出版平台的出现打破了这种封闭性，促进了科研资源在更大范围内的流动与共享。科研管理部门可以借助平台更好地了解科研团队的研究动态、合作需求和资源状况，从而更加科学合理地规划科研项目、配置科研资源，提高科研管理的效率和精准度。例如科研管理部门通过平台发现多个科研团队在某一新兴领域具有合作意向且资源互补，就可以通过设立专项科研基金、组织联合科研项目等方式，引导和支持这些团队开展合作研究，促进科研资源的整合与优化利用。同时平台上的合作交流活动也促进了科研管理理念和方法的创新与变革，科研管理部门需要适应这种开放、协同的科研环境，建立更加灵活、高效的管理机制，如完善科研项目的合作评估体系、知识产权管理政策、成果共享机制等，以保障科研团队合作交流的顺利进行，推动科研管理水平的整体提升。

第三节 融合出版与科研管理的必然趋势

一、社会发展对知识传播的要求

在当今时代，社会的快速发展正以前所未有的速度推动着人类文明的进步，而知识作为这一进程的核心驱动力，其传播的重要性愈发凸显。随着科技的日新月异、经济结构的不断转型以及人们生活水平的显著提高，社会发展对知识传播提出了全新的、更为严苛且多元化的要求。

从宏观层面来看，现代社会已步入信息爆炸的时代，海量的信息如潮水般涌来，但其中真正有价值、高质量的知识却需要人们花费更多的精力去筛选与甄别。公众在面对日益复杂的社会环境和层出不穷的新问题时，愈发意识到知识的力量与价值，对知识的渴望不再局限于表面的、浅层次的了解，而是追求一种全方位、深层次且具有系统性的认知。这种需求的转变源于社会发展的多方面因素。

在科技领域，以人工智能、量子计算、基因编辑、区块链等为代表的前沿技术正深刻地改变着世界的面貌，这些技术的飞速发展不仅在科研领域引发了一场又一场的革命，也逐渐渗透到人们日常生活的方方面面。例如人工智能技术已经广泛应用于智能手机的语音助手、图像识别软件、智能推荐系统等，为人们的生活带来了极大的便利。公众对于这些技术的认识不能仅仅停留在使用层面，他们渴望了解这些技术背后的原理、发展趋势以及可能带来的社会影响，例如人们想知道人工智能是如何通过深度学习算法实现图像识别和语音识别的，量子计算为何能够在处理复杂问题时展现出远超传统计算机的速度优势，基因编辑技术在治疗遗传性疾病方面的潜在突破以及可能引发的伦理争议等。只有深入理解这些前沿知识，公众才能更好地适应科技发展带来的变革，积极参与到相关的社会讨论和决策中，为这些领域的创新发展贡献自己的力量。

在经济领域，随着全球经济一体化进程的加速，产业结构不断升级和转型，新兴产业如数字经济、生物技术产业、新能源产业等蓬勃发展，传统产业也在借助科技的力量进行数字化、智能化改造。人们需要不断更新自己的知识体系，以适应新的经济形势和就业需求。例如在数字经济时代，电商运营、数字营销、数据分析等领域的专业知识成为企业竞争的关键要素。企业员工只有深入学习这些知识，才能在激烈的市场竞争中为企业创造价值，同时也为自己的职业发展打下坚实的基础。而对于创业者和投资者来说，了解新兴产业的发展趋势、市场前景以及相关政策法规等知识，则是把握商机、做出明智决策的前提。社会经济的发展促使人们对经济管理、市场营销、科技创新等多方面的知识产生了强烈的需求，并且要求这些知识能够以通俗易懂、具有实操性的方式进行传播，以便更好地应用于实际工作和生活中。

在文化领域，全球化的浪潮使得不同文化之间的交流与碰撞日益频繁，人们在欣赏和借鉴多元文化的同时，也更加注重对本土文化的传承与弘扬，以及对世界文化多样性的理解与尊重。这就需要知识传播涵盖丰富的文化内容，包括历史文化、文学艺术、哲学思想、民俗风情等各个方面，例如通过深入学习历史文化知识，人们可以更好地了解自己国家和民族的发展脉络，从中汲取智慧和力量，增强文化自信。在文学艺术领域，阅读经典文学作品、欣赏各种艺术形式能够丰富人们的精神世界，培养审美情趣和创造力，而对不同国家和地区民俗风情的了解，则有助于促进跨文化交流与合作，增进国际间的相互理解与友谊。随着文化创意产业的兴起，人们还需要了解文化产业的运营模式、创意设计方法、知识产权保护等知识，以推动文化创新与文化产业的繁荣发展。

数字出版物的出现进一步拓展了知识传播的时空维度，电子书以其便捷性和存储容量大的优势，成为现代读者获取知识的重要方式之一。读者可以通过手机、平板电脑、电子阅读器等设备随时随地下载和阅读各类书籍，不受时间和空间的限制，例如在上下班途中、旅行途中，人们可以利用碎片化时间阅读自己感兴趣的电子书，提高了知识获取的效率。数字出版物还可以集成音频、视频、动画等多媒体元素，打造更加丰富多样的阅读体验，比如一些儿童读物通过添加动画和互动元素，让孩子们在阅读过程中可以参与互动游戏、观看动画演示，增强了阅读的趣味性和吸引力。在一些专业知识的数字出版物中，如关于工程技术的教程，可以插入实验演示视频、三维模型动画等，帮助读者更好地理解复杂的技术原理和操作流程。

社交媒体平台成为知识传播的新热点，微博、微信公众号、抖音、知乎等社交媒体平台拥有庞大的用户群体，它们为知识传播提供了便捷、高效的渠道。各类知识博主、科普账号、学术机构账号在社交媒体上分享丰富多样的知识内容，包括短文、图片、视频等形式。例如在微博上，一些知名科普博主会定期发布关于科学前沿进展、自然现象解释、生活小常识等内容的微博，吸引了大量粉丝的关注和转发，在抖音上，许多知识创作者通过制作短视频讲解历史典故、文化知识、科技小发明等，以生动有趣的方式传播知识，这些短视频往往能够在短时间内获得数百万甚至上千万的点赞和播放量。社交媒体平台的互动性强，读者可以在评论区留言提问、分享自己的观点和经验，形成良好的知识交流氛围，进一步促进了知识的传播与扩散。

在线教育平台则专注于提供系统的课程学习服务，满足人们对专业知识和技能培训的需求，这些平台汇聚了来自全国各地乃至全球的优质教育资源，涵盖了从基础教育到高等教育、职业技能培训等各个领域的课程。例如在编程学习领域，一些在线教育平台提供了从入门级的 Python 编程课程到高级的人工智能算法课程等一系列完整的课程体系，学员可以根据自己的基础和需求选择合适的课程进行学习。在线教育平台通常采用视频授课、在线答疑、作业批改、项目实践等多种教学方式相结合，为学员提供了类似于传统课堂教学但又更加灵活自主的学习体验。通过在线教育平台，人们可以不受地域和时间限制，随时随地学习自己感兴趣的知识和技能，提高自己的综合素质和竞争力。

二、科技进步推动两者融合的动力

在当今时代，科技以令人惊叹的速度不断演进，其影响力如涟漪般扩散至各个领域，出版与科研管理也深受其惠，科技的进步犹如一股强大的洪流，为融合出版与科研管理注入了源源不断的动力，不仅重塑了出版与科研的传统模式，更促使两者之间的界限逐渐模糊，走向深度融合与协同发展的新境界。

从出版领域来看，数字技术的革新堪称一场翻天覆地的革命，彻底改变了出版的业态与生态。在传统出版时代，纸质出版物占据着绝对主导地位，其生产、传播与存储都受到诸多物理限制。随着数字技术的崛起，这一格局被彻底打破，数字出版的出现，使得出版内容得以以数字化的形式进行存储、传输与呈现，极大地提高了出版的效率与灵活性。例如电子期刊的诞生让科研论文的发表周期大幅缩短，以往，一篇科研论文从投稿到发表，往往需要经历漫长的审稿、编辑、排版与印刷过程，耗时数月乃至数年之久。而如今，借助电子期刊平台，科研人员可以在线提交论文，编辑团队能够利用数字化工具快速进行初审、送审与编辑加工，一旦审核通过，论文即可迅速上线发布，实现全球范围内的即时传播。这使得科研成果能够以最快的速度与同行共享，加速了知识的交流与创新的步伐。

多媒体出版则进一步丰富了出版的表现形式，为科研内容的传播增添了绚丽多彩的维度，科普视频、动画等多媒体形式能够将抽象的科研概念、复杂的实验过程以及深奥的理论知识转化为生动形象、直观易懂的视觉与听觉内容。以物理学中的量子力学为例，其概念极为抽象，难以通过单纯的文字描述让普通读者理解。而借助多媒体出版，通过制作精美的动画演示量子纠缠现象、用视频讲解薛定谔方程的含义以及通过虚拟现实（VR）或增强现实（AR）技术让读者身临其境地感受微观粒子的世界，使得量子力学这一前沿科学知识能够走进大众视野，激发公众对科学的兴趣与探索欲望。这种多媒体出版形式不仅提升了知识传播的效果，还拓宽了出版的受众群体，让科研成果不再局限于学术圈内部，而是能够在更广泛的社会层面产生影响。

大数据分析技术在科研管理中的应用则为科研决策提供了强有力的支持，在科研活动中，会产生海量的数据，包括科研人员的学术背景与研究经历、科研项目的相关信息（如立项依据、研究目标、预期成果等）、科研过程中的实验数据与观测结果、科研成果的发表与引用情况等。这些数据蕴含着丰富的信息，但如果仅依靠传统的分析方法，难以从中挖掘出有价值的知识与规律。大数据分析技术则能够对这些海量、多源、异构的数据进行整合与深度挖掘。例如通过对科研人员的学术背景与研究成果数据进行分析，可以发现不同学科领域之间潜在的合作机会与交叉研究方向，为科研团队的组建与科研合作项目的规划提供参考。对科研项目的历史数据进行挖掘，可以预测不同类型项目的研究周期、资源需求与成果产出概率，从而为科研资源的优化配置提供依据。同时，通过对科研成果的发表与引用数据进行分析，能够评估科研成果的影响力与价值，为科研评价与奖励机制的完善提供数据支持。

科技进步在推动出版和科研各自取得巨大发展的同时，也促使两者之间的融合更加紧密和深入，出版为科研提供了广泛传播成果的平台，而科研则为出版提供了丰富的内容源泉与创新的技术手段。例如数字出版技术的发展使得科研成果能够更快速、便捷地在出版平台上发布，而科研管理中的大数据分析与人工智能技术又可以为出版内容的精准推荐与个性化定制提供支持。同时，科研管理的信息化与智能化也离不开出版所提供的知识传播与交流功能，科研人员通过出版平台获取最新的科研信息与技术动态，借鉴他人的研究经验与方法，从而推动自身科研工作的开展与科研管理水平的提升。这种相互促进、协同发展的良好局面，不仅有利于提升出版与科研的整体效能，也为推动知识创新与社会进步奠定了坚实的基础。

三、国际竞争下创新发展的需要

在当今全球化的时代格局下，全球经济一体化的浪潮汹涌澎湃，各个国家和地区之间的联系日益紧密，相互依存度不断提高，与此同时，科技竞争也呈现出白热化的态势，成为国家之间角逐综合实力的关键战场。在这样的大背景下，各国都深刻认识到，唯有不断提升自身的科技创新能力和文化软实力，才能在激烈的国际竞争中脱颖而出，占据有利地位，实现可持续发展的战略目标。

科技创新能力无疑是现代国家竞争力的核心要素之一，在过去的几十年间，科技的飞速发展已经深刻地改变了世界的面貌，从信息技术的革命到生物技术的突破，从新能源技术的探索到航天航空技术的飞跃，每一项重大科技成果的诞生都在重塑着全球经济格局和社会生活方式。例如美国凭借其在信息技术领域的长期领先优势，孕育出了诸如苹果、谷歌、微软等一大批全球顶尖的科技企业，这些企业不仅在技术创新方面引领着世界潮流，而且将科技创新成果转化为具有广泛市场影响力的产品和服务，如苹果的 iPhone 智能手机、谷歌的搜索引擎和云计算服务、微软的 Windows 操作系统和办公软件套件等，在全球范围内获取了巨额的经济收益，极大地提升了美国的经济实力和国际竞争力。同样，德国以其精湛的机械制造技术和强大的汽车工业著称于世，通过持续的科技创新投入，不断推出高性能、高品质的汽车产品和先进的工业制造设备，在全球高端制造业领域占据着举足轻重的地位。日本则在电子科技、机器人技术、新材料技术等多个领域展现出强大的创新能力，其索尼、松下等电子企业曾经在全球消费电子市场独领风骚，丰田、本田等汽车品牌也以其卓越的品质和节能技术赢得了广泛的市场认可。

文化软实力作为国家综合实力的重要组成部分，在国际竞争中的作用也日益凸显。文化软实力体现为一个国家通过文化、价值观、制度等方面的吸引力和影响力，来赢得他国的认同和尊重，从而实现自身利益的能力。在当今信息传播高度发达的时代，文化产品和文化服务成为文化软实力传播的重要载体，例如好莱坞电影作为美国文化软实力的典型代表，凭借其精彩绝伦的剧情、震撼人心的视觉效果和先进的制作技术，在全球范围内拥有庞大的观众群体，不仅为美国带来了丰厚的经济回报，更重要的是，通过电影中所传递的美国价值观、生活方式和文化理念，对全球观众产生了深远的潜移默化的影响，极大地提升了美国文化在世界范围内的影响力和吸引力。韩国近年来在文化产业领域的崛起也令人瞩目，其通过打造以韩剧、韩流音乐、韩国综艺节目为代表的文化产品，在亚洲乃至全球掀起了一股"韩流"热潮，成功地将韩国文化推向了世界舞台，提升了韩国在国际上的知名度和美誉度，同时也带动了韩国旅游、时尚、美妆等相关产业的蓬勃发展。

融合出版与科研管理的融合创新，恰是在这样的国际竞争环境下应运而生的一种重要战略举措，它为提升国家竞争力开辟了一条全新的路径，将科研成果与出版产业紧密结合，能够充分发挥两者的优势互补作用，加速科研成果的转化和应用进程，使其更快地走向市场，形成具有强大国际竞争力的知识产品和文化品牌。

一些发达国家已经在融合出版与科研管理方面取得了显著的成效，建立起了完善的融合体系，并通过这一体系将先进的科研成果进行了全方位、多层次的转化和推广。以美国为例，其顶尖的科研机构如斯坦福大学、麻省理工学院等，不仅在科研创新方面成果丰硕，而且高度重视科研成果的转化与出版传播。这些机构与众多知名的出版单位、科技媒体以及在线教育平台建立了紧密的合作关系，形成了一个高效的科研成果转化生态链。当一项重要的科研成果在实验室诞生后会通过专业的学术期刊进行首发，确保其在学术界的权威性和影响力得到确立。随后，出版单位会迅速跟进，组织专业团队将科研成果进行深度挖掘和二次创作，将其转化为面向不同受众群体的知识产品。对于专业的科研人员和高校师生，出版单位会推出详细解读科研成果的学术专著、研究报告和专业教材，为他们提供深入学习和研究的资料；对于广大普通公众和科技爱好者，则会制作通俗易懂的科普读物、科技纪录片、在线科普课程等，以生动形象的方式传播科研成果背后的科学原理和应用前景。例如，美国国家地理频道（National Geographic Channel）经常与科研机构合作，制作播出一系列关于自然科学、考古学、天文学等领域的高质量纪录片，这些纪录片不仅在全球范围内拥有极高的收视率，而且通过精彩的画面和深入浅出的讲解，将许多前沿的科研成果介绍给了广大观众，极大地提升了公众对科学的兴趣和认知水平。此外，美国的一些科技企业还会将科研成果进行创意转化，开发出各种具有创新性的文化创意产品。例如苹果公司将先进的人机交互技术、传感器技术等科研成果应用于其产品设计中，推出了具有划时代意义的 iPhone 手机、iPad 平板电脑等产品，这些产品不仅在技术上领先全球，而且在外观设计、用户体验等方面也堪称典范，成为全球消费者追捧的对象，同时也在无形中传播了美国的科技文化和创新精神。

我国作为一个拥有悠久历史文化传统和庞大科研人才队伍的发展中大国，在当前国际竞争愈发激烈的形势下，也迫切需要积极推动融合出版与科研管理的融合创新。我国在科研领域已经取得了许多令人瞩目的成就，在一些关键技术领域如 5G 通信技术、高铁技术、航天技术等已经达到了世界领先水平，然而在科研成果的转化与出版传播方面，与发达国家相比还存在一定的差距。我国虽然每年发表的科研论文数量众多，但在将科研论文转化为具有市场竞争力的知识产品和文化品牌方面还不够成熟，许多优秀的科研成果仅仅停留在学术层面，未能充分发挥其在经济发展和文化传播方面的潜在价值。我国需要充分发挥在科研领域的优势资源，加强科研机构与出版单位之间的合作与协同创新，打造具有国际竞争力的出版品牌和科研成果转化平台。

在构建科研成果转化平台方面，我国可以依托现有的高新技术产业园区、科技企业孵化器等，建立一批集科研成果展示、交易、转化、孵化等功能于一体的综合性科研成果转化平台。这些平台可以整合科研机构、高校、企业、金融机构等各方资源，为科研成果的转化提供全方位的服务支持，例如为科研人员提供科研成果评估、专利申请、商业计划书编写等服务，帮助他们将科研成果进行商业化包装，为企业提供科研成果对接、技术转移、投资融资等服务，促进科研成果与企业需求的有效对接，为金融机构提供科研项目评估、风险投资推荐等服务，引导社会资本投入到科研成果转化领域。通过构建这样的科研成果转化平台，加速我国科研成果从实验室走向市场的进程，提高科研成果的转化率和产业化水平，形成具有国际竞争力的知识产品和文化品牌，为我国在国际竞争中占据一席之地提供有力支撑。

四、行业自身优化升级的内在驱动

在当今快速发展的知识经济时代，出版行业与科研管理行业均处于深刻变革的浪潮之中，这两个行业在各自的演进历程里，都逐渐暴露出一些制约其持续发展的挑战与问题，而融合出版与科研管理则成为它们突破困境、实现优化升级的关键内在驱动力。

对于出版行业而言，其所面临的市场环境已发生了翻天覆地的变化，传统出版业务长期以来在相对稳定的市场格局中运作，但随着信息技术的迅猛发展以及读者需求的日益多元化，一系列严峻的问题接踵而至。

市场竞争激烈是出版行业面临的首要难题，在过去，出版单位的数量相对有限，且市场细分较为明确，各出版单位往往能够在自己擅长的领域内占据一定的市场份额。随着数字技术的普及，出版的门槛大幅降低，大量新兴的出版力量如雨后春笋般涌现，这些新兴出版单位借助互联网平台，以更加灵活多样的经营模式和低成本的运营策略迅速切入市场。例如许多自媒体人通过创建自己的线上平台，发布各类电子书籍、文章合集等，直接与传统出版单位争夺读者资源。同时传统出版单位之间的竞争也愈发白热化，它们在畅销书资源、知名作者争夺以及市场渠道拓展等方面展开了全方位的较量，这种激烈的竞争导致出版单位的利润空间被不断压缩，生存压力日益增大。

数字化转型压力大是出版行业面临的又一紧迫挑战，数字阅读设备的广泛普及，如智能手机、平板电脑、电子阅读器等，使得读者的阅读习惯逐渐从传统纸质书籍向数字化阅读转变。据统计，近年来全球电子书的销售量呈现出持续增长的趋势，而纸质书的销售增长则相对缓慢。在这种背景下，出版单位若不能及时跟上数字化转型的步伐，就将面临被市场淘汰的风险，数字化转型并非仅仅是将纸质书籍简单地转化为电子格式，它还涉及数字版权管理、数字出版平台建设、数字产品的交互设计与用户体验优化等一系列复杂的问题。许多出版单位由于缺乏相关的技术人才和资金投入，在数字化转型过程中举步维艰。

内容同质化严重也是困扰出版行业的一大顽疾，在追求经济效益的驱动下，部分出版单位倾向于跟风出版一些热门题材的书籍，导致市场上同类书籍泛滥。例如当某一部影视作品或文学作品走红后，往往会迅速出现大量与之相关的衍生书籍、解读作品等，这种内容同质化现象不仅使得读者在选择阅读产品时感到困惑和厌倦，也降低了出版行业的整体创新性和文化价值传播的有效性。出版单位在内容创新方面的投入相对不足，缺乏对小众但具有深度文化内涵和社会价值题材的挖掘与开发，进一步加剧了内容同质化的问题。

融合出版与科研管理为出版行业带来了前所未有的发展机遇，有助于从根本上解决上述问题，推动出版行业的结构调整和转型升级。在内容资源方面，科研机构蕴含着丰富的宝藏，科研成果涵盖了各个学科领域的前沿知识、创新理论以及实践经验总结等，这些内容为出版行业提供了全新的素材源泉。例如在生命科学领域，科研人员关于基因编辑技术的最新研究成果、新型药物研发的临床试验数据以及对人体生理机能奥秘的深入探索等，都可以被转化为专业的学术著作、科普读物或研究报告等出版形式。出版单位与科研机构合作，能够获取这些独家的、具有高度专业性和权威性的内容资源，从而开发出与众不同的出版产品，以专业学术出版为例，出版单位可以针对某一特定的科研领域，如量子物理学，与相关科研团队合作，出版一系列深入解读量子物理理论、实验研究成果以及未来发展趋势的学术专著和期刊专辑。这些出版物能够满足专业科研人员、高校师生以及对该领域有深入研究兴趣的读者的需求，填补市场上相关专业学术资料的空白，形成出版单位的差异化竞争优势。

在出版形式创新方面，科研管理中的技术手段和创新思维为出版行业注入了新的活力，随着数字化技术在科研管理中的广泛应用，如大数据分析、人工智能、虚拟现实（VR）、增强现实（AR）等技术，出版行业可以借鉴这些技术实现出版形式的创新与突破。例如利用大数据分析技术，出版单位可以深入了解读者的阅读偏好、购买行为以及市场需求趋势，从而实现精准的选题策划和个性化的出版推荐。出版单位根据大数据分析结果，为不同年龄段、不同文化背景的读者定制不同的版本，如为青少年读者添加更多生动有趣的插图、故事性更强的叙述方式，为专业研究人员提供更丰富的参考文献、深入的学术分析内容等，借助VR和AR技术打造沉浸式的阅读体验，进一步增强了科研内容的吸引力和传播效果，使出版单位在激烈的市场竞争中脱颖而出。

在市场定位方面，融合出版与科研管理有助于出版单位更加精准地锁定目标读者群体，拓展新的市场领域，科研机构的研究领域往往具有高度的专业性和针对性，与之合作能够使出版单位深入了解特定领域读者的需求特点和市场规模。这样的市场定位策略能够使出版产品更好地满足不同读者群体的需求，提高市场占有率，同时也有助于出版单位拓展新的市场领域，如专业学术出版市场、科技科普出版市场以及针对特定行业的应用出版市场等，从而优化出版行业的市场结构，提高整个行业的整体效益和抗风险能力。

第四章　融合出版与科研管理中存在的问题

第一节　技术层面的困境

一、技术兼容性的难题

在融合出版与科研管理的过程中，技术兼容性成为一个显著且亟待解决的问题，这一问题的复杂性和严重性不仅体现在技术层面，还严重地影响到了工作流程、效率以及最终的成果质量。不同的出版平台、科研系统以及相关工具各自遵循着独特的技术标准和规范，这就如同在一个数字化的世界中存在着多种语言，而它们之间缺乏有效的翻译机制。这种差异导致了数据交换、系统集成和功能协同方面的巨大障碍，以数据交换为例，当从一个出版平台向科研管理系统传输数据时，由于格式、编码方式或数据结构的不同，直接传输往往无法实现，就好像要将一本用中文书写的书籍直接翻译成一种完全陌生的语言，而且这种语言没有现成的翻译规则。

例如，某些出版软件生成的文件格式可能基于其特定的功能和设计需求，采用了独特的编码方式或数据结构，当这些文件需要被科研管理系统读取和处理时，就会面临无法直接兼容的困境。这时候，就需要进行复杂的格式转换，但是这种转换并非简单的一键操作，而是一个充满挑战和风险的过程。

工作人员需要花费时间和精力去寻找合适的转换工具或编写转换脚本，这不仅消耗了人力，还占用了原本可以用于核心业务的时间，转换过程也并非总是完美无缺的。在转换中，可能会出现数据丢失的情况，一些关键的信息、元数据或者特定的格式设置可能无法在新的格式中得到准确保留，就如同在翻译过程中丢失了某些微妙的语义和文化内涵。数据失真也是一个常见的问题，转换后的内容可能在数值精度、文本排版或图像质量上出现偏差，影响了数据的准确性和可用性。除了文件格式的不兼容，不同技术架构下的数据库之间的对接难题也严重阻碍了信息的共享和整合，在融合出版与科研管理的场景中，可能会涉及多种类型的数据库，如关系型数据库、NoSQL 数据库等，它们可能运行在不同的操作系统、使用不同的数据库管理系统，并且具有不同的架构设计和数据存储方式。

一种常见的情况是出版平台使用的数据库可能是为了满足高效的内容存储和检索需求而设计的，注重的是对大量文本、图像和多媒体数据的管理，而科研管理系统的数据库可能更侧重于对科研项目数据、人员信息和研究成果的结构化管理。当试图在这两个系统之间实现无缝的数据对接时，就会遇到诸如数据类型不匹配、主键和外键关系不一致、数据完整性约束不同等问题。例如，如果出版平台的数据库中存储的作者信息是以自由文本格式为主，而科研管理系统要求作者信息以结构化的字段形式存在，那么在进行数据整合时，就需要进行复杂的数据清洗和转换工作。这不仅需要对两个系统的数据结构有深入的理解，还需要开发专门的接口程序来实现数据的映射和传输，而且由于不同数据库的性能特点和并发处理能力不同，在进行实时数据交互时，可能会出现数据同步延迟、冲突甚至丢失的情况。

这些技术兼容性问题对工作效率产生了直接的负面影响，原本可以快速完成的数据传输和共享变得漫长而复杂，工作人员不得不花费大量时间在解决技术问题上，而不是专注于内容创作、研究分析等核心工作。由于数据交换和整合的困难，可能会导致重复劳动，比如在一个系统中已经录入的数据，由于无法直接在另一个系统中使用，可能需要在新的系统中再次手动输入，这不仅浪费了时间，还增加了出错的可能性。

数据丢失和失真可能导致决策依据不准确，进而影响出版内容的质量和科研成果的可靠性，在出版领域，不准确的数据可能会导致出版物中的错误信息，影响读者的阅读体验和对出版机构的信任。在科研管理中，失真的数据可能会导致研究结论的偏差，影响科研项目的评估和后续研究的方向。为了解决技术兼容性的难题，需要从多个方面入手，首先，要制定统一的技术标准和规范，行业组织和相关机构可以共同制定一套适用于融合出版与科研管理的通用技术标准，包括数据格式、接口规范、安全协议等，以确保不同的系统和工具能够在统一的框架下进行交互。其次，加强技术研发和创新，开发更智能、更灵活的数据转换工具和接口技术，能够自动识别和处理不同格式的数据，减少人工干预和错误。

除此之外，要建立有效的数据治理机制，对数据的全生命周期进行管理，包括数据的采集、存储、转换、共享和销毁等环节，确保数据的质量、一致性和安全性。同时加强不同部门和团队之间的沟通与协作也是解决技术兼容性问题的重要途径，出版团队、科研团队以及技术支持团队需要密切合作，共同探讨解决方案，分享技术经验和知识。

二、新技术应用的成本问题

在融合出版与科研管理的进程中，新技术的应用无疑为行业带来了诸多机遇和可能性，但与之相伴的是不可忽视的成本问题，新技术的引入通常需要在多个方面进行大量的资金投入。

首先，硬件设备的购置是一项重要的开支。随着技术的不断进步，为了能够支持新的软件和应用程序的运行，出版机构和科研单位往往需要更新计算机、服务器、存储设备等硬件设施。高性能的计算机能够提高数据处理和分析的速度，满足复杂的计算需求，稳定的服务器则能保障大量数据的存储和传输，先进的存储设备可确保数据的安全性和可扩展性。但是这些硬件设备的价格往往不菲，尤其是那些具备前沿技术和高性能的产品，对于规模较大的机构来说，可能能够承担一次性大规模的硬件更新成本，但对于中小型出版机构和科研单位而言，这可能会造成巨大的财务压力。

其次，软件许可证的费用也是一笔不小的支出。各类专业的出版软件、科研管理软件以及数据分析工具等通常都需要购买合法的许可证才能使用，这些软件不仅价格高昂，而且可能还需要定期续费以获取更新和技术支持。一些软件可能还存在用户数量限制，当机构需要增加使用人数时，又需要额外支付更多的费用。

除了硬件和软件方面的投入，对员工进行技术培训同样不可或缺。新技术的应用需要员工具备相应的技能和知识，以便能够熟练操作和充分发挥其优势，包括内部培训课程的开展、邀请外部专家进行讲座，甚至派遣员工参加专业的培训课程或研讨会。这些培训活动不仅需要支付培训费用，还可能导致员工在培训期间暂时无法投入正常工作，从而影响工作效率和进度。

对于一些中小型出版机构和科研单位来说，这样的资金投入确实是一个沉重的负担，它们的资金资源相对有限，往往需要在保障日常运营的基础上，谨慎考虑对新技术的投资。在预算紧张的情况下，可能只能选择部分关键技术进行应用，或者推迟新技术的引入，这在一定程度上可能会影响其在市场上的竞争力和创新能力。

不仅如此，新技术的引入还伴随着一系列潜在的风险，技术的不成熟是其中一个重要的风险因素。在新技术尚未经过充分的市场检验和实践验证之前，将其应用于实际工作中可能会面临各种问题。例如软件可能存在漏洞和错误，导致数据丢失或系统崩溃，新的硬件设备可能与现有系统不兼容，影响整体性能，这些问题不仅会影响工作的正常进行，还可能需要花费更多的时间和资金来解决。

由于新技术的不确定性和复杂性，可能会导致项目无法按照预期的目标和进度完成，例如在开发一个基于新技术的出版平台时，可能会因为技术难题无法攻克、需求变更或团队技术能力不足等原因，使得项目延期甚至取消。这样的结果不仅意味着前期的投资付诸东流，还可能会对机构的声誉和未来发展产生负面影响。即使新技术成功应用于项目中，但如果市场反应不佳、用户接受度不高或者无法带来显著的效益提升，那么前期的巨大投资可能无法得到相应的回报。这对于资源有限的中小型机构来说，可能会对其财务状况造成严重的冲击，影响其未来的发展和生存。

同时，技术更新换代的速度之快给融合出版与科研管理带来了持续的成本压力，在当今的科技时代，新技术层出不穷，旧技术迅速被淘汰。这意味着刚刚投入大量资金引入的新技术可能在短时间内就会过时，为了保持竞争力和跟上行业发展的步伐，机构不得不不断追加投资，更新技术设备和软件，以适应新的需求和标准。

以出版行业为例，几年前投入巨资建立的数字化出版平台，可能由于移动互联网技术的快速发展和用户阅读习惯的改变，需要进行大规模的升级改造，以支持移动应用、增强用户交互体验等功能。科研领域也是如此，新的研究方法和技术不断涌现，为了在前沿研究中取得成果，科研单位需要不断更新实验设备和数据分析工具。这种持续的投资需求对于任何机构来说都是一个巨大的挑战，尤其是对于资金有限的中小型出版机构和科研单位，可能会陷入一个不断追赶技术潮流的困境，一方面担心不更新技术会被市场淘汰，另一方面又面临着资金短缺和投资回报率不确定的压力。

为了应对新技术应用的成本问题和潜在风险，出版机构和科研单位需要采取一系列策略，在决策引入新技术之前，应进行充分的市场调研和技术评估，了解新技术的成熟度、适用性和潜在风险，制定详细的预算和投资计划，合理分配资金，确保在可承受的范围内进行投资。同时，可以考虑与其他机构合作共享技术资源，降低成本，例如多个中小型出版机构可以联合购买软件许可证，共同承担费用并分享使用权限，加强员工的技术培训和知识更新，提高其对新技术的适应能力和应用水平，也是降低技术应用成本和风险的重要途径。

三、技术更新换代的速度挑战

在当今的数字化时代，信息技术的发展犹如一场永不停息的风暴，其迅猛且持续的演进态势令人瞩目，这种前所未有的快速变革对于融合出版与科研管理领域而言，无疑构成了一场持续性的严峻挑战。

虚拟现实（VR）和增强现实（AR）技术为出版行业开启了一扇通往全新维度的大门，读者不再仅仅局限于纸张上的文字和静态图像，而是能够身临其境地沉浸于书中所描绘的世界。这种沉浸式的阅读体验为故事赋予了更生动的生命力，使读者能够更深入地与内容互动和融合，例如一本关于考古研究的书籍，通过 VR/AR 技术，读者仿佛能够穿越时空，亲眼看到科研人员研究的历史遗迹，加强其文化体验感和感染性。人工智能（AI）的应用则在内容创作、编辑校对等环节展现出巨大的潜力，能基于海量的数据和算法，快速生成初稿、提供创意灵感，甚至能够精准地识别和纠正语法错误、逻辑不一致等问题，这不仅极大地提高了出版效率，还为内容质量增添了一层可靠的保障。

在科研管理的领域，大数据分析和云计算等前沿技术的崛起，为科研数据的处理、存储和共享构建了更为坚实的基石，科研人员能够更高效地处理海量的数据，挖掘其中隐藏的模式和趋势，从而为研究提供更有力的支持。同时远程协作工具和在线科研平台的出现彻底改变了科研团队之间的沟通与合作方式，科研团队不再受限于地域和时间的束缚，能够实时共享想法、数据和研究成果，加速了科研创新的进程。但这一切的变革也对科研管理人员提出了更高的要求，他们不仅需要熟悉这些新技术的操作和应用，还需要具备将其有效地整合到科研管理流程中的能力，以实现对科研资源的优化配置和项目管理效率的显著提升。

对于众多从业者而言，在有限的时间内全面掌握并熟练应用新技术绝非易事，一方面，日常工作的繁忙犹如一张紧密的网，紧紧束缚着他们的时间和精力，从策划选题、编辑内容到与各方协调合作，每一项工作任务都需要投入大量的心血和时间。在这种情况下无法抽出足够的整块时间进行系统深入的新技术学习，而新技术的学习往往并非一蹴而就，它需要长时间的专注研究和实践操作，这在日常工作的重压下变得异常艰难。另一方面，新技术的复杂性也是一座难以逾越的高山，通常涉及深奥的概念、复杂的算法和精细的操作方法，对于那些基础知识不够扎实或者学习能力相对较弱的从业者来说，理解和掌握这些新技术充满了困惑和挫折。

以数字出版领域中的电子书格式转换技术为例，这是一个不断演进且充满变化的领域，从最初的 EPUB 格式，到后来的 MOBI 格式，再到如今逐渐流行的 KFX 格式，每一次格式的更新都带来了新的特性和要求。出版人员不仅需要清晰了解每种格式的特点和优势，还需要熟练掌握其转换的方法和技巧，这些格式的转换往往并非简单的一键操作，而是需要运用不同的软件工具，并遵循特定的操作流程。对于一些经验丰富但对新技术适应较慢的出版人员，或者对于那些刚刚踏入行业、基础知识尚不牢固的新手来说，这无疑是一个巨大的挑战。他们可能会在格式转换的过程中遇到各种问题，如格式错误、内容丢失、排版混乱等，严重影响了工作的效率和质量。

由于在短时间内难以做到对新技术的精通，从业者在实际工作中往往无法充分释放新技术的全部潜力和优势，他们可能仅仅能够运用新技术的一些基本功能，这就如同拥有一把功能强大的工具，但却只能使用其最浅显的部分，无法触及核心的强大功能。例如，在使用新的数据分析工具时，如果不能深入理解并熟练掌握其高级功能和精妙的算法，就无法对海量的科研数据进行全面、深入的分析。这可能导致错过一些隐藏在数据深处的关键信息和有价值的研究发现，进而影响科研成果的质量和创新性。

新的技术版本往往如同未经充分雕琢的宝石，可能存在尚未被发现的漏洞或潜在的兼容性问题，当这些新的版本与现有的硬件、软件环境相遇时，冲突便可能接踵而至。这可能表现为系统的突然崩溃，导致正在进行的工作瞬间丢失，或者数据在传输和处理过程中出现错误，影响最终的结果，甚至可能导致系统运行速度显著减慢，使工作效率大打折扣。例如当出版单位决定更新其内容管理系统（CMS）的版本时，满心期待着能够获得更强大的功能和更好的性能，但是却可能意外地发现新的版本与之前一直使用的排版软件存在严重的兼容性问题。这可能导致排版出现错乱、字体显示异常等情况，最终影响出版物的按时交付，给出版单位带来经济损失和声誉损害。

在技术的世界里，不同的系统、软件和工具之间需要紧密协作、无缝对接，才能实现工作流程的顺畅和高效，由于技术更新的速度过快，不同技术之间的兼容性往往无法得到充分的测试和优化。可能在当前版本的兼容性问题还未得到彻底解决时，新的版本又登场，这就导致了不同系统、软件之间的衔接出现缝隙，数据无法像预期那样顺畅地传输和共享。比如在科研单位中，实验设备控制软件与数据分析软件的紧密配合至关重要，但在版本更新后，由于兼容性问题，实验设备采集到的数据可能无法准确、及时地传输到数据分析软件中，从而延误了研究的进度和结果的准确性。

技术更新换代还可能给机构带来不可忽视的成本增加，这不仅体现在需要投入大量资金购买新的软件许可证、硬件设备以适应新技术的要求，还可能涉及对现有的基础设施进行大规模的升级改造。例如为了运行最新的图形设计软件，可能需要升级计算机的显卡和内存，为了保障数据的安全存储和快速访问，可能需要购置更先进的服务器和存储设备。同时由于技术的不断变化，员工需要频繁接受培训以跟上步伐，这无疑增加了人力成本，对于资源相对有限的中小型出版机构和科研单位来说，这些额外的开支可能会对其财务状况造成沉重的负担，甚至可能影响到其正常的运营和发展。

四、技术安全与隐私保护问题

在当今数字化程度日益加深的时代，融合出版与科研管理领域正经历着一场深刻且广泛的变革，信息技术以前所未有的广度和深度渗透其中，数据已然成为这一领域中最为关键和宝贵的资产之一。在融合出版与科研管理的复杂流程中，数量庞大的敏感信息宛如穿梭于数字空间的珍贵信使，作者的个人资料，涵盖了姓名、联系方式、身份证号码等关键标识，而未发表的研究成果，诸如实验数据、研究报告、创新的理论观点等，这些信息不仅具有内在的知识价值，更承载着潜在的经济和社会价值，当它们在网络的虚拟高速公路上疾驰时，所处的环境却充满了不确定性和风险。

由于网络环境天然的开放性和复杂性，这些敏感信息时刻面临着被不法分子觊觎和窃取的威胁，黑客以其敏锐的嗅觉和高超的技术手段，对这些有价值的数据虎视眈眈，运用精心策划和实施各种先进的攻击策略，试图突破网络防护的坚固堡垒。网络漏洞扫描是黑客们常用的手段之一，他们利用各种漏洞扫描工具，细致地探查目标系统中可能存在的安全漏洞。一旦发现薄弱环节，恶意软件便会被巧妙地植入，这些恶意软件如同隐形的间谍，潜伏在系统深处，悄无声息地收集和传输敏感信息，黑客通过欺骗、诱导等手段获取用户的信任，从而获取关键的登录凭证或其他敏感信息。

一旦作者的个人资料被窃取，其后果不堪设想，身份盗用可能会让作者陷入无尽的麻烦之中，虚假的账户可能会以作者的名义被创建，用于进行非法活动，骚扰和诈骗电话可能会接踵而至，扰乱作者的正常生活。更严重的是，未发表的研究成果若落入竞争对手之手，原作者在学术领域的创新性和领先地位将受到巨大冲击。竞争对手可能会抢先发表类似的研究成果，或者基于窃取的研究数据进行进一步的开发和应用，从而使原作者的努力付诸东流，学术声誉受损，未来的研究发展也可能因此受到严重阻碍。不仅在网络传输过程中，数据在存储环节同样面临着严峻的考验，存储系统就像是一个巨大的宝库，但这个宝库并非坚不可摧。技术故障可能会突然撼动存储系统的稳定性，导致数据出现错误或丢失，例如错误的操作、未及时更新的备份策略，可能会使宝贵的数据陷入险境，而恶意攻击，如黑客的直接入侵或内部人员的恶意篡改，更是让数据的安全性无法得到保障。

当数据被篡改时，其真实性和可靠性便荡然无存，对于出版机构来说，这可能导致出版内容的严重错误，一本权威的学术著作，如果其中引用的数据被恶意篡改，可能会传递错误的信息，误导读者，进而影响出版机构的声誉和读者的信任。在科研领域，篡改的研究数据可能会将整个研究团队引入歧途，基于错误的数据得出的结论必然是不准确的，这不仅浪费了大量的科研资源，还可能导致后续的研究方向出现偏差，延误科学的进步。

在科研单位中，那些涉及国家安全或商业机密的研究数据，一旦泄露，可能会对国家的战略布局和企业的核心竞争力造成致命打击，国家的科技发展可能会因此受到阻碍，企业在市场竞争中的优势可能会瞬间消失，面临巨大的经济损失和法律风险。对于出版机构而言，读者的个人信息泄露将引发公众的恐慌和信任危机，读者的姓名、地址、购买记录等隐私信息一旦落入不法分子手中，可能会导致读者遭受垃圾邮件的骚扰、信用卡被盗刷等问题，这不仅会令读者对出版机构失去信任，还可能引发法律诉讼和监管部门的严厉处罚。

这些安全威胁所带来的危害远不止数据的直接损失，对于出版机构来说，一次严重的黑客攻击可能使其在线平台陷入瘫痪，新书的发布计划被迫推迟，读者无法正常访问和购买书籍，在线销售渠道受阻，这不仅会造成直接的经济损失，还会影响出版机构的品牌形象和市场声誉。在科研领域，实验设备因病毒感染而失控可能导致正在进行的重要实验中途夭折，前期投入的大量人力、物力和时间都将化为乌有，研究项目的进度被严重拖延，甚至可能使整个科研团队的努力前功尽弃。

此外，相关法律法规的不完善和监管的不足进一步加剧了数据安全和隐私保护的困境，在数字化浪潮的冲击下，数据的产生、传播和使用方式发生了翻天覆地的变化，但法律法规的制定往往难以跟上技术发展的迅猛步伐。这导致在很多情况下，对于数据的收集、存储、使用和共享等行为缺乏明确、细致且具有可操作性的法律规范和约束。当发生数据泄露事件时，由于缺乏清晰明确的责任界定标准，要确定究竟是技术提供商的系统漏洞、用户自身的安全意识淡薄还是第三方的恶意攻击所致，往往成为一个棘手的难题。这种责任的模糊性使受害者难以获得应有的补偿和支持，再加上监管机制的不健全，对于那些违规收集和使用数据的行为，难以进行及时、有效的监督和处罚，这在一定程度上纵容了一些不良行为的滋生和蔓延。

为了有效应对这些严峻的挑战，融合出版与科研管理领域需要采取一系列全面、深入且协同的综合措施。在技术层面，加强安全防护体系的建设是首要任务，采用先进的加密技术，如量子加密、同态加密等，对敏感数据进行全方位的加密处理，确保数据在传输和存储过程中的保密性和完整性。实施严格的访问控制策略，基于角色和权限对用户进行精细化的管理，只允许经过授权的人员访问特定的数据。同时定期进行全面、深入的安全漏洞扫描和风险评估，借助人工智能和机器学习等技术，实时监测系统的异常行为，及时发现并修复潜在的安全隐患。明确规定数据的收集、使用、存储和共享原则，确保所有操作都符合法律法规的要求和道德规范的约束。制定详细的数据分类和分级标准，对不同敏感程度的数据采取相应的保护措施，加强对员工的安全意识培训，通过定期的培训课程、模拟演练和案例分析，提高员工对数据安全和隐私保护的重视程度，使其养成良好的操作习惯，避免因人为疏忽导致的数据泄露。

第二节　管理过程的障碍性

一、融合管理体制的不完善

在当今信息时代的大背景下，融合出版与科研管理的发展趋势日益显著，当前的体制建设却未能与之完美匹配，暴露出诸多亟待解决的问题。这些不足在组织架构、战略规划以及管理制度等多个层面均有突出表现，严重制约了行业的协同发展。

就组织架构而言，出版部门和科研部门之间的关系犹如一张错综复杂的网，职责不清的现象并非个例，而是频繁出现在日常工作之中。这往往导致在具体工作中，一旦出现问题或需要承担责任时，双方就会相互推诿。例如在一个涉及出版与科研的交叉项目中，对于内容的准确性和学术性审核这一关键环节，出版部门和科研部门可能都认为这应是对方的职责范畴。这种认知上的模糊和分歧直接导致审核工作的延误，进而影响整个项目的进度。

权力交叉则进一步加剧了局面的复杂性，当涉及资源分配、项目决策等核心环节时，两个部门由于权力界限的模糊不清，极易产生冲突，这种冲突不仅体现在对资源的争夺上，还反映在决策过程中的意见不合。

这种职责不清和权力交叉的问题，在项目合作的各个阶段都引发了一系列的困扰，在项目的策划阶段，由于无法明确主导部门，项目的目标和范围往往难以清晰界定。这可能导致项目的定位不准确，无法精准满足市场需求或学术要求，例如一个旨在推广科研成果的出版项目，如果在策划阶段不能明确是以出版部门的市场推广思路为主导，还是以科研部门的学术严谨性为主导，就可能出现目标模糊的情况，既想追求广泛的市场影响力，又想保持高度的学术水准，最终可能导致项目在市场和学术两方面都无法达到理想效果。

在项目执行过程中，由于缺乏明确的责任归属，一旦出现问题，部门之间容易陷入相互指责的怪圈，而不是齐心协力共同寻找解决方案。这种混乱的局面严重影响了项目的进度和质量，比如在出版物的编辑过程中，如果出现内容错误或排版问题，出版部门可能指责科研部门提供的原始资料不准确，而科研部门则可能认为是出版部门在编辑过程中没有进行严格的把关，双方的争执不仅浪费时间，还可能错过最佳的修正时机，最终降低了合作的效率和效果。

缺乏统一的战略规划和协调机制，使得融合发展方向不明，目标不清。在行业发展的宏观层面，由于缺乏一个整体性的战略布局，出版部门和科研部门难以形成强大的合力，每个部门可能都制定了自己的短期目标和计划，但这些目标和计划之间缺乏有效的衔接和协同，无法共同服务于融合发展的大局。

以出版部门为例，其可能更侧重于市场需求和经济效益，将主要精力放在追求热门选题和打造高销量的出版物上，他们会密切关注市场动态，迎合读者的当下兴趣，以获取更多的市场份额和经济回报。这种策略在短期内可能会带来显著的经济效益，但从长远来看，如果过于迎合市场而忽视了学术的深度和创新，可能会导致出版物质量的下降，影响品牌形象。

而科研部门则更关注学术价值和研究深度，致力于开展前沿性和创新性的科研工作，追求学术成果的突破和理论的创新，他们注重研究的科学性、严谨性和原创性，往往投入大量的时间和资源进行基础研究和理论探索。如果科研部门过于专注于学术内部的发展，而忽视了与市场需求的结合和成果的转化，可能会导致研究成果难以应用于实际，无法产生应有的社会价值和经济效益。

如果没有统一的战略规划来协调这两个方面，就可能导致出版与科研的结合点难以找准，无法实现资源的最优配置和价值的最大化。例如在某个特定领域的研究成果出版过程中，如果出版部门和科研部门没有在选题策划、内容编辑、市场推广等方面进行有效的协同，可能会出现选题不符合市场需求、内容过于专业晦涩难以被读者接受、推广策略不到位导致销售不佳等问题，使得这一研究成果无法得到广泛传播和应用，既浪费了宝贵的科研资源，也未能满足社会对知识的需求。

当出现需要跨部门解决的问题时，也没有一个明确的协调机制来推动问题的解决，导致问题积压，严重影响工作的顺利进行。比如在涉及出版物的版权问题上，如果出版部门和科研部门之间缺乏明确的协调流程和责任分工，可能会导致版权纠纷无法及时解决，影响出版物的正常发行和销售。在管理制度方面，针对融合业务的规范和流程尚未建立健全，这给实际工作带来了诸多不便和混乱。在工作执行过程中，由于缺乏明确的标准和依据，工作人员往往只能凭借个人经验和主观判断来操作，导致工作结果的一致性和可靠性难以保证。

以稿件的编辑和审核流程为例，如果没有统一的规范，不同的编辑和审核人员可能会依据自己的标准和偏好进行操作，有的可能更注重语言的流畅性，而对学术的严谨性要求相对较低，有的则可能过于强调学术规范，而忽视了稿件的可读性。这种差异会直接影响稿件的质量和出版的效率，可能导致同一出版物中不同文章的质量参差不齐，影响读者的阅读体验和对出版物的评价。

对于融合项目的质量控制和评估，也缺乏明确的流程和指标，这使得无法准确衡量项目的成果和效益，难以进行有效的改进和优化。比如在一个将科研成果转化为科普读物的项目中，如果没有明确的质量评估标准，就难以判断读物在知识传播的准确性、通俗易懂性以及对读者的吸引力等方面的表现，无法确定项目是否达到了预期的效果，也无法为后续类似项目提供有价值的参考和借鉴。

这种制度的不完善还体现在激励机制的缺失上，由于没有针对融合业务的有效激励措施，工作人员缺乏积极参与融合工作的动力，更倾向于专注于本部门的传统业务，因为这些业务通常有明确的考核标准和奖励机制，而对需要跨部门合作的融合项目缺乏热情和投入。比如在一个科研成果的出版项目中，参与的编辑和科研人员如果没有得到相应的激励，如额外的奖金、职称晋升的加分等，可能会将更多的精力放在自己部门内部的常规工作上，而对这个融合项目敷衍了事，导致项目进展缓慢，质量不高。

为了改善这种状况，首先需要对组织架构进行深入的重新梳理和优化，明确出版部门和科研部门的职责范围是关键的第一步，通过详细的职责划分，避免职责重叠和真空地带的出现。建立清晰的权力清单和责任清单，确保每个部门和岗位都清楚了解自己的权力边界和责任义务，这可以通过制定详细的组织架构图和岗位说明书来实现，明确规定每个部门和岗位在融合业务中的具体职责、权力和工作流程。

在战略规划方面，应制定全面统一的融合发展战略，明确长期和短期的发展目标，并将这些目标分解为具体的、可操作的行动计划和任务指标。同时建立灵活的战略评估和调整机制，使其能够根据内外部环境的变化及时对战略进行修订和完善。这需要成立专门的战略规划小组，由出版部门和科研部门的高层领导以及相关领域的专家组成，共同研究制定战略，并定期对战略的执行情况进行评估和调整。并尽快建立健全针对融合业务的规范和流程，从项目的立项、执行到验收，每个环节都应有明确、详细的操作指南和标准。完善激励机制，对在融合工作中表现出色的团队和个人给予适当的奖励，激发员工的积极性和创造性。这可以包括物质奖励，如奖金、奖品，也可以包括精神奖励，如荣誉称号、晋升机会等。

二、部门协调沟通的困难

在融合出版与科研管理的实际操作中，部门之间的协调与沟通面临着重重难以逾越的困难，这些障碍严重束缚了工作的顺利开展，极大地降低了整体效率，成为融合发展道路上的巨大阻碍。不同部门由于其本质属性和承担职责的差异，工作重点和目标呈现出显著的区别，这种差异在合作的进程中频繁引发利益冲突和尖锐的意见分歧，成为合作道路上难以跨越的绊脚石。

出版部门作为直面市场浪潮的前沿力量，其工作核心始终紧紧围绕着市场需求和销售业绩，他们需要时刻保持着对市场动态的高度警觉，精准捕捉读者瞬息万变的喜好。其目的在于推出能够迅速吸引广大读者目光、具备良好销售前景的出版产品，在选题策划的关键阶段，他们更倾向于选择那些紧跟时代潮流、广受欢迎、拥有庞大受众基础的热门主题。在内容创作方面尤为注重提升内容的可读性、趣味性以及对市场的适应性。为了达到这一目标，出版部门通常强调表达方式的通俗易懂、生动活泼。同时也极为重视装帧设计的美观大方、独具匠心，力求在视觉上第一时间抓住读者的眼球，以此最大限度地增强出版物在市场中的竞争力，推动销售量节节攀升。

与之相反，科研部门的工作重心更多地沉淀在学术价值和研究深度上，他们怀揣着对未知领域的强烈好奇心和执着追求，致力于在学术的广袤海洋中开拓新的疆域，推动学术前沿不断向前发展。其追求的是研究的创新性、科学性和严谨性。在选题策划方面，科研部门更关注那些具有高度学术挑战性、能够填补学术研究空白的前沿课题。对于内容创作，他们坚定不移地强调数据的准确性、论证的严密逻辑以及理论的深邃内涵，为了确保学术表达的精确无误，他们往往运用大量专业术语和复杂的逻辑结构来阐述研究成果。

这种显著的差异在选题策划的初始阶段就可能引发激烈的冲突，例如出版部门可能基于对当下热门话题的敏锐洞察，提出一个看似能够迅速吸引读者关注并有望带来丰厚销售业绩的选题。科研部门可能基于学术的严谨视角，认为该选题缺乏足够的学术深度和创新元素，不符合科研工作所要求的严格标准和学术规范。反之，科研部门提出的一些具有开创性和深厚学术价值的选题，可能由于其专业性过强和内容晦涩难懂，被出版部门担忧难以被普通读者理解和接纳，从而对其在市场上的前景持谨慎态度。

出版部门为了迎合大众读者的阅读习惯和理解能力，可能会要求科研人员对复杂的学术内容进行简化和通俗化处理，以增强内容的可读性。但科研人员可能会从学术的纯粹性和完整性出发，认为这样的处理方式会损害研究成果的学术价值和严谨性。科研部门可能为了使论证更加坚实有力，坚持运用大量详尽的数据和复杂的图表来支撑观点，但出版部门可能从市场推广和读者接受度的角度考虑，认为这样的呈现方式会使出版物显得过于枯燥乏味和难以理解，从而影响读者的阅读体验和购买意愿。

除了工作重点和目标的显著差异所导致的利益冲突和意见分歧外，部门之间存在的信息不对称更是一个突出且极为棘手的问题，这种信息不对称使得沟通变得异常艰难，协作效率也因此遭受严重打击。出版部门由于长期专注于市场推广和出版业务，可能对科研工作内在的严谨性要求和学术评价标准缺乏深入的认识和理解。这就导致在编辑和出版科研成果时，难以准确把握内容的核心要点和关键价值，科研部门由于沉浸于学术研究的领域，可能对出版流程中诸如排版、印刷、发行等具体环节的复杂性和特殊性缺乏清晰的认知，难以理解为什么一些看似细微的修改和调整对于最终的出版效果至关重要。例如，科研部门可能对出版部门针对他们精心撰写的学术论文所进行的格式大幅度修改感到困惑和不满。在他们看来，这些修改可能破坏了论文原有的严谨结构和内在逻辑，而出版部门可能由于缺乏有效的沟通手段和专业解释能力，无法向科研部门清晰阐明这些修改是为了更好地适应出版行业的规范要求以及满足广大读者的阅读习惯。

出版部门可能由于缺乏与科研部门的紧密沟通和及时信息共享，对科研项目的实际进展情况了解不够全面和准确，这使得他们无法精确预估出版的最佳时间节点，从而影响市场推广计划的科学制定和有效执行。科研部门还可能由于对出版部门内部的资源分配机制和工作负荷情况缺乏了解，对编辑、校对等工作环节所需的时间和人力投入抱有过高的期望。当实际等待出版的时间超出预期时，容易产生焦虑和不满情绪，进而对双方的合作关系产生负面影响。比如一个具有重要学术价值的科研项目已经顺利完成了研究工作，但由于出版部门未能及时获取这一关键信息，或者在信息传递过程中出现延误和偏差，导致无法及时安排后续的编辑和出版流程。这不仅使得科研成果的发布被迫延迟，错过了在学术领域最佳的交流和应用时机，也可能造成研究成果的时效性和影响力大打折扣。

信息的传递方式和渠道不畅是导致信息不对称的另一个重要因素，在部门之间，可能缺乏一套高效、稳定且被广泛认可的沟通平台和机制，信息的传递往往依赖于传统的口头传达或简单的邮件交流等方式，这种方式存在诸多弊端，容易出现信息的遗漏、误解和传递延迟等问题。例如重要的会议通知可能因为邮件系统的误判而被归入垃圾邮件文件夹，导致相关人员无法及时收到通知，从而错过重要的决策和讨论机会。或者在口头传达信息时，由于表述不够清晰准确、口音差异、语言理解能力的不同等原因，容易导致信息的失真和错误执行。这种信息传递的不准确性和不及时性，随时可能引发部门之间的矛盾和冲突。此外，信息的筛选和解读能力的差异也会进一步加剧信息不对称的程度，即使面对相同的原始信息，不同部门由于其独特的专业背景和工作视角，对信息的理解、分析和重视程度也会存在显著的不同。比如对于一份市场调研数据，出版部门可能会将重点放在读者的购买意愿、市场趋势的变化以及竞争产品的销售情况等方面，以此来指导选题策划和营销推广策略的制定。而科研部门可能更关注数据中与学术研究相关的部分，如某一领域的研究热点、前沿理论的应用情况等，以便为后续的研究工作提供参考和启示。这种差异可能导致在基于相同信息进行决策时，双方产生截然不同的观点和判断，从而引发分歧和冲突。

三、管理流程繁琐的制约

在融合出版与科研管理这一充满活力与创新需求的领域中，现有的管理流程常常暴露出繁琐复杂的特性，束缚着工作效率和创新能力的提升，对行业的发展活力与竞争力造成了深远且显著的制约。从项目最初的立项阶段开始，直至最终成果的发布。每前进一步，都需要穿越众多环节的审批与严格把关，每一道都要求投入巨大的时间和精力去谨慎应对。

以项目立项阶段为例，这可能涉及精心撰写详尽的项目计划书，计划书不仅要涵盖项目的背景、目标、方法、预期成果等基础内容，还需对可能面临的风险和应对策略进行深入分析，需经过多轮的内部讨论和评审，在这个过程中，不同部门、不同层级的人员会从各自的角度提出问题和建议，需要不断修改和完善计划。与上级管理部门的反复沟通和申请也是必不可少的环节，需要准确理解和回应上级部门的各种要求和疑虑。在这一过程中，工作人员不得不耗费大量的心血准备丰富的文档资料，需要详细阐述项目的来龙去脉、目标的高远与实际可行性、采用的方法的科学性和创新性、预期成果的影响力和应用价值等诸多方面。

当项目进入执行阶段，还有繁琐的审批流程，经费的合理使用、人员的科学调配、实验的有序开展等各个关键方面，无一不需要经过层层审批。每一项决策，无论大小，每一笔资金的支出，哪怕是微不足道的数额，每一次资源的调整，哪怕只是细微的变动，都要经历繁琐的申请和审批流程。有时候，哪怕只是一个小小的人员岗位调整，或者是实验设备的临时更换，都可能需要经过多个部门的签字盖章，耗费数周甚至数月的时间。而到了成果评估和发布这一关键阶段，面临的考验则更为严峻，需要经历严格的专家评审，这些专家来自不同的领域和背景，他们带着各自的专业标准和严格要求审视成果。同时，同行评议也是必不可少的环节，同行们会对比同类型的研究和成果，提出各种质疑和建议。版权审核更是不容疏忽，要确保成果没有侵犯他人的知识产权，符合法律法规的要求。

这种繁琐的流程所带来的影响是多方面且极为深刻的，其中最直接、最明显的影响便是时间和精力的大量消耗，工作人员在这漫长而复杂的流程中，被迫将大量宝贵的时间和精力投入到应对各种审批和程序之中，而非聚焦于项目的核心内容和创新思考。为了能够顺利通过各个环节的审批，他们需要花费大量时间精心准备详尽的报告和文件，参加冗长的会议和讨论。这无疑极大地增加了工作的负担。更关键的是，这种精力的分散导致他们对项目本身的关注和投入被严重削弱，那些原本可以用于深入思考项目的创新点、优化方案和解决实际问题的宝贵时间被压缩。例如在融合出版项目中，编辑人员可能因为忙于应对审批流程，而无法全身心投入到内容的精心打磨和创新设计上，导致出版物在质量和特色上打了折扣。在科研管理领域，研究人员可能因为频繁地准备审批材料，而无法专注于实验数据的深入分析和研究成果的进一步深化。

在当今这个竞争异常激烈、变化迅猛的市场大环境中，时机的把握往往如同瞬间即逝的闪电，稍纵即逝。一个崭新的出版选题，若不能在市场热度正盛时迅速推出，很可能就会被竞争对手抢先一步，占领市场的制高点。同样，一项具有开创性的科研成果，如果不能及时推向市场并得到应用，那么它很可能会因为市场需求的快速变化或者同行的抢先发布，而丧失其原本应有的巨大价值。比如在科研领域中，借助数据挖掘技术发现潜在的科研热点和趋势具有重要意义，数据的收集和整理需要经过多层审批和复杂的流程，导致数据获取的时效性降低，可能错过一些关键的研究时机。在数据分析阶段由于不同部门之间的协调不畅和权限限制，使得分析工作难以高效进行。尽管面临这些制约，数据挖掘技术依然能够发挥其优势，通过对大量学术文献、专利数据和科研项目信息的挖掘，发现潜在的科研热点和趋势。比如分析特定时间段内某一领域的文献发表数量、引用频率以及关键词的出现频率，从而判断该领域的热度和发展趋势，这些发现能够为科研项目选题提供有力的指导，科研人员可以避开过度饱和的研究方向，选择具有创新性和潜力的课题。同时期刊出版相关的研究报告，详细阐述数据挖掘的过程、结果以及对科研选题的建议，在报告中不仅要呈现研究的成果，还要分析管理流程繁琐对数据挖掘和科研选题工作的影响，并提出改进的建议和措施，以引导科研方向。比如可以建议简化数据获取的审批流程，建立统一的数据管理平台，促进不同部门之间的数据共享和协作，从而提高数据挖掘和科研选题的效率和质量，推动科研工作的顺利开展。在科研管理方面，一项具有颠覆传统、引领行业发展潜力的科研成果，如果因为繁琐的审批流程而不能及时发布和应用，那么其他同行很可能会在这段时间内迅速跟进，发表类似的研究成果，从而使原本可以领先行业的创新成果失去了其独特的竞争优势和领先地位。

在面对如此复杂且严格的审批流程时，工作人员往往会陷入一种只求程序合规而忽视实际效果和创新价值的误区，为了满足审批的各种形式上的要求，他们可能会过度关注文件的格式规范、表述方式的套路化，而忽略了项目本身所应具有的实质内容和创新亮点。这就导致了一种尴尬的局面：一些项目虽然在审批程序上看似完美无缺、毫无破绽，但在实际的效果和创新价值方面却显得苍白无力。例如为了顺利通过审批，项目报告中可能会充斥着大量空洞无物的模板化内容，而那些真正具有创新性和实际应用价值的想法和解决方案，却被深埋在这一堆繁琐的文字之中，难以被发现和重视。这种形式主义的做法，不仅造成了人力、物力等资源的极大浪费，更严重的是，它极大地阻碍了创新思维的萌发和发展，使得一些原本具有极大潜力的、有创新性和突破性的想法，因为无法适应这种僵化的审批标准，而被淹没。与此同时，流程的僵化使其难以适应如今这个瞬息万变的数字化、信息化时代，新技术的更新换代日新月异，客户的需求不再是一成不变的，而是变得越来越多样化和个性化，他们渴望能够迅速获得满足自己独特需求的产品和服务。但是那些繁琐僵化的管理流程，无法及时做出有效的响应和调整。

以出版行业为例，随着电子书和在线阅读的蓬勃发展，市场对于出版的速度和灵活性提出了前所未有的高要求。读者们希望能够在最短的时间内获取到最新、最热门的内容，满足他们即时阅读和快速获取信息的急切需求。但是传统的出版管理流程却显得力不从心，可能需要经历漫长的数月甚至更长时间，才能完成一本书从选题策划到最终出版发行的全过程，这显然无法跟上时代的节奏，无法满足读者们日益增长的需求。

四、质量监控机制的不健全

在融合出版与科研管理领域中，质量监控机制的不健全深深地横亘在前进的道路上，严重地阻碍着其健康、有序的发展，这一问题普遍存在，已成为当前亟待解决的关键难题，给行业的进步带来了巨大的挑战。

科学合理的质量标准和评估指标的缺失，无疑是质量监控的核心困境之一。在这个混沌的局面中，出版产品和科研成果的质量评价缺乏清晰、明确且客观的标准。在融合出版的多元世界里，产品的形式丰富多样，从传统的纸质书籍到充满创新的数字化多媒体内容，应有尽有。但由于缺乏统一且明确的质量标准，对于不同类型出版产品在内容准确性、创新性、可读性以及制作精良程度等关键方面的评估，变得模糊不清，充满了不确定性。以数字化教材为例，在这个教育与技术深度融合的产物中，如何精准地衡量其交互性设计是否真正达到了优化学习效果，是一个亟待解决的难题。交互性设计不仅要考虑界面的友好性、操作的便捷性，还要深入探究其是否能够有效地激发学生的学习兴趣、提高学习效率。但由于缺乏具体的衡量标准，对于什么样的交互设计是有效的，什么样的是华而不实的，往往难以给出准确的判断。以在线学术期刊为例，确定其内容的深度和广度是否足以满足专业读者的高要求，同样是一个棘手的问题。学术期刊的内容不仅要有前沿的研究成果、深入的理论分析，还要能够涵盖相关领域的广泛议题，为读者提供全面而深入的知识视野。但在缺乏明确质量标准的情况下，很难判断一本在线学术期刊是否真正达到了这些要求，是否能够为学术交流和知识传播发挥应有的作用。

在科研管理的领域，科研成果的多样性和复杂性使得质量评估的任务更加艰巨和充满挑战。从基础研究中追求理论突破的艰辛探索，到应用研究中注重实际效果的实践检验，从科研论文所承载的学术价值，到科研项目对社会产生的广泛影响，每一个方面都需要有具体且可操作的评估指标来衡量其质量和价值。但一套能够全面、准确地反映科研成果质量的指标体系常常是缺失的。这就导致了一些表面上看似光鲜亮丽、充满"高大上"词汇和复杂模型的科研成果，在经过评审后得以通过，但实际上却缺乏实质性的创新和应用价值。这些成果可能只是在形式上迎合了某种流行的研究趋势，或者运用了一些复杂的数学模型来装饰门面，但对于解决实际问题、推动学科发展却贡献甚微。与此同时，那些真正具有潜在价值和创新思维，但在表现形式上可能不够华丽、不够符合传统评审标准的科研成果，却常常被忽视和埋没。这些成果可能因为没有采用主流的研究方法、没有在知名的学术期刊上发表，或者没有与当前的研究热点紧密结合，而在评审过程中被低估甚至淘汰。

监控手段和方法的相对落后是质量监控机制的又一重大短板。在当今数字化和信息化浪潮汹涌澎湃的时代背景下，融合出版与科研管理的过程变得日益复杂和多元化，各种新技术、新方法、新观念不断涌现并融入其中。但现有的监控手段却未能紧跟时代的步伐，实现与时俱进的更新和升级。传统的人工抽检和阶段性审查方式，在面对海量的数据洪流和瞬息万变的工作流程时，显得力不从心，这种方式不仅效率低下，而且容易出现疏漏和误判，无法满足现代质量监控的严格要求。

以出版过程为例，如今的出版作品往往包含了大量的文字内容、精美的图片、生动的音频以及精彩的视频等多种元素，对于如此丰富和复杂的内容组合，如果仅仅依靠人工逐一审阅，不仅需要耗费大量的时间和人力成本，而且由于人的注意力和精力有限，很难做到对每一个细节都进行精准的审查。在这个过程中，很容易出现疏漏和错误，例如文字的错别字、语法错误，图片的清晰度不够、版权问题，音频的音质不佳、噪音干扰，视频的剪辑问题、播放流畅性等。

随着科学研究的不断深入和拓展，实验数据的规模越来越大，研究过程的动态变化越来越快，多团队协作的需求越来越频繁和复杂。在这种情况下，如果没有先进的信息化监控手段，对于实验数据的实时监测、研究过程的动态跟踪以及多团队协作的协调管理，都将变得异常困难，难以全面、及时和准确地获取和分析研究过程中的各种信息，无法及时发现潜在的问题和风险，从而影响科研项目的顺利进行和质量保证。由于监控手段的局限，难以实现对出版和科研全过程的有效覆盖，往往只能关注到一些关键节点和表面现象，而无法深入到细节和内在逻辑，这就如同只见树木，不见森林，无法真正把握工作的全貌和本质。在科研领域，这种情况可能会带来更为严重的损失，若在项目结题时才发现研究方法存在缺陷或数据不准确，那么可能需要重新开展研究，这意味着之前投入的大量时间、人力和物力资源都付诸东流。更糟糕的是，整个项目可能因此失去其应有的价值和意义，无法为学科发展和社会进步做出应有的贡献。

在出版环节中，编辑作为质量把关的重要角色，一旦发现书稿中的质量问题，本应迅速将准确的修改意见反馈给作者，但由于反馈流程的繁琐和复杂，信息在传递过程中可能会出现延误、偏差甚至丢失。作者无法及时收到清晰明确的修改意见，也就无法及时对书稿进行修改和完善，从而影响了书稿的修改进度和质量。在科研管理中，评审专家通常具有丰富的经验和专业知识，能够敏锐地指出科研成果中的不足之处。如果缺乏明确的处理流程和责任划分，相关研究人员可能无法得到有效的指导和支持，难以针对专家提出的问题采取针对性的改进措施。这不仅会影响科研成果的质量提升，还可能导致研究人员在今后的工作中重复出现类似的问题。

第三节　观念具有局限性

一、传统出版思维的束缚

在当今这个信息爆炸、数字化浪潮汹涌澎湃的时代，传统出版思维极大程度地束缚了融合出版发展的步伐，成为出版行业转型升级之路上难以跨越的巨大障碍。长期以来，出版行业在其漫长且曲折的发展进程中，遵循着一套相对固定且僵化的模式和流程。这一模式犹如一条既定的、难以偏离的轨道，其核心紧紧围绕着纸质出版物的编辑、印刷以及发行，众多从业者们在其中日复一日、按部就班地运行，机械地重复着既定动作。

在这个传统的框架内，编辑们宛如工匠，精心雕琢着每一个文字，力求使其完美无瑕，校对们则如同严谨的审查者，仔细核查着每一处可能的差错，不放过任何一个细微的瑕疵，印刷工人则熟练地将排版好的页面印制在纸张之上，力求呈现出最清晰、最精美的效果，最后运用错综复杂的发行渠道，一本本实体书犹如传递知识的使者，被送到读者手中。

这种历经岁月沉淀、根深蒂固的思维定式，在数字化和网络化这一全新的时代背景下，愈发显得僵化、滞后，许多从业者由于长时间沉浸于这种传统的工作模式，已经对这种按部就班的节奏和方式产生了深深的依赖。当数字化、网络化所带来的颠覆性变革如同狂风骤雨般袭来时，他们显得手足无措，难以迅速调整自己的思维和行动，去适应这新的发展趋势。

对于新媒体、新技术的应用，他们往往表现出一种保守且谨慎的态度，例如在面对电子书、有声读物、在线出版平台等新兴的出版形式和传播渠道时，一些从业者可能由于对新技术的陌生和不了解，内心充满了恐惧和不安。他们习惯于依赖传统业务所带来的稳定和熟悉感，害怕新技术会打破现有的平衡和秩序，或者，出于对潜在风险的过度担忧，他们选择了观望或者干脆拒绝接受这些新兴事物。

在很多从业者的观念中，电子书的阅读体验可能永远无法与纸质书那独特的触感和墨香相媲美，有声读物可能只是一种辅助性的存在，无法取代文字阅读所带来的深度思考，在线出版平台可能缺乏传统出版机构所拥有的权威性和稳定性，让人难以信任。这种保守的态度，就像一道无形的屏障，阻碍了出版行业对新技术的探索和应用，使得整个行业在数字化转型的道路上步伐沉重而缓慢，错过了发展的绝佳机遇。

在内容创作和传播方面，传统出版思维仍然固执地坚守着以单向传播为主的模式，在过去的出版行业发展中，出版商始终扮演着内容提供者的角色，将精心编辑好的作品以一种近乎强制的方式推向市场，而读者则只能被动地接受这些被推送的信息，几乎没有任何选择和反馈的权利。在这种单向的传播模式下，出版商与读者之间的交流和互动极为稀少和珍贵。读者的声音被无情地淹没在市场的喧嚣中，他们的个性化需求被严重忽视。进入当今的数字时代，读者的需求变得丰富多样且极具个性化，他们不再满足于仅仅作为被动的信息接收者，而是怀揣着强烈的渴望，希望能够积极主动地参与到内容的创作和传播过程中。他们渴望与作者进行心灵的对话，与其他读者分享独特的见解和感受，共同构建一个充满活力和创造力的知识交流社区。他们期望能够根据自己独特的兴趣爱好、有限的闲暇时间以及独特的阅读习惯，自由地选择适合自己的阅读方式和内容。比如一些传统出版商在面对数字化浪潮的冲击时，显得仓促而迷茫，当他们尝试推出数字内容时，往往只是简单粗暴地将纸质书的内容进行数字化的移植，而没有充分挖掘和利用数字技术所蕴含的巨大优势。他们忽略了添加多媒体元素所能带来的丰富感官体验，忽视了设置互动环节所能激发的读者参与热情，更没有意识到根据读者的实时反馈及时调整内容对于提升读者满意度的重要性。

传统出版思维往往过于短视，将目光紧紧锁定在短期的经济效益上，而缺乏对长期品牌建设和创新发展的高瞻远瞩的战略规划，在传统的出版模式中，出版商们的目光往往局限于每一本图书的即时销售数量、眼前所能获取的利润空间，以及短期内所能占据的那一小块市场份额。他们为了追求一时的热门选题，放弃了对独特性和深度的追求，为了迎合当下短暂的流行趋势，不惜牺牲内容的质量和价值，仅仅追求表面的浮华和喧嚣。

这种短视的行为可能会引发一系列严重的问题，一些出版人员会为了成本而在质量上做出妥协，选择质量一般但价格低廉的纸张和印刷工艺，这看似节省了一时的开支，却在不知不觉中损害了读者的阅读体验，让读者对出版物的品质产生怀疑和不满。或者为了追求快速的销售回报，他们过度依赖少数几位已经成名的知名作者，将大量的资源和精力集中在这些"明星作者"身上，而忽视了对新人作者的耐心培养和潜力挖掘。这不仅导致了出版资源分配的严重不均衡，也使得整个创作生态变得单一和脆弱，缺乏新鲜血液的注入和多元思想的碰撞。

从长远的角度来看，这种只注重短期经济效益的思维方式，就像一颗慢性毒药，逐渐侵蚀着出版单位的根基，不利于其可持续发展。在当今这个竞争激烈、变化无常的市场环境中，一个拥有良好口碑和广泛影响力的优秀出版品牌，无疑是吸引读者、作者和合作伙伴的强大磁石，只有通过长期坚持不懈的努力，进行品牌的精心培育和塑造，不断提升品牌在市场中的知名度、美誉度和忠诚度，才能在这片竞争激烈的红海中树立起独一无二的竞争优势，赢得读者的真心信赖和长久支持。

创新作为推动行业不断前进和发展的关键动力源泉，缺乏对创新发展的长远战略规划，必然会使出版单位在技术更新换代的浪潮中、在内容形式日新月异的变革中、在商业模式推陈出新的挑战中，逐渐落后于时代的快速步伐。当市场需求发生意想不到的变化时，如果没有提前做好准备，无法及时调整业务方向，迅速满足读者和市场的新需求，那么企业将不可避免地逐渐失去宝贵的市场份额，最终面临被残酷淘汰的巨大风险。

二、科研管理保守观念的影响

在知识经济蓬勃发展、科技创新日新月异的时代背景下，科研管理中的保守观念就如同一道隐形却又坚不可摧的屏障，悄然且深刻地对融合出版与科研的协同发展产生了诸多不利影响，在相当程度上阻碍了学术进步的步伐，也迟滞了知识传播的速度与广度。

一些科研管理部门在观念层面过度地强调学术规范和传统研究方法的权威性，这种极端的倾向在不知不觉中形成了对创新思维的无形束缚，传统的学术规范和研究方法，毋庸置疑，具有其不可忽视的重要性和内在价值。为科研工作搭建起了一定的秩序框架，确保了研究过程的严谨性和结果的可靠性，但一旦这种强调超越了合理的界限，走向了极端，其后果便是对新方法、新思路的排斥。

对于跨学科、创新性的研究项目，这些部门往往展现出支持力度不足的态度，跨学科研究的本质在打破学科之间那看似坚不可摧的界限，巧妙地融合来自不同领域的知识与方法，以此来应对现实世界中那些错综复杂的综合性难题。但是由于保守观念的影响，这类具有开创性的研究在申请至关重要的项目资金时，在获取稀缺的研究资源时，以及在谋求至关重要的学术认可时，常常会面临艰难险阻。例如设想一个涉及生物学、计算机科学和社会学的跨学科研究项目，其目标在于探索利用前沿的人工智能技术来深度分析生物数据，进而揭示深藏其中的社会行为模式。但是很有可能因为科研管理部门对传统学科分类的顽固坚守，以及对这一新兴交叉领域的陌生和误解，便将其视为异类，使得这个项目难以获得其本应享有的充足支持。创新性研究项目由于其本质是对现有理论框架和研究范式的大胆挑战，因而极有可能因为与传统观念的激烈冲突，而在学术殿堂中受到广泛的质疑。

在科研评价这一关键领域，过于看重论文发表数量、期刊级别等量化指标的现象，普遍且顽固地存在着。发表论文的数量以及所在期刊的级别，在一定程度上确实能够在一定层面上反映出研究人员的学术产出水平，以及研究成果在学术领域内所获得的认可程度。但将这些量化指标作为评判科研成果的唯一或主要标准，其内在的局限性和弊端便会凸显。这种存在明显缺陷的评价体系，极易导致研究人员在追求学术成就的道路上迷失方向，为了单纯地追求论文数量的增长，他们可能会忽视研究的质量和深度，从而陷入"短平快"的研究误区。在这种不良风气的驱使下，学术领域内充斥着大量低质量、重复性的论文。

为了能够在那些被视为权威的高级别期刊上发表论文，研究人员可能会在选题时舍本逐末，选择那些看似热门但实质上缺乏真正创新性的研究课题，而对于那些具有深远重要现实意义，但却因其难度巨大、研究周期漫长而显得"曲高和寡"的课题，他们则只能望而却步。与此同时，这种片面的评价体系对于研究成果的实际应用价值和其所能够产生的社会影响力关注程度严重不足。在现实中，许多研究成果虽然能够在学术期刊上占据一席之地，得以发表，但由于在研究过程中缺乏与实际应用场景的紧密结合，最终无法有效地转化为实际的生产力，对社会发展的推动作用也因此大打折扣，无法发挥其应有的实用价值。例如一项关于新型环保材料的前沿研究，如果仅仅将关注的焦点局限于论文的发表，而未能积极主动地推动其在工业生产领域的广泛应用，那么这项研究的潜在价值便无法得到充分的挖掘和体现，其结果不仅仅是研究资源的浪费，更是对社会发展机遇的错失。

在项目审批的过程中，同样存在着诸多隐性的障碍和不合理的偏见，对于那些来自名不见经传的非知名机构，或者是缺乏深厚学术背景的研究人员所提出的创新性项目，往往会因为各种门槛和偏见而在审批的道路上举步维艰，难以获得应有的认可和批准。这种排他性的思维方式，阻碍了新思想、新观点的自由进入，极大地抑制了科研创新的多样性和活力。例如一个由充满热情的民间科研爱好者自发组织并发起的关于城市可持续发展的创新性研究项目，很可能会因为其团队成员缺乏专业学术背景和在学术界的声誉积累，而在项目审批的复杂过程中遭遇重重阻力。

在当今这个全球化和信息化深度融合的时代，科研合作早已成为推动创新的一股不可或缺的强大力量，但一些科研管理部门在面对与企业、社会组织等外部机构展开合作的机遇时，却表现出过度的谨慎甚至是直接的排斥。他们内心深处担忧外部合作可能会对科研的独立性和纯粹性产生某种程度的影响。

这种短视且封闭的思维模式所导致的直接后果便是科研机构无法充分发挥外部资源的优势和潜力，极大地限制了科研成果的转化效率和应用范围。例如当高校的科研团队与企业试图在某一前沿技术领域携手开展合作项目时，很有可能会因为科研管理部门的种种顾虑和限制，而无法顺利地付诸实践。其最终的结局，往往是科研成果无法及时转化为市场上具有竞争力的产品，错失了宝贵的发展机遇。

在科研评价方面，过于强调在核心期刊上发表论文的数量这一单一指标，这种片面的导向导致部分科研人员为了完成硬性的科研任务指标，不得不匆忙拼凑论文，而在这个过程中，不可避免地忽视了研究本身所应具有的实际意义和创新价值。部分科研人员在与企业合作开展应用研究的领域进展缓慢，其根本原因在于科研管理部门过度担忧企业的介入可能会对科研的学术方向和质量产生负面的干扰和影响。

这种保守陈旧的科研管理观念所带来的后果是极为严重的，这会使一些前沿学科领域的研究逐渐滞后，导致科研成果的转化率处于低水平状态，大量优秀的研究成果无法有效地走出实验室，走向市场，实现其应有的社会价值和经济效益。而与之形成鲜明对比的是，一些科研单位凭借着灵活开放、与时俱进的科研管理理念，积极主动地支持跨学科研究和产学研的深度合作。他们通过设立专门的创新基金和前沿项目，为那些具有开创性的研究提供了坚实的资金支持和完善的政策保障。在科研评价体系的构建上，摒弃了传统的单一量化指标，建立了多元化、综合性的评价框架，全面考虑论文的质量水平、研究成果在实际应用中的效果、对社会所产生的广泛影响力，以及对学科长远发展的推动作用等多个关键维度。

为了从根本上改变科研管理保守观念所带来的种种不利影响，必须从理念的源头进行深刻的转变，科研管理部门应当以开放的胸怀和前瞻的视野，充分认识到创新和跨学科研究对于推动学术持续发展和社会全面进步所具有的不可替代的重要意义。坚决摒弃对传统学术规范和研究方法的过度依赖和盲目崇拜，以更加包容和鼓励的态度，激发研究人员勇于探索未知的领域，大胆尝试新的研究方法和思路。建立一套科学合理、公正全面的科研评价体系，评价指标的设定应当实现多元化和综合化，除了传统的论文发表数量和期刊级别等指标外，必须将研究成果的实际应用效果、对社会发展所产生的深远影响力、对学科领域的建设性贡献等重要方面纳入其中。运用这样的综合评价机制，引导研究人员将更多的精力和智慧投入到研究的质量提升和实际价值创造之中。

三、对融合价值认识不足问题

在当今这个数字化和信息化以惊人速度发展的时代大背景之下，对融合出版与科研管理的价值认识不足这一问题，已然成为广泛存在且亟待解决的关键难题，这一认知上的短板，不仅极大地限制了行业内部的创新发展步伐，还严重阻碍了资源的有效整合与充分利用，对整个行业的进步造成了难以忽视的负面影响。

当众多人士面对融合出版与科研管理这一新颖且富有潜力的概念时，他们的理解往往仅停留在表面的、浅层次的层面，未能深入探究其背后所蕴藏的巨大协同效应以及前所未有的创新机遇。在他们的认知中，这种融合仅仅被看作是一种形式上的、浮于表面的简单结合，比如将科研成果进行直接、生硬的转化，使之成为出版物，或者在出版流程中机械地引入一些零散的科研元素，却没有真正领会到融合的深层次内涵和具有战略意义的价值所在。

从战略的高度来审视，融合出版与科研管理的核心目标在于通过深度整合双方的独特资源，实现优势的互补与协同，进而创造出远远超越两者单独运作时所能产生的更大价值。很多人未能意识到出版行业所具备的广泛传播渠道就如同一张四通八达的网络，能够将科研成果迅速、广泛地传递到各个角落，其丰富的内容创作经验，可以将复杂的科研成果转化为通俗易懂、引人入胜的内容形式，而对市场需求的敏锐洞察力，能够为科研成果的推广和应用指明正确的方向，提供有力的支持。

这种在认识上的严重欠缺，直接导致了在实际工作中出现消极、被动的应对态度，众多相关从业者在推动融合的进程中，明显缺乏积极主动的动力和热情。他们进行的融合尝试很多时候并非源于内心对融合价值的真正认同和积极追求，而仅仅是迫于上级的硬性要求或者盲目跟从行业的一时潮流。在实际工作过程中常常缺乏明确、清晰的目标和经过深思熟虑的规划，只是盲目地追随他人的脚步，人云亦云，却没有静下心来，深入思考如何依据自身的独特特点和显著优势，量身定制出一套切实可行、行之有效的融合发展策略。

由于对融合价值的认识不够深入、全面，投入到融合出版与科研管理工作中的人力、物力和财力资源也相对稀缺和有限。在人力资源方面，一个突出的问题是缺乏专门化、专业化的团队或者具备专业素养的人才来专职负责融合项目的精心策划、高效实施以及科学管理。一般情况下，融合项目的相关工作往往由原有的出版人员或者科研人员临时兼职承担，由于这些兼职人员本身缺乏与融合工作紧密相关的专业知识和丰富实践经验，在面对复杂多变的融合需求时会显得力不从心，难以有效地推动融合工作沿着正确的轨道顺利开展。在物力资源方面，缺乏一系列必要的技术设备和坚实的基础设施来为融合工作提供有力支持。例如先进的数字化出版平台的缺失，使得出版内容的呈现形式和传播方式受到极大限制，高效的数据分析工具的不足，导致无法精准把握市场需求和读者反馈，便捷的科研成果转化渠道的匮乏，令科研成果难以顺利地转化为具有市场竞争力的出版产品。在财力投入方面，不足的问题更是尤为突出，由于没有充分认识到融合工作所能够带来的潜在巨大收益和长期的战略价值，相关部门和企业在融合项目上所提供的资金支持往往非常有限。这一状况直接导致了许多原本具有巨大发展潜力的融合项目，要么在启动阶段就因资金短缺而难以顺利启航，要么在实施过程中由于资金链的断裂而不得不中途夭折。

这种资源投入的严重不足进一步削弱了融合工作所能产生的实际效果和影响力，从而形成了一个恶性的循环，由于在人力、物力和财力等资源方面的投入有限，融合工作难以取得令人瞩目的显著成果。而这样不尽人意的结果，反过来又进一步加深了人们对融合价值的怀疑和忽视，使得未来在融合方面的投入变得更加谨慎、保守，形成了一种消极的发展态势。例如某出版单位在尝试与科研机构合作开展融合项目的过程中，由于对融合价值的认识不够清晰、深刻，仅仅投入了极为少量的资金和人力。在项目的具体实施阶段，由于缺乏一支专业的编辑团队对科研成果进行深入、细致的加工和转化，最终导致出版的作品内容晦涩难懂，无法引起读者的兴趣，市场反应极为冷淡。

由于没有足够的资金用于市场推广和宣传活动，这些作品无法有效地传递到目标读者群体手中，无法形成广泛的市场影响力。最终这个融合项目不得不以失败的结局告终，不仅浪费了前期投入的有限资源，还对企业的声誉和未来发展造成了一定的负面影响。与之形成鲜明对比的是，一些成功的案例充分展示了对融合价值的正确认识和充分投入所能够带来的巨大回报和显著成效，例如某国际知名的科技出版公司，深刻认识到与科研界进行深度融合的重要战略意义，并高度重视这一发展方向。

为了从根本上改变这种对融合价值认识不足的不利现状，首先需要采取一系列积极有效的措施，加强宣传和教育工作是至关重要的第一步，运用广泛举办专业的研讨会、精心设计实用的培训课程以及分享具有启发性的成功案例等活动，全面提高整个行业乃至整个社会对融合出版与科研管理的重要性和潜在巨大价值的清晰认识。让更多的人有机会了解融合工作的成功经验和实际效果，从而激发他们内心对融合工作的浓厚兴趣和饱满热情，形成积极参与、共同推动融合发展的良好社会氛围。其次制定明确、清晰的战略规划和出台具有针对性的政策引导措施，相关政府部门和行业协会应当充分发挥自身的引领作用，制定出具有前瞻性、科学性和指导性的发展战略规划。对于那些在融合工作中取得显著成果的项目和团队，及时给予相应的奖励和表彰，如荣誉称号、奖金激励、资源倾斜等。运用这种方式充分激发从业者的积极性、主动性和创造性，形成一种追求卓越、勇于创新的良好工作氛围，推动融合工作不断向前发展，取得更加丰硕的成果。

四、风险规避意识过度的局限

在融合出版与科研管理这一充满无限可能与瞬息万变的领域中，过度的风险规避意识，牢牢地束缚住了创新和发展的手脚，严重地制约了其前行的步伐。这种过度的谨慎态度，在多个层面投下了浓重的阴影，产生了一系列消极且深远的影响，阻碍了当下发展的道路，为未来的长远发展埋下了难以察觉却又危害巨大的隐患。

在当今这个以惊人速度发展和变革的时代，新技术如雨后春笋般不断涌现，新模式如璀璨星辰般竞相探索，为融合出版与科研管理带来了前所未有的广阔机遇。这些机遇照亮了行业前行的方向，为其提供了实现跨越式发展的可能，但由于内心深处对新技术应用和新模式探索可能带来的失败风险过度担忧，一些本应果敢坚毅的决策者，在面对这些稍纵即逝的创新机遇时，却表现出了犹豫不决。例如在数字出版技术刚刚崭露头角、初露锋芒的时候，整个出版行业正站在一个历史性的转折点上，一些出版机构的决策者，由于对投入大量资金引进新技术都可能存在项目失败的风险有所恐惧，在面对数字化转型这一时代浪潮时，选择了持观望态度，选择了在未知面前退缩。而另一批勇敢无畏、富有远见的出版机构，却以敏锐的洞察力和果敢的决策力，率先抓住了这一历史机遇，毫不犹豫地投入大量的资金和人力，积极引进先进的数字出版技术，建立起功能强大、用户体验优越的数字化平台。

运用这些平台，他们大胆地推出了一系列创新的产品，如电子书籍、有声读物等，以满足读者在数字化时代不断变化的阅读需求，这些产品凭借其便捷性、互动性和个性化的特点，迅速赢得了广大读者的喜爱和青睐。凭借着这种敢为人先的精神和果断的决策，这些出版机构成功地抢占了市场的先机，迅速扩大了自己的市场份额，实现了业务的几何级数增长。他们不仅在数字化的浪潮中站稳了脚跟，更是凭借创新的产品和优质的服务，成为行业的领军者和开拓者。

同样的情况在科研管理领域也屡见不鲜，当新的研究方法如雨后春笋般涌现，跨学科合作模式成为推动科研创新的强大引擎时，一些科研管理者却因为内心深处对可能的失败及其对个人政绩或机构声誉的潜在影响的过度担忧，而在这些创新尝试面前望而却步，不敢积极地给予支持和推动。他们过于关注可能的失败所带来的短期负面影响，过于在乎个人的得失和机构的眼前利益，而忽视了这些创新尝试对科研事业长远发展的重要意义。这种短视和保守的态度，使得科研团队无法及时获得必要的资源和政策支持，无法顺利地采用那些先进的、具有前瞻性的研究手段。

过度的风险规避不仅导致决策者在面对创新机遇时犹豫不决，还可能引发对潜在风险的过度评估，在面对新的发展机遇时，决策者的心态往往会变得敏感而谨慎，这本无可厚非。但当这种谨慎过度发展，就会演变成一种对风险的过度夸大和对困难的过度渲染，他们在思考问题时往往会不自觉地将可能出现的问题和困难无限放大，而对潜在的收益和机会却视而不见。这种过度评估风险的倾向，使得他们在决策时采取过于保守的策略，将大量的资源和精力倾注到传统的、已经成熟且风险相对较低的业务领域。

对于那些具有创新性但同时风险也相对较高的项目，他们则选择敬而远之，宁愿坚守在熟悉的舒适区，也不愿意冒险涉足未知的领域，探索新的可能性。比如在融合出版项目中，基于大数据分析的精准营销模式无疑是一种具有巨大潜力的创新尝试，运用对海量用户数据的深入挖掘和分析，能够精准地把握读者的需求和偏好，从而实现个性化的内容推荐和市场推广。一些决策者可能会因为过度担忧数据安全、用户隐私等问题，而将这种创新模式视为洪水猛兽，认为风险过高而轻易地放弃尝试。他们没有意识到，如果能够建立起一套完善的数据管理机制，严格遵守相关的法律法规和道德规范，合理地处理和保护用户数据，那么这些潜在的风险是可以得到有效控制和管理的。运用这种精准营销模式，出版物能够更精准地触达目标读者群体，大大提高市场推广的效果和效率，带来显著的经济效益和社会效益。但由于过度的风险规避，这些潜在的收益和机会转瞬即逝，业务的拓展和创新也因此受到了严重的限制。

在科研管理中，跨领域的合作研究项目常常被视为推动学科发展和创新的重要引擎，不同学科之间的交叉融合能够带来新的思维方式、研究方法和创新成果，为解决复杂的科学问题提供全新的视角和途径。由于担心不同学科之间的沟通协调困难、研究方向难以把控等风险，一些决策者可能会对这类合作项目采取谨慎甚至拒绝的态度。他们没有看到，正是这种跨学科的碰撞和融合，才能够激发创新的火花，产生具有开创性和颠覆性的研究成果。此外，这种过度的风险规避意识还在人才培养和激励方面产生了不可忽视的负面效应，在一个过度强调避免风险、对失败零容忍的环境中，员工们逐渐失去了抵御风雨的能力和勇气。在这种氛围的潜移默化影响下，员工们勇于挑战和承担风险的精神逐渐被磨灭，在工作中变得畏首畏尾，害怕因为失败而受到责备和惩罚，害怕因为提出新的想法和建议而被视为异类。对于那些具有创新精神和冒险精神的员工，他们在这样的环境中往往感到孤立无援、无处施展才华，他们的新想法和大胆的建议往往得不到足够的重视和支持，他们的冒险尝试往往在还未开始之前就被扼杀。由于长期得不到鼓励和认可，他们可能会感到无比的压抑和挫败，对工作失去热情和积极性，创造力也随之枯竭。长此以往，整个团队就会形成一种因循守旧、安于现状的工作风气，缺乏活力和竞争力。比如在出版单位中，编辑人员作为内容的策划者和把关者，本应具有敏锐的市场洞察力和创新的选题能力。在过度风险规避的环境下，他们可能会因为担心选题创新会导致市场反应不佳，从而选择保守的选题策略。

第五章　基于融合出版需求的科研管理创新机制

第一节　优化科研管理流程

一、立项阶段

深入调研融合出版领域的前沿趋势和市场需求，为科研项目的选题提供依据，是立项阶段的首要且核心的任务，融合出版作为出版业与信息技术深度融合的创新产物，正以令人瞩目的速度不断演进和发展，精准把握其前沿趋势，就必须以广阔的视野和敏锐的洞察力广泛且深入地收集和剖析国内外相关领域的最新动态与变化。

密切且持续地关注技术创新对融合出版的深刻影响，是洞察前沿趋势的关键切入点。在当今时代，虚拟现实（VR）、增强现实（AR）、人工智能（AI）等一系列新兴技术如雨后春笋般不断涌现，为出版内容的呈现形式和交互方式开启了全新的可能性之门。调研团队应当深入探究这些前沿技术在融合出版领域中的具体应用案例，细致分析它们是如何巧妙地提升读者的阅读体验，如何有效地增强内容的吸引力和感染力。例如运用虚拟现实技术创建沉浸式的阅读场景，让读者仿佛身临其境般置身于故事之中，利用增强现实技术为纸质书籍添加动态的多媒体元素，使平面的文字和图像瞬间变得生动鲜活，借助人工智能技术实现个性化的内容推荐，为每位读者量身定制专属的阅读清单。调研团队需要深入研究这些创新应用的技术原理、实现方式以及实际效果，以便为后续的科研选题提供宝贵的借鉴和启示。

随着移动互联网的迅速普及和数字化阅读习惯的日益根深蒂固，读者对于出版内容的个性化、便捷性和社交化等方面的需求呈现出日益显著的增长态势，通过大数据分析这一强大的工具，挖掘海量用户数据背后所隐藏的阅读偏好和行为模式，运用用户调研的方法，直接倾听读者的心声和诉求，进行市场观察，敏锐捕捉市场中的细微变化和新兴趋势。综合运用这些手段，深入了解读者在各种不同场景下的阅读偏好、独特的信息获取方式以及对于互动性的殷切期望，从而为科研项目的选题提供直接、准确且具有针对性的依据。比如在这个信息爆炸的时代，科研领域的文献数量呈指数级增长，科研人员面临着信息过载的巨大挑战，传统的文献检索方式效率低下，难以满足科研人员快速获取精准、有用信息的需求。机器学习技术的应用为解决这一问题提供了有力的手段，通过对大量科研文献的内容分析、关键词提取以及语义理解，机器学习算法能够对文献进行细致的分类，不再局限于简单的学科分类，而是能够根据研究方法、实验对象、研究结论等多个维度进行划分。同时基于科研人员的历史阅读数据、研究兴趣和项目需求，机器学习能够为其提供个性化的文献推荐，如果一位科研人员正在进行关于某种特定疾病治疗方法的研究，系统会自动推荐与之相关的最新临床试验报告、基础研究成果以及相关综述文章。同时在期刊出版中增加搜索功能，使读者可以快速搜索到自己想要阅读的科研文献，以此来节省时间，并在数字化时代的发展背景下，科研人员也可以借助各种数字化阅读平台，为读者上传相关的科研文献实时跟踪科研领域的最新成果。

深入了解市场上主要参与者的战略布局、产品特点和竞争优势，对于发现潜在的市场空白和创新机遇具有至关重要的意义。在融合出版的广阔舞台上，不同的出版机构和企业各显神通，纷纷展现出独特的发展策略和竞争实力。例如在当今科技飞速发展的时代，科研领域对数据处理速度和能力的需求与日俱增，为了应对这一挑战，采用量子计算来加速科研数据处理成为一项具有开创性的举措，量子计算凭借其独特的量子比特和量子叠加态原理，具备了远超传统计算的强大算力，在处理复杂的科研数据时，如大规模的模拟计算、海量数据分析以及高维度的模型训练等方面，展现出了惊人的优势。比如在气候科学研究中需要处理海量的气象数据来模拟气候变化的趋势和影响，量子计算能够在短时间内完成对这些大规模数据的分析和计算，为科学家提供更准确、更及时的预测模型。与此同时，期刊出版关于量子计算应用的研究报告具有重要的意义，这些报告不仅详细阐述了量子计算在不同科研领域的具体应用案例，还深入探讨了其面临的挑战和未来的发展方向。研究报告可能会介绍量子计算如何改变了传统的数据处理模式，以及在实际应用中所取得的突破性成果，也会分析目前量子计算技术在硬件、算法和稳定性方面存在的问题，并探讨如何通过跨学科的合作来解决这些问题。通过对这些成功案例和新兴趋势的深入分析，能够敏锐地捕捉到市场中的潜在机会和尚未被满足的需求，从而为科研项目的选题提供极具针对性和前瞻性的指导方向。

为了确保调研工作的全面性、深入性和准确性，需要灵活运用多种科学有效的研究方法和广泛多元的信息收集渠道，除了常规地查阅丰富的学术文献、权威的行业报告和专业的数据库，以获取系统、严谨的理论知识和行业数据外，还应当积极主动地与行业内的领军企业、资深的专家学者以及活跃在一线的从业者展开深入、坦诚的交流与合作。

参加国内外具有影响力的行业展会、高端的研讨会和前沿的学术会议，能够在第一时间亲身感受行业的最新动态，直接获取最前沿的信息和观点，与行业内的顶尖人才进行面对面的思想碰撞和经验分享。此外，建立起与广大读者直接、畅通的沟通渠道，例如构建活跃的在线社区、搭建便捷的用户反馈平台等，能够及时、真切地倾听他们的声音和需求，捕捉到最真实、最直接的一手资料和反馈信息。

在完成了全面且深入的调研工作的基础上，建立一支由多学科专家共同参与的立项评审团队，对于切实确保项目选题的创新性、可行性和应用价值发挥着举足轻重且不可替代的关键作用。融合出版领域所具有的高度复杂性和显著的跨学科特性，决定了仅仅依靠单一学科背景的专家，难以实现对项目潜力和风险的全面、准确评估。

因此，立项评审团队的成员构成应当广泛涵盖出版学、计算机科学、传播学、市场营销、教育学等多个紧密相关的学科领域的专家学者，出版学领域的专家能够凭借其在内容策划、编辑出版流程等方面的深厚专业造诣和丰富实践经验，为项目提供精准、独到的专业意见和建议，计算机科学领域的专家则可以运用其在技术研发、系统设计等方面的专业知识和技术能力，对项目中涉及的技术可行性和创新性进行严格、深入的评估和分析。

多学科专家的广泛参与，不仅能够从多个不同的角度和维度对项目进行全方位、多层次的综合评估，更能够在学科之间的交叉融合和交流碰撞中，激发灵感的火花，催生创新的思维和方法。在评审的具体过程中，各位专家应当紧密依托各自的专业知识和丰富实践经验，对项目选题的创新性进行严格、细致的把关和审核。

创新性作为项目能够在竞争激烈、瞬息万变的融合出版市场中脱颖而出、崭露头角的核心关键因素，始终是评审团队关注的焦点和重点。评审团队需要全面、深入地评估选题是否大胆采用了全新的理念、先进的方法或前沿的技术，是否真正能够为广大读者带来前所未有的全新价值和独特体验。同时，可行性也是评审过程中需要重点考量的关键因素之一，这一因素涵盖了技术可行性、资源可行性和时间可行性等多个重要方面，技术可行性要求项目所依赖的技术在当前的技术条件和发展水平下是切实可行的，并且能够在合理的时间范围和成本预算内得以成功实现和应用。

二、实施阶段

一个清晰、全面且具有可操作性的实施计划如同精确的导航仪，能够为项目的推进提供明确无误的路线图，确保项目的各个环节有条不紊地进行，在制定计划时需要对项目的复杂性和多样性进行深入剖析，充分考虑各种可能影响项目进展的因素，从而明确各阶段的任务目标、时间节点和责任人，任务目标的设定应当具体、可衡量且与项目的总体目标紧密契合。

对于每个任务目标都必须建立明确的衡量标准，比如在增强现实技术的研发方面，衡量标准可以是技术的稳定性、响应速度以及与教育内容的融合度，在内容设计方面，教育效果评估标准可以涵盖儿童的参与度、知识吸收程度以及对学习兴趣的提升效果等。通过这些清晰明确的衡量标准，能够在项目执行过程中精准地判断任务的完成情况，及时发现问题并进行调整。

时间节点的确定需要综合考量任务的难易程度、资源的可获取性以及外部环境因素的潜在影响，为了确保项目进度既紧凑高效又合理可行，避免出现拖延或过度紧张的不良状况，需要进行精心的策划和安排。比如在技术研发环节，由于涉及新技术的探索和创新，应当为其预留充足的时间进行反复的测试和优化，以确保技术的成熟度和可靠性。同时在内容创作和设计环节，也要为创意构思和修改完善分配适当的时间，以保证教育内容既符合儿童的认知特点和学习需求，又具有足够的吸引力和趣味性。

明确责任人是保障任务有效执行的关键环节，每个任务都应当有一个明确的负责人，这个人不仅要具备相应的专业能力和丰富的实践经验，能够熟练应对任务执行过程中可能出现的各种技术和管理问题，还要有出色的组织协调能力和强烈的责任心，能够积极主动地承担起任务的策划、组织、协调和执行工作。责任人不仅要对任务的完成质量负责，确保交付的成果符合项目的高标准和严要求，还要按照规定的时间间隔和格式要求，及时、准确、全面地向上级领导和团队成员汇报任务进展情况，包括已经完成的工作、遇到的困难和挑战以及下一步的工作计划和重点。对于一些规模较大或复杂度较高的任务，为了确保任务的顺利推进和高效执行，可以设置多个协同负责人，这些协同负责人应当分工明确、职责清晰，共同承担任务的责任和压力，通过密切的沟通与协作，形成强大的工作合力，确保任务在规定的时间内高质量地完成。

在制定项目实施计划的过程中，充分征求团队成员的意见和建议是确保计划合理性和可行性的重要举措，团队成员作为项目的直接执行者，对项目的具体情况和实际需求有着最为直观和深刻的认识，他们的意见和建议能够为计划的制定提供宝贵的第一手资料和实践经验，有助于发现潜在的问题和风险，优化任务分配和资源配置方案。计划制定完成后应当向全体团队成员进行详细、透彻的解读和说明，运用组织专门的培训会议、发布详细的项目文档以及进行一对一的沟通交流等方式，使每个团队成员都能够清楚地了解自己在项目中的职责和任务，明确整个项目的进度安排和目标要求，从而做到心中有数、行动有方。

动态监控机制应当具备定期的进度汇报、全面的数据收集和深入的分析以及灵敏的问题预警等功能，团队成员需要按照预先设定的时间间隔，如每周、每月或每季度，向项目负责人详细汇报自己所负责任务的进展情况。汇报内容应当包括已完成的具体工作、在工作过程中遭遇的各种问题和挑战以及下一步的工作计划和重点。通过收集这些全面、准确的进度信息，能够及时、清晰地了解项目的整体进展状况，并将其与预先制定的项目计划进行细致的对比分析，从而敏锐地发现潜在的风险和问题。例如通过对比实际进度与计划进度，可以发现是否存在任务拖延的情况，分析资源投入与产出的关系，可以判断是否存在资源利用效率低下的问题。

数据收集和分析是动态监控机制的核心环节之一，在项目推进的过程中，可以通过收集各种各样的数据，如任务完成时间、资源使用情况、质量检测结果、用户反馈数据等，运用先进的数据分析方法和工具，对项目的健康状况进行全面、深入、准确的评估和诊断。例如通过对任务完成时间的偏差进行深入分析，可以判断是否存在进度拖延的风险，并进一步挖掘导致拖延的根本原因，如资源分配不足、技术难题、人员协调不畅等，对资源使用情况的细致分析，可以发现是否存在资源分配不合理的问题，如某些环节资源过度集中，而另一些关键环节资源匮乏。

问题预警系统就如同项目的"报警器"，能在项目出现严重偏差或重大问题之前，及时、敏锐地发出警报，提醒项目团队迅速采取果断有效的措施进行干预和调整。预警指标的设定应当根据项目的具体特点、目标要求和风险承受能力进行精心定制，比如对于进度要求极为严格的项目，可以将进度偏差超过一定阈值（如10%）作为预警指标，资源有限的项目将资源消耗超出预算一定比例（如20%）作为预警指标，对于质量要求极高的项目，可以将质量问题频发或严重质量事故作为预警指标。一旦预警指标被触发，项目团队应当立即启动应急响应机制，迅速展开深入的分析和研究，运用科学的方法和工具，准确找出问题的根源所在，并结合项目的实际情况和目标要求，制定出针对性强、切实可行的解决方案。

在解决实施过程中出现的问题时需要采取果断、有效、针对性强的措施，对于一些较为常见和一般性的问题，如资源分配不均、沟通协调不畅、工作流程不合理等，可以通过团队内部的充分讨论和积极协调来加以解决。例如当发现资源分配不均的问题时，可以通过重新评估各任务的资源需求和优先级，对资源分配方案进行合理的调整和优化，确保资源向关键任务和环节倾斜，遇到技术难题时组织相关领域的技术专家和骨干力量进行集中攻关，充分发挥团队的智慧和技术优势，尽快攻克技术难关。

对于一些涉及面广、影响深远、解决难度较大的重大问题，如项目目标调整、技术路线变更、外部环境发生重大变化等，可能需要寻求外部专家的专业意见和帮助，或者对项目计划进行全面的评估和调整。同时建立健全问题解决的跟踪机制，对问题的解决过程和结果进行全程跟踪和监控，确保问题得到彻底、有效的解决，不会对项目的后续进展产生任何不利影响。在解决问题的过程中，应当及时总结宝贵的经验教训，将其反馈到项目实施计划中，对项目管理流程和方法进行持续的优化和改进，不断提高项目管理的水平和效率。

三、评估阶段

构建科学合理的评估指标体系是评估工作得以有效开展的基础和核心，必须全面、系统且细致入微，涵盖项目成果的质量、创新性、应用效果等多个至关重要的方面，从而确保能够对项目进行全方位、多视角、深层次的评估。

在项目成果的质量评估方面，需要精心制定一系列详尽且严格的标准，以全面考量项目成果的各个细节和层面，其中内容的准确性要求所呈现的信息精确无误，无论是数据、事实还是观点，都必须经过严谨的核实和验证，完整性则确保项目成果涵盖了所有必要的元素和信息，没有重要的部分被遗漏或忽略，逻辑性强调内容的组织和论证过程清晰合理，各个部分之间相互关联、相互支持，形成一个严密的逻辑链条，可读性关乎表达方式，要求文字简洁明了、通俗易懂，能够让读者轻松理解和接受。以一本融合出版的学术著作为例，评估其质量时，不仅要审视研究方法的科学性，这意味着研究设计是否合理，样本选取是否具有代表性，研究过程是否遵循了学术规范和伦理准则。同时，数据的可靠性也是关键，数据的收集方法是否得当，数据的处理和分析是否准确无误，都直接影响着研究结论的可信度。论证的严密性要求论点清晰明确，论据充分有力，推理过程严谨合理，能够经得起同行的推敲和检验，文字表达的清晰流畅性则体现在语言的准确性、简洁性和连贯性上，避免使用模糊不清、晦涩难懂或冗长复杂的表述。

同时作品的编辑质量也不容忽视，排版设计应当美观大方，符合读者的审美需求和阅读习惯，页面布局要合理，字体大小、行间距、段间距等要适中，便于阅读和浏览。色彩搭配要协调，能够营造出恰当的氛围和情感基调。索引和目录的设计应当清晰便捷，能够帮助读者快速定位所需的信息，参考文献的引用必须规范准确，遵循相应的学术或出版规范，这不仅体现了作品的学术严谨性，也方便读者进一步查阅和研究。

质量评估不仅关系到项目成果的学术价值和艺术水准，更是决定其能否被广泛接受和认可的重要前提，高质量的项目成果能够赢得读者的信任和赞誉，在学术界和市场上树立良好的声誉，为进一步的传播和应用奠定坚实的基础。在当今数字化、信息化快速发展的时代背景下，项目成果是否具有新颖独特的理念、别具一格的方法或突破性的技术应用，成为衡量其价值和竞争力的重要标志。例如借助 3D 打印技术制造科研实验模型，由于 3D 打印技术具有高度的灵活性和定制性，能够根据科研项目的具体需求，精准地制造出各种复杂形状和结构的实验模型。无论是微观尺度的细胞结构模型，还是宏观尺度的机械部件模型，3D 打印都能轻松胜任。在生物医学研究中运用 3D 打印可以制造出与人体器官结构高度相似的模型，用于手术模拟、药物测试以及医疗器械的研发。科研人员能够在这些逼真的模型上进行各种实验操作，提前评估治疗方案的可行性和效果，降低临床风险。相关的期刊出版则要积极发挥着传播知识和促进交流的作用，详细介绍模型制作的技巧和应用，出版的期刊也要深入探讨如何根据不同的科研需求选择合适的 3D 打印材料，如高分子材料、金属材料或陶瓷材料等，并分析它们各自的优缺点。

评估创新性时需要深入考察项目是否突破了传统出版的固有模式和框架，传统出版往往受到技术、媒介和观念的限制，表现形式相对单一，传播渠道较为狭窄，互动性不足。而融合出版为创新提供了广阔的空间，项目成果是否引入了全新的表现形式，如将虚拟现实、增强现实、人工智能等前沿技术与出版内容深度融合，创造出更加丰富多样、生动有趣的阅读体验。同时还要关注是否开拓了新的传播渠道，利用社交媒体、移动应用、在线平台等新兴渠道，扩大作品的传播范围和影响力。互动方式的创新也是重要的评估点，是否通过在线评论、社交分享、用户生成内容等方式，增强读者与作品之间的互动和参与度，使阅读不再是单向的信息传递，而是双向的交流和共创。此外，创新是否具有实际价值和可持续性也是评估的重要考量因素，创新不能仅仅停留在概念和形式上，而应当能够解决实际问题，满足读者的需求和期望，为行业带来切实的效益和发展动力，同时，创新要具有可持续性，能够适应技术的不断更新和市场的变化，具有长期的发展潜力和生命力。

应用效果是评估项目成果的另一个不可或缺的重要维度，直接反映了项目成果在实际应用中的表现和产生的影响力，是衡量项目价值和成功与否的关键指标之一，对于不同类型的融合出版项目，应用效果的评估重点和方式各有不同。在当今科学研究不断深入和拓展的进程中，采用新型传感器技术监测环境参数对科研项目的影响已成为一项至关重要的手段，新型传感器技术凭借其高精度、高灵敏度和实时性等显著优势，能精准地捕捉到环境中各种细微而关键的参数变化。例如在生态研究项目中，通过部署微型的温度、湿度和光照传感器，可以实时监测森林生态系统中不同区域的微气候条件，从而深入了解植物的生长模式和动物的行为习性与环境变化之间的紧密关联。相关期刊出版在分析这些由新型传感器收集的数据的价值和利用方面发挥着重要作用，深入探讨如何从海量的原始数据中提取有意义的信息，以及如何将这些数据转化为具有实际应用价值的科研成果。例如通过对长期监测的环境数据进行综合分析，揭示环境变化对物种多样性的影响趋势，为制定有效的生态保护政策提供科学依据。

用户满意度也是关键考量因素，通过用户调查、评价反馈等方式，了解用户对产品的喜好程度、使用体验和改进建议，品牌影响力的评估则关注产品是否提升了出版机构的品牌知名度、美誉度和忠诚度，为企业的长期发展积累了良好的品牌资产。在构建评估指标体系时，必须充分考虑不同类型项目的独特特点和具体需求，学术研究项目通常侧重于成果的学术贡献和理论创新，强调研究的深度和广度，对新理论、新方法、新观点的探索和发现。评估指标应重点关注研究成果在学术领域的影响力，如学术论文的引用次数、学术会议的报告反响、在权威学术期刊上的发表情况等。而商业应用项目则更关注市场反响和经济效益，注重产品的市场适应性、盈利能力和商业价值的实现，评估指标可能包括市场占有率的增长、利润的提升、投资回报率等财务指标，以及用户增长速度、客户留存率等市场表现指标。如果项目的主要目标是实现技术突破和创新，那么创新性指标的权重可能相对较高，如果项目重点在于取得显著的市场效益，应用效果指标的权重则应相应加大。通过科学合理地确定权重，能够突出重点评估内容，使评估结果更准确地反映项目的实际价值和达成情况。

为了确保评估指标体系的科学性和合理性，广泛征求专家意见、进行多轮深入的研讨和修订是必不可少的环节，可以精心组织由出版行业各个领域的专家组成的多元化专家组，包括出版行业的资深学者、技术专家、教育工作者、市场分析师等，这些专家凭借各自的专业知识和丰富经验，能够从不同的角度对初步拟定的评估指标体系进行全面、深入的论证和完善。在研讨过程中，专家们可以针对各项指标的定义、测量方法、权重分配等关键问题提出独到的见解和建议，确保指标体系具有明确的指向性、可操作性和公正性，积极参考国内外相关领域的先进评估经验和标准也是非常有益的。通过研究和借鉴其他地区和行业在融合出版评估方面的成功实践和成熟做法，可以吸收有益的思路和方法，避免重复探索和走弯路。

四、调整阶段

根据评估结果对项目进行必要的调整和优化是保障项目得以持续、稳健发展的核心步骤，评估结果宛如一面反映项目真实状况的明镜，为项目的当下态势以及未来走向提供了客观、全面且详尽无遗的视角，成为制定明智、合理调整决策的坚实基石和可靠依据。在对项目进行调整的过程中，需要通盘考虑诸多方面的关键因素，就项目的目标设定而言，倘若评估结果清晰地表明原初设定的目标过高或过低，与实际情况及市场需求存在显著偏差，那么进行科学合理的调整就势在必行。

目标过高，犹如一座难以企及的高峰，可能给团队带来难以承受的巨大压力，致使他们在艰难的攀爬过程中逐渐失去信心和动力，最终无法实现预期的成果，相反，目标过低则如同一条浅溪，无法充分激发项目所蕴含的潜力以及团队成员的聪明才智和无限创造力。通过审慎地重新审视和精准校准目标，使其既具备适度的挑战性，能够激发团队成员的斗志和拼搏精神，又切实可行，立足于项目的实际资源和能力范围，从而为项目的顺利推进指明清晰、明确且切实可行的方向。

资源分配在项目调整中占据着举足轻重的地位，评估结果有可能揭示出资源在项目的不同任务或阶段中存在分布不均的情况，某些环节可能出现资源过度集中，导致资源的闲置和浪费，而另一些关键的环节却因资源匮乏而陷入困境，直接影响到项目的推进速度和最终质量。面对这种情况，重新调整资源分配方案成为当务之急，通过精准的分析和科学的规划，确保资源能够如同精准的箭矢，准确无误地流向项目最急需、最关键的部位，最大程度地提高资源的利用效率和效益。比如对于一个正在研发的融合出版平台，如果在技术开发阶段发现服务器资源配置过高，而内容创作和用户体验优化方面的资源投入不足，就需要及时调整资源分配，将更多的人力、物力和财力转移到内容和用户体验方面，以确保平台在上线时能够提供丰富、优质且用户友好的内容和服务。

项目的进度安排同样可能需要依据评估结果进行灵活的调整，如果项目进度明显滞后，必须深入、细致地剖析其背后的根本原因，这可能是由于任务分配的不合理，导致工作流程混乱、责任不清，也可能是团队成员的个人能力与所承担的任务不匹配，无法高效地完成工作，或者是受到不可预见的外部因素的强烈冲击，如政策法规的变化、市场需求的突然转向等。

在明确原因之后，应当迅速采取针对性的有效措施，包括对任务进行重新合理分配，明确每个成员的职责和工作重点，优化工作流程，提高协同效率，也可能需要加强对团队成员的专业培训，提升他们的业务能力和综合素质，使其能够更好地应对工作中的各种挑战，或者积极寻求外部合作，借助外部的专业力量和资源来弥补自身的不足，加快项目进度。但是如果项目进展过快，同样需要保持警惕和审慎的态度，过快的进展可能意味着在某些重要的环节上被忽视或者草草了事，从而埋下质量隐患或者战略失误的种子。此时应当适当放缓节奏，重新审视项目的各个环节，确保没有遗漏关键的步骤和细节，保证项目的发展稳健、扎实且可持续。

对于那些在评估中表现出色、一路高歌猛进的项目，加大支持力度无疑是推动其更上一层楼、取得更为辉煌成果的关键策略和明智之举，当一个项目在严格的评估中脱颖而出，不仅顺利达到甚至超越了预期的进度和质量标准，这充分证明了其具有巨大的发展潜力和广阔的市场前景。在这种情况下应当毫不犹豫地给予其更多的资源投入和政策倾斜，为其进一步的发展壮大创造更为优越的条件和环境，使其能够充分发挥自身的优势和潜力。

加大支持力度可以通过多种具体而有效的方式得以体现，在资金方面，显著增加项目的预算无疑是最为直接和有力的支持手段之一，使得项目能够有充足的资金开展更为深入、前沿的研究工作，探索未知的领域，挖掘潜在的创新点，能够拓展更为广泛、多元化的应用场景，满足不同用户群体的需求，扩大市场覆盖范围，进行大规模、全方位的市场推广活动，提升品牌知名度和影响力，吸引更多的用户和合作伙伴。

人力资源的支持在项目的发展进程中同样起着不可替代的关键作用，为项目团队精心调配更多的专业人才，涵盖技术领域的顶尖专家、富有创意和才华的内容创作者、经验丰富且眼光独到的市场营销人员等各方面的精英，能够极大地充实团队的实力和战斗力，显著提升项目的执行能力和创新能力。与此同时，为团队成员提供丰富多样、针对性强的培训和学习机会，帮助他们不断更新知识结构，提升专业技能和综合素质，使其能够迅速适应项目快速发展过程中不断涌现的新需求和新挑战。

在技术和设备方面，为项目配备最先进、最前沿的技术工具和设备，能够极大地提高工作效率和创新能力，在现代科研领域，利用无人机进行科研数据采集已成为一种日益重要且高效的手段，无人机技术的快速发展以及相关设备的不断改进，为科研工作带来了全新的机遇和挑战。从技术层面来看，先进的飞行控制系统使无人机能够在复杂的环境中稳定飞行，精准地按照预设的航线和高度进行数据采集。高精度的定位系统，如 GPS 和北斗，确保了无人机采集数据的地理位置准确性，同时，图像识别和传感器融合技术让无人机能够自动识别目标物体或现象，并实时调整采集参数，以获取更有价值的数据。在设备方面，搭载的高清摄像机、多光谱相机、激光雷达等多种传感器，极大地丰富了数据采集的类型和质量。在出版期刊的时候，也需要结合相关的科研系统，为读者出示一些图像采用图文并茂的形式，便于读者进行理解，例如高清摄像机可以拍摄到清晰的地貌、动植物形态等视觉信息，多光谱相机能够捕捉不同波段的光谱数据，用于植被监测、土壤分析等，激光雷达则可以测量物体的距离和形状，构建三维模型。将这些内容以图片的形式出示在出版的期刊中，尽管无人机在科研数据采集方面具有显著优势，但也存在一定的局限性，在技术上，无人机的续航能力仍然是一个制约因素。尽管电池技术不断进步，但目前大多数无人机的飞行时间仍然有限，这可能导致在大规模或长时间的数据采集任务中需要频繁更换电池或充电，影响工作效率。从设备角度看，传感器的精度和可靠性在某些情况下可能无法满足高精度科研的需求，而且，无人机搭载的设备重量和体积也会对飞行性能产生影响，需要在数据采集质量和飞行效率之间进行平衡。

政策支持在项目的发展中也具有不可忽视的重要性，为进展顺利的项目开辟专门的绿色通道，简化繁琐的审批流程，减少不必要的行政环节和时间成本，能够使项目得以迅速、高效地推进。提供更多的政策优惠和扶持措施，如给予税收减免、财政补贴、专项奖励等，能够有效减轻项目的运营成本和财务压力，增强其市场竞争力和盈利能力。此外，优先为项目提供相关的资质认证和行业许可，使其能够在市场中获得更高的信任度和认可度，为项目的发展创造更为宽松、有利的外部政策环境。

第二节　融合出版科研项目管理

一、项目规划

深入理解融合出版的特点以及准确把握其发展需求，对于精准确定科研项目的重点方向和优先领域具有至关重要、不可替代的根本性指导意义，融合出版呈现出多种显著特点，其中多种媒介形式的深度融合是其鲜明特征之一，在当今数字化时代，出版已不再局限于传统的单一模式，如纸质书籍或简单的数字格式，而是实现了文字、图像、音频、视频等多元丰富元素的有机整合。这种融合旨在为用户提供超越传统的多元化阅读和体验方式，使他们能够根据自身需求和情境，在不同的媒介形式之间自由切换，获取更丰富、更全面、更具沉浸感的信息和知识。这就对科研项目提出了明确的要求，即重点关注如何实现不同媒介形式之间的无缝整合，不仅涉及技术层面的难题，如格式转换、数据同步、兼容性优化等，还需要在内容创作和设计上进行创新，确保不同媒介形式所承载的信息能够相互补充、相互呼应，形成一个统一、协调、富有吸引力的整体。

不同的终端设备，如智能手机、平板电脑、电子阅读器、智能电视等，具有不同的屏幕尺寸、分辨率、操作方式和性能特点，科研项目需要研究如何根据这些差异，自动适配和优化内容的布局、字体大小、色彩搭配、交互方式等，以提供一致且优质的用户体验，无论用户使用何种设备进行阅读和访问。在当今这个科技飞速发展的时代，人工智能、大数据、区块链、增强现实/虚拟现实等前沿技术如雨后春笋般不断涌现，并以惊人的速度在各个领域得到广泛应用和快速发展，对于出版行业而言，这无疑是一场前所未有的重大变革和难得机遇，同时也带来了一系列严峻的挑战。例如利用人工智能技术实现智能写作、内容推荐和版权保护，具有巨大的潜力和价值，智能写作可以帮助作者快速生成初稿、提供创意灵感，提高写作效率和质量，内容推荐系统能够根据用户的兴趣、行为和偏好，为其精准推送个性化的出版内容，提升用户的发现和阅读体验，版权保护则是保障创作者权益、维护行业健康发展的重要环节，人工智能技术可以通过智能识别、监测和防范侵权行为，为版权管理提供更高效、更准确的手段。

运用大数据分析精准洞察用户需求和市场趋势，对于出版行业来说具有至关重要的意义，经过收集和分析海量的用户行为数据、消费数据、社交数据等，出版机构可以深入了解用户的阅读喜好、购买习惯、需求变化等，从而有针对性地策划选题、开发产品、制定营销策略，提高市场响应速度和精准度，降低市场风险。探索区块链技术在版权管理和交易中的应用，是解决出版行业长期以来存在的版权确权、授权、追溯和交易等问题的创新途径，区块链的去中心化、不可篡改、可追溯等特性，能够为版权信息提供安全、透明、可信的存储和管理方式，简化版权交易流程，降低交易成本，提高版权交易的效率和安全性。

借助增强现实/虚拟现实技术打造沉浸式的阅读体验，为用户带来了全新的、极具吸引力的阅读方式，将虚拟的数字内容与现实世界相结合，或者创建完全虚拟的三维场景，用户可以身临其境地参与到故事中，与角色互动，感受环境氛围，极大地丰富了阅读的趣味性和参与感。以用户需求为导向的服务模式是融合出版的另一个重要特征和发展趋势，在数字化时代，用户对于出版产品和服务的期望已经发生了根本性的变化，出版业不能再仅仅满足于作为内容的提供者，而必须积极主动地转变角色，成为用户体验的创造者和优质服务的提供者。这意味着科研项目应将焦点集中在用户行为研究、个性化服务定制、社交互动功能的开发以及用户反馈机制的建立与优化等关键领域，以提升用户的满意度和忠诚度。用户行为研究旨在深入了解用户在阅读过程中的心理、认知和行为模式，包括阅读动机、阅读场景、阅读时长、阅读路径等，为内容创作、产品设计和服务提供提供科学依据。

个性化服务定制则是根据每个用户的独特需求和偏好，为其提供量身定制的出版内容和服务，包括个性化的推荐书单、定制化的内容排版、专属的阅读服务等，以满足用户的个性化需求，提高用户对出版产品和服务的认同感和依赖度。

社交互动功能的开发是利用社交媒体和网络平台，为用户提供交流、分享、讨论的空间，促进用户之间的互动和社区建设，用户可以在阅读过程中与其他读者交流心得、分享感受、共同探讨问题，增加阅读的乐趣和社交价值。

用户反馈机制的建立与优化则是确保出版机构能够及时、准确地获取用户的意见和建议，了解用户的需求和不满，从而不断改进产品和服务，提升用户体验，这需要建立多种渠道的反馈收集机制，如在线评论、问卷调查、用户访谈等，并对收集到的反馈数据进行深入分析和挖掘，提取有价值的信息和洞察。

在充分认识融合出版特点的基础上，紧密结合其发展需求，能够更加清晰、明确地确立科研项目的重点方向和优先领域，当前随着移动互联网的广泛普及和数字化阅读习惯的逐渐养成，开发适应移动终端的融合出版产品已成为当务之急，这其中，优化移动端的界面设计是提升用户体验的关键环节之一。需要考虑到移动设备屏幕尺寸较小、操作方式以触摸为主等特点，设计简洁明了、易于操作、视觉效果良好的界面，使用户能够轻松地浏览和阅读内容。提高内容加载速度也是至关重要的，通过优化数据压缩算法、采用缓存技术、优化服务器性能等手段，减少用户等待时间，提供流畅的阅读体验。

创新互动功能则可以增加用户的参与感和趣味性，如引入手势操作、语音交互、弹幕评论、在线直播等功能，丰富用户的阅读方式和互动体验，同时，内容的深度融合与创新始终是融合出版领域的重点发展方向之一。如何将优质的传统出版内容与新兴的数字技术进行有机结合，创造出更具吸引力、更具价值的融合出版作品，是一个需要持续深入研究和探索的重要课题。

二、项目组织

融合出版项目因其本质的复杂性和综合性，往往广泛涉及出版学、计算机科学、传播学、艺术设计、市场营销等众多学科领域的知识与技术，与此同时，其顺利推进还依赖于编辑部门、技术部门、营销部门、财务部门等不同部门之间的紧密协同合作。正因如此，精心组建一个能够巧妙整合各方优势资源的跨学科、跨部门团队，无疑构成了项目走向成功的坚实基础。

来自跨学科背景的团队成员，凭借各自在专业领域的深厚造诣，能够为项目提供独具慧眼的见解和切实可行的解决方案，出版学的专家凭借对融合出版需求的深刻洞察，能为内容设计提供极具专业性和针对性的宝贵建议。虚拟现实技术工程师则运用其扎实的专业知识和精湛的技术能力，实现令人身临其境的逼真虚拟场景和引人入胜的互动体验，将技术的魅力融入到儿童读物之中。资深编辑凭借其对文字的敏锐感知和严格把关能力，负责确保内容的质量上乘、逻辑严谨，使文字表达不仅准确无误，市场营销专员则依据对市场趋势的精准把握和对目标受众特点的深入了解，制定出有的放矢、行之有效的推广策略，将这款创新的儿童读物推向更广阔的市场，吸引更多潜在读者。

跨部门的通力合作更是打破了部门之间长期存在的无形壁垒，实现了资源的高效整合与协同工作，编辑部门充分发挥其在内容创作和编辑方面的专长，为项目提供优质的内容资源和丰富的编辑经验，确保读物的内容质量和文化内涵达到较高水准。技术部门凭借其在技术研发和创新方面的优势，为项目提供坚实的技术支持和创新的解决方案，保障虚拟现实技术的稳定运行和持续优化。营销部门则专注于市场推广和用户反馈收集，通过开展富有创意和针对性的营销活动，提高产品的知名度和市场占有率，同时积极收集用户的反馈意见，为产品的改进和优化提供依据。财务部门则负责严谨的成本控制和精心的资金规划，确保项目在预算范围内有序推进，实现资源的合理配置和资金的高效利用。通过各部门之间的紧密协作、无缝对接，能够切实保障项目在内容创作、技术实现、市场推广和财务运营等多个关键方面都得到全面、深入、有效的推进。

在整合各方优势资源的艰辛过程中，建立一套行之有效、畅通无阻的沟通和协调机制显得尤为重要，由于不同学科和部门的人员往往具有截然不同的工作方式、思维模式和专业术语体系，这在很大程度上容易引发沟通障碍和误解，进而对项目的顺利推进造成潜在威胁。有必要通过定期举行的团队会议、全面共享的项目文档以及实时便捷的即时通讯工具等多种方式，大力促进信息的自由流通和广泛共享，确保团队成员能够全方位、深层次地理解彼此的工作内容和需求要点，从而协同一致地解决各种纷繁复杂的问题。同时，还应当积极构建一个资源共享平台，为团队成员提供便捷的途径，使其能够轻松获取所需的技术支持、数据资料、设备设施等各类关键资源，从而显著提高资源利用效率，最大限度地避免重复劳动和资源浪费的现象发生。

在跨学科、跨部门的项目团队中，每个成员都凭借其独特的专业技能和丰富的实践经验，扮演着不可或缺的角色，唯有清晰明确地界定各自的职责和分工，才能有效避免工作的重叠交叉和重要环节的遗漏缺失，从而显著提高工作效率和质量水平。

在项目启动的初始阶段，应当紧密围绕项目的既定目标和具体任务，对团队成员的职责进行清晰无误、详尽具体的界定。例如项目经理肩负着整体项目规划的重任，负责精准把控项目进度和科学协调资源分配，技术负责人担当着领导技术研发工作的使命，专注于攻克技术难题，推动技术创新，编辑负责人严格把控内容质量和风格走向，致力于确保文字表达精准生动、内容逻辑严密清晰，设计负责人主导视觉设计和用户体验优化工作，力求为用户打造极具吸引力和舒适度的阅读体验，市场负责人则负责精心制定市场推广计划，并坚决有力地执行各项营销活动，积极拓展市场份额。

同时，对于每一个具体的任务和子项目，也应当明确指定主要负责人和协同参与人员，确保责任层层落实到具体的个人，在进行职责划分的过程中，要充分兼顾团队成员的专业能力和个人兴趣特长，使每个人都能够承担与自身能力相匹配、与兴趣相契合的工作任务，从而充分激发其内在的优势和巨大的潜力。

当分工得以明确之后，建立一套高效运转的协作机制便成为当务之急，这一协作机制应当涵盖规范严谨的工作流程、畅通无阻的沟通渠道以及协调有序的合作方式。例如制定详尽周密的项目计划和精确到分秒的时间表，明确规定每个阶段的具体工作任务和预期交付成果，清晰界定各任务之间的先后顺序和相互依赖关系，建立定期的工作汇报和沟通会议制度，为团队成员搭建一个及时交流工作进展、共同探讨问题解决方案的平台。

对于那些涉及多个成员或部门协同合作的复杂工作任务，应当明确指定协调负责人，并确立高效的协调方式，确保工作得以顺利推进，避免出现推诿扯皮、效率低下的不良局面。此外还应当构建一个灵活应变的调整机制，当项目需求发生重大变化或者遭遇意外突发情况时，能够迅速及时地对职责分工和工作流程进行科学合理的调整和优化，确保项目始终保持在正确的轨道上稳步前进。加强项目负责人的选拔和培养，对于显著提升项目组织管理能力具有举足轻重的意义，项目负责人在整个项目组织架构中扮演着核心关键的角色，其决策的科学性和管理的有效性直接决定了项目的最终成败。

在选拔项目负责人的过程中，应当全面综合地考量其多方面的素质和能力，包括但不限于扎实深厚的专业知识、丰富多样的管理经验、卓越出众的领导才能、高效流畅的沟通技巧以及灵活敏锐的应变能力。专业知识是项目负责人开展工作的重要基石，其需要对融合出版领域具备全面深入的了解和准确清晰的认识，能够精准把握项目的技术要点和业务核心，管理经验则是其有效组织和协调团队资源、制定科学合理的计划和策略的有力保障。

三、项目实施与监控

在项目启动之初，精心制定一份详尽、周全的项目进度计划是一切工作的起点，这份计划应当清晰地明确各个阶段的具体任务、精确的时间节点以及明确的交付成果。这一计划不应是僵化不变的，而应具备一定的灵活性和适应性，能够根据项目实际进展中的各种变化和突发情况进行合理、及时的调整。

为了实现对项目进度的有效跟踪，需要综合运用多种科学、高效的方法和工具，项目管理软件在这一过程中发挥着重要作用，能将复杂的项目任务分解为具体、清晰的活动，并为每个活动精确设定开始时间、结束时间以及明确的责任人。通过软件内置的自动提醒和预警功能，可以在潜在的进度延误即将发生或刚刚出现时，及时向相关人员发出警报，让项目团队有足够的时间采取措施进行干预。

除了借助技术工具，定期召开项目进度会议也是必不可少的沟通和协调方式，在这样的会议上，各个任务的负责人有机会详细汇报工作的进展情况、所遇到的各种问题以及下一步的具体工作计划。团队成员们则可以针对问题展开深入的讨论，共同寻找解决方案，并根据实际需要协调资源的分配，确保项目始终沿着预定的轨道按计划推进。

在信息反馈的过程中，必须高度重视信息的准确性和完整性，反馈的内容不能仅仅局限于项目的进展情况，还应当广泛涵盖市场动态、技术更新、政策变化等可能对项目产生重大影响的外部因素。通过建立这样一套行之有效、运转良好的进度跟踪和信息反馈机制，能够敏锐地发现项目中出现的偏差和问题，并迅速采取有针对性的措施进行及时的调整和妥善的解决。

假设某个关键任务出现了进度延误，通过深入的原因分析，可能会发现是资源分配不足、技术难题未攻克或者外部合作方出现了问题。针对这些原因，可以灵活地采取增加资源投入，如调配更多的人力、物力，调整工作方法，引入新的技术手段或优化工作流程，或者重新分配任务，将部分工作转移给更有能力或更适合的团队成员或外部合作方。通过这些措施，能够有效地保证项目的整体进度不受重大影响，确保项目能够按时、高质量地完成。

加强对项目经费的管理是确保资金合理使用、保障项目顺利实施的核心环节和重要保障，在项目经费预算编制的初始阶段，就应当进行全面、细致、深入的规划。预算的范围应当广泛涵盖项目的各个方面和细节，包括但不限于人员费用如工资、奖金、福利等，设备购置费用如计算机、服务器、专业软件等，实验费用如材料采购、测试费用等，差旅费用于项目成员的外出调研、参加会议等活动，会议费用于组织内部讨论、专家咨询、成果展示等会议活动。

同时要充分、深入地考虑到项目实施过程中可能出现的各种风险和不确定性因素，预留出一定比例合理、充足的应急资金，以应对可能出现的意外情况和突发需求。在经费的使用过程中，建立一套严格、规范、透明的审批制度是确保资金合规使用的关键，每一笔经费的支出都应当经过相关责任人的认真审批，严格审查其是否符合项目预算的规定、是否遵循了财务制度的要求以及是否具有合理性和必要性。对于金额较大的资金使用，应当进行更为全面、深入的特别评估和审批，这可能包括组织专家论证、进行风险评估、对比多种方案等，以确保资金的使用能够带来预期的效益，避免出现资金浪费和滥用的情况。

定期对项目经费进行全面、细致的审计和核算也是经费管理的重要环节，通过检查经费的使用是否合规、合理，是否达到了预期的效果，能够及时发现可能存在的问题和风险。如果在审计和核算过程中发现经费使用存在违规、不合理或者未达到预期效果的情况，应当立即采取果断、有效的整改和纠正措施，同时要加强对经费使用效益的科学、客观评估，详细分析每一笔资金的投入是否带来了相应的成果和价值，例如某项技术研发费用的投入是否成功实现了预期的技术突破，某项市场调研费用的支出是否为项目的市场定位和营销策略提供了有价值的依据。

通过这样的评估，能够为后续的经费分配和使用提供重要的参考和借鉴，优化经费的配置和使用效率，评估发现前期投入的部分市场调研费用未能为内容创作提供足够有价值的信息，在后续的经费安排中就可以适当减少这方面的投入，而将更多资金分配到内容创作和优化方面。

处理好项目实施中的知识产权保护和成果归属问题，对于切实维护项目团队的合法权益、有效促进创新成果的转化和广泛应用具有极其重要的意义和价值，在项目正式启动之前，就应当清晰、明确地界定知识产权的归属原则和相关规定，不仅包括项目过程中产生的专利、著作权、商标权等各类知识产权的明确归属，还应当涵盖与之相关的各项权利和义务。对于由多个单位或团队合作完成的复杂项目，尤其需要通过严谨、详尽的合同或协议来清晰明确各方在知识产权方面的具体权利和义务。

在项目的具体实施过程中，要不断强化对知识产权的保护意识，采取切实有效的措施防止技术秘密的泄露，例如建立严格的内部保密制度、对涉及核心技术的资料进行加密管理、限制相关人员的访问权限等。及时、主动地申请专利和著作权登记，确保创新成果的合法权益得到有效的法律保护，建立一套全面、系统的知识产权管理体系对于项目中的知识产权管理至关重要，这一体系应当涵盖知识产权的评估、开发、保护和运营等多个关键环节。

在知识产权的评估阶段，要准确判断创新成果的价值和潜在市场前景，在开发阶段要投入必要的资源进行深入研究和完善，在保护阶段运用法律手段和技术措施防范侵权行为，运营阶段则要通过合理的授权、转让等方式实现知识产权的商业价值。对于项目成果的归属应当严格按照事先约定的原则和相关的法律法规进行准确判定，如果成果归属于项目承担单位，就需要明确单位内部的利益分配机制，通过合理的奖励制度激励项目团队成员的创新积极性和主动性。例如对于在项目中做出突出贡献的个人或团队，给予相应的物质奖励、荣誉表彰或者晋升机会。

四、项目评估与验收

评估标准应当具备全面性、具体性和可衡量性，能够精确且准确地反映项目的初始目标和具体要求，在融合出版这一多元且复杂的领域，评估标准涵盖了多个关键方面。项目的创新性无疑是其中的核心要素之一，创新性可以显著体现在平台的功能设计上，例如是否引入了独特的互动功能，让用户能够更加积极地参与到内容的消费和创造中，技术架构方面是否采用了先进的云计算、大数据或人工智能技术，以提升平台的性能和扩展性，运营模式上是否开创了全新的盈利模式或用户增长策略，与传统出版平台形成鲜明的差异。

通过考察平台的稳定性，可以判断其在面对高并发访问时是否能够保持正常运行，避免出现崩溃或数据丢失等严重问题，响应速度直接影响用户的使用体验，快速的响应能够让用户在操作过程中感受到流畅和便捷，数据处理能力则决定了平台能否高效地管理和分析海量的出版数据，为用户提供精准的推荐和个性化的服务。评估内容的准确性要求对所提供的信息进行严格的审核，确保其真实、可靠，没有错误或误导性的内容，权威性则体现在内容是否来源于可靠的数据源，是否经过了行业专家的审核和认可，丰富性意味着内容涵盖的主题广泛，能够满足不同用户的多样化需求，吸引力则侧重于内容的呈现方式，如是否采用了生动的语言、精彩的故事叙述或引人入胜的视觉效果，以吸引用户的注意力并保持他们的阅读兴趣。

用户体验在当今以用户为中心的时代具有决定性的影响，从界面设计的友好性角度来看，界面布局是否简洁明了，色彩搭配是否舒适，图标和字体是否易于识别和操作，操作的便捷性体现在用户能否轻松地完成各种任务，如搜索、导航、购买等，是否存在复杂的操作流程或晦涩的操作提示，交互性则关注用户与平台之间的互动是否自然、流畅，是否能够及时获得反馈和响应，例如用户的评论和反馈是否能够得到及时处理，是否提供了社交分享等功能，促进用户之间的交流和互动。

市场适应性是项目成果在商业环境中生存和发展的关键，分析平台是否符合当前市场需求和趋势，需要深入研究市场的动态变化，了解用户的新兴需求和行为习惯的转变，以确保平台提供的服务和内容能够与市场需求紧密契合，在竞争中的优势和潜力则体现在平台与竞争对手相比，是否具有独特的卖点、差异化的服务或更低的成本结构，以及是否具备适应市场变化和竞争压力的能力，通过不断创新和优化来保持领先地位。

在项目成果提交这一初始阶段，项目团队应当严格按照预先规定的统一格式和明确要求，有条不紊地提交包括详尽的项目报告、系统的技术文档、准确的测试数据、真实的用户反馈等在内的一系列丰富而全面的资料。这些资料的完整性和准确性对于后续的评估工作至关重要，它们共同构成了对项目成果进行全面评估的重要依据和坚实基础。

初审环节主要侧重于对提交的资料进行严格的形式审查，细致检查资料的完整性和规范性，严谨确保其符合验收的基本要求和标准格式，这一环节就像是项目成果进入评估流程的第一道关卡，只有通过这一关卡的资料，才有资格进入后续的实质性评估阶段。对于那些不符合要求的项目，应当坚决要求项目团队及时补充完善资料，并在完成整改后重新提交，以保证进入后续评估环节的项目资料都具备基本的规范性和完整性。

复审环节则是对项目成果的实质性内容进行深入、全面、专业的评估和审查，这一环节通常需要组织相关领域的专家对项目的技术方案、内容质量、应用效果等关键方面进行详细、严谨的审查和深入、透彻的分析，在必要的情况下，还应当进行实地考察和现场测试，以获取最真实、最直接的项目成果体验和数据。

终审环节通常由项目的主管部门或具有最终决策权的机构根据复审结果做出具有权威性和决定性的最终验收结论，这一结论将对项目的成败和未来走向产生至关重要的影响，如果项目成功通过验收，应当及时、郑重地颁发相应的验收证书，作为对项目团队辛勤努力和卓越成果的正式认可和表彰。如果项目未能通过验收，应当明确、清晰、详细地指出存在的具体问题和不足之处，并提出具有针对性、可操作性的整改要求和建议，为项目团队提供明确的改进方向和目标，促使其能够有针对性地进行改进和完善，争取在规定的时间内达到验收标准。

组织专家对项目成果进行客观、公正、专业的评估和验收是保障评估质量和公正性的核心手段和重要保障，专家团队应当由一群具备深厚的专业知识、丰富的实践经验、良好的职业道德和高度的责任心的成员组成，他们能够从多元化的角度对项目成果进行全面、深入、客观、准确的评价和判断。

专家评估和验收的整个过程应当始终保持严谨、透明、公正的原则和态度，在评估工作正式开始之前，应当向专家提供详尽、全面、准确的评估标准和丰富、详实、完整的项目资料，确保专家能够充分、深入地了解项目的背景信息、明确的目标设定、具体的实施过程以及最终的成果展现。

在评估过程中，专家可以通过多种有效方式全面深入地了解项目的真实情况。审阅资料是专家获取项目信息的重要途径之一，通过仔细阅读项目报告、技术文档等，专家可以对项目的理论基础、技术方案、实施细节等有一个初步的了解；听取项目团队的详细汇报能够让专家直接与项目实施者进行交流，深入了解项目的创新点、难点以及解决方案；提问答疑环节则为专家提供了进一步澄清疑惑、深入探讨关键问题的机会，有助于更准确地把握项目的核心内容；实地考察则能够让专家亲身体验项目成果的实际运行情况，获取最直观、最真实的感受和数据。

对于一项融合出版技术，专家要深入考察其在实际应用中的效果。效率提升方面主要评估该技术是否显著减少了出版流程中的时间和资源消耗，提高了生产效率；成本降低则关注技术的应用是否有效降低了运营成本、开发成本或维护成本，用户体验改善则体现在技术是否让用户在阅读、交互、获取信息等方面更加便捷、舒适和满意。

在评估工作圆满结束后，专家应当精心撰写一份详细、全面、深入的评估报告，报告中要明确、清晰地指出项目的显著优点和存在的不足之处，同时提出具有建设性、针对性、可操作性的改进和完善建议。这份评估报告不仅应当作为项目验收的重要依据和决策参考，同时也应当为项目团队后续的工作提供极具价值的指导和启示，帮助他们进一步优化项目成果，提升项目的质量和效益。

第三节　融合出版与科研成果转化管理

一、成果转化规划

深入剖析融合出版市场对科研成果的需求特点，乃是精心制定具有针对性转化规划的基石和前置条件，融合出版市场具备多元化、动态演进以及竞争白热化等显著特征，对于科研成果的需求也相应地展现出多样化、个性化以及高速更新迭代的鲜明特质。

从市场需求的多元性视角审视，融合出版的范畴广泛且丰富，涵盖了教育出版、大众出版、专业出版等众多细分领域，而每个细分领域皆独具特色和差异化的需求。在教育出版这一重要领域，伴随在线教育的汹涌澎湃式发展，对于能够有力支撑互动式教学、自适应学习以及个性化教育的科研成果，其需求呈现出与日俱增的强劲态势。举例而言，智能化的教学辅助系统犹如一位智慧的导师，能够实时为学生提供个性化的学习建议和精准的指导，虚拟现实教学资源则以其身临其境的体验，将抽象的知识具象化，激发学生的学习兴趣和探索欲望，基于大数据的学习分析工具仿佛一双洞察一切的眼睛，通过对海量学习数据的深度挖掘和分析，为教育者提供精准的学情诊断和教学策略调整依据，这些创新成果无疑已成为当前市场瞩目的焦点。

大众出版领域则将重心更多地放置在内容的创新魅力和强大吸引力上，对于能够奉献沉浸式阅读体验、实现跨媒体内容创作以及基于用户兴趣的精准推荐技术的科研成果，怀有极高的期待和迫切需求。例如增强现实图书以其将虚拟元素与现实场景巧妙融合的独特魅力，为读者带来前所未有的阅读感官冲击，多媒体故事应用凭借其丰富多样的表现形式，如音频、视频、动画等元素的完美整合，让故事变得更加生动鲜活、引人入胜，基于人工智能的内容生成算法能够快速生成贴合用户口味的个性化内容，极大地满足了广大读者对于新鲜、有趣阅读体验的渴望和追求。

专业出版领域则对那些能够显著提升知识服务品质和效率的科研成果表现出强烈的渴

求，知识图谱构建技术恰似一张精细的知识网络，将错综复杂的专业知识系统化、结构化，方便专业人士快速检索和深入理解，语义检索系统犹如一位智能的知识导航员，能够准确理解用户的需求，提供精准、高效的知识检索服务，智能编辑工具仿佛一位高效的助手，能够辅助编辑人员快速完成繁琐的编辑工作，提高出版效率和质量，这些成果对于满足专业人士对精准、高效获取和处理专业知识的迫切需求，发挥着至关重要的作用。

个性化需求在融合出版市场中愈发凸显，成为不容忽视的重要趋势，不同的用户群体，无论是朝气蓬勃的学生、忙碌奔波的上班族，还是阅历丰富的老年人，其阅读习惯、偏好以及具体需求均存在着显著的差异。以学生群体为例，他们更迫切需要与课程紧密相关、富含教育价值和启发性的融合出版产品，这些产品应当能够辅助他们更好地理解课堂知识，拓展学习视野，提升学习效果。对于上班族而言，由于其生活节奏快，时间碎片化，他们更倾向于选择便捷易用、能够充分利用碎片化时间的移动端出版内容，例如简短而精彩的有声读物、便于随时查阅的电子工具书等，以满足他们在忙碌工作之余的知识获取和休闲阅读需求。老年人则由于身体机能和认知特点的变化，可能对字体较大、操作简便直观、内容具有养生保健等实用功能的出版产品表现出特殊的青睐，例如配有大字体和语音朗读功能的健康养生类图书、操作简单的文化休闲类多媒体应用等。

融合出版市场的变化犹如疾风骤雨，迅猛而剧烈，技术的持续创新如汹涌的浪潮，不断推动着出版形式和内容呈现方式的变革，用户需求的演变如同不断流淌的河水，随着社会发展和文化变迁而日益丰富和多样化，市场竞争的日益加剧则如激烈的风暴，促使各出版机构和企业不断寻求创新和突破。在这样的背景下，科研成果必须具备快速适应并满足市场新需求的能力和灵活性，例如随着5G技术的广泛普及和高速发展，其高带宽、低延迟的特性为融合出版带来了前所未有的机遇和挑战。对于高带宽、低延迟的融合出版应用，如高清实时互动式的在线教育课程、超高清画质的虚拟现实图书等需求迅速崛起，成为市场的新宠。

社交媒体的蓬勃发展也在潜移默化中改变着用户的阅读和分享习惯，使得融合出版产品不得不更加注重社交互动和分享功能的融入，例如用户在阅读过程中能够随时发表评论、分享心得，与其他读者进行交流和互动，增强阅读的趣味性和社交性。为了能够精准且全面地把握这些复杂多变的需求特点，必须开展深入且系统的市场调研和分析工作，这可以通过多种行之有效的方法来实现，如精心设计并广泛发放问卷调查，以收集大规模的用户数据和反馈，组织深入细致的用户访谈，与用户进行面对面的交流和沟通，倾听他们的心声和需求，开展具有针对性的案例研究，深入剖析成功的融合出版产品和服务案例，从中汲取经验和启示。

通过这些方法能够广泛收集用户的反馈和意见，深入了解他们在阅读体验、内容需求、功能期望等诸多方面的具体要求和细微差别，同时，要时刻保持对行业动态的高度敏感和密切关注，紧盯竞争对手的产品创新和市场策略调整，紧跟技术发展的前沿趋势和最新动态，从而为科研成果的转化提供及时、准确、具有前瞻性的市场导向和决策依据。

建立科研成果库是对科研成果进行科学系统管理和高效合理利用的关键手段和重要保

障，这个成果库应当广泛涵盖融合出版领域的各个层面和关键环节，不仅包括技术创新方面的突破性成果，如先进的数字出版技术、智能排版系统等，也涵盖内容创作领域的优秀作品和创新方法，如引人入胜的故事脚本、富有创意的内容策划等，同时还应涉及商业模式的创新构想和成功实践，如基于订阅的盈利模式、跨界合作的商业策略等，以及营销策略的新颖理念和有效手段，如精准的市场定位、创新的推广渠道等。

在对入库的科研成果进行分类管理时，应当从多个维度进行精细划分，以实现科学合理的分类体系，例如按照成果的性质，可以清晰地分为软件产品、硬件设备、方法流程等不同类别，软件产品如专业的出版编辑软件、智能内容管理系统等，硬件设备如高清电子阅读器、多媒体互动展示设备等，方法流程如高效的内容创作流程、精准的市场调研方法等。

二、转化模式创新

在众多转化模式中，产学研合作无疑是一种极具潜力和影响力的重要方式，将学术界深厚的科研力量、产业界丰富的实践经验以及企业所拥有的雄厚资源优势紧密融合，汇聚成一股协同创新的强大合力。

在产学研合作的生动实践中，高校和科研机构凭借其在学术研究领域的前沿地位，能够源源不断地提供崭新的理论探索和开创性的技术成果，而企业则充分发挥其对市场动态的敏锐感知力以及在生产经营方面的丰富实践经验，将那些源自科研前沿的成果巧妙地转化为实实在在的产品和服务，从而实现从学术研究到市场应用的无缝对接。在当今创新驱动发展的大背景下，利用智能算法优化科研项目的人员分工，对于提高团队协作效率具有至关重要的意义，尤其是在产学研合作的实践中，这一方法展现出了独特的优势和价值。产学研合作项目通常涉及来自高校、企业和研究机构等不同背景的人员，他们具有各异的专业知识、技能和经验，智能算法能够综合分析每个参与者的专业特长、研究兴趣、工作经历以及项目需求，从而实现精准且合理的人员分工。例如在一个关于新能源汽车电池技术研发的产学研合作项目中，高校的科研人员在基础理论研究方面具有深厚的积累，企业的工程师则在产品设计和制造工艺上有着丰富的实践经验，研究机构的专家则擅长提供前沿的技术趋势和政策解读。智能算法通过对这些因素的考量，将基础研究工作分配给高校科研人员，产品开发和测试任务交给企业工程师，而行业动态分析和政策研究则交由研究机构的专家负责。在出版期刊的时候运用这种优化分工，团队成员能够各司其职，充分发挥自己的优势，避免了因分工不当导致的资源浪费和效率低下。同时，智能算法还能够根据项目进展和需求的变化，实时调整人员分工，确保团队始终保持高效的协作状态。

这种产学研紧密合作的模式所带来的益处远不止于此，它不仅在知识与技术的层面促进了流动与创新，为行业的发展注入了源源不断的新鲜活力，而且还为广大学生提供了难能可贵的实践机会。但是如同任何复杂的合作模式一样，产学研合作在实践过程中也并非一帆风顺，面临着一系列不容忽视的挑战和问题。其中合作各方在目标设定上的差异往往成为潜在的矛盾源，高校和科研机构通常侧重于学术研究的深度和创新性，追求知识的前沿拓展和理论的突破；而企业则更加关注市场需求的满足和经济效益的实现，注重短期的商业回报和产品的市场占有率。

由于高校、科研机构和企业在组织架构、工作方式和文化氛围等方面存在显著差异，各方之间的信息传递和理解容易出现偏差和误解，在技术研发、产品设计、市场推广等关键环节，如果沟通不及时、不准确，就可能导致工作的延误和失误，影响项目的顺利推进。

知识产权归属不明确的问题同样困扰着产学研合作的顺利开展，在合作过程中，科研成果往往是由多方共同努力的结晶，涉及专利申请、技术秘密保护等一系列复杂的知识产权问题。如果在合作之初没有清晰明确地界定各方在知识产权方面的权利和义务，就可能在成果转化的后期阶段引发争议和纠纷，损害合作各方的利益，甚至影响合作关系的存续。

为了确保产学研合作能够沿着健康、稳定、高效的轨道顺利推进，必须采取一系列切实有效的措施来应对上述挑战，建立一套行之有效的沟通机制是当务之急。通过定期的会议、交流活动、联合工作小组等形式，促进各方之间的信息共享和意见交流，及时消除误解和分歧，确保合作的方向始终保持一致。

同时要在合作的起始阶段就明确各方的权利和义务，通过详细的合同条款和协议约定，清晰界定知识产权的归属和使用方式，避免后期可能出现的法律纠纷，充分考虑各方在合作中的投入、贡献和风险承担，按照贡献比例合理分配合作所产生的经济利益和其他相关收益，确保各方的利益都能得到充分的保障和尊重。

技术转让是另一种常见且有效的成果转化模式，在这一模式下，科研机构或个人将其所拥有的专利技术、技术秘密等宝贵的知识资产转让给有需求的企业。企业则通过支付一定数额的费用，从而获得对这些技术的使用权或所有权，进而将其应用于实际的生产经营活动中。

技术转让模式的显著优点在于能够迅速地将科研成果推向市场，实现技术的商业化应用，通过这种方式，科研成果能够在相对较短的时间内转化为实际的经济效益，为企业的发展提供强大的技术支持和创新动力。这种模式也并非完美无缺，存在着一定的局限性和潜在风险。一方面，企业在获得技术转让后，可能由于对技术原理和核心内涵的理解不够深入透彻，在技术应用和二次开发过程中出现偏差和失误，导致技术无法充分发挥其应有的潜力和优势；另一方面，科研机构在完成技术转让后，可能会在一定程度上失去对技术的进一步开发和改进的机会，无法持续跟踪技术的发展动态和市场需求的变化，从而在技术创新的道路上逐渐失去主动权。

自主创业作为一种充满挑战和机遇的成果转化模式，为科研人员提供了一个将自身科研成果直接转化为商业项目的广阔舞台，在这一模式下，科研人员凭借其对科研成果的深刻理解和坚定信念，亲自投身于创业的浪潮之中，创办企业并负责其运营和推广。这种模式的独特魅力在于能够最大程度地激发科研人员的创新精神和创业积极性，由于他们对技术和产品的内在机理有着深入的洞察和把握，能够更加敏锐地捕捉到市场的需求和发展方向，从而制定出更加符合市场规律和用户需求的商业策略和产品规划。

自主创业的道路绝非坦途，充满了各种艰难险阻和不确定性，资金短缺是摆在创业者面前的一道难以逾越的鸿沟。在企业的初创阶段，需要大量的资金投入用于技术研发、市场推广、团队组建等方面，但科研人员往往缺乏足够的资金储备和融资渠道，导致企业的发展受到严重制约。在融合出版这样一个充满创新和变革的领域，新进入者面临着来自传统出版巨头和其他新兴企业的双重竞争压力，如何在激烈的市场竞争中脱颖而出，赢得用户的认可和市场份额，是每一个创业者必须面对的严峻考验。科研人员在技术研发方面可能具备卓越的能力，但在企业管理、市场营销等方面往往缺乏经验和专业知识，这种能力上的不平衡容易导致企业在运营过程中出现管理混乱、市场定位不准确、营销策略失效等问题，严重影响企业的生存和发展。

为了提高自主创业的成功率，科研人员需要全方位地提升自己的能力素质，努力弥补在技术研发之外的短板，他们不仅要精通技术研发，还要深入学习市场营销、企业管理等方面的知识和技能，培养自己的商业思维和战略眼光。同时政府和社会各界也应当积极营造良好的创业环境，为科研人员提供必要的支持和政策保障。政府可以通过出台优惠的税收政策、设立创业基金、搭建创业孵化平台等方式，为创业者提供资金支持和资源对接，社会资本可以加大对创新型创业项目的投资力度，为创业者提供更多的融资渠道和发展机会，行业协会和专业服务机构可以为创业者提供创业培训、咨询服务、技术支持等全方位的服务和指导，帮助他们提升创业能力和管理水平。

三、转化过程管理

对成果转化的全过程进行严密的跟踪和精细化的管理，无疑是保障转化工作顺利推进的核心要点和关键所在，这一全过程如同一条延绵不断的链条，涵盖了从科研成果崭露头角时的初步筛选，到对其可行性的严谨分析，再到精心制定具体的转化方案，继而坚决有力地付诸实施，最终推向广阔市场进行推广和应用等一系列紧密相连且至关重要的环节。

在成果筛选这一首要阶段，构建一套科学、严谨且行之有效的评估体系显得尤为关键，这套体系应当能够对科研成果的创新性、实用性以及潜在的市场影响力等多个关键维度进行全方位、多角度、深层次的综合评估。这不仅要求具备深厚的专业技术知识，能够准确把握成果在技术层面的先进性和独特性，还需要拥有对市场需求敏锐的感知能力和对行业发展趋势的精准洞察力。

可行性分析作为在成果筛选基础上的进一步深化研究，其重要性不言而喻，需要对成果转化的技术可行性、经济可行性以及法律可行性等多个关键方面展开全面且深入的探究。在技术可行性方面，重点在于严谨考察成果在技术层面的成熟度和稳定性，细致评估其是否能够在现有的技术条件和生产环境下顺利实现大规模量产和广泛应用。例如一项基于人工智能的内容推荐算法，需要评估其在处理海量数据时的准确性和效率，以及在不同设备和网络环境下的兼容性和响应速度。经济可行性的分析则聚焦于转化过程中的成本投入与预期收益之间的精细权衡，包括对研发阶段的巨额投入、生产过程中的各项成本支出、市场推广所需的费用，以及产品或服务推向市场后可能带来的销售收入和潜在的利润空间等进行全面、系统、精确的分析和预测，以确保整个项目在经济层面具备可持续发展的能力和潜力。法律可行性的研究重点关注成果是否潜在地涉及复杂的知识产权纠纷，是否严格符合国家和地区现行的各类法律法规以及相关政策的明确要求和严格规范。比如在数字版权管理方面，需要确保所采用的技术和商业模式不存在侵权风险，符合版权法的最新规定和发展趋势。

转化方案的制定环节必须紧密围绕成果的独特特性和市场的迫切需求，精心设计出详尽、具体且具有高度可操作性的实施方案，这一方案应当犹如一幅精确的蓝图，清晰地勾勒出转化的明确目标、详细步骤、精确的时间节点、所需的各类资源，以及明确的责任分工等关键要素和重要细节。

在实际的实施过程中，对于各个环节的监控和管理必须严格且精细，建立起常态化、规范化、高效化的定期汇报和及时沟通机制至关重要，这能够确保参与转化工作的各方始终保持信息畅通，能够实时了解项目的最新进展情况，迅速发现并及时解决可能出现的各种问题。例如通过每周定期举行的项目例会，团队成员能够有条不紊地汇报各自负责工作的具体进展，坦诚分享在工作过程中遭遇的各种难题以及探索出的行之有效的解决方案，进而共同协商和协调所需的各类资源分配，灵活调整后续的工作计划和策略安排。

同时构建一套行之有效、反应迅速的问题解决机制同样不可或缺，当在转化过程中遭遇各类棘手问题时，能够迅速、高效地组织相关领域的专业人员进行深入的分析和研究，抽丝剥茧般地找出问题产生的根源所在，并果断采取具有针对性、切实可行的有效措施加以妥善解决。比如在关键的技术研发环节遭遇难以突破的技术难题，应当立即组织业内顶尖的技术专家成立专项攻关小组，集中优势资源和智慧力量，全力攻克技术难关，而当在市场推广方面遭遇重重阻力时，应当及时重新全面评估现行的市场策略，果断调整推广渠道和方式，创新营销手段和方法，以适应不断变化的市场环境和用户需求。

对转化过程中产生的大量数据和丰富信息进行全面、系统、深入的收集和精准分析，具有极其重要的意义和价值，通过对这些数据的深度挖掘和科学分析，可以客观准确地评估转化方案的实际执行效果，敏锐地发现潜在的风险隐患和问题端倪，从而为后续的决策制定提供坚实可靠的数据支撑和科学依据。例如通过对用户反馈数据的细致分析，可以深入了解产品或服务在功能设计、用户体验、内容质量等方面存在的优点和不足，进而有针对性地进行产品优化和服务改进。通过对市场销售数据的动态跟踪和精准分析，可以客观评估当前所采用的市场推广策略的实际效果和效率，及时发现市场定位的偏差和营销策略的疏漏，从而能够迅速调整市场推广的方向和重点，优化营销资源的配置和投放。

加强与相关部门和机构的密切合作，对于推动成果转化工作具有不可替代的重要作用，这些部门和机构涵盖了政府职能部门、行业协会组织、金融服务机构、科研院校单位等多个关键领域，它们在政策制定与引导、资源整合与优化、技术支持与创新、人才培养与输送等多个重要方面，都能够为成果转化工作提供强大有力的支持保障和丰富多样的资源助力。

政府部门在成果转化的宏观格局中，扮演着政策制定者和方向引导者的关键角色，通过出台一系列具有针对性、前瞻性、优惠性的政策法规，如税收优惠政策、财政补贴政策、知识产权保护政策等，为成果转化营造出宽松有利、激励创新的政策环境。例如政府可以针对积极从事融合出版成果转化的企业，给予大幅度的税收减免优惠，切实减轻企业的负担，或者设立专门的专项基金，对具有重大战略意义和市场前景的重点项目进行重点扶持和资助，为其提供充足的资金保障和政策支持。

行业协会作为连接企业之间的桥梁和纽带，能够有效地促进企业之间的交流合作与协同发展，积极推动行业标准的制定完善和规范执行，例如通过定期组织举办行业研讨会、经验交流会等活动，为企业提供一个分享成果转化经验教训、交流创新思路和合作机会的广阔平台，通过制定并推广行业标准和规范，有效规范市场秩序，提升行业整体的发展水平和质量效率，为成果转化工作提供明确的标准指引和规范保障。

金融机构在成果转化的过程中，能够为企业提供不可或缺的资金支持和金融服务，通过提供多样化的金融产品和服务，如贷款融资、风险投资、信用担保等，有效地解决企业在成果转化过程中面临的资金瓶颈问题，为企业的创新发展注入强大的资金动力和金融活力。例如银行等金融机构可以为具有良好发展前景和市场潜力的成果转化项目提供低息、长期的贷款支持，降低企业的融资成本和财务压力，风险投资机构则可以凭借其敏锐的市场洞察力和风险承受能力，对具有创新性和颠覆性的早期项目进行大胆投资，为企业提供宝贵的启动资金和战略指导。

四、转化效果评估与优化

成果转化绝非是一蹴而就的一次性行为，而是一个需要持续评估和优化的动态循环过程。构建科学合理且行之有效的成果转化效果评估指标体系，依据评估结果深度总结经验教训进而优化机制流程，以及时刻保持对市场动态和技术发展的高度敏感并适时调整转化策略，对于显著提升成果转化的质量与效益，具有举足轻重、不可替代的关键意义。

精心建立成果转化效果评估指标体系，无疑是对转化成果进行全方位、多角度、客观准确评价的坚实基石，这一精心构建的指标体系应当犹如一张缜密的网络，涵盖多个维度，对转化成果所产生的经济效益、社会效益等核心方面进行全面且深入的综合考量。在经济效益这一关键维度，可进一步细分为直接经济效益和间接经济效益两个重要层面，直接经济效益的评估指标诸如产品的销售收入、利润的显著增长以及市场份额的稳步扩大等，犹如一面清晰的镜子，直观地反映出成果转化在商业价值实现方面的直接成效。

间接经济效益则相对更为复杂且微妙，其可能广泛涉及对企业品牌价值的有力提升、对其他产品线的强大带动作用、对企业整体成本结构的深度优化等诸多不易直接量化但却影响深远的方面。社会效益的评估在融合出版领域同样占据着不可或缺的重要地位，可能涵盖对文化传播的积极推动、对教育水平的切实提升、对社会公众知识普及的显著贡献等多个具有深远意义的层面。

在精心构建的评估指标体系中，对于技术创新水平的提升给予充分考量同样至关重要，这可以通过一系列具体而明确的指标来进行衡量，例如新技术在成果转化中的应用广度和深度、技术专利的获取数量和质量、转化成果所采用的技术在整个行业内的领先程度和影响力等。

用户满意度作为衡量成果转化效果的一个关键维度，其重要性不容小觑，这一维度可以通过多种行之有效的方式和指标来进行准确评估和反映，例如广泛开展用户调查以收集用户的真实反馈、深入分析用户评价以洞察用户的内心诉求、密切关注用户忠诚度的变化以评估用户对产品的依赖程度等。在评估指标体系中，还应当充分考虑行业影响力这一重要因素，这可以通过一系列具体的指标来进行量化和评估，例如获得行业内具有权威性和影响力的奖项、积极参与行业标准的制定并发挥重要作用、转化成果被其他企业或机构广泛借鉴和应用的程度等。

为了切实确保评估指标体系的科学性、合理性、有效性和可靠性，需要在指标的精心选取、权重的合理分配、数据的全面收集以及深入分析等多个关键环节进行精心策划和精细设计。在指标的选取过程中，应当确保所选指标具有高度的代表性和针对性，能够精准且准确地反映出成果转化的关键核心方面和重要特征，权重的分配则应当紧密结合融合出版领域的独特特点和企业自身的长远发展战略，进行灵活且合理的调整和优化，突出重点指标的关键地位和重要影响，以确保评估结果能够真实反映成果转化的实际情况和核心价值。

数据的收集应当综合运用多种科学有效的方法和手段，包括精心设计并广泛开展问卷调查以获取用户的直接反馈、运用先进的数据挖掘和分析技术对大量相关数据进行深度处理、深入实地进行调研以获取第一手的真实信息等，从而确保数据的全面性、准确性、可靠性和时效性。数据分析环节则应当运用适当且先进的统计方法和强大的数据处理工具，对所收集到的海量数据进行深入挖掘、细致分析和综合研判，从中提取出有价值的信息和关键洞察，进而得出客观、公正、准确且可靠的评估结论，为后续的决策制定和策略调整提供坚实的数据支撑和科学依据。

依据评估结果，深入总结经验教训，是优化成果转化机制和流程的重要基石和有力依据，倘若评估结果显示，转化成果在经济效益方面表现出色，但在社会效益或用户满意度方面存在明显的短板和不足，那么就必须进行深入的剖析和反思，以找准问题的根源所在。这种情况的出现，可能源于产品策划阶段的策略偏差，过于片面地追求商业利益的最大化，而在一定程度上忽视了社会价值的创造和用户需求的深度满足，也有可能是在营销推广的过程中，策略执行不到位，未能有效地向用户清晰传达产品所蕴含的丰富社会意义和独特价值优势。

针对这些棘手的问题，可以果断地调整产品的市场定位和营销策略，将更多的精力和资源投入到社会价值的传播和用户需求的精准满足上，通过优化产品的价值主张和传播方式，提升产品在社会和用户层面的吸引力和影响力。如果在评估过程中发现，成果转化过程中存在着流程繁琐、效率低下等顽疾，导致产品的上市时间一再拖延，从而痛失宝贵的市场先机，那么就迫切需要对现有的流程进行全面且深入的优化和改进。例如大刀阔斧地简化繁琐的审批环节，打破部门之间的沟通壁垒，加强跨部门之间的紧密协作和信息共享，积极引入先进的项目管理理念和方法，如敏捷开发、精益生产等，从而显著提高转化效率，大幅缩短产品从研发到成功上市的周期，确保产品能够以最快的速度抢占市场份额，赢得竞争优势。

同时总结经验教训的过程还应当包括对成功案例的深入剖析和核心经验的提炼总结，如果某个成果转化项目在竞争激烈的市场中脱颖而出，取得了令人瞩目的巨大成功，那么就应当组织专业团队对其成功的关键因素进行深入研究和系统分析，例如创新且独特的商业模式、精准无误的市场定位、高效协同的团队合作等，并将这些来之不易的成功经验进行提炼和升华，广泛推广应用到其他正在进行或即将启动的项目中，充分发挥成功案例的示范引领作用，带动整体成果转化水平的提升。

第六章　融合出版与科研管理的平衡之道

第一节 平衡的重要性与难点

一、平衡对可持续发展的意义

在融合出版与科研管理的领域中，实现平衡对于可持续发展具有举足轻重的意义，这种平衡并非简单的平均分配或机械的对等，而是在动态变化的环境中，寻求两者之间的最佳协同点，以实现资源的高效利用、创新的持续驱动、适应能力的不断提升以及品牌形象的稳固树立。

首先，平衡能够促进资源的优化配置。出版行业作为知识传播和文化传承的重要阵地，其发展离不开各类资源的支持，在融合出版与科研管理的交互领域中，资源的范畴广泛，涵盖了人力、物力、财力等多个关键要素。人力方面既需要具备深厚出版经验和敏锐市场洞察力的专业人才，也需要精通科研方法和前沿知识的研究人员，如果人力配置失衡，可能会出现两种情况。一方面，若过多的人力投入到融合出版的技术研发环节，而科研管理方面的人力不足，可能导致对科研项目的选题、策划和评估不够精准，无法确保科研成果的高质量和创新性。另一方面，如果大部分人力集中在科研管理，而融合出版的团队力量薄弱，可能会在将科研成果转化为市场产品时，缺乏有效的设计、推广和运营能力，使得优秀的科研成果无法得到广泛传播和应用。物力资源如办公设备、实验器材、出版设施等，在融合出版和科研管理之间也需要合理分配，例如为了追求融合出版的视觉效果和用户体验，过度购置先进的多媒体制作设备，而忽略了为科研管理提供必要的研究资料和数据库资源，可能会导致科研工作因缺乏充足的数据支持而进展缓慢。财力资源的平衡同样至关重要，出版行业的资金投入需要在多个方面进行权衡，若将大量资金投入到融合出版的技术研发，而忽视了对科研成果的内容质量把控，可能会导致虽然技术先进，但内容空洞无物，无法吸引读者，最终影响出版产品的市场表现。相反，如果过于侧重科研成果的培育和奖励，而在融合出版的技术升级、平台建设和市场推广方面投入不足，可能会使优秀的科研成果因缺乏有效的传播渠道和展示平台而无法实现其应有的价值。为了实现资源的优化配置，出版单位需要建立科学的评估机制和决策体系，定期对融合出版和科研管理的项目进行评估，根据市场反馈、技术发展趋势和学术研究动态，及时调整资源分配策略。同时加强部门之间的沟通与协作，打破壁垒，实现资源的共享和互补，确保每一项工作都能得到充分的支持，避免出现资源过度集中于某一方面而导致其他方面发展受限的情况。

其次，平衡有助于提升创新能力。在当今快速发展的知识经济时代，创新已成为出版行业生存和发展的核心驱动力，融合出版和科研管理虽然侧重点不同，但两者的有机结合和平衡发展能够形成强大的创新合力。融合出版需要不断创新技术手段和表现形式，以满足读者日益多样化和个性化的需求，随着信息技术的飞速发展，数字出版、增强现实（AR）/虚拟现实（VR）出版、智能语音出版等新兴技术不断涌现，为出版业带来了前所未有的机遇。例如通过数字出版技术，图书可以实现多媒体互动，增加音频、视频、动画等元素，使读者获得更加丰富的阅读体验，利用 AR/VR 技术，读者可以身临其境地感受历史场景、科学实验等内容，增强知识的趣味性和吸引力，但是这些技术手段的创新如果没有科研管理的支撑，很容易陷入形式大于内容的误区。科研管理则侧重于对知识的深入挖掘和创新，科研人员通过对学术前沿的追踪、对社会热点问题的研究以及对传统文化的挖掘和创新，为出版提供了丰富的内容资源。高质量的科研成果不仅具有学术价值，还能够通过创新的出版形式转化为具有市场竞争力的产品，例如一项关于生态环境保护的科研成果可以通过融合出版的方式，以科普读物、纪录片、在线课程等多种形式呈现给广大读者，提高公众的环保意识。

当融合出版与科研管理达到平衡时，技术创新能够为科研成果的传播和应用提供更多可能性，科研管理的创新理念又能为融合出版提供丰富的内容源泉，这种相互促进的创新机制，能使出版单位在激烈的市场竞争中保持领先地位。例如某少儿出版社在出版一套科普读物时，充分发挥了融合出版与科研管理的平衡优势，科研管理团队精心策划选题，邀请相关领域的专家学者撰写内容，确保了科普知识的准确性和权威性。同时融合出版团队运用生动有趣的插画、互动式的小游戏和多媒体动画等形式，将枯燥的科学知识变得生动易懂，吸引了众多小读者的喜爱，这套读物不仅在市场上取得了良好的销售业绩，还获得了多项行业奖项，提升了出版社的品牌形象和市场竞争力。为了进一步促进融合出版与科研管理的平衡创新，出版单位应鼓励跨部门合作，建立创新激励机制，为员工提供创新培训和学习的机会，营造宽松的创新氛围，加强与高校、科研机构和科技企业的合作，及时引进和吸收外部的创新资源和技术成果，不断推动自身的创新发展。

最后，平衡能够增强出版单位的适应能力。在信息爆炸和技术迭代迅速的时代，出版行业面临着前所未有的挑战和机遇，市场需求和技术发展的快速变化，要求出版单位具备敏锐的洞察力和灵活的应变能力。融合出版与科研管理的平衡能够使出版单位迅速调整策略，灵活应对各种变化，例如当市场对某种类型的数字出版物需求增加时，平衡的体系能够快速调动科研力量进行相关内容的研发，同时利用融合出版的手段将产品推向市场。如果出版单位过于偏重融合出版，可能会在技术和形式上追求短期的市场热点，而忽视了对内容的长期积累和创新，导致在市场需求发生变化时，无法及时提供有深度、有价值的内容。相反，如果过于强调科研管理，可能会在技术应用和市场推广方面反应迟缓，错过最佳的市场时机。

二、利益分配平衡的难点

在融合出版与科研管理的实践中，利益分配的平衡充满了复杂性和挑战。

一方面，融合出版涉及多个参与方，包括技术提供商、内容创作者、平台运营商等，各方对于利益的期望和诉求各不相同，每个参与者都希望自己的声音能够被充分听见和重视。技术提供商作为融合出版的技术支撑者，投入了大量的研发资源，开发出先进的技术解决方案，如数字版权保护技术、增强现实/虚拟现实技术、大数据分析工具等。这些技术的应用能够提升出版产品的质量和用户体验，但技术提供商期望通过技术授权获得高额回报，以弥补其研发成本并实现盈利，他们认为技术是推动融合出版发展的关键驱动力，因此在利益分配中应该占据重要地位。内容创作者则是出版的灵魂所在，他们凭借着自己的才华和创造力，为出版作品注入了生命和价值，无论是作者、编剧还是艺术家，都更关注作品的版权收益，希望自己的智力成果能够得到充分的尊重和回报，对于他们来说，作品的独特性和创新性是不可替代的，因此在利益分配中应得到相应的体现，以激励他们持续创作出优秀的内容。平台运营商在融合出版中扮演着连接供需双方的桥梁角色，通过搭建和运营数字出版平台，为内容创作者和读者提供了交流和交易的场所，平台运营商着眼于流量变现和广告收入，他们认为平台的用户规模和活跃度是实现商业价值的关键，希望在利益分配中能够根据平台的运营成本和市场贡献获得合理的份额，以维持平台的正常运转和持续发展。

如何在这些不同的利益诉求之间找到一个公平合理的分配方案是一个巨大的挑战，需要深入了解各方的投入和贡献，评估其在价值链中的地位和作用，并综合考虑市场需求、竞争态势和行业发展趋势等多种因素。如果仅仅满足某一方的利益诉求，而忽视了其他方的合理需求，可能会导致合作关系的破裂，影响融合出版项目的顺利推进。例如在一个多媒体数字杂志的出版项目中，技术提供商提供了先进的互动式阅读技术，使得读者能够与杂志内容进行实时互动，内容创作者精心策划了丰富多样的专题文章和视觉设计，平台运营商则通过其广泛的用户网络和营销渠道推广该杂志。在利益分配时，如果过于倾向技术提供商，给予其过高的分成比例，可能会导致内容创作者和平台运营商的积极性受挫，影响内容的质量和推广效果。反之，如果过于重视内容创作者或平台运营商的利益，技术提供商可能会因为收益不足而减少对技术的后续投入和支持，影响杂志的技术创新和用户体验。

另一方面，利益分配还受到市场竞争和行业发展阶段的影响。在新兴的融合出版领域，市场充满了不确定性和变数，在市场尚未成熟的阶段，盈利模式尚不清晰，使得确定利益分配比例缺乏明确的参考标准，各方都在摸索中前行，试图找到一种可行的商业模式来实现盈利。例如在早期的电子图书市场，消费者的付费意愿和习惯尚未形成，广告收入也不稳定，此时如何在作者、出版社、技术平台等之间分配利益成为一个难题。由于缺乏成熟的市场数据和成功案例作为参考，各方只能根据自己的主观判断和预期来争取利益，容易导致分配方案的不合理和不公平。而在竞争激烈的市场环境中，各方为了争夺更多的利益份额，可能会产生激烈的冲突和博弈，每个参与者都试图在有限的市场蛋糕中切下更大的一块，这种竞争态势进一步加大了平衡利益分配的难度。例如在在线教育出版领域，随着越来越多的企业涌入，市场竞争日益激烈，教育机构、技术公司、内容提供商等各方为了吸引更多的用户和客户，纷纷投入大量资源进行课程开发、技术创新和市场推广。在这种情况下，各方对于利益分配的期望和要求不断提高，矛盾和冲突也随之加剧，有的可能会通过压低价格来争夺市场份额，有的可能会通过独家合作来限制竞争对手，这些行为不仅破坏了市场秩序，也给利益分配带来了更大的困难。

此外，不同类型的出版项目，如学术出版、大众出版和教育出版，其盈利模式和利益分配方式也存在差异，学术出版通常具有较高的专业性和学术价值，其盈利模式可能更依赖于订阅和授权费用，学术期刊、研究报告等学术出版物往往面向专业的研究机构、图书馆和学者群体，这些用户愿意为获取高质量的学术资源支付一定的费用，因此在学术出版项目中，作者、学术机构、出版社等各方的利益分配可能会更多地围绕着订阅收入和授权使用费用来进行协商和分配。大众出版则更多地依靠图书销售和版权转让来实现盈利，小说、传记、生活类图书等大众出版物的市场受众广泛，销售渠道多样，包括实体书店、在线书店、电子书平台等。在大众出版项目中，作者的知名度、作品的市场吸引力、出版社的营销推广能力等因素都会对销售业绩产生重要影响，因此利益分配可能会更多地与图书的销售量、版权转让价格等挂钩。教育出版与学校和教育机构的采购政策密切相关，教材、教辅、在线课程等教育出版物的采购通常由学校和教育机构统一进行，采购数量较大，但价格往往受到严格的控制。在教育出版项目中，出版社需要与教育机构进行长期的合作和谈判，确定采购价格和利益分配方式，同时，教育出版还需要考虑教材的更新换代、教学大纲的变化等因素，这也会对利益分配产生影响。

要在不同类型的出版项目中实现利益分配的平衡，需要深入了解各个领域的特点和规律，要求利益相关方不仅要具备专业的出版知识和市场洞察力，还要能够灵活运用各种商业策略和谈判技巧，以达成各方都能接受的利益分配方案。例如在一个学术数据库的建设项目中，涉及众多的学术研究机构、数据库开发商和用户单位，为了实现利益分配的平衡，需要充分考虑学术研究机构的科研成果价值、数据库开发商的技术投入和运营成本、用户单位的使用需求和支付能力等多方面因素，通过制定合理的订阅价格、授权政策和分成比例，确保各方的利益得到妥善保障，促进学术数据库的可持续发展。

三、短期与长期目标平衡的挑战

在融合出版与科研管理这一复杂而动态的领域中，实现短期与长期目标的平衡绝非易事，从短期视角审视，出版单位置身于激烈的市场竞争洪流之中，如同逆水行舟，不进则退，在这样的压力环境下，迅速推出具有吸引力的融合出版产品成为他们的当务之急，其目的在于获取即时的经济利益和抢占市场份额，以在竞争激烈的市场中站稳脚跟。然而这种对短期利益的急切追求往往容易导致出版单位过度关注眼前的销售业绩和热门话题，为了迎合当下的流行趋势，他们可能会匆忙上马一些项目，压缩产品的研发和制作周期，在这种情况下，质量把控往往容易被忽视，内容创新也可能沦为空谈。这种短视行为虽然可能在短期内凭借热门话题的热度获得一定的关注度和销售额，但从长远来看，却可能对出版单位造成严重的损害，会侵蚀出版单位的品牌形象，让读者对其产品质量产生质疑，进而丧失对品牌的信任。

与之相反，过度追求长期目标同样可能引发一系列问题，科研管理本质上是一项需要长期投入和耐心培育的工作，涵盖了对基础研究的持续支持、人才培养的长远规划以及学术生态的精心营造等多个方面，基础研究作为科研创新的源头活水，往往需要耗费大量的时间和资源，且其成果的显现并非一蹴而就。在短期内，可能难以看到显著的经济效益和直接的应用成果，如果一味地强调长期目标，而在短期内无法展现出明显的成果和回报，可能会对团队的士气产生消极影响，团队成员可能会因为长期的付出得不到及时的认可和激励而感到沮丧和失落，工作积极性和创造力也会随之下降。

同时，对于投资方而言，他们通常希望看到投资能够在相对较短的时间内获得可观的回报，如果长期看不到明显的收益，投资方可能会对项目失去信心，从而削减资源投入甚至终止项目，这对于依赖外部资金支持的科研管理工作无疑是一个沉重的打击，可能导致项目的停滞不前甚至夭折。

此外，短期目标和长期目标之间的资源分配是一个棘手的难题，资金、人力和时间等资源在任何组织中都是有限的，如何在融合出版的即时项目和科研管理的长远规划之间进行合理分配，是出版单位必须谨慎权衡的关键问题，如果将大部分资源投入到短期的融合出版项目中，短期内或许能够看到显著的经济效益和市场反响，但从长远来看，这种做法可能会导致科研创新能力的不足。缺乏对长期科研的投入，意味着出版单位无法深入挖掘行业的核心技术和前沿趋势，难以推出具有开创性和引领性的产品。随着时间的推移，出版单位可能会在技术和内容创新方面逐渐落后于竞争对手，无法为未来的发展提供持续的动力和竞争优势。如果过于侧重长期的科研管理，将大量资源投入到基础研究和人才培养等方面，而忽视了当前市场的需求和机会，出版单位可能会错失许多即时的商业机会，在快速变化的市场环境中，机会稍纵即逝，一旦错过，可能需要付出更大的代价才能重新夺回市场份额。此外，长期的科研投入如果不能在短期内转化为实际的产品和收益，可能会使出版单位在财务上承受巨大的压力，面临资金链断裂等风险，从而在短期内陷入经营困境。

为了有效应对这些挑战，出版单位首先需要建立一套科学的决策机制，涵盖对市场需求、技术趋势、内部资源状况以及竞争对手动态等多方面因素的综合考量。在制定决策时不仅要关注短期目标的实现可能性和经济效益，还要充分评估长期目标的战略价值和潜在风险，通过建立明确的决策流程和标准，确保在面对复杂的情况时能够做出明智、平衡的选择。同时加强对市场趋势和技术发展的预测能力，出版单位需要建立专业的市场研究和技术监测团队，及时收集和分析行业内外的信息，洞察市场的潜在需求和技术的发展方向。通过准确的预测，出版单位能够提前布局，在不同的阶段灵活调整资源分配，将有限的资源用在最关键的地方。例如当预测到某一新兴技术将对出版行业产生重大影响时，能够提前加大在相关科研领域的投入，当察觉到市场对某一类主题的出版物有强烈需求时，能够迅速调配资源推出相应的产品。

四、不同主体需求平衡的复杂性

在融合出版与科研管理这一充满活力与创新的领域中，众多主体相互交织，各自怀揣着独特而多样的需求，使得实现需求的平衡成为一项极具复杂性和挑战性的任务。

作者是创作的源泉，往往怀着对自我表达的强烈渴望，期望能够充分展现个人的创作理念和独特风格，将内心深处的想法、情感和想象通过作品淋漓尽致地呈现出来，这不仅是对其艺术追求的实现，更是对个人创造力的一种释放和证明。同时合理的报酬也是作者们关注的重点，创作不仅是精神劳动，也是一种付出，他们希望自己的努力能够在经济上得到公正的回报，以支持其继续创作和生活。此外，广泛的读者认可对于作者来说具有极大的激励作用，作品能够在读者中产生共鸣，引发思考和讨论，被更多的人阅读和喜爱，这无疑是对作者最大的肯定，也是他们在创作道路上不断前行的动力，更关注作品的版权保护，以确保自己的创作成果不被非法侵犯和滥用，维护其创作的独立性和完整性。创作自由也是作者们珍视的权利，他们希望在创作过程中不受过多的外部干涉和限制，能够自由地探索各种题材、形式和表现手法。

编辑在出版流程中扮演着把关人和塑造者的重要角色，肩负着确保出版内容质量、准确性和可读性的重任，在面对作者的原始稿件时，编辑需要运用专业的知识和敏锐的眼光，对内容进行精心打磨和完善，剔除错误和模糊之处，使作品的逻辑更加严密，表达更加清晰流畅。同时编辑还必须充分考虑市场需求和出版单位的商业利益，了解市场的动态和读者的喜好，预测哪些类型的作品更有可能受到欢迎，从而在内容选择和编辑策略上做出相应的调整，在保证内容符合学术规范和出版标准的同时，编辑还要努力使作品具有市场竞争力，能够在众多同类出版物中脱颖而出，这就要求他们在坚守内容质量的底线的同时，善于挖掘作品的卖点和特色，通过巧妙的策划和包装，提升作品的吸引力和价值。

技术人员则是出版领域中的创新推动者，致力于研发和应用先进的出版技术，以提升出版的效率和效果，在这个数字化和信息化的时代，技术的发展日新月异，技术人员始终追求着技术的创新和突破。他们不断探索新的软件、工具和平台，如增强现实（AR）、虚拟现实（VR）、人工智能辅助编辑等，为出版带来更多的可能性和惊喜，希望自己的技术成果能够得到广泛应用和认可，看到自己研发的技术在实际的出版项目中发挥重要作用，提升用户体验，改变出版的形态和方式。但是技术的研发和应用需要投入大量的资源，包括资金、时间和人力。在追求技术先进性的过程中，可能会面临技术风险和成本压力，需要在创新与实用、投入与产出之间寻找平衡。

读者作为出版的终端消费者，其需求呈现出高度的多样化特点，渴望获取有价值的信息，无论是知识的增长、情感的触动还是视野的拓展，都希望从阅读中得到实实在在的收获。良好的阅读体验也是读者所追求的，这包括舒适的排版设计、清晰的字体、精美的插图等，能让他们在阅读过程中感到愉悦和满足，便捷的服务同样至关重要，如方便的购买渠道、快速的配送、优质的售后等，能够节省他们的时间和精力。读者对于内容的质量有着严格的要求，期望作品具有深度、广度和可信度。在形式上，不同的读者可能有不同的偏好，有的喜欢传统的纸质书籍，有的则更倾向于电子读物或有声读物。

出版社作为出版活动的组织者和管理者，处于一个复杂的利益交汇点，既要考虑经济效益，通过成功的出版项目实现盈利，保障企业的生存和发展，同时也要兼顾社会效益，出版具有文化价值、教育意义和社会影响力的作品，为社会的进步和文化的传承贡献力量。在平衡作者、编辑、技术人员和读者等各方的利益时，出版社需要巧妙地协调各方的需求和期望，确保每个环节都能够顺利运转，实现共赢，此外，出版社还要应对市场竞争的压力，在众多同行中脱颖而出，吸引读者的关注和购买。同时，行业监管的要求也不容忽视，需要遵守相关法律法规和政策，确保出版活动的合法性和规范性。

科研机构在融合出版与科研管理的格局中具有独特的地位和需求，注重科研成果的学术价值和社会影响力，通过严谨的研究和创新的发现，为学科的发展和社会问题的解决提供理论支持和实践指导。希望通过与出版单位的合作，将科研成果以更广泛、更有效的方式传播出去，推动知识的共享和应用，科研机构通常关注研究的深度和前沿性，希望出版的成果能够准确反映研究的创新性和科学性。然而，科研成果的出版往往需要在学术严谨性和可读性之间找到平衡，以确保既能满足专业领域的要求，又能被更广泛的读者理解和接受。

不同主体之间的需求有时会不可避免地相互冲突，例如作者追求的创作自由可能与编辑对内容规范性的要求产生矛盾，作者可能希望突破传统的表达形式和结构，尝试新的创作手法和主题，但编辑为了保证作品的可读性和市场接受度，可能会对这些创新进行一定的限制和调整，这种冲突可能会导致双方在创作过程中产生分歧和争执，需要通过沟通和协商来找到一个平衡点。

要实现这些不同主体需求的平衡，首先需要建立有效的沟通机制和协调平台，包括定期的会议、讨论组、在线交流工具等，让各方能够及时、充分地表达自己的想法和需求，倾听他人的意见和建议。通过坦诚的交流，增进彼此的理解和信任，消除误解和偏见，通过共同参与项目、培训活动、合作研讨等方式，让作者、编辑、技术人员、读者和出版社等站在对方的角度思考问题，感受彼此的困难和期望，从而形成合作共赢的意识和行动。

第二节　技术与内容之间的平衡

一、技术创新与内容质量的协调

技术创新无疑为内容的呈现和传播开辟了前所未有的广阔天地，提供了丰富多样且令人瞩目的手段和渠道，增强现实（AR）和虚拟现实（VR）技术的崛起为读者打开了一扇通往全新阅读世界的神奇大门。大数据分析则能深入挖掘和分析海量的用户数据，从而精准地洞察读者的兴趣偏好、阅读习惯和潜在需求，出版单位借此可以实现个性化的内容推荐，为每位读者量身定制专属的阅读清单，大大提高了读者阅读的满意度和忠诚度。

但是高质量的内容始终是出版的核心价值所在，无论科技如何飞速发展，那些能够深深触动读者心灵、传递深刻知识和深邃思想的优质内容，始终是吸引读者目光、引发共鸣的关键所在，一份具有权威性和前瞻性的学术研究报告，能够为专业领域的发展指明方向，推动知识的边界不断拓展；一本实用且精准的工具书，能够成为人们解决问题、获取信息的得力助手，这些内容的价值并非取决于外在的形式，而是源于其本身所承载的智慧结晶和信息宝藏。

为了达成技术创新与内容质量的完美协调，出版单位在选题策划这一起始阶段就需要进行全盘考量，深度挖掘技术与内容融合的无限可能，编辑团队在这个过程中肩负着至关重要的使命，他们不仅要以敏锐的洞察力关注内容的深度和广度，确保选题具有足够的学术价值、文化内涵和社会意义，还要以开放的思维和前瞻性的眼光思考如何巧妙地运用最新的技术手段来为内容增添魅力。例如，在策划一本历史考古科研书籍时，编辑团队可以突破传统的文字叙述方式，通过精心制作的动画和生动的音频形式再现历史场景，读者不再只是通过枯燥的文字去想象遥远的过去，而是能够真切地听到战场上的金戈铁马声，看到古老城市的繁华与衰落，仿佛亲身经历那段波澜壮阔的历史，这种多维度的感官刺激能够极大地提升读者对历史的理解和感受，使他们更加深入地沉浸在历史的魅力之中。对于学术论文的出版，利用数据可视化技术将复杂的研究结果以清晰直观的图表、图形展现出来，能够帮助读者在短时间内把握研究的核心要点和趋势，原本晦涩难懂的专业数据和理论模型变得一目了然，不仅提高了学术成果的传播效率，也降低了读者的理解门槛，使得学术研究能够更广泛地被社会所认知和应用。

同时技术团队和内容创作团队之间密切无间的合作以及建立畅通有效的沟通机制是实现技术与内容深度融合的重要保障，技术人员不能仅仅埋头于技术的研发和应用，而要深入理解内容的本质特点和内在需求，了解内容的主题、风格、受众定位等关键要素，从而为内容的呈现量身定制最为合适的技术方案。建立科学完善的评估体系则应当避免片面和单一的评价标准，不能仅仅因为技术的新颖性和炫酷感而忽视了内容的质量和价值，也不能因为过度追求内容的深度和专业性而拒绝采用能够提升阅读体验的先进技术手段。

在评估技术创新方面，需要综合考虑技术的可行性、稳定性、用户友好性以及对内容传播和用户体验的实际提升效果，一项新技术或许在理论上具有很大的潜力，但如果在实际应用中存在操作复杂、兼容性差或者容易导致用户疲劳等问题，那么就需要谨慎权衡其使用价值。同时也要关注技术的更新换代速度和长期可持续性，确保所采用的技术不会在短时间内被淘汰，造成资源的浪费和用户体验的断层。内容质量的评估要从准确性、权威性、原创性、深度和广度等多个维度进行考量，内容是否经过严格的审核和验证，是否具有独特的见解和创新思维，是否能够满足读者的知识需求和精神追求，这些都是判断内容质量优劣的重要标准，还要考虑内容的时效性和适应性，确保其能够与社会发展和读者需求保持同步。

只有通过科学合理的评估体系，在技术创新与内容质量之间找到那个微妙而精准的平衡点，出版单位才能够打造出既具有技术亮点又富有内涵深度的出版产品，这样的产品既能凭借先进的技术手段吸引读者的目光，激发他们的阅读兴趣，又能以高质量的内容留住读者的心，让他们在阅读中获得真正的收获和满足。

出版单位只有充分认识到技术创新与内容质量协调的重要性，并通过精心策划、紧密合作和科学评估，不断探索和实践两者的最佳结合方式，才能在日新月异的出版市场中脱颖而出，为读者带来更多兼具创新性和价值性的优秀作品，推动出版行业的持续繁荣和发展。

二、内容创作适应技术发展的方式

在当今科技迅猛发展的时代，技术的每一次进步都冲击着内容创作的领域，内容创作者们面临着前所未有的挑战和机遇，积极适应这些变化已成为实现作品更好传播和接受效果的必然要求。

一方面，内容创作者要具备敏锐的洞察力，时刻捕捉技术发展带来的崭新机遇。在信息传播的版图中，移动互联网的普及无疑是一场深刻的变革，让人们随时随地获取信息成为可能，也使短内容、碎片化阅读逐渐成为主流趋势，面对这一变化，创作者不能固步自封，而是要灵活应对。对于原本篇幅较长的内容，创作者可以巧妙地进行拆解和重组。将复杂的主题分解为一个个简洁明了的小模块，每个模块都能够独立传达关键信息，同时又相互关联，形成一个有机的整体。这样的处理方式不仅适应了移动端读者短暂而零碎的阅读时间，还能让他们在短时间内获取到核心要点，提高信息传递的效率。

社交媒体的兴起则为内容传播开辟了一片广阔的新天地。微博、微信公众号等平台汇聚了海量的用户，成为信息交流和分享的热门场所，创作者们应充分利用这些平台的优势，发布形式多样、生动有趣的内容，短文能够迅速抓住读者的注意力，用简洁有力的文字传达核心观点，精彩的图片能够以直观的视觉冲击吸引读者的目光，富有感染力的音频则能通过声音的魅力传递情感和信息。不仅如此，创作者还应积极与读者进行互动，回复评论、开展话题讨论，建立起紧密的社群关系，这种互动不仅会增强读者的参与感和忠诚度，还能为创作者提供宝贵的反馈，帮助他们更好地了解读者的需求和喜好，从而进一步优化创作内容。

另一方面，创作者需要深入理解不同技术的特点，并据此调整创作方式，以充分发挥每种技术的优势，虚拟现实技术为内容创作带来了全新的维度，使读者能够身临其境地进入故事世界，创作者在利用这一技术时，可以精心设计具有交互性和沉浸感的故事场景。不再是单纯的旁观者，读者成为故事的参与者，他们的选择和行动能够影响故事的走向和结局，这种互动式的体验能够极大地提升读者的兴趣和投入度，让他们在虚拟的世界中留下深刻的印象。

智能语音技术的发展也为有声读物带来了新的机遇。在创作有声读物时，创作者不能仅仅满足于将文字转换为声音，还要注重声音的表现力和情感的传递，通过选择合适的朗读者，运用声音的高低、快慢、轻重等变化，以及情感的细腻表达，为听众营造出丰富的听觉体验，让听众在聆听的过程中，仿佛能够感受到故事中人物的喜怒哀乐，与角色产生情感共鸣。

同时，创作者还需要密切关注技术发展对读者需求和阅读心理产生的深远影响，技术的飞速进步极大地丰富了读者获取信息的渠道，他们不再局限于传统的书籍、报纸和杂志，而是能够从互联网、移动应用、社交媒体等多种来源获取海量的内容。这使得读者对内容的新颖性和个性化提出了更高的要求，为了满足这些多元化的需求，创作者在选题时必须独具慧眼，挖掘那些鲜为人知但又具有吸引力的主题，或者从独特的视角重新解读常见的话题，给读者带来耳目一新的感觉。

在创作手法上，创作者也需要不断创新，突破传统的模式和框架，尝试运用多线叙事、非线性结构等方式，增加故事的复杂性和层次感，或者融合不同的文体和表现形式，如将诗歌、散文、小说的元素相互交织，创造出独特的艺术效果。此外，个性化的创作也是吸引读者的关键，根据读者的兴趣、偏好和行为数据，为他们提供定制化的内容，让每个人都能感受到作品与自己的紧密联系，从而增强对作品的认同感和喜爱度。创作者积极参与技术研发和应用的过程，与技术人员携手合作，共同探索内容创作与技术结合的崭新形式，将会为创作带来意想不到的突破。例如参与开发专门的创作工具和软件，能够极大地提高创作效率和质量，这些工具可能具备智能写作辅助功能，能够提供语法检查、词汇推荐、情节构思等方面的帮助，让创作者能够更加专注于创意和情感的表达。

三、技术应用对内容传播的促进

在当今融合出版的时代浪潮中，技术的应用对内容传播产生了显著而深远的促进作用，为信息的传递和知识的分享开辟了前所未有的广阔道路。

首先，数字化技术的崛起彻底打破了传统出版业所面临的时空束缚。在过去，纸质书籍和实体出版物的传播受到地理距离和时间流程的严格限制，读者往往需要亲自前往书店或图书馆，才能获取到所需的知识和信息，随着互联网和移动设备的普及，这一局面发生了根本性的改变。数字化技术将各类出版内容转化为电子数据，无论是蕴含着深厚智慧的电子书，还是丰富多样的在线课程，抑或是即时更新的多媒体资讯，都能够以光速在全球范围内瞬间传播。这种便捷性所带来的影响是革命性的，读者不再受限于实体书店的营业时间和书架上的有限选择，不再需要为了寻找一本特定的书籍而奔波于各个图书馆之间。通过手中的智能手机、平板电脑或电子阅读器，他们可以在任何时间、任何地点，只需轻点屏幕，就能立即获取到自己渴望的知识和娱乐。无论是在清晨的地铁上，还是在夜晚的床头边，无论是在繁华的都市中心，还是在偏远的乡村角落，只要有网络覆盖，知识的宝库便向他们敞开大门。

这种变革大大提高了内容的可达性和传播范围，为出版单位拓展了一片无垠的广阔市场，原本可能由于地域限制而无法触及的读者群体，现在能够轻松地接收到来自世界各地的出版内容。对于那些小众领域的专业书籍或是具有地方特色的文化作品，数字化技术使得它们能够突破地域和受众规模的限制，找到与之共鸣的读者，从而实现其价值的最大化。例如一本关于少数民族传统文化的研究著作，在传统出版模式下，可能只能在特定的地区或学术圈子内流传，但通过数字化技术，将其转化为电子书并在各大在线平台上发布，就能够吸引到全球对这一领域感兴趣的读者，促进文化的交流与传承。

其次，社交媒体和网络平台的兴起为内容传播提供了强大而高效的渠道和工具。在这个数字化社交的时代，微博、微信、抖音等平台已经成为人们日常生活中不可或缺的一部分，它们汇聚了海量的用户和丰富的信息流，出版单位敏锐地捕捉到了这些平台的巨大传播潜力，纷纷利用其进行内容推广。通过在这些平台上发布精彩的片段、引人入胜的预告和富有吸引力的宣传文案，能够迅速吸引用户的注意力，用户的分享和转发机制更使得优质的内容能够在短时间内实现病毒式传播，达到前所未有的传播广度和速度。同时这些平台不仅仅是传播的渠道，更是与读者直接互动的桥梁，用户在阅读和观看内容后，可以即时留下自己的反馈和评论，表达对作品的喜爱、建议或者批评。这些宝贵的声音为出版单位提供了来自市场第一线的真实反馈，帮助他们了解读者的需求和期望，从而能够有针对性地对内容进行优化和改进。

再者，大数据和人工智能技术的应用能够在信息的海洋中精准地为用户指引方向，实现了前所未有的精准内容推荐。在互联网的海量数据中，隐藏着用户的浏览历史、兴趣偏好和行为模式等丰富的信息，大数据技术能够对这些信息进行深度挖掘和分析，从而勾勒出每个用户独特的兴趣图谱，人工智能算法则基于这些分析结果，为用户推送个性化的出版内容。这种个性化推荐不再是盲目地推送热门内容，而是根据每个用户的独特需求和喜好，量身定制的知识套餐，运用这种方式，用户能够更轻松地发现与自己兴趣高度匹配的内容，从而增加了对平台的依赖和信任。对于出版单位来说，这意味着能够更有效地将内容推送给目标受众，提高内容与用户需求的匹配度，从而显著增加用户的关注度和阅读量，实现内容价值的最大化。另外，增强现实（AR）、虚拟现实（VR）等新兴技术的涌现，为内容传播带来了一场震撼人心的感官革命和全新的体验维度，这些技术不再满足于平面的文字和图像，而是致力于创建一个沉浸式的场景和互动式的内容环境，让读者从被动的接受者转变为主动的参与者。运用 AR 技术，一本关于历史文化科研的图书不再仅仅是纸张上的文字和图片，当读者用手机扫描页面时，古老的建筑仿佛在眼前拔地而起，历史的场景栩栩如生地重现，可以近距离观察建筑的细节，甚至走进那个时代的街道，与虚拟的人物进行交流，亲身感受历史的厚重与魅力。VR 技术则将这种体验提升到了一个全新的高度，一部科研纪录片不再局限于屏幕上的画面，观众戴上 VR 设备，瞬间便能置身于科学实验的现场，亲身体验科学的奇妙和自然现象的壮观，从不同的角度观察实验的进行，感受大自然的力量，这种身临其境的感受让知识变得更加生动、深刻，极大地提高了内容的传播效果和影响力。

四、避免技术至上或内容单一的策略

在融合出版这一充满活力与变革的领域中，要确保健康、可持续的发展，避免陷入技术至上或内容单一的误区至关重要，为实现这一目标，需要综合运用一系列精心设计的策略，从理念树立到实践操作，从内部管理到外部监督，形成一个全方位、多层次的保障体系。

首先，树立以用户为中心的理念是一切行动的基石。在这个数字化的时代，用户的需求和体验已经成为衡量出版成功与否的关键标准，无论是技术的应用还是内容的创作，都应当紧密围绕满足用户的需求和提升用户体验这一核心目标展开，深入了解用户的阅读习惯是至关重要的第一步，随着移动互联网的普及，用户的阅读场景变得更加多样化，从清晨的通勤地铁上到夜晚的床头灯下，从繁忙的工作间隙到休闲的度假时光。他们可能更喜欢在手机上进行碎片化阅读，也可能更倾向于在平板电脑上享受沉浸式的长篇阅读，了解这些不同的阅读习惯，能够帮助出版单位在技术应用和内容呈现上做出更贴合用户实际需求的选择。

不同年龄段、不同职业背景、不同文化层次的用户，其兴趣爱好千差万别，有的用户热衷于科幻小说的奇幻世界，有的则痴迷于历史文化的深邃内涵，有的对实用的职场指南情有

独钟，有的则更倾心于心灵成长的励志篇章。出版单位需要通过市场调研、用户数据分析等手段，精准把握这些多样化的兴趣爱好，从而为内容创作提供明确的方向，例如对于学生群体，他们可能在学习过程中需要参考权威的学术资料和辅导读物，对于上班族，他们可能在工作之余寻求能够放松身心的娱乐内容或者能够提升职业技能的专业知识。根据不同的使用场景，出版单位可以有针对性地调整内容的形式和深度，以及技术的应用方式，以提供更具实用性和便捷性的产品。

根据用户的反馈不断优化产品是一个持续的过程。用户的意见和建议是出版单位不断改进和创新的重要源泉，通过建立有效的用户反馈渠道，如在线调查问卷、用户评论区、社交媒体互动等，及时收集用户的声音，了解他们在使用产品过程中的感受和遇到的问题，对于用户提出的改进建议，要认真对待并迅速做出响应，将其转化为实际的产品优化行动。例如一家在线教育出版平台通过用户反馈发现，其课程视频的加载速度较慢，影响了用户的学习体验，于是，技术团队立即对服务器进行升级优化，提高了视频的播放流畅度，又比如，一本电子书收到用户反馈说字体太小、排版不够舒适，编辑团队马上对电子书的格式进行调整，以提供更良好的阅读体验。

其次，建立内容为王的原则是出版行业的安身立命之本。尽管技术能够为内容传播插上有力的翅膀，但优质、独特、有价值的内容始终是吸引读者、留住读者的核心竞争力，出版单位要加大对内容创作和编辑的投入，这包括资金、人力和时间等多方面的资源保障。在资金方面，设立专项的创作基金，支持作者进行深入的研究和创作；在人力方面，招募和培养一批具有深厚文化底蕴、敏锐洞察力和创新思维的作者和编辑团队；在时间方面，给予创作者足够的空间和时间去精心打磨作品，而不是急于求成。

培养优秀的作者和编辑团队是确保内容质量的关键环节。对于作者，要提供各种培训和交流的机会，帮助他们提升写作技巧、拓展创作视野、深入挖掘题材，建立激励机制，对创作出优秀作品的作者给予丰厚的奖励和荣誉，激发他们的创作热情和创造力。对于编辑团队，要加强专业素养的培养，提高他们的选题策划能力、文字编辑能力和审美水平，编辑不仅要对作品进行文字上的润色和校对，更要从宏观的角度把握作品的主题、结构和风格，使其更具吸引力和感染力。

确保出版内容的质量和深度是出版单位的永恒追求。质量不仅仅意味着语法正确、逻辑清晰，更意味着内容的准确性、权威性和可信度；深度则要求作品能够深入挖掘主题，提供独到的见解和思考，而不是停留在表面的描述和泛泛而谈，无论是虚构类作品还是非虚构类作品，都应当具有一定的思想内涵和文化价值，能够给读者带来启发和收获。

再者，强调技术与内容的融合创新是实现出版业升级发展的必由之路。技术的应用应当是为了更好地展现和传递内容，使内容更具吸引力、感染力和影响力，而不是为了追求技术的新奇和炫酷而忽略了内容的本质，在运用多媒体技术丰富内容呈现的同时，要确保内容的逻辑性和连贯性。多媒体元素如图片、音频、视频等可以为内容增添色彩和活力，但如果运用不当，可能会导致内容的碎片化和混乱，因此，在设计多媒体内容时，要与文字内容紧密配合，相互补充，共同构建一个完整、清晰的叙事结构和知识体系。例如在一本介绍地理知识科研的电子书中，可以插入精美的卫星地图、实地拍摄的视频和生动的讲解音频，帮助读者更直观地理解地理现象和区域特征，但这些多媒体元素的插入点和时长都要经过精心策划，不能打断文字内容的叙述逻辑，而是要在恰当的时机为读者提供更深入、更全面的信息。

在利用大数据进行精准推荐时，要注重内容的多样性和个性化，大数据算法可以根据用户的历史行为和偏好为其推荐相关的内容，但如果过于依赖算法，可能会导致用户陷入信息茧房，只接触到自己熟悉和感兴趣的内容，而忽略了更广泛的知识领域。因此，推荐系统应当在满足用户个性化需求的同时，有意识地推送一些具有挑战性和开拓性的内容，引导用户拓展阅读视野，发现新的兴趣点，在资源分配上，要避免过度倾斜于技术研发和应用或者内容创作和编辑的任何一方，而是要根据实际需求和发展战略，合理配置资源，在技术研发和应用方面，要根据市场需求和技术发展趋势，有选择性地投入资源，对于能够显著提升用户体验、提高出版效率和拓展传播渠道的关键技术，要加大研发力度，对于一些尚未成熟或者适用性不强的技术，则要谨慎投入，避免资源浪费。同时也要保证内容创作和编辑的资源充足，不能因为追求技术的先进性而忽视了内容的源头活水，要为作者提供良好的创作环境和条件，为编辑提供足够的时间和精力进行内容的精心打磨和优化。

在评价体系上，不能仅仅以技术的先进性或内容的点击量作为唯一标准，而要综合考虑多个维度，内容质量应当是评价的核心指标，包括内容的深度、广度、创新性和价值性等方面，技术应用效果要评估其对内容呈现、用户体验和传播效率的提升程度，用户满意度则要通过用户调查、反馈评价等方式进行收集和分析，了解用户对产品的整体感受和期望。例如一个融合出版项目不能仅仅因为采用了最新的虚拟现实技术就被认为是成功的，如果其内容空洞无物，用户体验不佳，也不能算是一个优秀的作品。相反，一个内容丰富深刻但技术应用相对简单的作品，如果能够得到用户的高度认可和喜爱，也应当给予充分的肯定和鼓励。

最后，加强行业自律和监管是维护出版业良好秩序和形象的重要手段。出版行业应当制定一系列严格的规范和标准，引导出版单位合理运用技术，坚守内容质量的底线，避免过度追求商业利益而损害行业的长远发展，这些规范和标准应当涵盖技术应用的伦理道德、内容创作的原则和要求、市场竞争的规则等多个方面。例如规定在利用技术进行内容创作和传播时，要保护用户的隐私和信息安全，在内容创作中要杜绝抄袭、剽窃等侵权行为，弘扬原创精神，在市场竞争中禁止虚假宣传、恶意诋毁等不正当竞争手段，营造公平、公正、有序的市场环境。加强对市场的监督和管理，建立健全投诉举报机制，及时发现和处理违规行为，对于那些过度追求技术效果而忽视内容质量、制作低俗劣质内容的出版单位，要给予严厉的处罚和警示，以起到震慑作用。

第三节　实现平衡的策略与措施

一、建立综合评估体系的策略

在融合出版与科研管理这一复杂且不断发展的领域中，建立一套科学、全面的综合评估体系对于实现两者的平衡和协同发展起着至关重要的作用。

首先，一个完善的评估体系应当涵盖多个维度，以全面、客观地反映融合出版与科研管理的成效。这不仅需要关注经济效益这一直接反映商业成果的指标，如销售额、利润、市场份额等，还应当高度重视社会效益这一体现出版和科研对社会贡献的关键方面。在经济效益评估方面，建立详细的财务分析模型是必不可少的，成本核算作为基础环节，需要精确地统计和分析出版项目和科研活动中的各项直接成本和间接成本，包括原材料采购、人力成本、设备购置与维护、研发投入等，清晰地了解资源的消耗情况，为后续的效益评估提供准确的数据支持。收入预测则是评估经济可行性的重要手段，需要综合考虑市场需求、产品定价策略、销售渠道、竞争态势等多种因素，运用统计分析、市场调研、趋势预测等方法，对不同出版产品和科研成果的潜在收入进行合理预估，有助于判断项目的盈利前景，为决策提供关键依据。投资回报率的计算则能够直观地反映资源投入与产出的关系，通过将预期收益与初始投资进行对比，可以评估投资的效益和效率，帮助决策者决定资源的分配和项目的优先顺序，对于融合出版与科研管理中的各类项目，通过精确的财务分析模型，能够深入了解其经济潜力，为决策提供有力的数据支撑。

但是仅仅关注经济效益是远远不够的，社会效益在评估体系中同样占据着不可或缺的地位，社会效益的评估相对更为复杂且多元，需要通过多种方式和渠道获取全面而深入的数据。

问卷调查是一种常见且有效的方法，通过精心设计的问卷，可以广泛收集读者对于出版产品的直接反馈，了解他们的满意度、阅读收获以及对产品在知识传播方面的评价，例如询问读者是否通过阅读获得了新的知识和技能，是否改变了对某些问题的看法，是否对其个人的学习和工作产生了积极影响等。读者反馈也是评估社会效益的重要依据，这可以通过在线评论、读者来信、社交媒体互动等途径获取，读者的具体感受和建议能够为评估出版产品在满足读者需求、激发阅读兴趣方面的表现提供真实而生动的素材。专家评价则为社会效益的评估增添了专业性和权威性，邀请文化学者、教育专家、社会学家等对出版产品在文化传承、教育推广、社会价值观塑造等方面的作用进行深入分析和评价。例如评估一本关于生物学科研的图书是否准确、生动地讲述了科研的成果以及过程，一套科普读物是否有效地推动了科学知识在社会中的普及，一部反映社会现实的作品是否对引发公众思考、促进社会进步产生了积极影响。

同时，不能忽视科研创新在评估体系中的关键地位。科研成果的数量和质量是评估的基础指标，数量反映了科研活动的活跃度和产出效率，而质量则更侧重于成果的学术深度、研究方法的严谨性、结论的可靠性等方面。

技术创新的程度是衡量科研创新的重要维度，考察新技术、新方法在研究中的应用，以及这些创新是否显著提升了研究的效率和效果，例如在数字出版领域，新的编码技术、交互设计、内容推荐算法等的应用都可能带来重大的变革。对行业发展的推动作用则着眼于科研成果的应用价值和影响力，评估科研项目是否能够为行业提供新的理论框架、解决方案或发展方向，是否能够引领行业的技术进步和业务模式创新。例如一项关于出版业大数据分析的研究成果，如果能够帮助出版企业更精准地了解市场需求，优化选题策划和营销策略，那么它就具有显著的行业推动价值。

其次，评估体系必须具备动态性和灵活性，以适应不断变化的市场环境、技术发展和社会需求。在数字出版技术迅速崛起并广泛应用的时代背景下，技术创新成为推动行业发展的关键力量，此时，评估体系应相应地增加对技术创新应用的关注和权重。例如，为一些采用了先进的增强现实（AR）、虚拟现实（VR）技术，或实现了智能化内容推荐、个性化定制服务的出版项目给予更高的评估分值，激励出版单位积极投入技术研发和应用，提升产品的竞争力和用户体验。当社会对某一特定领域的知识需求变得尤为迫切时，例如在应对全球性公共卫生危机时对医学科普知识的需求，或在推动可持续发展背景下对环保科学知识的需求，评估体系应及时做出响应，提高该领域科研成果的评估比重，引导科研资源向社会急需的方向倾斜，加快相关知识的生产和传播，更好地满足社会需求。

最后，利用大数据和信息技术来提高评估的效率和准确性是当今数字化时代的必然选择。建立庞大而丰富的数据库，收集和整合与融合出版和科研管理相关的海量数据，包括市场销售数据、读者行为数据、科研成果数据、技术应用数据等，通过数据挖掘、分析和可视化技术，深入挖掘数据中的潜在信息和规律，为评估提供客观、全面、实时的数据支持。开发先进的评估软件和工具，实现评估过程的自动化和智能化，这些工具可以根据预设的评估指标和算法，自动处理和分析数据，生成评估报告和结果，利用机器学习和人工智能技术，不断优化评估模型和算法，提高评估的准确性和适应性。例如利用自然语言处理技术对大量的读者评论和反馈进行情感分析和主题提取，快速了解读者的满意度和主要关注点，通过数据建模和预测分析，预估出版项目的市场表现和社会效益。

二、完善沟通协调机制的措施

在实现融合出版与科研管理平衡的道路上，完善的沟通协调机制连接着各个环节和部门，确保信息的顺畅流通、问题的及时解决以及工作的高效协同，这一机制的建立和优化对于提升整体工作效率、促进创新发展以及保障项目的顺利推进具有不可忽视的重要性。

首先，建立跨部门的沟通平台是打破部门壁垒、促进信息共享的关键步骤。在融合出版的复杂生态中，编辑部门负责内容的策划与优化，技术部门专注于技术的研发与应用，营销部门则致力于将产品推向市场并扩大影响力，而科研管理涉及的研究人员和管理人员则分别从学术和管理的角度为项目注入专业知识和指导，由于各部门的职责和关注点不同，容易形成信息孤岛，导致工作协同的困难和效率的降低。

为了克服这一问题，定期召开跨部门会议成为一种行之有效的方式。在这些会议中，各部门可以汇报工作进展、分享最新的行业动态和技术趋势、讨论项目中遇到的问题及解决方案，运用面对面的交流，团队成员能够更直观地理解其他部门的工作情况和需求，促进彼此之间的理解和信任。例如在一次关于新数字出版项目的跨部门会议中，编辑部门介绍了内容的创新点和特色，技术部门展示了为实现这些内容所采用的前沿技术方案，营销部门则基于市场调研提出了针对性的推广策略。通过这样的交流，各部门明确了彼此的工作重点和相互之间的依赖关系，为项目的顺利推进奠定了基础。同时设立专门的沟通渠道，如在线协作平台和微信群组等，为日常的信息交流提供了便捷的途径，在线协作平台可以作为项目资料的集中存储和共享空间，包括项目计划、文档、数据等，方便团队成员随时查阅和更新，微信群组则能够实现即时的信息传递和简单问题的快速讨论，提高沟通的及时性和灵活性。例如当技术部门在开发过程中遇到技术难题时，可以在微信群组中迅速向其他部门求助，编辑部门可以及时提供相关的内容支持，营销部门也可以根据可能的影响调整推广计划。

其次，明确沟通的内容和方式是确保沟通有效性的重要前提。在沟通内容方面，项目进展的汇报是让所有相关人员了解项目整体状态的关键，包括各个阶段的完成情况、是否按时达到预定的里程碑以及下一步的工作计划，通过及时的进展汇报，能够及时发现潜在的风险和问题，以便采取相应的措施进行调整和解决。需求反馈是另一个重要的沟通内容，各部门在工作过程中可能会产生新的需求，或者对其他部门的工作提出改进建议，这些需求和反馈应当及时、准确地传达给相关部门，以便进行调整和优化。例如编辑部门在内容创作过程中发现需要特定的技术支持来实现某种互动效果，应及时向技术部门提出需求，营销部门根据市场反馈认为产品的某些特点需要进一步突出，应向编辑部门反馈以进行内容的优化。

问题协调则是针对工作中出现的冲突和矛盾进行的沟通。当部门之间的利益不一致、工作优先级产生冲突或者出现责任模糊的情况时，需要通过及时的沟通来协调解决。在沟通方式的选择上，需要根据具体情况灵活运用，面对面会议能够提供最直接、最丰富的交流体验，适用于重要决策的讨论、复杂问题的解决以及需要深入交流和互动的场合，电话会议则适用于无法进行面对面交流但又需要及时沟通的情况，能够快速传达信息并进行初步的讨论。邮件往来则更适合于正式的文件传递、详细的工作说明以及需要留下书面记录的沟通，例如对于项目的详细计划和规范，可以通过邮件进行正式的发布和确认，对于一些需要长期跟踪和留存的问题及解决方案，可以通过邮件进行记录和归档。

再者，建立有效的协调机制是解决部门间利益冲突和工作衔接不畅的关键所在。在融合出版与科研管理的复杂工作中，由于资源有限、目标差异和工作流程的复杂性，部门之间的利益冲突和工作衔接问题不可避免，当这些问题出现时，需要有专门的协调人员或小组迅速介入，进行有效的处理。协调人员应具备丰富的项目经验、对各部门工作的深入了解、良好的沟通技巧以及一定的权威和决策权，他们能够客观地分析问题的本质和根源，倾听各方的诉求和意见，权衡利弊，迅速制定出合理的解决方案。同时，协调小组还应负责监督解决方案的执行情况，确保问题得到彻底解决，工作能够顺利推进，并且，对类似问题进行总结和分析，为今后的工作提供参考和借鉴，避免相同问题的再次出现，在一个多元化的团队中，成员来自不同的专业背景和工作环境，具备不同的思维方式和工作习惯。良好的沟通协调能力不仅能够帮助他们更有效地表达自己的想法和观点，理解他人的需求和意见，还能够促进团队合作，提高工作效率，减少误解和冲突。

三、加强人才培养与引进的途径

在融合出版与科研管理这一充满活力与创新的领域中，人才无疑是推动其发展的核心动力，不仅需要拥有扎实深厚的出版专业知识，以便在传统出版业务中游刃有余，还必须熟悉科研管理的复杂流程和精妙方法，能够有效地组织、引导和评估科研项目。同时在数字化和信息化浪潮席卷的当下，熟练掌握新兴技术的应用更是不可或缺的能力，因此大力加强人才培养与引进已然成为推动融合出版与科研管理协同发展、实现行业繁荣进步的关键之举。

内部培养作为构建人才队伍的基石，具有不可替代的重要性，出版单位应当高瞻远瞩，精心制定一套系统完备、科学合理的人才培养计划，为员工的成长和发展铺设坚实的道路，这一计划应涵盖全面且丰富多样的培训课程，满足员工在不同阶段和不同领域的学习需求。

在出版业务的核心环节，如选题策划方面，培训课程可以深入剖析市场动态和读者需求，教导员工如何捕捉前沿热点，挖掘具有潜力的选题，以及进行精准的市场定位。编辑加工的培训则着重于提升员工的文字功底、审美能力和内容整合能力，使他们能够将原始素材雕琢成精品力作，市场营销的课程帮助员工掌握市场推广策略、品牌建设和客户关系管理，让优质的出版产品在竞争激烈的市场中脱颖而出。与此同时，随着融合出版的蓬勃发展，针对新兴技术知识的专项培训成为当务之急，数字出版技术的培训课程可以包括电子书籍制作、多媒体内容整合、在线平台运营等方面的知识和技能，使员工能够熟练运用数字化工具，为读者带来全新的阅读体验。数据分析的培训教导员工如何收集、整理和分析大量的数据，从中洞察读者行为和市场趋势，为决策提供有力支持。新媒体运营的课程则聚焦于社交媒体推广、网络营销技巧和用户互动策略，帮助出版单位在新媒体时代扩大影响力，吸引更多的读者和用户。

为了激发员工的学习热情和主动性，鼓励自我学习和提升的机制必不可少，出版单位可以为员工提供丰富的学习资源，包括在线学习平台的订阅、专业书籍和期刊的采购、参加行业研讨会和培训课程的机会等。同时，设立奖励机制，对那些积极进取、不断自我提升的员工给予实质性的激励。例如报销与工作相关的学习费用，让员工无后顾之忧地追求知识的更新和技能的提升，对于那些取得专业证书或完成重要学习项目的员工，给予奖金、晋升机会或荣誉表彰，以肯定他们的努力和成就。

建立内部导师制度是另一种行之有效的人才培养方式，让经验丰富、业绩卓越的资深员工担任导师的角色，以过来人的智慧和实践经验，为年轻一代提供一对一的悉心指导。导师们可以分享自己在出版行业多年摸爬滚打所积累的宝贵经验，包括如何应对复杂的出版项目、处理紧急的工作危机、与团队成员协作共进等，传授解决实际问题的独特方法和技巧，帮助年轻员工在面对工作中的挑战时能够迅速找到有效的解决方案。同时，导师们还可以根据自己的职业发展历程，为年轻员工提供个性化的职业规划建议，帮助他们明确自己的职业目标，制定合理的发展路径。通过这种亲密的师徒关系，年轻员工能够在导师的言传身教下迅速成长，少走弯路，更快地适应工作环境，融入团队文化，掌握工作要领，从而在职业生涯的早期就打下坚实的基础。而且这种传承不仅有助于个人的成长，也有利于组织内部知识和经验的延续与传承，形成一种积极向上、互帮互助的良好工作氛围。

在引进外部人才方面，出版单位需要展现出精准的眼光和积极的行动，明确自身的人才需求是关键的第一步，这需要对单位的战略规划、业务发展方向和当前的人才结构进行深入的分析和评估。如果出版单位计划加大在数字出版和科研管理方面的投入，那么就需要明确对具备数字技术专长和科研管理经验的人才的需求。基于明确的人才需求，招聘策略应充分考虑目标人才的特点和分布，选择合适的招聘渠道和方法，在当今数字化的时代，招聘网站成为人才汇聚的重要平台，出版单位可以在知名的行业招聘网站上发布详细且吸引人的招聘信息，突出单位的优势和特色，吸引潜在的求职者。人才市场也是一个直接接触求职者的场所，通过参加专业的人才招聘会，出版单位可以与求职者进行面对面的交流，更直观地了解他们的能力和素养。社交媒体的兴起为招聘工作提供了新的广阔天地，利用社交媒体平台，如领英、微信公众号等，发布招聘信息，能够扩大招聘的影响力，吸引那些活跃在社交媒体上的优秀人才的关注。对于关键岗位，如技术研发负责人、科研管理专家等，委托专业的猎头公司进行招聘往往能够事半功倍，猎头公司凭借其丰富的人才资源和专业的筛选能力，可以更快速、准确地找到符合要求的高端人才，提高招聘的效率和成功率。

吸引优秀人才的加入不仅仅取决于招聘的策略和渠道，提供有竞争力的薪酬待遇和福利也是至关重要的一环，基本的工资、奖金和五险一金是保障员工生活的基础，但在竞争激烈的人才市场中，这已经远远不够，股权期权激励作为一种长期的激励机制，可以让人才与单位的利益紧密结合，激发他们为单位的长期发展贡献力量。弹性工作制度能够满足人才对于工作与生活平衡的需求，提高工作的满意度和忠诚度，良好的工作环境，包括舒适的办公设施、和谐的团队氛围和开放的沟通文化，也是吸引人才的重要因素，提供丰富的职业发展机会、培训和晋升渠道，让人才看到在单位内的成长空间和发展前景，也是增强吸引力的关键。

加强与高校和科研机构的合作也是获取人才的一条重要且富有前瞻性的途径，通过建立产学研合作基地，出版单位能够与高校和科研机构建立紧密的联系，实现资源共享、优势互补。在人才培养方面，出版单位可以提前介入高校的教学过程，与高校共同制定培养方案，设置与行业需求紧密结合的课程和实践项目。实习期间，学生能够亲身感受出版单位的工作环境和业务流程，将所学的理论知识应用于实际工作中，这不仅有助于学生积累实践经验，提高就业竞争力，也让出版单位有机会观察和选拔潜在的优秀人才，对于表现出色的实习生，出版单位可以在他们毕业后优先录用，为单位注入新鲜血液。同时，高校和科研机构的专家学者拥有深厚的学术造诣和前沿的研究成果，他们可以为出版单位提供专业的知识和技术支持，帮助解决在出版和科研管理中遇到的难题。合作开展科研项目，共同探索行业的新趋势和新技术，能够提升出版单位的创新能力和核心竞争力。

四、调整资源分配的具体办法

在当今融合出版与科研管理相互交织、协同发展的大背景下，实现两者的平衡与共进，合理而精准地调整资源分配显得尤为关键，这不仅是一项复杂而精细的任务，更是推动行业持续发展、提升竞争力的重要策略。

资源的范畴广泛且多样，涵盖了人力、物力、财力等多个关键方面，在人力方面，需要详细梳理员工的专业背景、技能水平、工作经验以及潜在的发展能力，物力资源则包括办公场所、各类办公设备、技术设施、实验器材等硬件条件，财力资源则涉及可用于项目投入、人员薪酬、设备采购、市场推广等的资金总量和可调配额度。通过全面而深入的评估，明确各项资源的现有存量、质量状况、使用效率以及可进一步拓展和调配的程度。例如在人力评估中，不仅要了解员工的专业领域，如出版编辑、数字技术、市场营销等，还要掌握他们在特定领域的资深程度、所取得的成果以及应对复杂任务的能力。对于物力资源，要清晰掌握办公设备的性能老化情况、技术设施是否跟进行业前沿、实验器材的精准度和适用范围等。在财力方面，要精确核算现有资金的来源结构、固定支出比例以及可灵活支配的资金量。例如，一个涉及重大历史文化题材科研的融合出版项目，需要集合资深的编辑专家、精通数字多媒体技术的工程师以及熟悉市场推广策略的营销人员，共同组成一个紧密协作的团队，这样的团队能够在内容策划、技术实现和市场推广等多个关键环节发挥各自的专长，确保项目的成功实施。

同时，不能忽视人员的培训和发展需求。随着行业的快速发展和技术的不断更新，员工需要不断提升自身的能力和知识结构，以适应新的工作要求和挑战，出版单位应当积极为员工提供各类培训机会，包括参加行业内的研讨会、专业技能培训课程、在线学习平台等。例如为编辑人员提供关于最新出版法规和编辑规范的培训，为技术人员提供前沿数字技术的进修课程，为营销人员提供市场趋势分析和消费者行为研究的学习机会。此外，鼓励员工自我学习和提升，为他们制定个性化的职业发展规划，根据个人的优势和潜力，引导他们朝着更具挑战性和发展空间的方向前进，对于表现出色且有管理潜力的员工，提供领导力培训和项目管理经验积累的机会，为单位培养未来的管理人才。

物力资源方面，合理配置是提高工作效率和保障项目质量的重要基础。根据业务的发展重点和实际需求，精准地进行物力资源的分配，对于那些需要大量技术支持的融合出版项目，如运用虚拟现实（VR）、增强现实（AR）技术的数字出版物，应当配备最先进的技术设备和功能强大的软件工具，以实现技术与内容的完美融合，为读者带来全新的阅读体验。对于科研管理所需的实验设备、研究资料等关键资源，也要给予充分且及时的保障，例如在进行一项关于新型数字出版材料的科研项目时，确保实验室配备高精度的检测仪器、充足的实验样本和最新的研究文献资料，为科研人员提供良好的研究条件，有助于提高研究成果的质量和创新性。

在财力资源分配上，建立科学严谨的预算制度是确保资金合理使用的关键举措。对融合出版项目和科研管理进行详尽的成本核算和效益预测，这需要深入分析每个项目的各个环节所涉及的直接成本（如人员薪酬、设备采购、原材料费用等）和间接成本（如管理费用、场地租赁、水电费等）。同时运用市场调研、数据分析和行业经验，对项目可能产生的经济效益（如销售收入、版权转让收入等）和社会效益（如对行业发展的推动、社会影响力的提升等）进行合理预测。根据项目的重要性、战略价值以及预期收益，审慎地确定资金投入的比例和额度，对于那些具有创新性、能够引领行业发展趋势并且有望带来显著经济效益和社会效益的项目，应当毫不犹豫地给予适当增加的资金支持，为其提供充足的资源保障，助力其突破创新，取得领先成果。例如一个开创性的融合出版平台的研发项目，由于其具有改变行业格局和创造巨大商业价值的潜力，即使在初期需要较大的资金投入，也应在合理评估风险的基础上，加大资金扶持力度。相反，对于那些已经相对成熟、市场稳定的业务，在保证其稳定运行和持续优化的基础上，可以逐步调整资金投入，将更多的资源向新兴和高潜力的领域倾斜。

同时，建立动态灵活的资源调整机制是适应变化、确保资源高效利用的重要手段。市场环境瞬息万变，项目的进展情况也可能与预期存在差异，根据项目的实际进展和市场的最新反馈，及时且灵活地对资源分配进行优化调整是至关重要的。如果某个融合出版项目在市场上获得了出乎意料的良好反应，呈现出巨大的发展潜力和市场需求，应当迅速做出响应，增加人力、物力和财力的投入，扩大项目规模，加快产品迭代升级，以满足市场的旺盛需求，抢占市场份额。反之，如果某个科研项目由于种种原因进展缓慢，或者经过中期评估发现其成果与预期相差较大，不符合单位的战略发展方向，应当果断重新评估其价值和可行性，及时调整资源分配，避免资源的浪费。

第四节　平衡状态下的效益分析

一、经济效益的增长分析

一方面，融合出版的创新模式为出版业拓展了前所未有的市场渠道，极大地丰富了产品的销售范围和销售量。在数字化浪潮的席卷下，传统的出版边界被打破，新的可能性不断涌现，通过数字化出版这一前沿手段，出版内容不再局限于纸质书籍的形态，而是以电子数据的形式在虚拟的网络世界中自由传播。这种转变使得出版物能够跨越地理限制，瞬间触及全球范围内的读者，无论他们身处繁华都市还是偏远乡村。多媒体内容制作则是融合出版的另一个亮点，它将文字、图像、音频、视频等多种元素巧妙融合，为读者带来了全方位、沉浸式的阅读体验。这种丰富多样的表现形式，不仅能够满足不同读者群体的个性化需求，还能有效地吸引那些原本对传统出版形式兴趣缺缺的潜在消费者。例如一本传统的科研书籍运用数字化转化，不再仅仅是书架上的纸质存在，而是在网络的广阔天地中获得了新生，不仅可以在众多线上平台上便捷销售，突破了实体书店的时空束缚，还能够以创新的形式呈现给读者。比如开发成有声读物，让那些在忙碌生活中无暇阅读文字的人们，可以通过聆听来获取知识和享受故事的魅力，或者转化为电子书，搭载便捷的阅读设备，让读者能够随时随地沉浸其中。这种多元化的产品形式，极大地拓展了图书的受众范围，从喜欢传统阅读的书虫，到依赖听觉获取信息的听众，再到追求便捷数字阅读的现代人，都能在其中找到适合自己的方式，从而有效地增加了销售额。

另一方面，科研管理的有效实施在提升出版内容质量和独特性方面发挥着关键作用，进而显著增强了产品的市场竞争力。深入且系统的科研工作能够为出版单位揭示出那些深藏在知识海洋中的珍贵选题，这些选题具有前瞻性、创新性和社会关注度，能够引领读者的思考方向，满足他们对于新知识、新观念的渴望。同时，科研管理能够确保出版内容的权威性和深度。通过严谨的研究方法、广泛的资料收集和深入的分析论证，出版单位能够为读者提供更加准确、全面、深入的信息，这种高质量的内容不仅能够在众多同类产品中脱颖而出，还能在读者心中树立起信任和尊重的品牌形象。例如在学术出版领域，科研管理的精细运作使得出版单位能够与顶尖的学者和研究机构紧密合作，获取最新、最前沿的研究成果，这些成果经过精心编辑和出版，成为学术界和相关专业领域的重要参考资料，具有极高的学术价值和市场需求。在大众出版领域，深入的市场调研和社会文化研究能够帮助出版单位捕捉到社会热点和公众关切的问题，推出具有深度和洞察力的作品，引发广泛的社会讨论和关注。

此外，当融合出版与科研管理达到平衡状态时，出版单位具备了更敏锐的市场洞察力和精准的需求把握能力，这种能力并非凭空而来，而是通过科学的市场调研和数据分析方法所培养和强化的。通过广泛收集市场信息、读者反馈、竞争态势等多维度的数据，并运用先进的数据分析工具和技术进行深入挖掘和分析，出版单位能够清晰地描绘出市场的动态画像和读者需求的细微变化。

基于这种精准的把握，出版单位能够在产品策划、生产和推广的各个环节做出明智的决策，避免盲目投资和生产带来的资源浪费和市场风险，在选题策划阶段，能够准确判断哪些主题具有潜在的市场需求和社会价值，避免跟风和重复投入，在生产过程中，能够根据市场需求合理控制成本，优化生产流程，提高产品质量，在推广营销阶段，能够针对目标读者群体制定精准的营销策略，提高营销效果和投入产出比。通过这种科学的资源管理方式，出版单位能够最大限度地提高资源利用效率，实现资源的优化配置，每一分投入都能够产生最大的效益，每一个决策都能够基于准确的市场信息和数据支持。这种精细化的运营模式，使得出版单位在激烈的市场竞争中能够保持灵活和高效，从而实现利润的最大化。

二、社会效益的提升体现

在当今信息爆炸和知识经济蓬勃发展的时代，融合出版与科研管理的平衡协同不仅为出版单位带来了经济上的增长机遇，更在社会效益的提升方面展现出了显著而深远的影响。

首先，优质的融合出版产品能够以更广泛、更高效的方式照亮社会的各个角落，有力地促进社会的文化普及和教育发展。在数字化和多媒体技术的加持下，出版的边界得以极大拓展，知识的传播不再受限于传统的书本和有限的课堂，在线教育课程打破了时间和空间的束缚，为学习者提供了随时随地获取优质教育资源的可能。无论是身处繁华都市还是偏远山区，只要有网络连接，人们都能够登录在线学习平台，聆听顶尖教师的授课，参与互动讨论，获取最新的知识和技能培训。这种普及性和便捷性使得教育机会更加公平，为缩小城乡教育差距、提升全民教育水平发挥了积极作用，例如一门由知名专家讲授的编程课程，通过在线平台发布后，吸引了来自不同地区、不同背景的学习者，学生们不仅能够按照自己的节奏学习，还可以在在线社区与其他学习者交流心得、共同进步，这不仅提高了他们的编程技能，还培养了他们的自主学习能力和团队合作精神。

科研类多媒体读物能够摒弃传统出版中枯燥乏味的阅读模式，以其生动有趣、通俗易懂的特点，成为激发大众尤其是青少年对科学探索兴趣的重要工具，通过图文并茂、音频视频结合的形式，复杂的科学原理和抽象的概念变得直观易懂，枯燥的知识变得充满趣味。这种寓教于乐的方式能够吸引更多的读者，尤其是那些原本对科学望而却步的人群，激发他们对未知世界的好奇心和探索欲望，从而在全社会营造出热爱科学、崇尚知识的良好氛围。比如一本关于宇宙奥秘的科研读物，不仅有精美的图片展示星系的壮丽景象，还有生动的动画演示天体的运行规律，再配上专业而富有感染力的讲解音频，让读者仿佛置身于浩瀚的宇宙之中，亲身感受科学的魅力，这不仅丰富了读者的知识储备，还有可能在他们心中种下成为科学家的梦想种子。

其次，科研管理的加强为出版单位在学术研究和文化传承领域发挥更大作用注入了强大动力。严谨而科学的科研管理机制能够确保出版单位在选题策划、内容审核、学术规范等方面保持高标准、高质量，从而推出具有深厚学术价值和文化传承意义的作品。在学术研究方面，出版单位可以通过与高校、科研机构的紧密合作，及时发布前沿的学术研究成果，为学术界的交流与进步搭建桥梁，这些学术著作不仅能够推动专业领域的理论创新和实践应用，还能够培养和发现新一代的学术人才，促进学术共同体的发展壮大。例如一部关于人工智能在医疗领域应用的学术专著，经过精心的编辑和出版，能够将最新的研究成果、实验数据和应用案例呈现给全球的研究者和从业者，这有助于加速该领域的技术创新和临床应用，为改善医疗服务质量、提高人类健康水平做出贡献。

当融合出版与科研管理达到平衡状态时，出版单位能够更加敏锐地感知社会需求，积极关注社会热点问题，并通过出版相关作品发挥舆论引导的作用，为社会的进步和发展贡献智慧和力量。在社会快速发展的过程中，各种新问题、新挑战不断涌现，如环境保护、公共卫生、社会公平等，出版单位可以迅速组织专家学者和资深作者，深入研究这些问题，出版具有深度分析和建设性建议的作品，引导公众理性思考，形成正确的社会共识。例如科研人员和出版人员想要达到融合出版与科研管理平衡，可运用云计算存储和处理科研数据，在专业期刊上介绍云计算的优势和安全措施，从而突出社会发展和进步的热点问题，使读者认识到云计算的优势。对于一些涉及社会价值观、道德伦理等方面的热点话题，出版单位可以通过出版相关的讨论性、反思性作品，激发公众的道德自觉和社会责任感，促进社会的精神文明建设，比如在社交媒体上关于网络暴力现象引起广泛关注时，出版单位推出了一系列关于网络文明、言论责任和公民道德的读物，引导公众树立正确的网络价值观，营造健康、文明、和谐的网络环境。

三、科研创新效益的增强效果

在融合出版与科研管理相互交融、协调共进的理想格局中，一个平衡且高效的体系将为科研创新效益带来前所未有的显著提升，犹如为出版行业注入了一股强大的动力，推动其在多个维度实现突破性的进展。

当融合出版与科研管理达到平衡时，更多的资源和精力得以集中投入到科研创新工作中，形成一股强大的合力，引领出版行业在技术应用、内容创作以及传播方式等关键领域不断开拓创新，勇攀高峰。在技术应用方面，持续的科研投入和创新探索将促使出版行业紧跟科技发展的前沿脉搏，随着信息技术的日新月异，如人工智能、大数据分析、区块链技术等的兴起，为出版业带来了前所未有的机遇。更多的资源投入到相关科研中，能够加速这些新兴技术在出版领域的应用和融合，例如利用人工智能技术实现智能化的内容编辑和推荐，根据读者的偏好和阅读习惯，为其精准推送个性化的出版内容，运用大数据分析洞察市场趋势和读者需求，为出版选题和策划提供有力的数据支持，借助区块链技术确保数字版权的安全管理和溯源，保护作者和出版单位的合法权益。

在内容创作方面，科研创新将激发全新的创作理念和方法，对读者心理、文化趋势以及社会需求的深入研究，能够引导创作者创作出更具吸引力和影响力的作品。例如通过跨学科的研究，将文学与科学、艺术与技术相结合，打造出富有创新性和独特性的融合内容，对叙事结构和表现形式的创新研究，能够突破传统的创作模式，为读者带来更加新颖、引人入胜的阅读体验。

在传播方式上，科研创新将促使出版行业积极拥抱数字化和社交化的传播趋势，对新媒体平台传播规律的研究，能够帮助出版单位制定更有效的营销策略，扩大内容的传播范围和影响力。例如利用社交媒体的病毒式传播特点，策划有趣的互动活动，吸引读者主动参与和分享，提高出版内容的曝光度，探索基于移动终端的创新传播形式，如短视频、音频故事等，满足读者在碎片化时间的阅读需求。

科研成果能够以更快的速度转化为实际的出版产品和服务，这是平衡体系带来的又一显著优势，以往，科研成果与实际应用之间常常存在着一道难以逾越的鸿沟，导致许多有价值的研究无法及时落地，无法为出版单位带来实际的效益，然而在一个融合出版与科研管理平衡的环境中，高效的转化机制得以建立。例如新的数字出版技术研究成果能够迅速被应用于实际的出版流程中，提升出版效率和质量，一种新型的电子书排版技术，经过科研团队的研发和测试，可以在短时间内被整合到出版单位的生产线上，为读者提供更加美观、舒适的阅读界面。

同时平衡的管理体系有助于营造一个积极、开放且充满活力的创新氛围，吸引和滋养优秀的科研人才，在这样的环境中，对创新的鼓励和支持不仅仅停留在口号上，而是体现在实实在在的政策和措施中。例如为科研人才提供充足的研究经费、先进的实验设备和舒适的工作环境，让他们能够心无旁骛地开展研究工作，同时，建立公平合理的奖励机制，对取得突出科研成果的个人和团队给予丰厚的奖励和荣誉，激发他们的创新热情和积极性。

此外，为科研人才提供广阔的发展空间和晋升渠道，让他们看到在这个体系中能够实现个人价值的最大化，例如设立首席科学家、技术专家等高级职位，让有能力、有贡献的科研人才能够获得与之相匹配的地位和待遇。更重要的是，良好的创新氛围能够促进人才之间的交流与合作，不同学科背景、不同研究方向的人才能够在一个开放的平台上相互碰撞思想的火花，共同攻克难题，形成创新的合力，例如组织定期的学术研讨会、技术交流论坛等活动，让科研人才能够分享最新的研究成果和经验，促进知识的流动和共享。

当优秀的科研人才在这样的环境中得到充分的尊重和支持，他们更愿意留下来为出版单位的发展贡献力量，形成创新的良性循环。不断涌入的新鲜血液和持续积累的创新成果，将进一步巩固和提升出版单位的创新能力和市场竞争力，使其在激烈的市场竞争中立于不败之地。

四、出版行业竞争力的提高评估

在当今竞争激烈且不断变化的出版行业中，当融合出版与科研管理成功实现平衡时，出版单位在各个关键领域展现出显著的优势和提升，从产品和服务的视角深入剖析，创新的融合出版产品和高质量的科研成果成为满足读者日益多样化需求的关键利器，进而有力地提升了读者的满意度和忠诚度。在这个信息爆炸和快节奏的时代，读者的需求不再局限于传统的单一形式的出版物，而是渴望获得更加丰富、多元和个性化的阅读体验。

融合出版产品的创新性体现在多个层面。首先是内容的融合与拓展，不再仅仅是文字的堆砌，而是将文字、图像、音频、视频等多种元素巧妙地整合在一起，为读者呈现一个全方位、多感官的信息世界。例如一本关于历史的图书，不再只是枯燥的文字叙述，而是通过嵌入相关的历史纪录片片段、专家讲解音频，甚至是基于虚拟现实技术的历史场景重现，让读者仿佛穿越时空，亲身经历历史事件。其次是形式的创新，打破了传统出版物的固定模式，以电子书、有声读物、互动式应用等多种形式满足不同读者在不同场景下的阅读需求。比如对于忙碌的上班族，有声读物可以让他们在通勤途中获取知识，对于喜欢互动体验的年轻读者，一款具有游戏元素的知识类应用能够极大地增加阅读的趣味性和参与度。再者是服务的创新，利用大数据和人工智能技术，为读者提供个性化的推荐、定制化的内容和实时的阅读反馈，出版单位能够根据读者的阅读历史、兴趣偏好和行为数据，精准地为其推送符合个人口味的书籍和文章，并且根据读者的阅读进度和反馈，不断优化推荐算法，提供更加贴心的服务。

高质量的科研成果则为出版产品注入了深度和可信度。通过深入的学术研究、市场调研和行业分析，出版单位能够推出具有权威性、前瞻性和实用性的作品，例如在专业领域，出版一系列基于最新科研成果的学术著作，为研究人员和从业者提供前沿的理论和实践指导，在大众领域，基于对社会现象和文化趋势的研究，出版具有洞察力和启发性的作品，引发读者的思考和讨论。

这些创新的融合出版产品和高质量的科研成果共同作用，极大地满足了读者日益复杂和多元化的需求，读者不再仅仅是被动的接受者，而是成为积极的参与者和体验者，在阅读中获得更多的价值和乐趣。这种满足感直接转化为读者对出版单位的满意度和忠诚度，使得他们愿意持续关注和购买该出版单位的产品，成为品牌的忠实拥护者。

在品牌形象的塑造方面，注重科研创新和融合出版的出版单位能够在市场中脱颖而出，树立起专业、创新的鲜明形象，赢得更高的认可度和美誉度，品牌形象如同企业的灵魂，是在消费者心目中建立信任和情感连接的关键。一个致力于科研创新的出版单位，向外界传递出其对知识的尊重和追求，展现出不断探索未知、推动行业进步的决心和能力。通过投入资源进行深入的研究，无论是在出版技术、内容创作还是市场趋势分析等方面，出版单位都能够展现出其专业的素养和前瞻性的视野，这种专业精神使得读者、作者和合作伙伴相信，该出版单位能够提供具有价值和影响力的作品。

同时，积极推动融合出版的实践，让出版单位展现出与时俱进、敢于创新的勇气和活力，在数字化时代，能够灵活运用各种新兴技术和手段，将传统出版与现代科技完美结合，为读者带来全新的阅读体验，这让出版单位在市场中树立起引领潮流、勇于突破的创新者形象。例如一家出版单位因在数字出版技术研发方面取得重要突破，并成功应用于一系列畅销的融合出版产品中，而在行业内赢得了"技术先锋"的美誉，另一家出版单位则因长期支持学术研究，出版了一系列具有重要学术价值的著作，被公认为是知识界的"权威声音"。

这样的品牌形象一旦在市场中建立起来，就能够吸引更多优秀的作者、合作伙伴和读者的关注和青睐，作者希望能够在具有良好声誉的出版单位发表作品，以提升自己的学术影响力和市场价值，合作伙伴愿意与这样的出版单位合作，共同开拓市场，实现互利共赢，读者则更倾向于选择他们信任和认可的品牌，从而形成一种良性的循环，进一步巩固和提升出版单位的市场地位。

在市场适应能力方面，平衡的管理体系为出版单位赋予了敏锐的市场洞察力和快速响应变化的能力，使其能够在风云变幻的市场环境中灵活应对，始终保持竞争优势。在信息高速流通的当今社会，市场变化迅速且难以预测。消费者的喜好、技术的创新、竞争对手的策略调整等因素都可能在短时间内对出版市场产生重大影响，一个平衡的管理体系能够整合内部的各种资源和信息，建立有效的市场监测机制。

通过大数据分析、市场调研和行业动态跟踪等手段，出版单位能够实时掌握市场的细微变化和趋势走向，例如及时发现某一类型图书的市场需求突然上升，或者某种阅读方式的流行度迅速增加。基于这种敏锐的洞察，出版单位能够迅速调整策略，做出相应的决策，这可能包括调整选题方向，加大对热门领域的投入，优化产品形式，推出更符合市场需求的融合出版产品，改变营销策略，针对新兴的市场渠道和消费群体进行精准推广。此外，平衡的管理体系还能够促进内部的沟通与协作，确保各个部门能够快速响应市场变化，协同工作，编辑部门能够根据市场需求迅速调整选题和内容创作方向，生产部门能够及时调整生产计划和工艺，以满足新的产品要求，营销部门能够迅速制定并执行新的推广策略，从而形成一个高效的应对市场变化的工作链条。

在行业合作与交流方面，通过与其他出版单位的携手合作和经验资源共享，出版单位能够进一步拓展自身的视野和能力，提升综合竞争力，共同推动整个出版行业的繁荣发展。合作可以体现在多个层面，包括联合出版项目、共同开发市场、共享技术和平台资源等。例如不同地区的出版单位可以合作推出具有地域特色的联合出版物，整合双方的优势资源，扩大市场影响力，或者多家出版单位共同投资开发一个数字化出版平台，降低成本，提高效率，实现资源的最大化利用。

在经验交流方面，出版单位之间可以分享在内容创作、市场营销、版权运营等方面的成功经验和教训，通过举办行业论坛、研讨会和工作坊等活动，促进思想的碰撞和知识的传播。资源共享则包括作者资源、渠道资源、版权资源等的相互开放和合作利用，例如多家出版单位可以共同举办作者签售活动，整合各自的渠道和读者资源，提高活动的影响力和效果，或者在版权引进和输出方面进行合作，共同拓展国际市场，提高中国出版业在全球的影响力。通过这种广泛而深入的合作与交流，出版单位能够不断学习和借鉴他人的长处，弥补自身的不足，实现优势互补，也能够共同应对行业面临的挑战和问题，形成合力，推动行业的创新和发展。

第七章 融合出版与科研管理的数字化转型

第一节 数字化技术在科研管理中的应用

一、大数据应用维度

在当今数字化时代，大数据技术席卷了各个领域，科研管理领域也不例外，尤其是在期刊出版与科研管理相互交织、相互促进的场景中，大数据技术正逐渐成为推动科研发展、提升管理效率、优化期刊质量的关键力量，通过对海量科研数据的深度挖掘和分析，科研管理人员与期刊编辑得以窥见科研活动背后隐藏的规律和趋势，为决策提供了坚实的数据支撑。

科研项目管理是一个复杂的系统工程，涉及项目的申请、执行、监控和评估等多个环节，在大数据时代，科研管理部门具备了收集来自不同渠道、不同类型数据的能力，这些数据来源广泛，包括项目申请书、研究进展报告、成果发表情况、实验数据记录、团队成员信息等。以某综合性大学的科研管理部门为例，他们建立了一套完善的数据采集系统，不仅能够自动收集校内各个科研团队提交的项目相关文档，还能与国家科研项目管理平台、学术数据库等外部数据源进行对接，获取更全面的信息。在项目申请阶段，项目申请书包含了项目的研究背景、目标、方法、预期成果等关键信息，通过对历史项目申请书数据的分析，科研管理部门可以总结出成功项目的共性特征，如合理的研究设计、清晰的研究目标阐述以及具有创新性的研究思路等，这些分析结果可以为后续的项目申报团队提供宝贵的参考，帮助他们优化申请书的撰写。大数据技术使得对科研项目的全方位评估成为可能，通过对项目执行过程中产生的各种数据进行分析，能够更加准确地评估项目的进展情况和实际绩效，例如分析研究进展报告中的关键指标数据，如实验完成进度、阶段性成果产出等，可以及时发现项目执行过程中存在的问题和风险。

大数据还可以用于预测科研项目的潜在成果，经过对类似项目的历史数据以及当前项目团队的研究基础、资源投入等因素进行综合分析，对项目的预期成果进行较为准确的预测。例如某科研机构利用机器学习算法对过往的科研项目数据进行训练，建立了项目成果预测模型，该模型可以根据项目的研究方向、团队成员的学术背景、前期研究成果等数据，预测项目在未来一段时间内发表高水平论文的可能性以及获得专利的数量。这种预测能力对于科研管理部门合理分配资源、制定科研发展战略具有重要意义，他们可以根据预测结果，对具有高潜力的项目给予更多的支持和关注，提高科研资源的利用效率。

大数据技术还使得科研管理部门能为申报团队提供个性化的辅导和支持，对申报团队的历史申报数据、研究基础、学术专长等信息进行分析，了解每个团队的优势和不足，从而制定个性化的辅导方案，例如对于一些在研究方法上存在不足的团队，为其提供相关的培训课程和技术支持，对于在成果转化方面有潜力的团队，帮助他们对接产业资源，促进产学研合作，这种个性化的辅导和精准支持能够显著提高项目申报的成功率，同时也有助于提升科研团队的整体实力。

在数字化出版时代，期刊编辑可以通过多种渠道收集读者的阅读行为数据，如网站浏览数据、下载量、阅读时长、点击行为等，这些数据能够从不同角度反映读者的兴趣和偏好。例如通过分析读者在期刊网站上的浏览路径，了解他们对不同栏目、文章类型的关注度，通过统计文章的下载量和阅读时长，判断读者对具体研究内容的兴趣程度。某科技期刊编辑团队利用大数据分析工具，对近一年来的读者阅读行为数据进行了深入挖掘，发现在工作日晚上和每周周末，读者对期刊的访问量明显增加，且在这段时间内，关于热门技术应用类文章的阅读量和下载量较高，这一发现为期刊的内容发布时间和选题策划提供了重要参考。

基于对读者阅读行为和偏好的分析，期刊编辑能够更加精准地把握读者的需求，从而优化选题策划，例如某医学期刊通过大数据分析发现，近年来随着人们健康意识的提高，读者对预防医学、健康管理等领域的关注度持续上升。而在期刊的过往文章中，这方面的内容相对较少。根据这一分析结果，期刊编辑团队及时调整了选题方向，增加了预防医学和健康管理相关的专题策划和约稿，邀请了该领域的知名专家撰写文章，涵盖了疾病预防策略、健康生活方式、新型健康管理技术等多个方面的内容，这些文章的发表受到了读者的广泛关注和好评，期刊的影响力也得到了显著提升。

大数据技术使得期刊能够根据读者的兴趣和偏好，为其提供个性化的文章推荐和精准推送服务，通过建立用户画像，将读者的基本信息、阅读历史、行为偏好等数据进行整合和分析，期刊可以为每个读者量身定制个性化的阅读推荐列表。例如某学术期刊利用大数据算法，为读者推送与其研究方向和兴趣相关的最新文章，当读者登录期刊网站或使用移动客户端时，系统会自动展示符合其兴趣的文章推荐，大大提高了读者发现感兴趣内容的效率，这种个性化推荐服务不仅提升了读者的阅读体验，还增加了文章的曝光率和传播范围。

社交媒体已成为学术期刊传播的重要渠道之一。通过对社交媒体数据的分析，期刊编辑可以了解文章在不同社交媒体平台上的传播效果，如点赞数、评论数、转发数等，从而优化社交媒体传播策略。某人文社科类期刊通过大数据监测发现，在微博平台上，带有图片和视频的文章更容易引起读者的关注和转发，基于这一发现，期刊编辑在发布文章时，会更加注重制作精美的图片摘要和短视频介绍，以提高文章在微博上的传播效果。同时还会根据不同社交媒体平台的特点和用户群体，制定针对性的传播策略，如在微信公众号上发布深度解读文章，在知乎上回答相关领域的问题并推荐期刊文章等，进一步扩大期刊的影响力。

同行评审则是保证期刊学术质量的重要环节。大数据技术可以为同行评审提供支持，优化评审流程和提高评审质量，运用对历史评审数据的分析，期刊编辑可以了解不同审稿人的评审风格、评审速度和评审质量，从而更加合理地选择审稿人。例如某期刊编辑团队发现，部分审稿人在评审过程中存在评审意见过于简单、缺乏针对性的问题，针对这一情况，他们通过大数据筛选出一批评审意见详细、专业水平高的审稿人，并建立了重点审稿人库，在后续的稿件评审中，优先邀请这些审稿人参与评审，有效提高了评审意见的质量和参考价值。此外，大数据还可以帮助期刊编辑发现潜在的优秀审稿人，分析学术社交平台上的用户活跃度、专业贡献等数据，挖掘出在相关领域具有较高学术水平和影响力的潜在审稿人，邀请他们加入期刊的审稿队伍，为期刊的发展注入新的活力。

二、人工智能应用层面

在科技飞速发展的当下，人工智能技术已成为众多领域创新变革的重要驱动力，科研管理和期刊出版领域也不例外，人工智能凭借其强大的数据分析、模式识别和智能决策能力，正逐步渗透到这两个领域的各个环节，为科研工作者、科研管理人员以及期刊编辑带来了全新的工作方式和显著的效率提升，不仅优化了传统的业务流程，还为挖掘科研数据价值、扩大科研成果影响力开辟了新的路径。

科研人员在开展研究的初始阶段需要广泛查阅相关文献，以了解研究领域的前沿动态、梳理已有研究成果，从而找到自身研究的切入点，传统的文献检索方式主要依赖关键词匹配，然而这种方式存在诸多局限性，无法准确理解科研人员复杂的研究需求，常常会返回大量相关性不高的文献，导致科研人员在筛选信息上耗费大量时间和精力。人工智能驱动的文献检索系统则借助自然语言处理（NLP）技术实现了质的飞跃，NLP技术能够深入分析科研人员输入的自然语言问题或研究需求描述，理解其中的语义关系、研究重点和潜在意图，不仅能准确识别关键词，还能对词语的语义进行拓展和关联分析。例如当科研人员输入"关于新型冠状病毒疫苗的免疫机制研究"时，智能检索系统不仅会匹配包含这些关键词的文献，还会通过语义分析，将与"新冠疫苗免疫反应""新冠病毒免疫逃逸与疫苗应对"等相关语义的文献也纳入检索结果，大大提高了检索的全面性和准确性。以 Google Scholar 等知名学术检索平台为例，其不断升级的人工智能算法能够对科研人员的检索语句进行深度语义解析，通过对大规模学术文献的学习，系统构建了丰富的语义知识库，使得在检索过程中能够精准地理解科研人员的意图，返回高度相关的文献列表，这种基于语义理解的检索方式，相比传统检索方法，能够显著提高科研人员获取有价值信息的效率。

除了强大的检索功能，人工智能还为科研人员提供了个性化的文献推荐服务，智能推荐系统通过收集和分析科研人员的浏览历史、下载记录、阅读时长、收藏偏好等多维度数据，构建起每个科研人员独特的兴趣画像，基于这些画像，精准地预测科研人员可能感兴趣的文献，并进行个性化推送。例如 Web of Science 平台的个性化推荐系统会实时跟踪科研人员的操作行为，如果一位科研人员近期频繁浏览关于"量子计算算法优化"方面的文献，系统会自动从海量的学术资源中筛选出与之相关的最新研究成果、综述文章以及会议论文等，并将这些文献推荐给该科研人员，随着科研人员使用系统的时间增长，其兴趣画像会不断更新和完善，推荐的准确性也会随之提高。为了进一步优化个性化推荐的效果，人工智能算法还会考虑科研领域的动态发展和热点变化，当某个研究领域出现新的突破或热点话题时，推荐系统会及时调整推荐策略，将相关的前沿研究成果推荐给关注该领域的科研人员，这种动态调整的推荐机制，确保了科研人员能够始终接触到最新、最相关的学术信息，为其科研工作提供有力的支持。

　　在科研项目申报过程中，人工智能可以发挥重要的辅助作用，一方面，人工智能系统可以对历史项目申报数据进行深入分析，总结成功项目的共性特征和关键要素，如合理的研究计划安排、创新的研究思路阐述、优秀的团队成员配置等，结合这些分析结果，为科研人员提供项目申报的模板和指导建议，帮助他们优化申报书的撰写。例如某科研管理机构开发的人工智能项目申报辅助系统，通过对大量国家级科研项目申报成功案例的学习，提炼出了一套针对不同学科领域的申报要点和写作规范，当科研人员使用该系统进行项目申报时，系统会根据其输入的研究内容和相关信息，自动生成申报书的框架结构，并在关键部分提供参考示例和提示信息，引导科研人员撰写高质量的申报书。另一方面，人工智能还可以用于对项目申报的初步评估，通过对申报书的文本内容进行分析，系统可以评估项目的创新性、可行性、研究价值等方面。例如利用机器学习算法对申报书中的研究目标、研究方法、预期成果等部分进行量化评估，给出相应的评分和评估意见，有助于科研管理部门在项目申报的初审阶段快速筛选出具有潜力的项目，提高项目评审的效率和公正性。

　　科研项目在执行过程中，需要对项目进度进行实时跟踪和管理，及时发现并解决可能出现的问题和风险，人工智能技术可以通过对项目相关数据的实时监测和分析，实现项目进度的智能化跟踪和风险预警。例如一些科研项目管理系统利用人工智能技术，对接项目团队的任务管理工具、实验数据采集系统等数据源，实时获取项目的实际进展情况，系统通过预设的项目计划和里程碑节点，自动比对实际进度与计划进度的差异，如果发现项目进度滞后，系统会及时发出预警信息，并分析可能导致进度滞后的原因，如任务分配不合理、资源短缺、技术难题等，为项目团队提供针对性的改进建议。同时，人工智能还可以通过对项目相关数据的分析，预测项目可能面临的风险，例如通过分析项目团队成员的工作负荷、实验数据的稳定性、外部环境的变化等因素，预测项目在技术研发、资源保障、团队协作等方面可能出现的风险，一旦预测到风险，系统会及时向项目负责人和科研管理部门发出预警，以便采取相应的措施进行风险防范和应对。

　　组建一个高效协作的科研团队是科研项目成功的关键因素之一。人工智能可以通过对科研人员的学术背景、研究成果、专业技能、合作经历等多维度数据的分析，实现科研团队成员的智能匹配，例如某科研机构在筹备一个关于"人工智能在医学影像诊断中的应用研究"项目时，利用人工智能团队组建系统进行团队成员的筛选和匹配，系统根据项目的研究目标和需求，从机构内部的科研人员数据库中筛选出具有医学影像、人工智能算法、临床医学等相关专业背景的人员，并综合考虑他们的研究成果、发表论文情况、合作网络等因素，为项目推荐一组最合适的团队成员。

　　在项目执行过程中，人工智能还可以通过分析团队成员之间的沟通数据、任务分配情况、协作效率等信息，发现团队协作中存在的问题，提供优化建议，如果发现某个团队成员在沟通中存在信息传递不及时的问题，系统会提醒其注意沟通效率，如果发现任务分配不均衡，系统会建议项目负责人重新调整任务安排，以提高团队整体的协作效率。

人工智能技术可以为科研人员的绩效评估提供更加客观、全面的依据，传统的科研人员绩效评估往往主要依赖论文发表数量、项目成果等指标，存在一定的局限性，人工智能可以整合多维度的数据，包括科研人员的研究成果质量、科研项目贡献、学术影响力、团队协作能力等，构建更加科学合理的绩效评估体系。例如某高校利用人工智能绩效评估系统对科研人员进行年度绩效评估，系统通过收集科研人员在学术期刊发表的论文、参与的科研项目、获得的专利、在学术会议上的报告情况等数据，结合这些成果的影响力指标，如论文引用次数、项目成果转化效益等，对科研人员的研究成果质量进行评估。同时，通过分析科研人员在团队项目中的任务完成情况、与团队成员的协作频率和效果等数据，评估其团队协作能力，综合这些多维度的评估结果，系统为每个科研人员生成一份详细的绩效报告，为高校的科研管理决策提供了有力支持。

三、物联网应用领域

　　在数字化浪潮席卷全球的当下，物联网技术作为连接物理世界与数字世界的桥梁，正以前所未有的速度渗透到各个领域，为传统行业带来了全新的发展机遇与变革。科研管理和期刊出版领域虽有着各自独特的运作模式与发展脉络，但在物联网技术的赋能下，正逐步展现出创新的活力与潜力，物联网凭借其强大的感知、传输与智能处理能力，在科研设备管理、实验室环境维护以及期刊的智能化管理与阅读体验拓展等方面发挥着日益重要的作用。

　　物联网技术的引入彻底改变了以往科研设备管理相对滞后与被动的局面，在传统管理模式下，科研人员和管理人员往往只能在设备出现明显故障或无法正常运行时才知晓问题，这不仅会导致科研项目的延误，还可能造成设备的进一步损坏。借助物联网技术，在各类科研设备上广泛部署传感器成为可能，这些传感器如同设备的触角，能够敏锐地捕捉设备运行过程中的各种关键信息，如温度、湿度、压力、振动频率、运行时长、电量消耗等，以大型离心机为例，通过安装温度传感器和振动传感器，系统可以实时监测离心机在高速运转过程中的温度变化以及是否存在异常振动，一旦温度超出正常工作范围或者振动幅度异常，传感器会迅速将这些数据传输至后端的管理系统。某顶尖科研机构在其科研设备管理中全面应用物联网技术，建立了一套完善的设备实时监控平台，该平台整合了来自各类设备传感器的数据，以直观的可视化界面呈现给科研管理人员，管理人员只需通过手机、电脑或专门的监控终端，便能随时随地查看每一台设备的实时运行状态，这种实时监控体系的建立，使得设备管理从以往的事后维修转变为事前预防，大大提高了设备的可靠性和稳定性。

　　基于物联网技术实现的设备实时监控数据，为设备故障预测提供了丰富且准确的信息基础，通过运用先进的数据挖掘算法和机器学习模型，对设备运行数据进行深度分析，可以提前预测设备可能出现的故障。例如利用时间序列分析算法对设备的历史运行数据进行建模，分析设备关键参数的变化趋势，当发现某些参数的变化趋势偏离正常范围且呈现出故障前的特征时，系统会及时发出预警信息。

　　物联网技术还优化了设备的维护策略，传统的设备维护多采用定期维护的方式，这种方式虽然能在一定程度上保障设备的正常运行，但也存在过度维护或维护不及时的问题。而基于物联网的设备管理系统，可以根据设备的实际运行状况和故障预测结果，制定个性化的维护计划，对于运行状态良好、故障风险较低的设备，可以适当延长维护周期，对于运行负荷较大、故障风险较高的设备，则及时安排维护和保养，从而提高设备维护的效率和资源利用率。物联网技术不仅有助于保障科研设备的稳定运行，还能通过对设备使用数据的深入分析，实现设备使用效率的显著提升和资源的优化配置，通过传感器记录设备的使用时间、使用频率、使用人员等信息，科研管理人员可以清晰地了解每台设备的实际使用情况。例如某科研团队对其所在实验室的多台科研设备进行物联网改造后发现，部分设备在某些时间段内处于闲置状态，而在其他时间段却出现使用紧张的情况，通过对这些数据的分析，科研团队调整了设备的使用安排，制定了更加合理的设备预约制度，将设备的使用时间进行了更科学的分配，对于一些使用频率较低但又不可或缺的设备，通过与其他科研团队共享使用，提高了设备的整体利用率。

实验室环境的稳定性对科研工作的影响不容忽视，尤其是在一些对环境条件要求苛刻的科研领域，如生物医学、材料科学、化学合成等，物联网技术为构建全面、精准的实验室环境监测网络提供了技术支撑。在实验室的各个关键区域，如实验台、培养箱、药品储存柜等，安装各类环境传感器，包括温度传感器、湿度传感器、二氧化碳传感器、有害气体传感器、光照强度传感器等。这些传感器能够实时采集实验室环境中的多种参数，通过无线传输技术将数据发送至中央监控系统。以生物实验室为例，温度和湿度的微小变化都可能对细胞培养、生物样品保存等实验产生重大影响，通过在培养箱内安装高精度的温度和湿度传感器，能够实时监测培养箱内的温湿度环境，确保细胞和生物样品在适宜的条件下生长和保存。

基于实时监测的环境数据，物联网系统可以实现对实验室环境参数的智能调控，预设合理的环境参数范围，当监测数据超出设定阈值时，系统会自动触发相应的调控设备，如空调、加湿器、除湿器、通风设备、光照调节装置等，使实验室环境迅速恢复到正常状态。例如在植物培养实验室中，为了满足植物生长的特定光照需求，安装了智能光照调节系统，该系统通过光照传感器实时监测实验室的光照强度，并根据植物不同生长阶段的光照需求，自动调节灯光的亮度和照射时间，当外界光线过强或过弱时，系统会自动调整遮阳设施或开启补光灯，确保植物始终处于适宜的光照环境中。

在生物医学研究中，细胞培养、动物实验等都需要在特定的温度、湿度和无菌环境下进行，如果环境条件不稳定，可能导致细胞生长异常、实验动物患病或死亡，从而使实验结果出现偏差甚至失败。在材料科学研究中，环境中的温度、湿度和气体成分等因素会影响材料的合成、性能测试等实验过程。例如在高温超导材料的研究中，实验环境的温度波动必须控制在极小的范围内，否则可能无法获得准确的超导性能数据。物联网技术实现的实验室环境精准监测与智能调控能为科研工作提供一个稳定、可靠的实验环境，大大提高了实验的成功率和科研成果的质量。以某从事基因编辑研究的科研团队为例，在引入物联网环境监测与调控系统后，实验细胞的培养成功率从原来的70%提高到了90%以上，实验数据的重复性和可靠性也得到了显著提升，为该团队在基因编辑领域的深入研究提供了有力保障。

在图书馆的期刊管理工作中，传统的期刊查找方式往往依赖于人工翻阅和目录检索，效率较低且容易出现错误，物联网的射频识别（RFID）技术为期刊的快速检索与定位提供了便捷的解决方案，通过在每一本期刊上粘贴 RFID 电子标签，标签内存储了期刊的详细信息，如刊名、刊号、出版日期、馆藏位置等。读者在图书馆查找期刊时，只需在自助检索终端上输入期刊的相关信息，系统即可通过 RFID 技术快速定位到期刊所在的书架位置，并以直观的导航方式引导读者找到期刊。例如某高校图书馆应用 RFID 技术后，读者查找期刊的平均时间从原来的 10 分钟缩短至 3 分钟以内，大大提高了读者获取期刊资源的效率。图书馆工作人员在进行期刊盘点、上架和下架等工作时，也可以借助 RFID 手持设备快速完成操作，工作人员只需手持设备在书架上扫描，即可快速获取该书架上所有期刊的信息，与系统中的数据进行比对，实现快速盘点，对于需要上架或下架的期刊，工作人员也可以通过 RFID 设备快速找到其对应的位置，提高期刊管理工作的准确性和效率。

四、区块链应用范畴

在数字化时代，科研管理和期刊出版领域面临着诸多挑战，如科研数据的安全存储与共享、科研诚信的保障、论文版权的维护以及学术不端行为的防范等，区块链技术凭借其独特的去中心化、不可篡改、可追溯等特性，为解决这些问题提供了新的思路和方法，正逐渐成为推动这两个领域创新发展的重要力量。

科研数据是科研工作的核心产出，传统的数据存储方式依赖于中心化的服务器，存在数据易被篡改、丢失以及遭受黑客攻击等风险，区块链技术的出现为科研数据存储带来了全新的解决方案，区块链采用分布式账本技术，将数据以区块的形式存储在多个节点上。每个区块包含了一定时间内的交易数据（在科研数据存储情境下，即为科研数据）以及前一个区块的哈希值，通过这种链式结构，数据形成了一个不可篡改的时间序列。

在数据存储到区块链之前，科研数据会经过加密处理，常用的加密算法如非对称加密，为数据提供了双重保障，数据所有者使用私钥对数据进行加密，只有拥有对应的公钥才能解密读取数据。这种加密机制确保了数据在存储和传输过程中的安全性，即使数据被截获，没有正确的密钥也无法获取其中的内容。例如在某大型基因组研究项目中，海量的基因测序数据需要安全存储和共享，引入区块链技术，研究团队将基因数据进行加密后存储在区块链网络的各个节点上，不同地区的研究人员可以通过授权使用自己的私钥访问和获取相关数据，数据的任何修改都需要经过复杂的加密验证和多个节点的共识机制，保证了数据的完整性和安全性。

区块链的分布式账本特性使得科研数据在多个节点上进行备份，大大提高了数据的可靠性，与传统的中心化存储方式不同，分布式账本不依赖于单一的服务器，即使某个节点出现故障或遭受攻击，其他节点仍然可以完整地保存数据，确保数据的可用性。以一个国际联合科研项目为例，该项目涉及多个国家的科研机构，通过区块链技术，科研数据被同步存储在各个参与机构的节点上，每个机构都拥有一份完整的数据副本，这不仅避免了因单一机构数据丢失而导致的科研数据损失，还在一定程度上促进了数据的共享和协作。当某个机构需要更新数据时，新的数据会经过加密处理后广播到整个区块链网络，其他节点在验证数据的合法性后进行同步更新，确保了数据的一致性。此外，区块链的分布式账本还具备自动备份和恢复功能，当新的节点加入区块链网络时，它可以自动从其他节点获取完整的数据副本，快速融入到数据存储和管理体系中，这种备份冗余机制为科研数据的长期保存和安全使用提供了坚实的保障，使得科研数据在面对各种潜在风险时具有更强的抗干扰能力。

在科研合作中，数据共享是推动科研进展的关键环节，但同时也面临着数据安全和信任问题，区块链技术通过其不可篡改和可追溯的特性，为科研数据共享建立了信任基础。在区块链上，每一次数据的访问、修改和共享操作都会被记录在分布式账本中，形成一个完整的操作日志。例如在某跨学科科研项目中，不同学科领域的研究人员需要共享和协同处理科研数据，通过区块链技术，每个研究人员对数据的操作都被透明地记录下来，包括数据的读取时间、修改内容以及共享对象等信息。这使得数据的来源和流向清晰可查，任何一方都无法否认自己的操作行为，当出现数据争议或问题时，可以通过追溯区块链上的操作日志，快速准确地查明原因，明确责任。

在学术出版领域，论文的版权保护一直是作者和出版机构关注的焦点问题，传统的版权登记方式存在手续繁琐、时间长等问题，而且在面对版权纠纷时，证据的收集和验证也存在一定的困难，区块链技术的出现为论文版权保护提供了一种全新的、高效的解决方案。当作者将论文投稿到采用区块链技术的期刊平台后，论文的版权信息会被记录在区块链上，形成一个不可篡改的时间戳，这个时间戳记录了论文首次提交到区块链的时间，是证明论文版权归属的重要证据，由于区块链的分布式账本特性，时间戳信息被存储在多个节点上，任何一方都无法篡改。例如一位科研人员在某区块链期刊平台上提交了一篇论文，平台在接收到论文后，会立即将论文的相关信息，包括标题、作者、摘要等，通过加密算法生成一个唯一的哈希值，并将该哈希值与当前的时间信息一起记录在区块链上，形成时间戳，此后如果发生版权纠纷，作者可以通过区块链上的时间戳证明自己是论文的最早创作者，维护自己的版权权益。

除了确定版权归属，区块链技术还可以通过智能合约实现论文版权的授权和交易，智能合约是一种自动执行的合约条款，以代码的形式部署在区块链上，作者可以根据自己的需求，在智能合约中设定版权授权的条件和范围。例如作者可以通过智能合约将论文的部分版权授权给其他机构或个人用于学术研究、教学等目的，当满足智能合约中设定的条件，如支付一定的版权费用或获得特定的授权许可时，版权的使用权限会自动转移给被授权方，这种方式不仅简化了版权授权的流程，还提高了版权交易的安全性和透明度。同时，智能合约还可以实现对版权收益的自动分配，在一些开放获取的期刊模式下，论文的阅读和下载可能会产生一定的收益，智能合约可以使这些收益按照作者、期刊出版机构以及其他相关方事先约定的比例进行自动分配，无需人工干预，确保了版权收益分配的公平和公正。

学术不端行为严重损害了学术生态环境，影响了学术研究的质量和公信力，传统的学术不端检测方法主要依赖于单一的学术数据库进行比对，存在检测范围有限、准确性不高等问题，而区块链技术可以整合多个学术数据库的资源，实现对投稿论文的全面比对和检测。采用区块链技术的学术不端检测系统可以将多个知名学术数据库的数据进行上链存储，形成一个庞大的学术资源库，当投稿论文进入检测系统后，系统会通过区块链技术对论文的内容进行全面分析，并与链上的学术资源进行比对，由于区块链上的数据不可篡改，检测结果更加准确可靠。例如某学术期刊采用区块链技术建立了学术不端检测系统，该系统整合了多个国际知名的学术数据库，如 Web of Science、Scopus 等，当一篇投稿论文提交后，系统会在短时间内对论文的文本内容进行分析，提取关键信息，并与区块链上的海量学术文献进行比对，检测出论文中的抄袭、剽窃、篡改等学术不端行为，即使是经过改写或拼凑的内容也难以逃脱检测。

第二节　数字化转型的优势与挑战

一、效率提升方面

在当今科技飞速发展的时代，数字化浪潮正以前所未有的速度席卷各个领域，数字化转型为科研管理与期刊出版两个领域带来了深刻的变革，尤其是在效率提升方面，展现出了巨大的优势。传统的科研管理与期刊出版模式存在诸多弊端，如流程繁琐、信息传递不畅、人工操作失误率高等，严重制约了科研工作的推进和学术成果的传播，而数字化技术的应用，通过构建高效的信息系统和便捷的在线平台，打破了这些瓶颈，实现了流程的优化和效率的飞跃。

在数字化转型之前，科研项目申报是一个繁琐且耗时的过程，科研人员需要准备大量的纸质申报材料，包括项目申请书、研究计划、团队成员简历、前期研究成果证明等。这些材料不仅需要精心撰写和整理，还需要按照特定的格式要求进行打印和装订，科研人员需要将这些纸质材料亲自提交到科研管理部门或者通过邮寄的方式送达。在申报材料的审核环节，科研管理部门的工作人员需要逐一翻阅这些纸质材料，进行格式检查和内容初步审核，由于人工操作的局限性，很容易出现疏漏和错误，比如格式不符合要求未被及时发现、关键信息遗漏等。对于一些需要补充材料或修改内容的申报项目，科研人员与管理部门之间的沟通也非常不便，需要通过电话、邮件等方式反复沟通，导致申报周期延长。此外，传统的申报流程中，项目申报材料的分类和分配评审专家也主要依靠人工完成，科研管理部门的工作人员需要根据项目的研究领域、学科分类等信息，手动将申报材料分配给相应的评审专家。这一过程不仅耗费时间和精力，还容易出现分配不合理的情况，影响评审的公正性和效率。

数字化转型后，科研人员可以通过科研管理信息系统在线提交项目申报材料。该系统通常提供了标准化的申报模板，科研人员只需按照模板要求填写相关信息，系统会自动进行格式检查，确保申报材料符合规范。例如系统可以自动检查字体、字号、行距、页码等格式要素，对于不符合要求的地方，会及时给出提示并指导科研人员进行修改。系统还具备初步审核功能，可以对申报材料中的关键信息进行智能分析，如项目的创新性、研究目标的明确性、研究方法的可行性等，给出初步的审核意见，大大减轻了科研管理部门工作人员的审核负担，提高了审核效率。比如某大型科研机构在数字化转型前，每年的科研项目申报季都面临着巨大的压力，科研人员抱怨申报流程繁琐，准备材料耗费大量时间和精力，科研管理部门则苦于审核工作量大、效率低下，且容易出现错误，为了解决这些问题，该机构引入了一套先进的科研管理信息系统。自实施数字化科研管理系统后，科研人员可以在系统中轻松完成项目申报，系统提供的在线模板和智能提示功能，使得申报材料的准备变得更加简单和规范，科研管理部门收到申报材料后，系统自动进行格式检查和初步审核，对于不符合要求的申报材料，系统会自动退回并详细说明原因，科研人员可以在系统中直接进行修改并重新提交。

在传统的科研项目管理中，对项目执行过程的监控主要依赖于定期的项目汇报和人工检查，科研项目团队需要按照规定的时间间隔，如季度或半年，向科研管理部门提交项目进展报告，这些报告通常以纸质文档或电子文档的形式提交，内容包括项目的研究进展、成果产出、存在的问题及解决方案等。科研管理部门收到项目进展报告后，需要人工进行查阅和分析，了解项目的执行情况，但是这种方式存在诸多不足，项目汇报的时间间隔较长，在两次汇报之间，科研管理部门很难及时掌握项目的动态变化，人工查阅和分析项目进展报告的效率较低，且容易受到主观因素的影响，难以全面、准确地评估项目的执行情况。

数字化转型为科研项目执行与监控带来了全新的解决方案，建立科研项目数字化监控系统，使科研管理部门可以实时获取项目的各项数据和信息，实现对项目执行过程的全方位、实时监控。该系统通常与科研项目团队使用的科研工具和软件进行集成，如实验数据采集系统、文献管理系统、项目管理软件等，能够自动采集项目执行过程中的关键数据，如实验进度、文献查阅情况、任务完成进度等。系统还可以通过与科研人员的个人终端设备（如手机、电脑）连接，实现对科研人员工作状态的实时跟踪，如工作时间、工作地点等。基于这些实时采集的数据，数字化监控系统可以对项目的执行情况进行实时分析和评估，通过预设的指标和阈值，及时发现项目执行过程中出现的异常情况，如项目进度滞后、关键指标未达到预期等，并自动发出预警信息，科研管理部门和项目团队可以根据预警信息，及时采取措施进行调整和改进，确保项目顺利推进。

在传统的期刊出版模式下，作者投稿需要通过邮件或邮寄的方式将纸质稿件发送给期刊编辑部，编辑部收到稿件后，需要人工进行登记、分类和分配编辑，编辑在初步筛选稿件时，需要逐一阅读纸质稿件，判断其是否符合期刊的收录范围和要求。这一过程不仅耗费时间和精力，还容易出现疏漏。在审稿环节，编辑通常需要通过电话或邮件联系审稿人，将纸质稿件或电子稿件发送给他们，审稿人在收到稿件后，需要在规定的时间内完成评审，并将评审意见通过邮件或邮寄的方式返回给编辑。由于沟通方式的限制，审稿过程中容易出现信息延误和丢失的情况。编辑还需要对多个审稿人的评审意见进行汇总和整理，与作者进行沟通和反馈，整个流程繁琐且耗时。再加上传统的投稿与审稿流程缺乏有效的跟踪和监控机制，作者无法及时了解自己稿件的处理进度，编辑也难以实时掌握审稿人的评审进度，导致作者和编辑之间的沟通成本增加，投稿和审稿周期延长。

数字化出版平台的出现彻底改变了期刊投稿与审稿的传统模式，作者可以通过在线投稿系统快速提交稿件，系统会自动对稿件进行格式检查和初步分类，投稿成功后，作者可以在系统中实时跟踪稿件的处理进度，包括稿件是否已被接收、是否已分配编辑、审稿人是否已接收稿件等。编辑在收到稿件后，通过数字化平台可以方便地对稿件进行分配、跟踪和管理，平台提供了丰富的功能，如稿件分配规则设置、审稿人数据库管理、评审意见模板生成等，大大提高了编辑的工作效率。编辑可以根据稿件的内容和期刊的要求，快速选择合适的审稿人，通过系统在线发送审稿邀请，审稿人可以在系统中在线查阅稿件，提交评审意见，还可以与编辑和作者进行在线沟通和交流。

二、创新驱动层面

科研数据来源广泛且形式多样，传统的科研管理模式难以全面、有效地收集和整合这些数据，在数字化转型过程中，科研管理系统能够借助各类数字化工具和平台，实现对科研数据的全方位收集，这些数据涵盖了科研项目的申报信息、研究过程中的实验数据、科研人员的学术成果（如论文发表、专利申请等）、学术会议的参与情况以及国内外科研动态资讯等。以某综合性大学的科研管理为例，该校建立了一套完善的科研数据收集系统，该系统不仅与校内各学院、科研机构的管理系统对接，实时获取科研项目的进展数据和人员信息，还通过网络爬虫技术，从知名学术数据库、科研社交平台等渠道收集国内外相关领域的前沿研究成果和热点话题，通过这种多元收集方式，学校能够全面掌握科研动态，为后续的数据分析和决策提供丰富的数据基础。在此基础上大数据分析技术凭借其强大的数据处理和分析能力，对科研数据进行深度挖掘，运用数据挖掘算法、机器学习模型等技术手段，对科研数据进行关联分析、趋势预测和聚类分析等。例如在分析科研项目的资助情况与成果产出关系时，大数据分析可以找出不同学科领域、不同资助强度下科研项目的成功率、成果影响力等指标之间的关联。通过对这些关联关系的深入理解，科研管理部门可以制定更加科学合理的资助政策，提高科研资源的配置效率。

基于大数据分析的结果，科研管理部门能够做出更加科学、精准的决策，在科研项目的布局方面，通过对科研热点和趋势的分析，及时调整科研项目的资助方向和重点。如果大数据分析显示人工智能与医疗健康交叉领域的研究热度持续上升且具有广阔的应用前景，科研管理部门可以加大对该领域的项目资助力度，引导科研人员开展相关研究，抢占科研创新的制高点。

科研人员在开展研究工作时，需要查阅大量的文献资料，传统的文献检索方式效率较低，难以满足科研人员对精准、快速获取文献的需求，人工智能驱动的文献检索与推荐系统的出现，极大地改变了这一现状。以 Web of Science 等学术数据库平台为例，其不断优化人工智能算法，实现了智能文献检索，科研人员在检索文献时，系统能够通过自然语言处理技术理解科研人员的研究需求，对关键词进行语义分析，从而快速准确地从海量文献数据库中筛选出相关度高的文献。系统还会根据科研人员的浏览历史、下载记录、收藏偏好等多维度数据，构建用户兴趣画像，为其提供个性化的文献推荐服务。

人工智能技术还能够对科研项目管理流程进行智能化优化，在项目申报阶段，人工智能系统可以对历史项目申报数据进行分析，总结成功项目的共性特征和关键要素，为科研人员提供项目申报的模板和指导建议。通过对申报书的文本内容进行分析，评估项目的创新性、可行性和研究价值，帮助科研管理部门在初审阶段快速筛选出具有潜力的项目。在项目执行过程中，人工智能可以实时监测项目的进展情况，通过对实验数据、研究进度等信息的分析，预测项目可能出现的问题和风险，及时发出预警。例如某科研项目在进行实验过程中，人工智能系统通过对实验数据的实时分析，发现数据出现异常波动，预测可能是实验设备出现故障或实验方法存在问题，科研团队及时收到预警后，对实验设备进行检查和调试，调整实验方法，避免了项目延误。在项目验收阶段，人工智能可以辅助评审人员对科研成果进行评估，通过对科研成果的相关数据，如论文引用次数、专利实施情况、成果转化效益等进行分析，为评审人员提供客观的评估依据，提高项目验收的公正性和准确性。

随着数字化技术的发展，开放获取出版模式逐渐兴起并得到广泛关注，传统的期刊出版模式通常采用订阅制，读者需要支付订阅费用才能获取期刊内容，这种模式在一定程度上限制了学术成果的传播范围和影响力。

开放获取出版模式打破了这种限制，通过互联网平台，使科研成果能够免费、无障碍地被全球读者获取，期刊出版单位可以通过多种方式实现开放获取，如金色开放获取，即作者在论文发表时支付出版费用，论文发表后立即在网上免费供读者阅读；绿色开放获取，即作者将论文的预印本或最终版本存放在开放获取仓储库中，供读者免费获取。以 PLoS（Public Library of Science）系列期刊为代表，它们采用金色开放获取模式，致力于推动科学研究的开放性和可及性，这些期刊发表的论文涵盖了生命科学、医学、物理学等多个领域，全球科研人员和公众都可以免费阅读和下载，开放获取出版模式的兴起促进了学术知识的广泛传播和共享，加速了科研创新的步伐。

数字优先出版模式是期刊出版数字化转型的另一个重要创新，在传统出版模式下，期刊的出版周期较长，从论文投稿到最终印刷出版需要数月甚至数年的时间，导致科研成果的发布滞后，无法及时满足科研人员对最新研究动态的需求。而数字优先出版模式则打破了这种时间限制，论文在经过同行评审和编辑加工后，首先以数字形式在网络上快速发表，这种出版模式大大缩短了论文的发表周期，使科研成果能够在第一时间被学术界知晓，例如一些知名学术期刊在采用数字优先出版模式后，论文从投稿到在线发表的时间缩短至数周甚至更短。以《自然》（Nature）杂志为例，它推出了数字优先出版平台，对于具有重要科学价值的研究论文，在完成同行评审和编辑流程后，立即在平台上发布，读者可以通过网络及时获取这些最新的研究成果，了解科研前沿动态，其不仅提高了学术成果的传播速度，还增强了期刊的竞争力和影响力。

在数字化时代，期刊出版单位开始积极探索合作出版与跨界融合的创新模式，在合作出版方面，不同期刊出版单位之间通过资源共享、优势互补，共同推出高质量的学术期刊或专题出版物。例如一些高校图书馆与学术出版机构合作，整合双方的学术资源和出版经验，共同打造具有特色的学术期刊，提升期刊的学术水平和影响力。在跨界融合方面，期刊出版单位与科研机构、企业等不同领域的主体开展合作，实现产学研用的深度融合，例如一些工程技术类期刊与相关企业合作，发表企业在技术研发、产品创新等方面的研究成果，同时为企业提供技术交流和推广的平台，这种跨界融合的出版模式，不仅丰富了期刊的内容，还促进了科研成果的转化和应用，推动了产业的创新发展。

随着移动互联网技术的发展，读者对期刊内容的呈现形式提出了更高的要求，传统的以文字和图片为主的内容呈现形式已难以满足读者的需求，期刊出版单位开始尝试采用多媒体融合的方式呈现科研成果，除了传统的文字和图片外，还增加了视频、音频、动画等多媒体元素。例如一些医学期刊在发表研究论文时，同时附上相关的手术视频、病例讲解音频等，帮助读者更好地理解和应用研究成果。在生物学领域，一些期刊通过动画演示的方式展示复杂的生物分子结构和生命过程，使抽象的科学知识变得更加生动、直观。这种多媒体融合的内容呈现形式极大提升了读者的阅读体验，增强了科研成果的传播效果。

三、安全风险维度

在数字化时代，科研数据大多存储于各类电子存储设备和云端服务器中，传统的集中式存储架构虽然便于管理，但存在单点故障的风险，一旦存储设备出现硬件故障、软件错误或遭受物理损坏，如硬盘损坏、服务器崩溃等，存储在其中的科研数据可能面临丢失或无法访问的困境。例如某科研团队将多年积累的实验数据存储在一台本地服务器上，由于服务器的硬盘突然发生故障，且未及时进行有效的数据备份，导致大量珍贵的实验数据永久丢失，使正在进行的科研项目陷入停滞，前期投入的大量人力、物力和时间付诸东流。随着云计算技术的广泛应用，越来越多的科研机构选择将数据存储在云端，虽然云端存储具有高扩展性、低成本等优势，但也带来了新的风险，云服务提供商的安全管理水平参差不齐，如果其安全防护措施不到位，可能导致数据泄露。此外，不同云服务之间的数据迁移也存在风险，在迁移过程中数据可能会被窃取或损坏，例如某知名云存储服务曾因安全漏洞被黑客攻击，导致存储在该平台上的多个科研机构的数据被泄露，涉及科研项目的核心数据、科研人员的个人信息等，给相关方造成了极大的损失。

科研数据在传输过程中同样面临诸多安全威胁，无论是通过内部网络还是外部网络进行数据传输，都可能遭受网络监听、中间人攻击等，在内部网络中，如果网络安全配置不当，如未对网络进行合理分段、未设置有效的访问控制策略，内部人员可能通过网络嗅探工具获取敏感的科研数据。例如某科研机构内部网络中，一名员工利用网络嗅探工具，窃取了正在传输的科研项目关键数据，并将其出售给竞争对手，给科研机构带来了巨大的经济损失和竞争劣势。在外部网络传输中，数据面临的风险更为复杂，黑客可能通过在网络传输路径上设置恶意节点，实施中间人攻击，篡改或窃取数据。例如当科研人员通过互联网将科研数据传输给合作机构时，黑客可能拦截数据传输请求，伪装成接收方与发送方进行通信，获取数据内容后再转发给真正的接收方，整个过程发送方和接收方都难以察觉，从而导致数据泄露和篡改。此外，无线网络传输的安全性相对较低，容易受到信号干扰和破解，科研人员在使用无线网络传输数据时需格外谨慎。

科研数据的安全不仅受到外部威胁，内部人员的操作也可能带来风险，科研人员和管理人员在日常工作中，由于对数据安全的重要性认识不足、操作技能不熟练或疏忽大意，可能会发生误操作，如误删除数据、误修改数据内容等。例如某科研人员在整理实验数据时，误删除了一个包含重要实验结果的文件夹，且该文件夹没有及时备份，导致后续的研究工作无法顺利进行，需要重新进行实验，耗费了大量的时间和资源。

合理的权限管理是保障科研数据安全的重要手段，但在实际操作中，权限管理混乱和滥用的情况时有发生，许多科研机构在权限分配上缺乏科学的规划和严格的审批流程，导致部分人员拥有过高的权限，超出了其工作所需，例如一些科研项目成员被赋予了对整个项目数据的完全读写权限，一旦这些人员的账号被盗用或出现违规行为，整个项目的数据安全将受到严重威胁。

黑客攻击是科研管理中面临的主要外部安全威胁之一，其攻击手段日益多样化和复杂，常见的黑客攻击方式包括分布式拒绝服务（DDoS）攻击、SQL注入攻击、漏洞利用攻击等。恶意软件也是科研数据安全的一大威胁，常见的恶意软件包括病毒、木马、勒索软件等，在科研管理中，恶意软件可能通过多种途径传播，如电子邮件附件、移动存储设备、恶意网站等，科研人员在日常工作中可能会收到来自不明来源的电子邮件，其中包含恶意软件附件。如果科研人员不慎点击下载并运行该附件，恶意软件就会感染其计算机系统，并可能进一步传播到科研机构的内部网络中。

在数字化时代，期刊出版的版权保护面临着前所未有的挑战，侵权行为呈现出多样化的特点，论文抄袭和盗用现象日益严重，借助数字化工具，抄袭者可以轻松地从网络上获取大量的学术资源，并通过复制、粘贴等手段拼凑成自己的论文。而且抄袭者还可能对原文进行改写、翻译等处理，使其抄袭行为更加隐蔽，难以被发现，例如一些不法分子通过网络爬虫技术，从多个学术期刊网站上抓取论文内容，经过简单的文字处理后，投稿到其他期刊，这种行为不仅侵犯了原作者的版权，也破坏了学术出版的公正性和严肃性。在互联网环境下，学术论文的传播变得极为便捷，一些网站或个人可能未经期刊出版单位和作者的授权，将论文以电子文档、PDF文件等形式在网络上传播，供他人免费下载和阅读，这种行为严重损害了期刊出版单位的利益，影响了期刊的正常运营和发展。例如一些非法学术资源网站大量收集和传播各类学术期刊的论文，这些网站不仅没有向期刊出版单位和作者支付任何费用，还通过广告等方式获取经济利益，导致期刊的订阅量和影响力下降。

期刊网站作为期刊出版的重要平台，面临着诸多安全漏洞和攻击风险，常见的安全漏洞包括跨站脚本（XSS）漏洞、文件上传漏洞、权限管理漏洞等，XSS漏洞允许攻击者在网站页面中注入恶意脚本，当用户访问该页面时，恶意脚本会在用户的浏览器中执行，从而窃取用户的敏感信息，如登录账号、密码等。文件上传漏洞则可能导致攻击者上传恶意文件到期刊网站的服务器上，获取服务器的控制权，进而篡改网站内容、窃取稿件数据等。期刊网站还容易遭受各种类型的攻击，如 DDoS 攻击、SQL 注入攻击、CC（Challenge Collapsar）攻击等，DDoS 攻击会使期刊网站无法正常访问，影响读者的阅读体验和作者的投稿积极性。SQL 注入攻击可能导致期刊网站的数据库被攻击，稿件数据、读者信息等被窃取或篡改。CC 攻击则是攻击者通过控制大量的傀儡机，向期刊网站发送大量的 HTTP 请求，耗尽服务器的资源，使网站无法正常响应合法用户的请求。

期刊出版单位在运营过程中会收集大量的读者信息，如姓名、联系方式、邮箱地址、订阅记录等，这些信息一旦泄露，不仅会对读者的个人隐私造成侵犯，还可能被不法分子用于诈骗、垃圾邮件发送等违法活动，期刊网站的安全漏洞、内部人员的违规操作以及外部黑客的攻击都可能导致数据泄露。例如某期刊网站由于安全漏洞被黑客攻击，黑客获取了该网站的用户数据库，其中包含了大量读者的个人信息，黑客将这些信息出售给第三方，导致读者不断收到各种垃圾邮件和诈骗电话，给读者带来了极大的困扰，此外，期刊出版单位内部人员如果对读者信息管理不善，如随意泄露读者信息、将读者信息用于其他商业目的等，也会损害读者的利益和期刊的声誉。

四、人员适应挑战方面

在数字化科研管理中，数据分析成为关键环节，通过对科研项目申报数据、研究成果数据、科研人员绩效数据等多维度数据的分析，能够为科研决策提供科学依据，优化科研资源配置，而部分科研管理人员在数据分析技能方面存在明显短板，仅停留在简单的数据统计层面，如计算项目数量、成果数量等，对于更深入的数据分析方法和工具，如数据挖掘、机器学习算法、统计分析软件（如 SPSS、R 语言等）的应用，知之甚少。例如在评估科研项目的资助效果时，需要运用数据分析来探究资助金额与项目成果质量、创新性之间的关系，缺乏数据分析技能的管理人员，难以从大量的项目数据中挖掘出有价值的信息，无法为科研资助政策的调整提供有力支持，导致科研资源的分配可能不够合理，影响科研项目的整体成效。

数字化科研管理依赖于各类科研管理信息系统，这些系统涵盖项目申报系统、科研成果管理系统、科研人员信息管理系统等，部分科研管理人员对这些系统的操作不够熟练，在系统推广初期，常常出现诸如申报材料上传错误、数据查询不准确、系统功能使用不当等问题。当系统出现一些小故障或需要进行简单的参数调整时，他们缺乏基本的系统维护能力，只能依赖技术人员解决，这不仅延误了工作进度，也增加了技术支持的成本。例如在使用科研项目申报系统时，由于不熟悉系统的流程设置，管理人员可能无法及时处理申报过程中的异常情况，导致科研人员的申报体验不佳，甚至影响项目申报的时效性。

长期以来，科研管理形成了一套传统的管理思维模式，注重流程审批、文件管理等事务性工作，以人工审核和纸质文件流转为主要工作方式，在数字化转型过程中，这种传统思维模式成为阻碍。一些管理人员习惯于按照既定的流程和规则进行工作，对数字化带来的灵活性和创新性认识不足。例如在项目审批环节，传统思维强调层层审批、纸质签字，而数字化系统可以实现在线审批、电子签名，大大提高审批效率。但部分管理人员因担心电子流程的安全性和规范性，仍然坚持传统的审批方式，导致数字化系统的优势无法充分发挥，延缓了科研管理数字化的进程。

数字化科研管理倡导数据驱动的决策模式，即通过对海量科研数据的分析，发现潜在的科研趋势和问题，从而做出科学合理的决策，部分科研管理人员数据驱动决策意识淡薄，更倾向于依靠经验和主观判断进行决策。例如在制定科研项目规划时，没有充分利用数据分析结果来确定重点支持领域和项目方向，而是凭借以往的经验和对科研热点的大致了解进行决策。这种决策方式缺乏科学性和精准性，可能导致科研项目规划与实际科研需求和发展趋势脱节，影响科研资源的有效利用和科研创新的推进。

随着数字化转型的深入，大数据、人工智能、区块链等新兴技术逐渐应用于科研管理领域，这些技术为科研管理带来了新的方法和手段，如人工智能辅助的科研项目评审、区块链技术保障科研数据的安全存储和共享等。部分科研管理人员对这些新兴技术知识匮乏，不了解其基本原理和应用场景，更难以将其应用于实际工作中。科研管理领域的政策和行业动态不断变化，数字化转型也促使相关政策和规范进行调整和完善，部分科研管理人员未能及时关注和学习这些变化，导致在工作中无法准确把握政策方向，影响科研管理工作的合规性和有效性。

数字化出版平台已成为期刊出版的核心工具，涵盖在线投稿系统、审稿系统、排版系统以及数字发行平台等，部分编辑和出版人员对这些平台的操作不够熟练，在使用过程中遇到诸多问题。

在在线投稿系统中，可能无法准确指导作者进行稿件提交，导致作者投稿失败或稿件格式不符合要求；在审稿系统中，不能充分利用系统的功能进行高效的稿件分配、进度跟踪和意见汇总；在排版系统方面，对于数字化排版工具的使用不够熟练，无法快速完成高质量的排版工作，影响期刊的出版周期。例如某编辑在使用新的在线审稿系统时，由于不熟悉系统的操作流程，未能及时将稿件分配给合适的审稿人，导致审稿周期延长，作者和审稿人都产生了不满。

数字化出版要求期刊内容呈现形式多样化，除了传统的文字和图片，还包括视频、音频、动画等多媒体元素，这就需要编辑和出版人员具备一定的多媒体内容编辑与整合能力。但现实情况是，部分人员缺乏相关的技术和经验，在处理多媒体内容时力不从心，例如在制作一个关于科研成果的视频介绍时，由于不熟悉视频剪辑软件的操作，无法将科研实验过程、研究成果展示等内容进行有效的剪辑和整合，导致视频质量低下，无法达到预期的传播效果。在将多媒体内容与期刊的纸质或数字版面进行整合时，也可能出现格式不兼容、显示效果不佳等问题。

针对科研管理和期刊出版领域人员的不同需求，制定定制化的培训课程体系。对于科研管理人员，设置数据分析基础与应用、科研管理信息系统操作与维护、新兴技术在科研管理中的应用等课程；对于期刊编辑和出版人员，开设数字化出版平台操作技巧、多媒体内容编辑与制作、新媒体营销与读者互动等课程。培训课程应注重理论与实践相结合，通过案例分析、实际操作演练等方式，提高人员的学习效果。例如在数据分析培训课程中，以科研项目数据为案例，让管理人员亲自动手进行数据挖掘和分析，掌握数据分析工具的使用方法，在数字化出版平台操作培训中，安排编辑和出版人员在实际的出版平台上进行操作练习，熟悉平台的各项功能。

在科研管理部门和期刊出版单位内部，营造数字化学习与创新的文化氛围。通过组织内部培训、经验分享会、创新竞赛等活动，鼓励员工学习数字化技术，分享数字化转型过程中的经验和成果，激发员工的创新意识和创新能力。例如定期举办科研管理数字化创新经验分享会，让在数字化项目管理、数据驱动决策等方面取得成效的管理人员分享自己的经验和做法，在期刊出版单位开展数字化出版创新竞赛，鼓励编辑和出版人员提出创新性的出版思路和方法，对优秀的创新方案给予奖励和推广。

对科研管理和期刊出版的管理流程进行优化，使其更加适应数字化转型的需求，简化繁琐的审批流程，充分发挥数字化系统的自动化和智能化优势，建立以数字化能力和创新成果为导向的激励机制，对在数字化转型过程中表现突出的人员给予表彰和奖励。例如在科研项目审批流程中，减少不必要的人工环节，利用数字化系统实现自动审核和快速审批，在期刊出版单位，将编辑的数字化技能提升、新媒体运营成果等纳入绩效考核体系，对在数字化出版方面做出突出贡献的编辑给予晋升、奖金等奖励，激励员工积极适应数字化转型。

第三节　数字化转型的实施路径

一、规划与准备阶段

科研项目申报是科研管理的起始点，其流程的合理性与效率直接影响着科研人员的积极性以及科研项目的推进速度。在传统模式下，许多科研机构的项目申报依赖纸质材料，申报表格设计往往不够科学，存在大量重复填写的信息，这不仅加重了科研人员的负担，还容易因人为疏忽导致信息错误。以某大型科研院所为例，其项目申报表格中关于科研人员基本信息、过往研究成果等内容，在不同的申报项目中都需重复填写，这使得科研人员在准备申报材料时耗费大量时间和精力。纸质材料的递交方式使得申报材料在各部门之间流转缓慢，容易出现丢失或损坏的情况，据统计，该科研院所每年因申报材料流转问题导致申报延误的项目占比达到10%左右，严重影响了科研项目的按时启动。此外，申报信息的收集和整理主要依靠人工操作，效率低下且难以进行有效的数据分析，科研管理部门在接收申报材料后，需要人工逐一录入信息，这一过程不仅耗时费力，还容易出现录入错误。而且由于缺乏有效的信息管理系统，科研管理部门难以对申报数据进行实时分析，无法及时了解申报项目的整体情况，如申报项目的学科分布、研究热点趋势等，对于科研资源的合理配置和科研项目的科学规划极为不利。

在科研项目执行阶段，对项目进度的有效跟踪和资源的合理分配是确保项目顺利完成的关键，传统的项目执行管理方式存在诸多弊端，多数科研机构对项目进度的跟踪主要依赖项目负责人定期提交的纸质报告，这种方式存在明显的信息滞后性。一般情况下，项目负责人按季度或半年提交报告，在报告提交的间隔期内，科研管理部门很难及时掌握项目的实际进展情况。例如某科研项目在执行过程中遇到实验设备故障的问题，但由于项目负责人未能及时向科研管理部门反馈，等到季度报告提交时，问题已经延误了项目进度达一个月之久，给项目带来了较大损失。

资源分配的合理性也缺乏科学依据，科研资源的分配往往基于经验和初步的项目规划，在项目执行过程中，由于缺乏对项目实际需求的实时了解，资源分配可能无法满足项目的实际进展。例如某科研项目在实验阶段需要大量的实验耗材，但由于资源分配计划未能及时根据项目实际需求进行调整，导致实验耗材短缺，项目被迫暂停等待耗材补充，严重影响了项目的推进效率，传统的资源管理方式难以对资源的使用情况进行有效监控，容易出现资源浪费或滥用的情况。

投稿环节是期刊出版与作者沟通的第一站，其便捷性和稳定性直接影响作者的投稿意愿，许多学术期刊的投稿系统存在设计缺陷，界面复杂难懂，操作流程繁琐。例如某知名学术期刊的投稿系统，作者在注册账号时需要填写大量不必要的信息，而且注册流程缺乏明确的引导，导致很多作者在注册环节就遇到困难。在上传稿件时，系统对稿件格式的要求过于严格，且缺乏有效的格式转换工具，作者经常需要花费大量时间对稿件格式进行调整，投稿系统的技术稳定性不足，经常出现上传中断、系统卡顿等问题，据不完全统计，该期刊每月因投稿系统问题导致投稿失败或延误的稿件达到5%左右，这使得作者对期刊的印象大打折扣，甚至可能导致优质稿件流失。

投稿系统与作者之间的沟通机制也不够完善，作者在投稿后难以实时了解稿件的处理进度，只能通过邮件或电话向期刊编辑部询问，这不仅增加了作者的沟通成本，也容易出现信息不准确或延误的情况。而且期刊编辑部在收到投稿后，对稿件的初步审核反馈时间较长，很多作者在投稿后数周甚至数月都得不到任何回复，这使得作者对投稿结果充满不确定性，影响了作者的投稿积极性。

科研管理的短期目标聚焦于解决科研管理中最迫切的问题，即优化科研项目申报流程，通过建立高效的线上申报系统，实现申报流程的自动化和智能化，该系统应具备简洁明了的申报表格设计，能够自动提取科研人员已有的信息，避免重复填写。同时引入电子签名和在线提交功能，确保申报材料的快速传递和安全存储，目标是将科研项目申报周期从原来的平均三个月缩短至一个月以内，大大提高申报效率。中期目标着眼于构建全面的科研项目管理平台，实现对项目从立项到结题的全过程动态监控。该平台应整合项目申报、执行、监控、结题等各个环节的管理功能，通过大数据分析和人工智能技术，为项目管理提供科学决策支持。在项目执行阶段，平台能够实时跟踪项目进度，自动预警潜在风险，如项目进度滞后、经费超支等，并根据项目的实际需求，优化资源分配，提高资源利用效率。长期目标致力于利用大数据和人工智能技术，为科研决策提供精准支持，促进科研创新，提高科研成果的转化率，通过对全球科研数据的分析，挖掘潜在的科研热点和趋势，为科研项目的选题和布局提供参考。利用人工智能技术，辅助科研人员进行实验设计、数据分析等工作，提高科研效率和创新能力，搭建科研成果转化平台，加强科研机构与企业之间的合作，推动科研成果的商业化应用。

期刊出版数字化转型的短期目标旨在提升作者投稿体验和审稿效率，优化投稿系统，使其界面简洁、操作便捷，具备智能格式检测和转换功能，确保投稿成功率达到95%以上。建立在线审稿平台，实现审稿流程的规范化和透明化，该平台应具备智能审稿专家推荐功能，根据稿件的研究领域和关键词，自动匹配最合适的审稿专家。目标是将审稿周期缩短至原来的一半，提高期刊的出版效率。中期目标是打造数字化编辑排版系统，实现内容的多格式输出，满足不同读者的阅读需求，该系统应具备强大的多媒体编辑功能，能够将文字、图片、视频、音频等多种元素进行融合排版，为读者提供丰富的阅读体验。同时拓展发行渠道，除了传统的纸质发行和网站发行外，加强与移动阅读平台、学术数据库等的合作，提高期刊的发行量和影响力。长期目标是通过数字化转型，使期刊成为所在领域的领先学术传播平台，引领学术潮流，推动学科发展，建立完善的学术社区，促进作者、读者和审稿专家之间的互动交流，形成良好的学术生态。利用大数据分析和人工智能技术，深入了解读者需求，为读者提供个性化的学术服务，加强国际合作与交流，提升期刊的国际影响力，成为国际学术界认可的重要学术期刊。

二、试点与优化阶段

在科研管理数字化转型的试点范围选择上，充分考虑学科特性与项目类型是关键，以某大学为例，选择计算机科学领域的横向科研项目作为试点具有多方面的优势，计算机科学领域作为前沿学科，技术更新换代迅速，科研项目往往具有创新性强、应用导向明确的特点。横向科研项目则涉及科研机构与企业等多方合作，在项目管理上需要协调不同主体的利益和需求，管理流程相对复杂。

这些项目在执行过程中需要频繁地进行技术交流、成果共享以及进度协调，通过对这类项目进行数字化管理试点，全面检验数字化系统在处理复杂项目流程、保障数据安全共享并促进多方协同合作等方面的能力。例如在项目的技术交流环节，数字化系统能否提供高效的在线沟通平台，确保各方及时准确地交流技术难题与解决方案；在成果共享方面，系统能否对不同格式的科研成果进行有效管理和安全传输，满足企业对技术成果的应用需求；在进度协调上，能否通过实时数据监控和预警机制，保障项目按时交付。

选择新设立的青年科研基金项目作为试点也具有重要意义，青年科研人员作为科研队伍的新生力量，具有创新思维活跃、对新技术接受度高的特点，但同时在科研项目管理经验上相对不足。青年科研基金项目通常旨在支持青年科研人员开展创新性研究，项目规模相对较小，但对于培养青年科研人才、推动学科发展具有重要作用。通过对青年科研基金项目进行数字化管理试点，可以为青年科研人员提供便捷高效的项目管理工具，帮助他们更好地组织科研活动、规划研究进度、管理科研资源。借此机会收集青年科研人员对数字化管理系统的反馈意见，了解他们在科研项目管理中的实际需求和痛点，为系统的优化改进提供方向。例如青年科研人员可能更注重系统的易用性和交互性，希望能够通过简洁直观的界面快速完成项目申报、进度更新等操作，他们也可能对科研资源的获取和共享有较高需求，期望数字化系统能够整合各类科研资源，为他们的研究提供支持。

在期刊出版数字化转型中，选择某一特色栏目进行试点是一种明智的策略，以某综合性学术期刊选择"人工智能前沿"栏目为例，该栏目聚焦热门研究领域，具有独特的优势。首先，人工智能作为当前科技发展的热点领域，受到广泛关注，稿件来源丰富且具有较高的学术质量和创新性。对该栏目进行数字化出版试点，能够吸引更多优秀作者投稿，提升期刊在该领域的影响力。其次，特色栏目在期刊中具有相对独立的板块和定位，对其进行试点可以在相对较小的范围内快速验证数字化出版流程的可行性和优势。例如在投稿环节，通过优化后的在线投稿系统接收"人工智能前沿"栏目的稿件，能够检验系统在处理特定领域稿件时的专业性和便捷性，在审稿环节利用在线审稿平台邀请该领域的专家进行评审，可以评估平台在匹配专业审稿人、保障审稿公正性和效率方面的表现，在编辑排版和发行环节，能够探索如何更好地呈现该领域复杂的图表、公式等内容，以及通过数字化发行渠道扩大该栏目的传播范围。

选择不同主题和风格的期刊期数进行试点可以更全面地了解数字化出版流程在适应多样化内容方面的表现，比如一期侧重于理论研究的期刊和一期侧重于应用实践的期刊，在内容呈现、审稿重点和读者需求上可能存在差异，通过对这两类期刊期数进行试点，可以发现数字化出版流程在不同情况下的优势和不足，从而有针对性地进行优化。此外，还可以选择具有代表性的期刊期数，如创刊周年纪念刊或年度精选刊，通过对这些具有特殊意义的期刊期数进行试点，提升数字化出版的影响力和示范效应。

在科研项目试点中，新搭建的数字化科研项目申报系统成为核心工具。科研人员通过该系统提交项目申报材料，系统的智能化功能使其在申报流程中发挥关键作用，不仅能够自动对申报材料进行格式检查，确保申报书的字体、字号、行距、页码等格式符合要求，还能对关键信息进行完整性检查，如项目负责人信息、研究目标、研究内容等是否填写完整。通过自然语言处理技术，系统能够对申报项目的创新性和可行性进行初步分析，从申报书中提取关键技术、研究思路等信息，并与已有的科研成果数据库进行比对，评估项目的创新性，同时分析研究方法的合理性、预期成果的可实现性等因素，对项目的可行性进行判断。例如对于一个基于新型算法的人工智能科研项目申报，系统可以通过对算法的创新性、应用前景以及与现有技术的对比分析，给出初步的评估意见，为后续的专家评审提供参考。

在期刊出版试点中，投稿与审稿流程的数字化升级是关键环节。作者通过优化后的在线投稿系统提交稿件，系统首先进行相似度检测，利用先进的文本比对算法，系统能够快速将投稿稿件与已发表文献数据库进行比对，初步筛选出存在抄袭嫌疑的稿件，这一功能有效遏制了学术不端行为，提高了期刊的学术质量。编辑收到投稿后，通过在线审稿平台将稿件分配给合适的审稿专家，在线审稿平台利用大数据分析和人工智能技术，根据稿件的研究领域、关键词以及审稿专家的专业领域、审稿历史和评价等信息，实现智能匹配。例如对于一篇关于人工智能图像识别的稿件，平台可以快速筛选出在该领域具有丰富研究经验和良好审稿记录的专家，并向其发送审稿邀请。审稿专家可以在平台上在线阅读稿件并提交评审意见。平台提供了便捷的批注和评论功能，方便专家对稿件进行详细的评审。编辑能够实时跟踪审稿进度，对于逾期未提交评审意见的专家，平台会自动发送提醒，还可以在平台上与审稿专家进行沟通交流，询问审稿过程中的疑问，确保评审意见的准确性和公正性。

针对科研管理系统中操作不便捷的问题，技术团队对界面进行了重新设计，采用简洁直观的界面布局，将常用功能按钮放置在显眼位置，如申报、进度更新、资源申请等功能按钮，方便科研人员快速找到，优化信息填写的交互方式，采用下拉菜单、自动填充等功能，减少科研人员的手动输入。例如在项目申报书中，科研人员的基本信息可以通过系统与个人信息库对接，自动填充，避免重复填写，在选择研究领域和关键词时，提供下拉菜单选项，方便科研人员准确选择。

针对审稿平台功能不完善的问题，技术人员对平台进行了升级，增加提醒功能，除了在审稿专家逾期未提交评审意见时发送提醒外，还在收到新投稿、需要补充评审意见等关键节点发送提醒，提醒方式多样化，包括短信、邮件、系统内消息等，确保审稿专家能够及时收到通知。

三、全面推进阶段

在科研管理数字化转型的全面推进阶段，首要任务是将试点成功的数字化科研项目管理系统推广至所有科研项目类型。纵向科研项目如国家自然科学基金项目，作为国家在基础研究和应用基础研究领域支持科研工作的重要渠道，具有严格的申报要求、评审标准以及复杂的研究过程管理。将数字化管理系统应用于此类项目，借助系统的智能化审核功能，精准比对申报书与基金项目指南要求，确保申报材料符合规范，提高申报成功率。对于国家社会科学基金项目，因其研究内容涉及社会科学多个领域，注重研究成果的社会价值和影响力，数字化管理系统可通过数据分析挖掘社会热点问题，为项目选题提供参考，同时在项目执行过程中实时跟踪研究进展与成果产出，助力项目朝着预期目标顺利推进。

各类校级科研项目同样是科研管理的重要组成部分。这些项目通常聚焦学校的特色学科发展和教师的科研能力提升，具有项目数量多、研究方向分散的特点，数字化科研项目管理系统能够实现对校级科研项目的集中管理，从项目申报、立项评审到中期检查、结题验收，各个环节都能在系统中高效完成。例如系统可根据学校的学科布局和发展规划，对申报项目进行智能分类和评审专家分配，确保评审过程的科学性和公正性，在项目执行过程中，通过实时监控和预警功能，及时发现项目进展中的问题，为项目负责人提供针对性的建议和支持。

除了覆盖各类科研项目，数字化管理还向科研人员管理和科研成果管理领域深度延伸，建立科研人员数据库，整合科研人员的基本信息，包括姓名、职称、研究方向、联系方式等，以及他们的科研成果，如发表的论文、申请的专利、主持或参与的科研项目等。通过对这些信息的全面管理，科研管理部门能够清晰了解每位科研人员的科研实力和发展动态，为科研团队组建、项目合作推荐提供有力依据。利用大数据分析技术，对科研人员的学术影响力进行评估，如通过论文引用次数、H指数等指标，为科研人员的绩效考核、职称评定等提供客观的数据支持。

在期刊出版领域，全面推进数字化转型意味着将数字化出版流程应用到期刊的所有栏目和期次，从投稿环节开始，所有作者都能通过便捷的在线投稿系统提交稿件。在线投稿系统界面设计简洁直观，操作流程清晰明了，作者只需按照系统提示填写稿件基本信息，上传稿件文件，系统即可自动进行格式检查和初步审核。对于不符合格式要求的稿件，系统会及时给出详细的提示信息，指导作者进行修改，大大提高了投稿效率和质量。

在审稿环节，所有审稿专家都在统一的在线审稿平台上进行评审，平台具备智能匹配功能，根据稿件的研究领域、关键词以及审稿专家的专业领域、审稿历史和评价等信息，为每篇稿件精准匹配最合适的审稿专家。审稿专家在平台上可以在线阅读稿件，使用批注工具对稿件进行详细的评审，提出修改意见和建议。同时平台支持审稿专家之间的在线交流和讨论，对于一些有争议的问题，能够及时进行沟通和协调，确保审稿过程的公正性和专业性。

为了扩大期刊的传播范围，在全面推进阶段，数字化发行渠道得到进一步拓展，除了期刊官方网站和移动阅读应用外，与知名学术数据库合作成为重要举措。知名学术数据库如中国知网、万方数据等，拥有庞大的用户群体和广泛的传播渠道，期刊与这些数据库合作，将期刊内容上传至数据库平台，读者可以通过数据库的检索系统，方便地查询和获取期刊论文，不仅提高了期刊的曝光度，还为读者提供了更多获取期刊内容的途径。

此外也要积极探索新兴的数字化发行渠道，如社交媒体平台、专业学术社区等，通过在社交媒体平台上发布期刊文章的摘要、亮点内容和链接，吸引用户的关注和阅读，在专业学术社区中，与同行学者进行互动交流，分享期刊的最新研究成果，提高期刊在学术圈的影响力，利用数据分析工具，对不同发行渠道的传播效果进行监测和分析，根据读者的阅读行为和反馈，优化期刊的发行策略，提高期刊的传播效率和影响力。

在科研管理方面，资源整合是全面推进数字化转型的关键环节。建立统一的科研资源管理平台，将科研项目资源、科研人员资源、科研设备资源等进行集中管理，在科研项目资源管理方面，平台整合了各类科研项目的信息，包括项目申报书、任务书、研究进展报告、结题报告等，科研管理部门和项目负责人可以通过平台随时查阅项目的相关资料，了解项目的进展情况。同时，平台还对项目的经费使用情况进行实时监控，确保科研经费的合理使用。

对于科研人员资源，平台实现了对科研人员信息的全面整合和动态管理。科研人员可以在平台上更新自己的科研成果、参与的科研项目等信息，方便管理部门和其他科研人员了解其科研动态，平台还具备科研人员评价功能，通过对科研人员的科研成果、学术影响力、项目贡献等多维度数据的分析，为科研人员的绩效考核、职称评定等提供客观依据。

科研设备资源的整合也是资源管理平台的重要功能。将学校各个实验室的科研设备信息录入平台，包括设备名称、型号、购置时间、使用状态、维护记录等，科研人员可以通过平台查询设备的使用情况，预约使用时间，提高科研设备的共享和利用效率，根据设备的使用频率、维护需求等数据，为设备的采购、更新和维护提供决策支持。

在期刊出版领域，整合作者资源、审稿专家资源、编辑资源等，建立完善的数据库，实现资源的协同管理，作者数据库记录了作者的详细信息，包括姓名、单位、研究方向、投稿历史等。通过对作者投稿历史的分析，期刊编辑部可以了解作者的研究兴趣和写作风格，为组稿和约稿提供参考，对于一些高质量的作者，编辑部可以建立长期合作关系，邀请他们为期刊撰写专题文章或担任客座编辑。

审稿专家数据库则对审稿专家的专业领域、审稿表现、审稿效率等信息进行管理，运用数据分析使期刊编辑部根据稿件的研究领域和特点，精准选择最合适的审稿专家，提高审稿质量和效率，对于审稿表现优秀的专家，编辑部可以给予一定的奖励和荣誉，激励他们继续为期刊的发展贡献力量。编辑资源的整合主要体现在建立编辑工作平台，实现编辑工作的协同管理。编辑可以在平台上进行稿件分配、审稿进度跟踪、稿件编辑加工等工作，平台还支持编辑之间的在线交流和协作，对于一些复杂的稿件，不同编辑可以共同讨论，提出修改意见和建议，确保期刊内容的质量和专业性，整合期刊的内容资源，将过往发表的论文进行数字化整理和分类，建立全文数据库和专题数据库，方便读者进行检索和阅读。通过对期刊内容资源的深度挖掘和分析，编辑部还可以发现期刊的研究热点和发展趋势，为期刊的选题策划和栏目设置提供参考。

对科研管理的业务流程进行深度整合可以实现科研项目管理与科研成果管理、财务管理等流程的无缝对接，在科研项目管理流程中，将科研项目的申报、立项、执行、验收等环节与科研成果的管理流程紧密结合。例如在项目申报阶段，系统自动关联科研人员的过往科研成果，为项目申报提供支撑，在项目执行过程中，实时记录项目产生的阶段性成果，并将其纳入科研成果管理系统，在项目验收时，自动将项目最终成果录入成果管理系统，实现科研项目与科研成果的全流程管理。

在期刊出版方面将投稿、审稿、编辑排版、校对、发行等流程进行一体化整合，建立统一的数字化出版流程管理系统，作者投稿后，系统自动将稿件分配给相应的编辑，编辑根据稿件的研究领域和内容，选择合适的审稿专家进行评审。审稿专家的评审意见通过系统反馈给编辑，编辑根据评审意见与作者进行沟通，指导作者修改稿件。在编辑排版环节，编辑可以直接在系统中对修改后的稿件进行排版和编辑加工，校对人员在系统中获取编辑后的稿件进行校对。校对完成后，系统将稿件发送至发行部门，通过数字化发行渠道将期刊内容传播给读者。整个出版流程中，各个环节之间的信息实时共享和传递，避免了信息的重复录入和沟通不畅。例如在审稿环节，审稿专家提出的修改意见可以直接在系统中反馈给作者，作者修改后上传的稿件也能及时被编辑和审稿专家查看；在编辑排版和校对环节，编辑和校对人员可以在系统中实时交流，对稿件中的问题进行及时处理。通过一体化整合，大大提高了期刊出版流程的效率和协同性，确保期刊能够按时、高质量地出版发行。

四、持续改进阶段

人工智能在科研管理中的应用前景广阔，且处于快速发展阶段，以科研项目申请书的审核为例，早期的自然语言处理技术虽能实现初步的文本分类与关键信息提取，但在语义理解的深度和准确性上存在局限。如今随着 Transformer 架构的广泛应用，如 GPT 系列模型的不断迭代，语义理解能力大幅提升，科研管理部门可借助这些先进技术，对科研项目申请书进行更深入的分析，不仅能精准识别项目的研究内容、创新点，还能通过与海量科研文献数据库的对比，评估项目的创新性与可行性。例如利用最新的人工智能模型，能够在短时间内对大量申请书进行筛选，为评审专家提供详细的分析报告，包括申请书与现有研究的相似度、潜在的研究突破点等，极大提高审核效率与准确性，在科研项目执行过程中，人工智能还可用于预测项目进度、分析实验数据异常等，帮助科研管理部门提前发现问题并采取措施。

区块链技术以其去中心化、不可篡改、可追溯等特性，为科研数据的安全存储与共享带来新的解决方案，在科研数据存储方面，传统的集中式存储方式存在数据易被篡改、丢失风险高以及数据所有权不明确等问题。而区块链技术通过分布式账本，将科研数据存储在多个节点上，每个节点都保存完整的数据副本，确保数据的安全性和完整性。例如科研人员在进行实验数据记录时，数据可实时上传至区块链，一旦记录，无法被篡改，保证了数据的真实性，在数据共享方面，区块链的智能合约功能可实现数据的授权访问与共享。科研团队之间可以通过智能合约明确数据使用的权限和条件，只有满足特定条件的用户才能访问和使用数据，从而保障科研数据在安全的前提下实现高效共享。区块链技术还可用于科研成果的认证与追溯，确保科研成果的归属权和传播路径清晰可查。

增强现实（AR）和虚拟现实（VR）技术为期刊出版带来了全新的发展方向，虽目前应用尚处探索阶段，但已展现出巨大潜力，在科普类期刊中，AR 技术的应用为读者提供了沉浸式的阅读体验。例如当读者阅读一篇关于恐龙的科普文章时，通过手机扫描期刊页面，利用 AR 技术，恐龙的三维模型便会跃然眼前，读者可以从不同角度观察恐龙的形态、动作，甚至可以模拟恐龙的生存环境，使原本枯燥的文字内容变得生动有趣。在学术期刊领域，VR 技术可用于展示复杂的实验场景和研究成果，例如对于一些涉及微观世界研究的论文，如分子结构研究，通过 VR 技术，读者可以身临其境地观察分子的三维结构和相互作用，更好地理解研究内容。期刊出版单位应积极关注 AR/VR 技术的发展，与技术团队合作，开发适合期刊内容展示的应用程序，提升期刊在数字化时代的竞争力。

随着移动互联网的普及，数字出版技术不断升级，以满足读者日益多样化的阅读需求。期刊出版单位需要关注数字出版技术的发展趋势，如响应式网页设计技术，确保期刊内容在不同设备（手机、平板、电脑）上都能完美呈现，为读者提供一致的阅读体验，同时融合多种数字技术，实现内容的多元化展示。例如将音频技术与期刊内容相结合，为读者提供有声阅读服务，方便读者在出行、运动等场景下获取期刊信息，利用大数据分析技术，深入了解读者的阅读习惯和兴趣偏好，为读者提供个性化的内容推荐服务，经过对读者阅读历史、搜索记录等数据的分析，精准推送符合读者兴趣的期刊文章，提高读者的满意度和忠诚度。

为全面收集科研人员和科研管理人员的反馈意见，科研管理部门应构建多元化的反馈收集渠道。在线调查问卷是一种高效的收集方式，可定期发布，涵盖系统功能使用、操作便捷性、数据准确性等多个方面。问卷设计应简洁明了，采用选择题、简答题相结合的方式，方便用户作答。例如设置问题"您在使用科研项目申报系统时，遇到的最大问题是什么？""您希望系统增加哪些功能？"等，引导用户提供具体的反馈。

定期召开座谈会也是重要的反馈收集途径。座谈会可邀请不同学科、不同层级的科研人员和管理人员参加，营造轻松的交流氛围，鼓励大家畅所欲言，在座谈会上，不仅可以了解用户在系统使用过程中遇到的问题，还能深入探讨科研管理流程中的痛点和需求，为系统优化提供全面的思路，设立意见箱，方便用户随时提交书面意见，确保反馈渠道的畅通无阻。

对收集到的反馈意见进行整理和分析是关键步骤。科研管理部门应建立专门的反馈处理小组，负责对反馈意见进行分类、归纳和评估，对于科研人员提出的数据统计功能不完善的问题，技术团队可深入研究，分析现有系统在数据统计算法、数据接口等方面的不足，进行针对性的优化。例如增加数据统计维度，支持多条件筛选和复杂数据分析，满足科研人员对科研成果多角度分析的需求。

针对科研管理人员提出的科研项目风险预警功能需求，可结合大数据分析和人工智能技术，建立风险评估模型，通过对科研项目的历史数据、当前进展情况、资源投入等多方面数据的分析，预测项目可能面临的风险，如进度延误、经费超支等，并及时发出预警。同时不断优化系统的操作界面和交互设计，提高系统的易用性，根据用户反馈简化操作流程，使科研人员和管理人员能够更高效地使用系统，提升科研管理服务水平。

在期刊出版领域，搭建全方位的用户反馈收集体系至关重要。作者投稿系统的留言功能是收集作者反馈的直接渠道，作者在投稿过程中遇到的问题，如格式要求不明确、系统操作困难等，都可通过留言反馈，期刊编辑应及时回复作者留言，解答疑问，并将作者反馈的问题进行整理和分析。

读者评论区是了解读者意见的重要窗口，读者可以在评论区对期刊内容、排版设计、阅读体验等方面发表看法，期刊出版单位应安排专人负责管理评论区，及时回复读者评论，与读者建立良好的互动关系。定期对读者评论进行梳理，提取有价值的反馈意见，为期刊内容和服务的改进提供依据，通过与审稿专家的沟通交流，收集他们对审稿流程、审稿平台功能等方面的反馈，不断优化审稿服务。

第八章 融合出版与科研管理的政策与法规保障

第一节 现有政策法规梳理

一、国家层面宏观政策解读

在数字化与知识经济浪潮奔涌向前的时代格局下，国家以高瞻远瞩的战略眼光，积极推动文化产业与科技创新深度融合，一系列意义非凡、影响深远的宏观政策相继落地。这些政策恰似稳固且厚重的基石，为融合出版与科研管理搭建起一个充满无限可能的发展平台，从全方位、多层次以润物细无声却又极具力量的方式，深刻塑造和影响着二者协同共进、相互促进的发展历程。

在文化产业扶持政策的庞大体系当中，全力推动传统出版向数字化、融合化转型无疑是极为关键且核心的要点，在漫长的发展进程中，传统出版业逐步形成了一套相对固定且成熟的内容生产、传播及消费模式。在内容生产环节，主要依赖编辑凭借自身的专业知识、行业经验以及敏锐的市场洞察力，人工进行选题策划、筛选作者、组稿约稿，而后开展细致的校对审核工作，每一个步骤都倾注了编辑大量的心血与精力。在传播途径上，主要借助实体书店这一重要的线下销售终端，以及各级发行渠道所构建起的庞大网络，将出版物输送到读者手中。而消费模式也较为单一，主要以读者直接购买纸质出版物为主，读者与出版方之间的互动交流相对有限。

随着数字技术如互联网、大数据、人工智能、区块链等的广泛应用，整个社会文化消费模式发生了巨大变化。在当今时代，读者获取内容的方式正逐渐从传统纸质媒介向形式多样的数字终端快速转移，通勤路上，人们不再仅仅是百无聊赖地望向窗外，而是熟练地掏出手机，利用碎片化的时间阅读各类新闻资讯，及时了解国内外的最新动态，闲暇之余，越来越多的人选择戴上耳机，收听有声书，让文字化作灵动的声音，陪伴自己度过惬意的时光，甚至在阅读过程中，读者不再满足于单纯的被动接收，而是通过互动式电子书参与到内容讨论之中，分享自己的见解与感悟，与其他读者进行思想的碰撞与交流。这些已然成为大众日常生活中极为常见的文化消费行为，深刻反映出时代的变迁与人们阅读习惯的转变。

面对如此汹涌的数字化浪潮，国家政策及时且明确地发出指引，要求传统出版单位必须积极主动地顺应这一不可阻挡的时代潮流，加大在数字技术研发与应用方面的投入力度。以《关于推动数字文化产业高质量发展的意见》为例，其中着重强调，鼓励出版企业充分运用数字技术，对出版流程进行全面、系统、深入的改造。在选题策划这一源头环节，借助大数据强大的分析处理能力，深度挖掘读者的阅读偏好、购买行为习惯、地域分布特征等多维度数据，从而精准定位市场需求，开发出更能贴合读者喜好、满足市场需求的选题。曾有一家颇具规模的文学出版公司，通过对海量大数据的深入分析发现，年轻读者群体对现实题材青春小说的关注度持续攀升，并且对小说中多元化的角色塑造以及能够引发强烈情感共鸣的情节设置有着极为强烈的需求。基于这一精准的数据分析结果，该公司迅速策划了一系列以现实生活为背景，聚焦年轻人成长烦恼、情感困惑与梦想追求的青春小说选题。这些作品一经出版，便迅速在市场上引起热烈反响，深受年轻读者的喜爱与追捧，不仅取得了可观的经济效益，还在文化传播与价值引领方面发挥了积极作用。

在内容生产环节，引入人工智能辅助写作、智能排版等前沿技术，犹如为传统出版业注入了一股强大的发展新动力，能够显著提高生产效率和内容质量。人工智能辅助写作技术可依据给定的主题和丰富的素材，在短时间内快速生成初稿框架，为编辑节省了大量用于构思和搭建框架的时间，使其能够将更多的精力投入到内容的深度打磨与优化完善之中。而智能排版技术则能依据不同终端设备，如手机、平板、电脑等的显示需求，自动生成适配的排版格式，无论是字体大小、行距间距还是页面布局，都能做到恰到好处，极大地提升了读者的阅读体验。与此同时，借助数字技术实现内容的多格式转化，这一举措彻底打破了传统出版业单一的纸质出版模式，不仅能够满足纸质书出版的需求，还能根据市场需求和读者喜好，生成电子书、有声书、互动式数字内容等多种形式，极大地拓宽了内容传播渠道。如今，在图书市场上，许多畅销书籍都紧跟时代步伐，同步推出多种数字版本，满足不同读者在不同场景下的阅读习惯，真正实现了内容的全方位、多元化传播。

为了全方位激发出版行业的创新活力，国家政策大力倡导出版单位积极探索新的出版模式和业态，政策明确引导出版企业勇敢地打破传统单一出版模式的束缚，积极主动地开展跨界融合，与影视、游戏、动漫等行业进行深度合作，从而实现内容的多元开发与价值最大化。一部优秀的文学作品，其价值绝不应仅仅局限于出版纸质图书这一种形式，在科技飞速发展的当下，跨界融合正成为推动各领域进步的关键力量，以科研领域为例，借助虚拟现实（VR）技术模拟科研实验环境，就是一次极具创新性的跨界尝试，传统科研实验往往面临诸多风险，如化学实验中的易燃易爆物质、生物实验里的潜在病毒威胁等，不仅危及实验人员安全，还可能造成巨大的资源浪费。而 VR 技术与科研的融合，巧妙化解了这些难题，通过构建高度逼真的虚拟实验场景，科研人员得以在虚拟环境中反复进行复杂实验，在模拟化学实验时，能精准控制虚拟试剂的添加与反应过程，生物实验里可安全观察病毒特性与传播机制，最终实验成果在专业期刊中详细报道，为同行提供了新的研究思路与方法，展现了跨界融合在科研领域的无限潜力。

在科技创新政策体系中，长期以来我国科研工作者秉持着求真务实、勇于创新的精神，在各个领域取得了丰硕的科研成果，为国家的科技进步和经济社会发展做出了重要贡献，但是不可忽视的是，在科研成果转化方面，仍然存在一些亟待解决的问题，如转化率不高、转化周期长等。这些问题不仅制约了科研成果价值的充分发挥，也在一定程度上造成了科研资源的浪费，为了有效解决这些问题，国家出台了一系列政策，明确要求科研机构和科研人员必须更加注重科研成果的实用性和市场价值，将科研工作的重心从单纯的理论研究向成果转化与应用倾斜。

《促进科技成果转化法》的修订为科研成果转化提供了更为完善、坚实的法律保障，该法明确界定了科研成果转化的主体、权利和义务，为科研机构与企业之间的合作提供了清晰的法律依据和行为准则。在法律的保障下，鼓励科研机构与企业通过多种灵活多样的方式开展合作，加速科研成果的转化应用，科研机构可以通过技术转让，将自身拥有的科研成果以合同的形式转让给企业，企业则根据自身的生产经营需求，将技术应用于产品研发和生产过程中，实现科研成果的商业化应用，也可以通过技术许可的方式，授权企业在一定期限、一定范围内使用科研成果，科研机构则可以获得相应的许可费用，实现科研成果的价值变现。此外，科研机构还可以选择作价入股的方式，将科研成果评估作价后，作为对企业的投资，与企业共同承担风险、分享收益，实现科研成果与企业生产经营的深度融合。例如某高校科研团队经过多年的刻苦钻研，研发出一种新型环保材料，该材料具有成本低、性能好、环保无污染等诸多优点，通过技术转让给一家企业，企业利用该技术迅速调整生产工艺，生产出一系列环保产品，投放市场后，凭借其优良的品质和环保特性，迅速获得了市场的认可，取得了良好的经济效益和社会效益。为了进一步激发科研人员的积极性和创造性，政策还鼓励科研人员离岗创业，带着科研成果创办企业，实现科研成果的产业化，许多科研人员凭借自身的科研成果，在政策的支持和鼓励下，勇敢地迈出创业的步伐，成功创办了一批高科技企业，为经济发展注入了新的活力，成为推动科技创新和经济发展的重要力量。

为了促进科研机构与企业之间的深度合作，实现产学研的有机结合，国家出台了一系列政策措施，从多个维度为双方合作搭建桥梁、提供支持，设立产学研合作专项基金，便是其中一项重要举措。这些基金犹如一场及时雨，为科研机构与企业联合开展科研项目提供了关键的资金支持，有效解决了合作过程中常常面临的资金瓶颈问题。以某科研机构在人工智能图像识别技术方面的研究为例，该科研机构经过长期的研究和实验，取得了重要研究成果，但在成果转化过程中却面临着资金短缺和市场渠道不畅的双重困境。幸运的是，通过与一家具有丰富市场经验和强大资金实力的企业合作，共同申请产学研合作专项基金，双方优势互补，充分发挥各自的长处。企业利用自身的市场渠道和资金优势，为科研成果的产业化提供了必要的资金支持和市场推广渠道，科研机构则凭借其专业的技术研发能力，为企业提供了先进的技术支持。在双方的共同努力下，成功将该技术应用于智能安防产品中，实现了科研成果的产业化，不仅为企业带来了新的经济增长点，也提升了我国智能安防领域的技术水平。

政策还鼓励科研机构和企业共建研发平台，如联合实验室、工程技术研究中心等，这些研发平台犹如一座坚固的桥梁，为双方提供了一个长期稳定的合作载体，有利于整合双方的人才、技术、设备等资源，开展协同创新。以某高校与一家出版企业共建的数字出版技术联合实验室为例，双方充分发挥各自的优势，高校凭借其在科研人才和科研设备方面的优势，负责数字出版技术的前沿研究和关键技术攻关，出版企业则利用其在出版业务和市场需求方面的经验，为高校提供实践平台和市场需求信息，确保科研工作的针对性和实用性。在联合实验室的运行过程中，双方共同承担科研项目，共同培养人才，不仅取得了一系列具有重要应用价值的科研成果，还培养了一批既懂技术又懂出版业务的复合型人才。这些复合型人才在毕业后，迅速成为行业的中坚力量，为推动数字出版行业的发展做出了重要贡献。

二、地方特色政策分析

在国家大力推动文化产业与科技创新深度融合的宏观战略指引下，各地区紧密结合自身实际情况，基于独特的产业基础、底蕴深厚的文化资源以及高瞻远瞩的发展战略，纷纷精心谋划并大力推行一系列独具匠心、特色鲜明的政策举措。这些政策犹如强劲的引擎，为融合出版的发展注入源源不断的动力，促使其在中华大地的不同地域绽放出多样化、差异化的繁荣之花，呈现出百花齐放、百家争鸣的生动局面。

（一）北京：文化与科技融合的政策高地

北京拥有着无可比拟、得天独厚的文化与科技资源优势，这里汇聚了众多代表国家顶尖科研水平的机构，如中国科学院，其在基础科学研究、高新技术研发等多个领域硕果累累，为科技创新提供了坚实的理论支撑和技术储备。中国工程院则聚焦工程技术领域，致力于推动科技成果的工程化和产业化应用，众多科研成果广泛应用于国民经济的各个领域。北京大学、清华大学等高等学府凭借雄厚的师资力量、丰富的学术资源以及卓越的科研实力，培养了一代又一代高素质的专业人才，为文化科技融合源源不断地输送新鲜血液。此外，人民教育出版社凭借在教育出版领域的深厚积淀和广泛影响力，在教材研发、教育资源整合等方面发挥着引领作用。中信出版社则以多元化的出版内容和创新的市场运营模式，在大众出版和学术出版领域取得了显著成就。这些顶尖科研机构、高等学府以及实力雄厚的出版企业齐聚北京，为文化科技融合提供了坚实的基础和广阔的施展空间。基于此，北京积极作为，出台了一系列极具针对性、前瞻性与引领性的政策，全力打造文化科技融合的创新高地，有力地推动融合出版产业蓬勃发展。

为了大力激励融合出版领域的创新发展，北京专门设立了专项基金，对融合出版项目给予重点关注和大力支持，这些专项基金犹如精准的助推器，紧密聚焦于数字内容创作、智能出版技术研发等融合出版的关键领域，为创新项目提供了坚实可靠、强有力的资金保障。

在数字内容创作方面，基金积极鼓励出版企业和创作者大胆运用前沿技术，精心打造具有创新性与强大吸引力的数字内容产品，以某出版企业为例，在专项基金的大力支持下，该企业精心策划并开发了一款以历史文化为主题的 VR 数字读物。这款读物充分借助 VR 技术的独特优势，让读者在戴上设备的瞬间，仿佛穿越时空隧道，身临其境般地置身于历史场景之中，能够与历史人物进行亲密互动交流。比如当讲述故宫历史时，读者仿佛化身为历史的见证者，能够自由地漫步在故宫的宫殿之间，近距离亲眼目睹古代宫廷的真实生活场景，亲耳聆听那些尘封已久的历史故事。这种沉浸式的阅读体验一经推出，便迅速在市场上引发了强烈反响，深受广大读者的喜爱和追捧。上线后，短时间内就吸引了大量用户，不仅获得了显著的经济效益，在文化传播和知识普及方面也取得了良好的社会效益，更为数字内容创作领域提供了一个成功的范例，极大地激发了更多企业投身于此类创新实践的热情和积极性。

北京积极主动地打造文化科技产业园区，致力于为融合出版企业营造一个良好的发展环境和完善的产业生态，这些产业园区宛如一个个强大的产业磁场，凭借其独特的优势和吸引力，吸引了众多相关企业和机构纷纷集聚。以中关村软件园为例，这里汇聚了大量从事数字出版、软件开发、人工智能等领域的企业，形成了一条完整且高效的产业链条，在园区内，配备了高速稳定的网络设施，满足企业对大数据传输和实时交互的需求，现代化的办公场地为企业提供舒适便捷的工作环境，专业的技术服务平台涵盖技术咨询、测试验证、成果转化等多个方面，为企业提供全方位、一站式的技术支持与服务，企业在园区内能够便捷地获取各类技术支持与服务，有效降低运营成本，提高运营效率。

园区积极发挥平台作用，定期举办各类丰富多彩的产业活动，如学术研讨会、技术交流会、项目对接会等，为企业之间、企业与科研机构之间搭建起沟通交流与合作的桥梁。某文化科技产业园区坚持定期举办融合出版技术研讨会，每次会议都会邀请行业内知名专家、企业代表齐聚一堂，共同深入探讨最新的技术发展趋势与应用案例。在一次研讨会上，专家详细分享了人工智能在内容审核领域的最新应用成果，展示了如何利用先进的算法和模型快速准确地对内容进行审核，检测内容是否存在政治错误、侵权问题、语言错误等。这一成果引发了参会企业的高度关注和浓厚兴趣，会后，多家企业与科研机构迅速达成合作意向，共同开展相关技术的研发与应用实践，有力地推动了行业技术的进步与创新。

人才是融合出版发展的核心要素和关键驱动力，北京充分发挥自身高等教育资源丰富的独特优势，积极加强与高校的深度合作，大力推动相关学科建设与人才培养。北京大学、中国人民大学等高校敏锐地把握时代发展脉搏，率先开设数字出版、文化产业管理等专业，精心设计的课程设置涵盖数字技术、出版业务、文化创意等多个方面的内容，致力于培养学生具备跨学科的知识体系与综合技能。在教学过程中，注重理论教学与实践教学相结合，通过组织学生参与实际项目，如数字出版平台的搭建、文化创意产品的策划与开发等，让学生在实践中积累丰富的经验，提升解决实际问题的能力，毕业后，这些学生能够迅速适应融合出版行业的工作需求，为行业输送了大量高素质、专业化的人才。

北京还出台了一系列极具吸引力的人才引进政策，积极吸引国内外优秀人才投身融合出版领域，为高端人才提供住房补贴、子女教育等全方位的优惠政策，切实解决他们的后顾之忧。一位在国外从事数字出版技术研发多年的专家，在深入了解北京的人才引进政策后，被其诚意和优厚条件所打动，毅然回国，加入北京的一家融合出版企业。他凭借在国外积累的先进技术与理念，带领团队积极开展技术创新，成功研发出基于大数据分析的个性化推荐系统，该系统能够根据用户的阅读习惯、兴趣偏好以及行为数据，精准推送符合用户需求的数字内容，极大地提升了用户的阅读体验与满意度，有力地推动了企业的技术创新与国际化发展。

(二) 深圳：科技引领的融合出版创新热土

深圳是我国改革开放的前沿阵地和科技创新的高地，凭借其强大的科技实力和活跃的创新氛围，在融合出版领域展现出独特的发展优势和巨大的发展潜力，深圳充分发挥自身在科技研发和产业创新方面的显著优势，通过政策引导，积极鼓励出版企业与高新技术企业开展深度跨界合作，推动融合出版在地方特色产业生态中蓬勃发展，走出了一条具有深圳特色的融合出版创新发展之路。

深圳出台了一系列具有前瞻性和引导性的政策，大力鼓励出版企业与高新技术企业开展深度跨界合作，实现资源共享、优势互补，共同探索融合出版的新模式、新业态，在政策的积极引导下，许多出版企业敏锐地捕捉到发展机遇，纷纷与互联网企业、人工智能企业、大数据企业等建立紧密的合作关系，携手共进，共同开启融合出版的创新之旅。一家出版企业与一家人工智能企业强强联合，充分利用人工智能技术开发智能写作辅助工具和智能内容审核系统，智能写作辅助工具巧妙运用自然语言处理技术，能够根据作者的创作思路和需求，从海量的数据库中快速筛选出相关素材，并运用智能算法提供富有创意的建议，帮助作者拓展创作思路，打破思维局限，大大提高创作效率。智能内容审核系统则基于深度学习算法，能够快速准确地对内容进行全面审核，不仅能够检测内容是否存在政治错误、侵权问题、语言错误等常规问题，还能对内容的质量、价值和创新性进行评估，确保内容的合规性和高质量。通过这种跨界合作，不仅显著提升了出版企业的生产效率和内容质量，还为人工智能技术在出版领域的应用开辟了新的路径，促进了两个行业的协同发展，实现了互利共赢。

深圳高度重视数字出版平台的建设，将其视为推动融合出版发展的关键举措，出台了一系列政策，通过资金扶持、政策引导等多种方式，鼓励企业加大在平台建设方面的投入，不断提升平台的技术水平和服务能力，致力于打造具有国际竞争力的数字出版平台。某大型出版企业在深圳政府的大力支持下，投资建设了一个综合性的数字出版平台，该平台充分整合海量的数字内容资源，涵盖图书、期刊、报纸、音频、视频等多种形式，满足不同用户的多样化需求，采用先进的云计算、大数据技术，实现了内容的高效管理和精准推送。通过对用户阅读行为数据的深度分析，深入了解用户的兴趣偏好、阅读习惯和需求变化，为用户精准推荐感兴趣的内容，提升用户的阅读体验和满意度，平台还提供多种增值服务，如在线阅读、知识付费、版权交易等。用户可以在平台上便捷地阅读各类数字内容，购买感兴趣的知识课程，进行版权交易，实现一站式的数字阅读和知识消费体验，该平台凭借其强大的功能和优质的服务，成为国内数字出版领域的领军平台之一，有力地带动了深圳数字出版产业的发展，提升了深圳在全国乃至全球数字出版领域的影响力。

深圳始终致力于营造良好的创新生态，为融合出版企业的创新发展提供肥沃的土壤和充足的养分，政府积极作为，搭建创新服务平台，为企业提供技术研发、知识产权保护、市场推广等一站式服务。设立知识产权保护中心，为企业提供快速、便捷的知识产权申请和维权服务，企业在研发创新成果后，可在保护中心快速申请专利、著作权等知识产权，及时保护自己的创新成果。当遇到侵权问题时，保护中心提供专业的法律援助，帮助企业维护自身权益，为企业的创新发展保驾护航。

三、特定领域政策聚焦

在融合出版蓬勃发展的大格局下，教育出版和学术出版作为关键且独具特色的细分领域，凭借自身独特的性质与重要的社会功能，吸引了政策制定者的高度关注，并接受着具有针对性的政策引导，这些政策紧密围绕各领域的发展需求，精准发力，在推动融合出版在特定领域健康、有序且深入发展的进程中，扮演着不可或缺的关键角色。

教育是国家发展的根基与动力源泉，始终稳稳占据着政策重点关注的核心位置，在信息技术日新月异的当下，教育信息化已成为推动教育改革与发展的重要引擎和必然趋势，在此时代背景下，教育出版领域的政策也处于持续的动态调整与优化完善之中，以更好地适应不断涌现的新发展需求。

随着教育信息化的快速推进，政策明确且积极地鼓励出版单位深度参与数字化教育资源的开发工作，这无疑是顺应时代潮流、契合教育发展趋势的必要之举，在线课程是数字化教育资源的关键构成部分，正以强劲之势重塑着传统的教学模式，政策大力支持出版单位与各类教育机构、一线优秀教师展开广泛而深入的合作，共同打造全面覆盖各个学科、各个学段的多元化在线课程体系。这些在线课程在形式上丰富多样，满足了不同学生的学习习惯与需求，以知识讲解为主的录播课程，为学生提供了极大的学习灵活性，学生可以根据自身的学习进度和时间安排，随时随地观看课程内容，对于重点难点部分，还能反复观看学习，直至完全掌握。例如在数学学科的录播课程中，教师会详细讲解各类数学概念、定理的推导过程，并通过大量的例题演示解题思路和方法。学生在课后复习时，若对某个知识点理解不够透彻，就可以随时回放相应的课程片段，进行针对性的学习。而互动性强的直播课程则充分发挥了互联网实时交互的优势，学生在学习过程中能够实时与教师进行互动交流，及时提出自己在学习中遇到的问题，教师也能当场给予解答和指导。这种即时互动的教学方式，极大地提高了学生学习的积极性和参与度，使学习过程更加生动有趣，比如在英语直播课程中，教师会组织学生进行在线口语练习和小组讨论，让学生在实际交流中提升英语听说能力，学生可以实时向教师请教发音、语法等问题，教师也能根据学生的表现及时给予反馈和建议。

数字教材的开发同样是政策关注的焦点。政策明确要求出版单位充分运用先进的数字技术，将传统教材进行全面数字化转化，在转化过程中，融入丰富的多媒体元素，如音频、视频、互动练习等，使教材从单一的文字载体转变为集多种感官体验于一体的互动式学习工具，极大地增强了教材的趣味性和互动性，数字教材具备强大的数据分析功能，能够根据学生的学习情况和实时反馈，实现个性化学习推荐。当学生在学习某一知识点时，如果多次出现错误，数字教材会依据预设的算法，自动推送相关的辅导资料、拓展阅读材料以及针对性的练习题，帮助学生深入理解和巩固知识。此外，数字教材还具有诸多传统教材无法比拟的优势，如环保节能，减少纸张的使用，符合可持续发展理念，更新便捷，能够及时将最新的教育理念、教学方法以及学科前沿知识融入其中，确保学生接触到最前沿、最准确的学习内容。

政策还大力鼓励第三方机构积极参与到教育出版产品的质量评估和认证工作中来，这些第三方机构凭借其专业的评估标准和科学的评估方法，从教育性、科学性、实用性、技术创新性等多个维度，对教育出版产品进行全面、深入、客观的评估。通过第三方评估，不仅能够精准发现产品在各个方面存在的问题和不足之处，还能为出版单位提供具有针对性和可操作性的改进建议和方向，有力地促进教育出版产品质量的持续提升。例如某第三方教育评估机构在对市场上的一些数字教材进行评估时，发现部分数字教材存在互动环节设计过于简单、缺乏趣味性，知识点讲解过于理论化、缺乏实际案例支撑等问题，出版单位在收到评估报告后，高度重视，立即组织专业团队对数字教材进行针对性改进。重新优化互动环节，增加游戏化、情境化的互动内容，提高学生的参与度，在知识点讲解部分，补充大量生动的实际案例，帮助学生更好地理解和应用知识，经过改进后的数字教材，质量得到了显著提升，受到了师生的广泛好评。

学术出版作为学术交流的关键桥梁和科研成果传播的重要渠道，在推动学术进步、促进科技创新以及培养高素质科研人才等方面，发挥着不可替代的重要作用，在融合出版的时代浪潮下，学术出版领域的政策也在不断与时俱进、持续演进，以更好地适应新的发展形势和需求。

学术诚信是学术事业得以健康发展的基石，科研伦理则是科研活动必须遵循的行为准则，关乎科研活动的正当性和社会价值，政策明确且坚定地强调，在学术出版领域，必须坚决维护学术诚信和科研伦理。要求学术期刊在融合出版的全过程中，务必建立起严格、规范、科学的稿件审核机制，对每一篇投稿论文进行全面、细致、深入的审查。在审查过程中，除了要重点考量论文的学术价值、创新性和研究方法的科学性外，还要将审查论文是否存在学术不端行为作为重中之重，如抄袭、剽窃、伪造数据、篡改实验结果等严重违背学术诚信和科研伦理的行为。

为了有效提高稿件审核的准确性和效率，许多学术期刊积极引入先进的查重系统和科学的同行评审机制，查重系统依托强大的数据库和先进的算法，能够快速、准确地检测论文与已有文献的相似度，及时发现潜在的抄袭问题。例如常见的查重系统会将投稿论文与学术期刊数据库、学术论文库、互联网资源等进行全面比对，一旦发现相似度超过设定阈值，就会发出预警，为编辑人员提供初步的审查线索。同行评审机制则充分发挥领域内专家学者的专业优势，邀请他们对论文进行专业评审，这些专家学者凭借深厚的学术造诣和丰富的研究经验，从论文的研究方法是否合理、实验设计是否科学、数据处理是否准确、结论是否可靠等多个专业角度，对论文的质量、创新性和学术诚信进行全面、深入的评估。以某知名学术期刊为例，在收到投稿论文后，利用查重系统进行初步筛查，对于相似度较高的论文，直接退回作者要求修改，对于通过查重的论文，再邀请三位以上的同行专家进行匿名评审，专家们会根据自己的专业判断，对论文的各个方面进行详细评价，并提出具体的修改意见和建议。只有通过同行评审的论文，才能进入后续的发表流程。

此外，政策还要求学术期刊加强对作者的学术诚信教育，将学术诚信的重要性和学术不端行为的后果与责任，在投稿指南中明确告知作者，对于经审查发现存在学术不端行为的作者，期刊将采取严肃、果断的处理措施，如立即撤销已发表的论文、将作者列入学术不端黑名单、向作者所在单位通报情况等，以起到强有力的警示作用，维护学术出版的良好生态。

开放获取出版是近年来学术出版领域的重要发展趋势，得到了政策的积极鼓励和大力支持，开放获取出版打破了传统学术出版的订阅模式，借助互联网的强大传播力量，使学术成果能够免费、无障碍地在全球范围内传播，极大地提高了学术成果的传播效率和影响力，促进了学术资源的共享与交流，为全球科研人员提供了更加公平、便捷的学术交流平台。

政策支持学术期刊通过多种方式实现开放获取，其中金色开放获取和绿色开放获取是两种常见的模式。这种模式能够让科研成果迅速传播，提高论文的可见度和引用率，既保障了作者的学术成果能够得到广泛传播，又为科研人员提供了更多获取学术资源的途径。

为了进一步推动开放获取出版的发展，政策还鼓励科研资助机构要求受资助项目的研究成果以开放获取的形式发表，这一举措促使越来越多的科研人员在选择发表期刊时，倾向于开放获取期刊。例如某科研项目在完成后，按照资助机构的要求，将研究成果发表在一家开放获取学术期刊上，论文发表后，凭借互联网的传播优势，在短时间内就获得了大量的下载和引用，吸引了国内外众多同行的关注和讨论，这不仅加速了科研成果的传播与应用，还促进了不同地区、不同机构之间科研人员的交流与合作，为科研成果的推广和应用注入了强大动力。

政策也充分关注开放获取出版的质量保障问题，明确要求开放获取期刊建立与传统期刊相同的严格质量审核标准和规范流程，确保开放获取论文的学术质量不低于传统期刊发表的论文，这为开放获取出版的可持续发展提供了坚实保障，使开放获取出版在提高学术成果传播效率的同时，能够始终保持较高的学术水平，赢得学术界的广泛认可和信任。

特定领域的政策在融合出版发展中发挥着举足轻重的引导和规范作用。在教育出版领域，政策有力推动了数字化教育资源的开发与创新，全方位保障了教育出版产品的质量和规范，为教育教学改革提供了坚实的资源支持，在学术出版领域，政策坚决维护了学术诚信和科研伦理，积极促进了开放获取出版的健康发展，为学术交流与科研合作搭建了更加广阔、高效的平台。这些政策的有效实施，不仅精准满足了教育教学改革和学术交流的迫切需求，也为融合出版在特定领域的深度、持续发展奠定了坚实的基础，助力融合出版在新时代背景下实现更高质量的发展。

四、行业协会相关范围解读

在融合出版与科研管理的复杂生态系统中，出版行业协会和科研相关行业协会宛如两支关键力量，从不同维度发力，共同推动着行业的健康发展与协同共进，以各自独特的职能和方式，在维护行业秩序、提升行业质量、促进合作交流等方面，发挥着不可替代的重要作用。

出版行业协会作为出版领域的重要组织，肩负着规范行业行为、维护行业利益、促进行业发展的多重使命，在融合出版蓬勃发展的时代背景下，其作用愈发凸显。

出版行业协会深知规范和自律对于行业健康发展的重要性，因此积极主动地制定一系列全面且细致的行业规范和自律准则，这些规范和准则犹如行业发展的指南针，引导出版企业在融合发展的道路上始终保持正确的方向，严格遵守国家的法律法规，维护良好的市场秩序。

在融合出版产品的质量标准方面，协会明确规定了从内容策划、编辑制作到排版印刷（或数字发布）等各个环节的质量要求，在内容策划阶段，要求出版企业充分考虑读者需求和市场趋势，确保选题具有创新性、思想性和实用性。以一本科普类融合出版读物为例，不仅要保证科学知识的准确性，还需运用生动有趣的方式进行呈现，融入多媒体元素如动画、视频等，以增强科普效果。在编辑制作环节，对文字的准确性、逻辑性、语言表达等方面提出严格要求，同时规范图片、音频、视频等素材的选用标准，确保其质量上乘且符合版权规定。排版印刷（或数字发布）时，对于页面布局、字体字号、色彩搭配等细节都有明确规范，以提供良好的阅读体验。对于数字出版产品，还特别关注其兼容性、稳定性和安全性，确保在不同设备上都能正常运行，且不出现数据泄露等问题。

在版权使用规范上，协会制定了详细的准则，明确出版企业在获取版权、使用版权以及版权保护等方面的权利和义务，要求出版企业在使用他人作品时，必须依法取得合法授权，签订规范的版权合同，明确版权使用范围、期限、费用等关键条款。同时加强对版权的保护意识，采取技术手段和管理措施防止版权侵权行为的发生，例如对于数字化内容，采用加密技术防止非法复制和传播，建立版权管理数据库，对版权信息进行有效管理和跟踪。通过这些规范，出版企业能够更加清晰地了解版权使用规则，避免因版权问题引发纠纷，促进出版行业在版权管理方面的规范化和法治化。

出版行业协会致力于营造公平竞争的市场环境，促进出版企业之间的良性互动与合作，协会通过组织各类活动，搭建起企业之间沟通交流的平台，推动行业资源的共享与优化配置。

为了确保公平竞争，协会密切关注市场动态，对不正当竞争行为进行监督和约束，对于恶意低价竞争、虚假宣传、抄袭盗版等行为，协会及时介入调查，依据行业规范和自律准则进行处理。通过发布行业警示、曝光不良企业等方式，对违规企业形成威慑，维护市场的公平公正，协会积极推动行业标准的统一和完善，减少因标准差异导致的不公平竞争现象。例如在数字出版产品的定价方面，协会组织相关企业进行研讨，制定合理的定价参考标准，避免企业之间的价格乱象，保障行业的健康发展。

科研行业协会在科研管理和科研成果转化过程中扮演着重要角色，尤其在促进科研成果评价的科学性、规范科研人员行为以及推动科研成果与出版行业的有效对接等方面发挥着独特作用。

科研成果评价是科研管理中的关键环节，直接影响着科研人员的积极性和科研事业的发展方向，科研行业协会凭借其专业性和权威性，制定科学合理的科研成果评价标准，引导科研人员注重科研成果的质量和创新性。

协会制定的科研成果评价标准涵盖多个维度，包括学术价值、应用价值、创新性、研究方法的科学性等，在学术价值方面，考察成果在所属学科领域内的理论贡献、知识拓展程度等，例如对于一篇学术论文，评估其是否提出了新的理论观点、研究方法或对现有理论进行了重要修正。应用价值则关注成果在实际生产、社会发展等方面的应用潜力和实际效果，比如一项科研成果如果能够解决实际生产中的关键技术问题，提高生产效率或产品质量，那么它就具有较高的应用价值。创新性是评价科研成果的重要指标，要求成果具有独特的研究思路、方法或技术突破，避免低水平重复研究，研究方法的科学性则确保科研过程的严谨性和可靠性，包括实验设计的合理性、数据采集与分析的准确性等。

通过这些评价标准的引导，科研人员更加注重科研工作的质量和深度，致力于开展具有创新性和实际应用价值的研究，评价标准也为科研项目的立项、验收以及科研人员的职称评定、奖项评选等提供了客观公正的依据，促进了科研资源的合理配置和科研事业的健康发展。

在科研活动中，规范科研人员的行为至关重要，这不仅关系到科研成果的真实性和可靠性，也影响着科研行业的声誉，科研行业协会制定了严格的科研人员行为规范，明确科研人员在科研过程中的道德准则和行为底线。

行为规范要求科研人员遵守科研伦理，尊重他人的研究成果，杜绝抄袭、剽窃、伪造数据等学术不端行为，在科研项目的实施过程中，要确保实验数据的真实性和可重复性，如实记录实验过程和结果。对于涉及人体实验、动物实验的科研项目，必须严格遵守相关的伦理审查和操作规范，协会还规范了科研人员在与出版单位合作过程中的行为，保障科研成果的合理使用和传播，要求科研人员在投稿时，如实填写个人信息和科研成果相关信息，不得一稿多投。在与出版单位签订版权协议时，要明确双方的权利和义务，确保科研成果能够得到准确、及时的发表和传播。

为了确保行为规范的有效执行，协会建立了监督和惩戒机制，对于违反行为规范的科研人员，协会将进行调查核实，并根据情节轻重给予相应的惩戒，如警告、通报批评、取消相关科研项目资格、撤销学术奖励等，通过这种方式，维护科研行业的良好秩序，营造风清气正的科研环境。

科研成果的有效传播离不开出版行业的支持，科研行业协会积极促进科研成果与出版行业的对接与合作，推动科研成果的广泛传播和应用。

协会组织科研人员与出版单位开展交流活动，增进双方的了解和信任，通过举办科研成果发布会、出版对接会等活动，让科研人员有机会向出版单位介绍自己的科研成果，出版单位也可以根据市场需求和自身定位，选择有价值的科研成果进行出版。例如在一次科研成果发布会上，某科研团队展示了一项关于新能源材料的研究成果，引起了多家科技出版单位的关注，经过沟通洽谈，最终与一家出版单位达成合作协议，将科研成果整理出版成学术专著，促进了科研成果的传播和应用。

协会还鼓励科研人员参与科普创作，将科研成果以通俗易懂的方式呈现给大众，通过与科普出版单位合作，组织编写科普读物、制作科普视频等，提高公众的科学素养，同时也扩大了科研成果的社会影响力。例如协会组织科研人员与科普作家共同编写了一套关于人工智能的科普丛书，深入浅出地介绍了人工智能的原理、应用和发展前景，受到了广大读者的欢迎，取得了良好的社会效益。

出版行业协会和科研行业协会在融合出版与科研管理中发挥着至关重要的作用，它们通过制定规范、促进交流、推动创新等方式，为行业的健康发展提供了有力保障，促进了科研成果与出版行业的深度融合与协同发展。

第二节　政策法规的完善建议

一、融合出版与科研创新激励政策完善

在数字化浪潮汹涌澎湃与知识经济蓬勃发展深度交融的时代大背景之下，融合出版与科研创新宛如强劲的双引擎，成为推动社会全方位进步、促进经济高质量发展的核心动力源泉。它们不仅重塑了知识的生产、传播与应用模式，还在产业转型升级以及知识广泛传播过程中扮演着举足轻重的关键角色，为了进一步充分释放这两个领域所蕴含的巨大创新活力，全方位发挥其在时代发展进程中的核心引领作用，完善与之相关的激励政策显得刻不容缓且意义深远。

（一）加大资金支持力度

当前，尽管针对融合出版与科研创新领域已存在一定程度的资金扶持举措，但随着行业以前所未有的速度迅猛发展，无论是资金投入的规模，还是支持形式的丰富度，都亟待进一步拓展与深化。设立更多元化的专项基金无疑是解决这一问题的关键突破口，这些专项基金应当具备全方位、多层次的特点，从而能够精准对接不同规模、处于不同发展阶段的项目以及团队的多样化需求。

对于大型融合出版与科研创新项目而言，其往往涉及极为复杂的技术研发环节，需要整合海量的内容资源，同时还要开展广泛的市场推广活动，这一系列工作都对资金有着巨大的需求。以开发一套综合性的数字科研出版平台为例，该平台需要实现从科研成果的数字化采集，运用先进的算法进行智能审核，依据用户的个性化需求进行精准推荐，再到能够在多种终端设备上流畅发布等一系列功能。要达成这一目标，不仅需要组建一支由顶尖技术人才构成的研发团队，还需要投入大量资金用于高性能服务器的租赁，以确保平台能够稳定运行，进行复杂的软件开发工作，实现各项功能的有效集成，以及采购丰富的内容版权，充实平台的资源库。针对此类大型项目，专项基金应当提供充足且稳定的资金支持，为项目的顺利推进提供坚实的物质保障，确保项目能够按计划达成预期目标，为行业发展树立标杆。

与此同时，中小企业和初创团队在融合出版与科研创新领域所展现出的巨大潜力同样不容小觑，这类主体通常思维活跃，充满创新激情，能够敏锐捕捉到市场的细微变化并迅速做出反应。在发展的初期阶段，它们普遍面临着资金短缺的困境，抗风险能力相对较弱，稍有不慎便可能在激烈的市场竞争中夭折，为了充分激发这些新兴力量积极投身于融合出版与科研创新的实践中，专项基金应专门设立面向它们的子基金，为其提供启动项目所必需的种子

资金，并给予全方位的创业扶持。种子资金可以帮助初创团队迈出关键的第一步，用于开展深入的市场调研，了解目标客户的需求和市场痛点，为后续的产品开发找准方向，进行产品原型的开发工作，将创新的理念转化为实际的产品雏形，以便进一步验证其可行性和市场潜力。创业扶持则涵盖多个方面，包括提供价格合理、设施完备的办公场地，降低初创团队的运营成本，组织专业的技术培训课程，帮助团队成员提升技术能力，掌握最新的行业技术动态，邀请行业内经验丰富的专家担任导师，为团队提供一对一的指导和建议，帮助其解决在项目推进过程中遇到的各种实际问题，从而有效提高中小企业和初创团队创新成功的概率，为行业发展注入源源不断的新鲜血液。

为了切实保障投入的资金能够充分发挥最大效益，专项基金在投放过程中必须做到精准定位，有的放矢，建立一套科学、严谨、高效的项目评估机制是实现这一目标的核心所在。通过组建由行业资深专家、技术精英、市场分析师以及投资顾问等专业人士构成的评估团队，对申请项目进行全面、深入、细致的评估，评估内容涵盖项目的创新性，即项目是否引入了全新的技术、方法或理念，是否能够在行业内开辟新的发展路径，引领行业发展潮流，项目的可行性，包括技术可行性，评估项目所采用的技术是否成熟，是否具备实现的条件，以及经济可行性，分析项目的成本效益，判断其在经济上是否合理可行，项目的市场前景，通过深入的市场调研，分析项目产品或服务的市场需求、竞争态势以及潜在的市场规模，判断其是否具有广阔的市场发展空间，以及团队的研发能力，考察团队成员的专业背景、技术水平、项目经验以及团队协作能力等，确保团队具备完成项目的实力。

例如对于一个融合出版项目，如果其创新性体现在运用了前沿的人工智能技术实现内容的智能创作与推荐，能够根据用户的阅读习惯、兴趣偏好以及实时反馈，精准地生成个性化的内容，并进行高效推荐，为用户提供前所未有的阅读体验。同时经过全面的市场调研显示，该项目所针对的目标市场存在着较大的未被满足的需求，市场竞争相对较小，具有较大的市场潜力，项目团队成员具备扎实的人工智能技术基础、丰富的出版行业经验以及卓越的运营管理能力，那么这样的项目无疑应成为资金支持的重点对象。

同时，加强对资金使用全过程的监督管理同样至关重要，不容忽视。建立严格的资金使用跟踪机制，要求项目承担单位按照规定的时间节点定期提交详细的资金使用报告，报告中应清晰、准确地说明每一笔资金的流向，包括资金具体用于哪些项目环节、采购了哪些物资或服务等，以及资金的使用情况，如资金的使用进度是否与项目计划相符，资金使用过程中是否遇到问题等。设立专门的监督小组，成员包括财务专家、审计人员以及行业监管人员等，对资金使用情况进行不定期的抽查，通过实地考察项目现场、审查财务账目、与项目团队成员沟通交流等方式，确保资金切实用于项目的研发和创新工作，坚决防止资金挪用、滥用等违规行为的发生。对于资金使用效益高、项目进展顺利，能够按照计划完成各项任务指标，并且在创新成果产出、市场推广等方面取得显著成效的单位，在后续的资金支持中给予优先考虑，不仅在资金额度上予以适当倾斜，还可以在项目审批流程、政策支持等方面提供便利，同时给予一定的物质奖励，如奖金、荣誉证书等，以激励其继续保持良好的发展态势，对于违规使用资金，如将资金挪作他用、虚报资金使用情况等，或者项目进展缓慢，未能按照计划完成阶段性任务，严重影响项目预期目标实现的单位，及时采取严厉的整改措施，要求其限期整改，并对相关责任人进行严肃问责。如果整改效果不佳，甚至可以收回剩余资金，以保证资金能够合理、高效地使用，确保项目能够顺利推进，实现预期的创新目标。

（二）完善税收优惠政策

税收优惠政策作为一种强有力的政策工具，在降低企业和机构运营成本、激发其创新积极性方面发挥着不可替代的重要作用，对于投身于融合出版与科研创新领域的企业和机构，理应给予全面、系统且具有针对性的税收减免。

在增值税方面，针对融合出版产品的销售以及科研创新服务的提供，应适时采取适当降低税率或者直接实行税收减免的政策措施，以数字图书、在线课程等典型的融合出版产品为例，考虑到其在知识传播、教育普及以及文化传承等方面所发挥的重要作用，同时鉴于其数字化、信息化的产品特性与软件产品具有一定的相似性，可参照软件产品的增值税优惠政策，对其实际税负超过一定合理比例（如3%）的部分实行即征即退政策。这意味着企业在缴纳增值税时，如果实际缴纳的增值税占其销售额的比例超过了规定的3%，超过部分将由税务部门及时退还，从而显著减轻企业的增值税负担，释放企业的资金流动性，使其能够将更多的资金投入到技术研发、内容创作以及市场拓展等核心业务中。

在企业所得税方面，进一步加大对研发费用的加计扣除力度是激发企业创新活力的关键举措。允许企业将在融合出版与科研创新过程中发生的各类研发费用，包括直接从事研发活动人员的工资薪金、"五险一金"等人工费用，用于研发活动的仪器、设备的购置费用，以及为获取研发所需的技术咨询、技术服务而支付的费用等，在计算应纳税所得额时进行加倍扣除。例如企业在某一纳税年度内发生的研发费用为100万元，按照现行的加计扣除政策，若加计扣除比例为100%，则企业在计算应纳税所得额时，可以将这100万元的研发费用按照200万元进行扣除，从而大幅减少应纳税所得额，降低企业所得税税负，对于新设立的从事融合出版与科研创新的企业，考虑到其在创业初期面临着诸多困难和挑战，资金相对匮乏，市场竞争力较弱，给予一定期限（如前三年）的所得税免征或减半征收优惠，帮助企业在创业初期积累资金，缓解资金压力，使其能够专注于技术研发和业务拓展，逐步提升自身的核心竞争力，为企业的长远发展奠定坚实的基础。

此外，科研机构和高校等非营利性组织在融合出版与科研创新领域同样发挥着重要的作用，它们是知识创新的重要源泉，也是科研成果转化的关键力量。为了鼓励它们积极参与到融合出版与科研创新的实践中，促进科研成果的快速转化和广泛应用，在税收方面应给予更大力度的支持。对其科研成果转化收入，即科研机构和高校将自身的科研成果通过技术转让、技术许可、技术入股等方式转化为实际经济效益所获得的收入，以及出版业务收入，如出版学术著作、学术期刊、科普读物等所取得的收入，免征相关税费，包括增值税、企业所得税等。这一政策举措能够有效激发科研机构和高校开展融合出版与科研创新活动的积极性，推动科研成果从实验室走向市场，实现知识的经济价值和社会价值，促进产学研用的深度融合。

税收优惠政策并非一成不变的静态规则，而是需要根据行业发展的实际情况以及政策实施的效果进行动态调整和优化，随着融合出版与科研创新领域技术的日新月异以及业务模式的不断推陈出新，及时调整税收优惠政策的适用范围和具体标准，确保政策能够始终精准地支持行业发展的重点领域和关键环节，是保持政策有效性和适应性的关键所在。例如随着人工智能、区块链、虚拟现实等新兴技术在融合出版与科研创新领域的广泛应用，催生出了一系列新的业务模式和产品形态，如基于人工智能的智能写作辅助工具、基于区块链的数字版权交易平台、基于虚拟现实的沉浸式学习课程等。针对这些新兴领域和业务，税收优惠政策应及时跟进，将其纳入政策支持的范围，并根据其特点制定相应的税收优惠措施，对于一些传统的业务领域，如果其在技术应用和业务模式上发生了重大变革，税收优惠政策也应进行相应的调整，以适应新的发展形势。

（三）建立创新奖励机制

建立科学合理的创新奖励机制是激发全社会创新活力、营造良好创新氛围的有效手段。创新奖励应涵盖多个维度和类别，包括技术创新奖、内容创新奖、商业模式创新奖等，通过全面、系统的奖励体系，鼓励融合出版与科研创新领域的各类创新行为，推动行业的全面创新发展。

在技术创新方面，对于在人工智能、大数据、区块链、云计算等关键技术在融合出版与科研管理中的应用取得重大突破的单位和个人，应给予技术创新奖，例如某企业经过多年的技术研发和实践探索，成功研发出一种基于区块链技术的数字版权保护系统，该系统运用区块链的去中心化、不可篡改、可追溯等特性，有效解决了融合出版过程中版权保护的难题，确保了数字内容的版权归属清晰明确，大大提高了版权交易的安全性和效率，降低了版权纠纷的发生率，这样的创新成果不仅在技术层面具有创新性和先进性，而且在实际应用中产生了显著的经济效益和社会效益，理应获得技术创新奖的高度认可。

内容创新奖则主要聚焦于在融合出版内容创作方面具有突出表现的单位和个人，如果某出版单位充分发挥创新思维，推出一款融合了虚拟现实技术的历史文化科普读物。通过虚拟现实技术，读者仿佛穿越时空，亲身置身于历史场景之中，能够近距离观察历史文物、感受历史氛围、聆听历史故事，以全新的沉浸式体验方式呈现历史文化内容，极大地提升了科普读物的趣味性和吸引力，具有很高的文化价值和教育意义。这种在内容创作和呈现方式上的创新，为融合出版内容创新树立了典范，应给予内容创新奖，以激励更多的出版单位和创作者积极探索内容创新的新路径。

商业模式创新奖关注在融合出版与科研创新的商业模式探索方面取得成功的案例，例如某平台通过建立科研人员、出版机构、企业和用户之间的新型合作模式，打破了传统的科研成果转化和出版流程，实现了科研成果的快速转化和商业价值的最大化。该平台通过整合各方资源，为科研人员提供了便捷的科研成果发布和推广渠道，为出版机构提供了优质的内容资源和创新的出版模式，为企业提供了获取前沿科研成果的途径，为用户提供了个性化的知识服务。这种创新的商业模式不仅满足了各方的需求，还创造了新的市场价值和社会价值，值得获得商业模式创新奖，为行业内其他企业和机构提供借鉴和启示。

为了确保奖励的公正性和权威性，制定明确、具体、可量化的奖励标准至关重要。奖励标准应全面涵盖创新成果的创新性、实用性、影响力等多个关键方面，创新性要求成果必须具有独特的技术、方法或理念，能够在行业内产生引领作用，开辟新的发展方向，实用性强调成果能够切实解决实际问题，具有实际应用价值，能够为企业、机构或社会带来实际的经济效益或社会效益，影响力则从成果的市场反响、社会关注度、对行业发展的推动作用等多个角度进行综合评估，包括成果的市场占有率、用户满意度、行业内的引用和借鉴情况等指标，确保获奖成果具有较高的质量和代表性，能够真正发挥示范引领作用。

二、知识产权保护政策优化

融合出版作为传统出版与数字技术深度交融的产物，科研管理伴随着大量科研成果的产出与转化，二者的蓬勃发展使得知识产权在形态、归属认定以及使用方式等诸多方面呈现出前所未有的复杂性，为顺应这一发展态势，切实维护知识产权权利人的合法权益，推动融合出版与科研创新事业稳健前行，优化知识产权保护政策已然成为当务之急。

（一）知识产权法律法规的修订与完善

伴随融合出版与科研管理领域的技术日新月异以及业务模式持续创新，现行知识产权法律法规在部分层面已难以契合实际需求，修订与完善工作迫在眉睫。

在融合出版范畴，数字内容已然成为核心资源要素，其版权归属与使用权限问题却存在诸多模糊不清之处，以在线课程为例，一门在线课程从策划到上线，涉及多方主体的协同工作，教师凭借专业知识提供授课内容，内容编辑运用其文字处理与内容整合能力对授课素材进行整理、优化，使其逻辑更清晰、表达更精准，技术人员则依托专业技术将课程转化为数字化形式，并保障其在网络平台上稳定、流畅地运行。在这种多方参与的复杂创作过程中，版权归属难以简单判定，现行法律针对此类复杂的版权归属情形，缺乏明确且具体的规定，这就导致在实际操作过程中极易引发版权纠纷。例如在一些在线教育平台的课程开发中，教师可能认为授课内容是其智力成果，应享有主要版权，而平台方则认为自身在技术投入、市场推广等方面付出巨大，也应拥有相应版权。这种版权归属的争议不仅影响了各方的合作积极性，还可能导致课程无法正常推广，损害了用户获取优质教育资源的权益。

对于数字内容的使用权限，同样需要进一步细化规范，以数字图书为例，其授权使用方式丰富多样，涵盖限时阅读、全本下载、部分内容复制等，当前对于不同使用方式下的权限范围、使用期限以及付费标准等，缺乏统一且明确的规范，这使得出版方与用户之间容易因理解差异产生分歧，进而影响融合出版业务的顺利开展。例如在限时阅读模式下，用户可能对阅读期限的计算方式、逾期后的处理方式存在疑问，在全本下载模式中，用户对于是否可在多设备上使用、是否能进行二次传播等权限并不明晰，而部分内容复制模式下，对于可复制的内容范围、复制用途等也缺乏明确界定，这些不确定性不仅容易引发用户与出版方的矛盾，还可能导致侵权行为的发生。所以法律应明确规定不同数字内容使用方式的具体权限边界，比如限时阅读应明确起始时间、结束时间的计算方法，逾期后是自动停止访问还是需额外付费延续，全本下载应规定可使用的设备范围、是否允许转借他人等，部分内容复制需明确可复制的比例、用途限制等，要制定相应的付费模式和标准，如限时阅读可根据阅读时长、内容热度制定阶梯式收费标准；全本下载可依据图书的定价、版权成本等确定下载费用，部分内容复制则按照复制内容的篇幅、重要性等收取费用，从而确保各方权益得到有效保障。

在科研管理领域，科研成果的知识产权归属同样存在诸多争议。在高校和科研机构中，科研项目通常由多方共同参与，包括科研人员、科研团队、资助机构以及所在单位等，目前的法律规定对于科研成果的知识产权归属较为笼统，缺乏具体细则。例如一些由政府资助的科研项目，科研人员在所在单位提供的科研条件支持下完成研究工作，但对于成果的知识产权在各方之间如何合理分配，缺乏明确规定。因此法律法规应清晰明确：在政府资助的科研项目中，科研人员作为科研成果的主要创作者，应享有成果的署名权，这不仅是对科研人员智力劳动的尊重，也是其在学术领域获得认可的重要依据。科研人员应享有一定比例的收益权，具体比例可根据科研人员在项目中的实际贡献、项目的性质以及资助情况等因素综合确定，所在单位为科研项目提供了场地、设备等科研条件以及管理支持，应根据其投入和贡献享有相应的权益，如成果的优先使用权、一定比例的收益分配权等，资助机构为项目提供了资金支持，也应依据其资助力度和约定享有相应权益，如在一定期限内的成果独占许可权等。

（二）加大对侵权行为的打击力度

侵权行为对知识产权权利人的合法权益造成了严重损害，成为融合出版与科研创新发展道路上的绊脚石，为有效遏制侵权行为的滋生与蔓延，必须全方位加大打击力度，显著提高侵权成本。

加强执法力度是打击侵权行为的核心关键。相关执法部门应着力配备专业的知识产权执法人员，全面提升执法人员的业务水平与执法能力，通过定期组织系统培训，邀请知识产权领域的专家学者、资深法官以及经验丰富的执法人员进行授课，使执法人员深入学习融合出版与科研管理领域的知识产权法律法规，精准掌握侵权行为的认定标准和严谨的执法程序。例如在融合出版领域，执法人员需要了解数字内容的传播特点、版权保护技术以及常见的侵权手段，如破解数字版权管理系统（DRM）进行非法传播、利用网络爬虫技术抓取数字内容等，在科研管理领域，执法人员要熟悉科研成果的类型、知识产权保护形式以及侵权行为的表现形式，如未经授权使用科研数据、抄袭科研论文等。

通过案例研讨，选取具有代表性的融合出版与科研管理侵权案例进行深入剖析，从侵权行为的发现、证据收集、法律适用到最终的处罚执行，全面分析执法过程中的重点、难点问题，提高执法人员的实际操作能力。

在实际执法过程中，执法人员务必严格按照法律规定，对侵权行为进行严肃查处。对于情节较轻的侵权行为，如未经授权在网络平台上传播少量数字内容，执法部门应责令侵权人立即停止侵权行为，通过网络平台等渠道公开道歉，以消除不良影响，并根据侵权情节的严重程度给予一定数额的罚款。罚款数额应综合考虑侵权内容的价值、传播范围以及对权利人造成的损害等因素确定，确保罚款具有一定的惩戒性。对于情节严重的侵权行为，如大规模盗版科研成果、恶意抄袭融合出版作品等，执法部门应依法坚决追究其刑事责任，在查处过程中，执法人员要注重证据的收集和固定，确保侵权事实清楚、证据确凿，为后续的司法诉讼提供坚实保障，加强与司法机关的协作配合，建立快速移送机制，确保侵权案件能够及时进入司法程序，依法严惩侵权者。

提高侵权赔偿标准是提高侵权成本、震慑侵权行为的重要手段，我国知识产权侵权赔偿标准相对较低，难以对侵权人形成足够的威慑力，在融合出版与科研创新领域，侵权行为往往给权利人带来难以估量的经济损失和严重的声誉损害。例如一家科研机构历经多年研发投入，攻克了某一关键技术难题，其核心科研成果具有巨大的商业价值和社会影响力，一旦该成果被侵权，侵权方可能通过非法使用该成果迅速获取巨额利润，而科研机构则可能因侵权行为在市场竞争中处于劣势，失去潜在的合作机会和收益，科研机构的声誉也可能受到负面影响，导致其在科研项目申报、人才吸引等方面面临困难。

因此应依据侵权行为的性质、情节和危害程度，大幅提高侵权赔偿标准，在确定赔偿数额时，不应仅仅局限于权利人的直接经济损失，如因侵权导致的销售额下降、利润减少等，还需充分考虑其间接经济损失，如为恢复市场份额所投入的营销费用、因声誉受损导致的未来潜在收益减少等，声誉损害也是不容忽视的重要方面，对于权利人因侵权行为在行业内声誉受到的负面影响，应通过合理的方式进行量化评估，并纳入赔偿范围，为维权所支付的合理费用，如律师费、公证费、调查取证费等，也应由侵权人承担。

（三）建立知识产权快速维权机制

首先，设立专门的知识产权快速维权机构势在必行。该机构应汇聚专业的法律和技术人才，打造一支具备多领域专业知识和丰富实践经验的团队，法律人才要精通知识产权法律法规，熟悉各类侵权案件的法律适用和诉讼程序，技术人才则需掌握融合出版与科研管理领域的关键技术，如数字版权保护技术、科研数据加密技术等，能够运用技术手段追踪侵权源头、收集侵权证据。其次，全面优化维权流程是提高维权效率的关键环节。简化传统维权过程中繁琐的程序，构建快速审查和裁决机制，对于事实清晰、证据确凿的侵权案件，快速维权机构可采用简易程序进行审理，在审理过程中，精简不必要的举证、质证环节，重点审查侵权事实和法律适用，快速维权机构应在短时间内（如1~2个月）做出裁决，及时维护权利人的合法权益。此外，充分利用现代信息技术是提升维权效率的重要途径。建立知识产权维权信息平台，实现维权信息的快速传递和共享，权利人可通过平台在线提交投诉材料，详细描述侵权行为的具体情况，并上传相关证据，平台自动对投诉信息进行分类和编号，方便权利人查询维权进度，执法部门和司法机关可在平台上实时共享侵权案件的相关信息，包括侵权证据、调查进展、法律分析等，协同开展维权工作。

（四）加强国际知识产权合作

随着经济全球化进程的加速以及融合出版与科研创新的国际化发展趋势，知识产权保护已然成为国际合作的重要领域，强化国际知识产权合作，积极参与国际知识产权规则的制定，对于保护我国在融合出版与科研领域的海外知识产权具有举足轻重的意义。

在国际知识产权规则制定方面，我国应充分发挥大国担当，积极加强与其他国家和国际组织的交流与合作，通过踊跃参与国际知识产权会议、研讨会等活动，深入了解国际知识产权保护的最新动态和发展趋势，同时清晰、准确地表达我国在融合出版与科研领域的知识产权保护立场和诉求。例如在数字内容的跨境传播和版权保护方面，我国应倡导建立国际统一的版权保护标准和合作机制，随着数字技术的发展，数字内容在全球范围内的传播速度极快、范围极广，然而各国的版权法律存在差异，这使得版权纠纷和侵权行为频发。我国应推动国际社会制定统一的数字版权保护标准，明确数字内容在跨境传播中的版权归属、使用权限、侵权认定标准等关键问题，建立国际版权合作机制，加强各国版权执法机构之间的信息共享和协作，共同打击跨境数字版权侵权行为。在科研领域，我国应积极参与国际科研合作项目中的知识产权规则制定，随着国际科研合作日益频繁，科研成果的跨境共享和转化成为趋势，我国应倡导在国际科研合作中，明确各方在知识产权创造、归属、使用和保护等方面的权利和义务，确保我国科研机构和科研人员在国际合作中的知识产权得到充分保护。

三、融合出版与科研管理人才政策调整

（一）制定人才引进政策

在全球一体化和数字化浪潮的双重驱动下，融合出版与科研管理对人才的需求呈现出多元化、高端化的特点，制定具有吸引力的人才引进政策是快速汇聚行业发展所需高端人才的关键。

融合出版与科研管理领域需要的人才横跨多个专业领域。在数字技术方面，急需掌握人工智能、大数据分析、区块链技术、云计算等前沿技术的专业人才，以人工智能为例，在融合出版中，人工智能技术可用于内容的智能创作、个性化推荐以及智能编辑审核等方面。掌握人工智能技术的人才能够开发出智能化的内容创作辅助工具，帮助作者更高效地创作内容，利用大数据分析技术，对用户的阅读习惯、兴趣偏好等数据进行深入挖掘，为用户提供精准的个性化内容推荐，提升用户体验。在科研管理中，人工智能技术可用于科研项目的智能评估、科研成果的预测分析等，提高科研管理的效率和科学性。

出版专业人才同样不可或缺。他们不仅要熟悉传统出版流程，更要对融合出版的新模式、新业态有深入理解，融合出版打破了传统出版的边界，实现了内容的多渠道传播和多媒体呈现，出版专业人才需要具备跨媒体内容策划能力，能够根据不同的传播渠道和用户需求，策划出具有针对性的内容，他们还需掌握数字出版技术，如数字内容的加工、排版、发布等，确保出版内容在数字平台上的优质呈现。科研管理人才则要求具备系统的科研管理知识和丰富的实践经验，他们要熟悉科研项目的申报、立项、实施、验收等全过程管理，能够合理配置科研资源，协调科研团队之间的合作，在科研成果转化方面，科研管理人才需要具

备敏锐的市场洞察力，能够将科研成果与市场需求有效对接，推动科研成果的产业化应用。

为吸引国内外高端人才投身融合出版与科研管理事业，需制定一系列具有竞争力的引进措施，在薪酬待遇方面，提供具有行业竞争力的薪资水平，根据人才的专业能力和经验，给予相应的高薪待遇。除了基本薪资外，还可设立项目奖金、绩效奖金等激励机制，提供完善的福利待遇，包括五险一金、带薪年假、健康体检、补充商业保险等，解决人才的后顾之忧。对于在关键项目中取得突出成绩的人才，给予丰厚的奖金回报。

在职业发展空间上，为引进人才提供广阔的晋升渠道和发展平台。建立科学合理的晋升机制，根据人才的工作表现和能力提升，给予相应的晋升机会，例如对于数字技术人才，可设立技术专家、技术总监等晋升路径，对于出版专业人才，可从编辑助理逐步晋升为编辑、主编、出版总监等，鼓励人才参与企业或机构的核心项目和战略决策，为他们提供展示才华和实现自我价值的机会。

为吸引国际高端人才，要积极搭建国际化人才引进平台。加强与国际知名高校、科研机构、企业的合作，建立人才交流合作机制，通过举办国际学术会议、行业研讨会等活动，邀请国际人才参与，增进他们对我国融合出版与科研管理领域的了解，利用国际人才招聘网站、社交媒体等渠道，广泛发布人才引进信息，扩大人才引进的国际影响力。对于引进的国际人才，提供必要的语言培训和文化适应支持，设立专门的国际人才服务团队，帮助国际人才解决在工作和生活中遇到的语言沟通、文化差异等问题。例如为国际人才提供中文培训课程，帮助他们更好地融入工作环境，组织文化交流活动，让国际人才了解中国的文化习俗，增强他们的归属感。

（二）加强人才培养体系建设

高校应紧密结合融合出版与科研管理的发展需求，优化相关专业课程设置，在融合出版专业方面，除了保留传统出版学的核心课程，如编辑学概论、出版发行学、版权贸易等，还应增加数字技术相关课程，如数字媒体技术、数字图像处理、数字出版技术等，开设跨学科课程，如融合出版策划与运营、新媒体营销与传播等，培养学生的跨学科思维和综合应用能力。以融合出版策划与运营课程为例，课程内容应涵盖融合出版项目的策划、实施、推广等全过程，通过案例分析、项目实践等教学方法，让学生了解如何根据市场需求和用户特点，策划出具有创新性的融合出版项目。在项目实施过程中，学生将学习如何运用数字技术进行内容创作、编辑加工和平台搭建；在项目推广阶段，学生将掌握新媒体营销的方法和技巧，提高融合出版项目的市场影响力。在科研管理专业方面，高校应设置科研项目管理、科研成果转化、科技政策与法规等核心课程，引入大数据分析、项目管理软件应用等课程，提升学生的科研管理技术能力。例如在科研项目管理课程中，学生将学习科研项目的申报流程、预算管理、进度控制等知识，通过大数据分析课程，学生能够运用数据分析工具对科研数据进行挖掘和分析，为科研项目的决策提供支持。

职业院校以培养应用型人才为目标，在融合出版与科研管理人才培养中，应强化实践课程的设置，与企业和科研机构建立紧密的合作关系，开展订单式人才培养。根据企业和科研机构的实际需求，制定个性化的人才培养方案，确保培养出的学生能够直接上岗工作。例如在融合出版领域，职业院校可与出版企业合作，开设数字排版与设计、数字内容制作与发布等实践课程，学生在学习过程中，将参与出版企业的实际项目，如数字图书的排版设计、在线课程的制作与发布等。通过实践操作，学生能够熟练掌握相关技能，提高就业竞争力。在科研管理方面，职业院校可与科研机构合作，开设科研实验室管理、科研项目辅助管理等实践课程，学生将在科研机构中实习，参与科研项目的日常管理工作，如实验设备的维护管理、科研数据的收集整理等，通过实践锻炼，学生能够了解科研管理的实际流程和工作要求，为今后从事科研管理工作打下坚实的基础。

除了高校和职业院校的学历教育，继续教育与培训体系的完善也是人才培养的重要环节，鼓励企业和科研机构开展内部培训，针对员工的岗位需求和职业发展规划，制定个性化的培训方案。例如为数字技术人员提供新技术培训，使其能够及时掌握行业最新技术动态，为出版专业人员提供融合出版业务培训，提升他们在新媒体环境下的出版业务能力。同时支持社会培训机构开展融合出版与科研管理相关的培训课程，这些培训机构可邀请行业专家、企业高管等担任讲师，为学员提供实战性强的培训内容。例如开展融合出版商业模式创新培训课程，邀请成功的融合出版企业负责人分享经验，帮助学员了解行业最新的商业模式和发展趋势。

（三）建立人才交流平台

搭建线上线下相结合的人才交流平台，为出版企业与科研机构的人才提供交流合作的机会，在线上，建立专门的人才交流网站或 APP，设置人才信息发布、项目合作对接、交流论坛等板块，人才可以在平台上发布个人简历、专业技能、研究成果等信息，企业和科研机构可以发布招聘信息、项目需求等内容，通过平台的智能匹配功能，实现人才与岗位、项目的精准对接。

交流论坛是线上平台的重要组成部分，人才可以在论坛上分享工作经验、行业见解，探讨技术难题和发展趋势。例如在融合出版技术交流论坛上，数字技术人才和出版专业人才可以共同探讨人工智能在出版领域的应用前景和技术难题，促进技术与出版业务的深度融合。

在线下，定期举办人才交流活动，如人才招聘会、项目对接会、行业研讨会等，人才招聘会为企业和科研机构提供了直接招聘人才的机会，同时也为人才提供了更多的就业选择，项目对接会则聚焦于融合出版与科研管理项目，促进企业和科研机构之间的项目合作，实现人才在项目中的流动与协作，行业研讨会邀请行业专家、学者、企业高管等进行主题演讲和交流讨论，为人才提供了学习和交流的平台，拓宽了人才的视野。

建立人才柔性流动机制，打破人才流动的体制机制障碍。鼓励出版企业与科研机构之间开展人才兼职、项目合作、技术咨询等形式的柔性流动，例如科研机构的科研人员可以到出版企业兼职，将科研成果转化为出版内容，同时为企业提供技术支持和创新思路，出版企业的编辑人员可以到科研机构参与科研项目的宣传推广工作，提高科研成果的传播力。

在项目合作方面，出版企业与科研机构可以共同承担融合出版与科研管理项目，双方人员在项目中分工协作，实现人才资源的共享和优势互补。例如在开发一款基于大数据分析的科研成果推荐平台项目中，科研机构的数据分析专家和出版企业的技术开发人员、编辑人员可以共同参与项目，发挥各自的专业优势，推动项目的顺利实施。政府可以出台相关政策，鼓励人才柔性流动，例如对开展人才柔性流动的企业和科研机构给予税收优惠、财政补贴等支持，对参与柔性流动的人才在职称评定、科研项目申报等方面给予政策倾斜，提高各方参与人才柔性流动的积极性。

成立专门的人才共享服务机构，负责人才交流平台的运营管理、人才信息的收集整理、人才流动的协调服务等工作，该机构应建立完善的人才信息库，对人才的基本信息、专业技能、工作经历、科研成果等进行详细记录和分类管理，为人才的精准匹配和流动提供数据支持。在人才流动过程中，人才共享服务机构应提供人事代理、社保缴纳、档案管理等一站式服务，解决人才的后顾之忧，例如对于到异地企业或科研机构兼职的人才，人才共享服务机构可以协助其办理人事关系转移、社保异地缴纳等手续，确保人才能够顺利开展工作。同时人才共享服务机构还应开展人才培训、职业规划咨询等服务，帮助人才提升自身能力，规划职业发展路径。例如定期组织人才培训课程，邀请行业专家进行授课，提升人才的专业技能和综合素质，为人才提供职业规划咨询服务，根据人才的兴趣爱好、专业特长和职业目标，制定个性化的职业发展规划，促进人才的成长与发展。

（四）完善人才评价机制

构建多元化的人才评价指标体系，全面、客观地评价人才的能力和业绩，在融合出版与科研管理领域，评价指标应涵盖专业知识与技能、融合创新能力、项目实践成果、团队协作能力、社会影响力等多个方面。

专业知识与技能是人才评价的基础，根据不同的岗位需求，对人才的专业知识和技能进行考核评价，例如对于数字技术人才，考核其掌握的人工智能、大数据分析等技术的熟练程度，对于出版专业人才，考核其编辑、策划、营销等方面的专业能力。

融合创新能力是评价人才的关键指标，考察人才在融合出版与科研管理实践中，将不同领域的知识和技术进行融合创新的能力，例如评价人才是否能够运用数字技术创新出版业务模式，是否能够将科研成果与出版内容进行有效融合等。

项目实践成果是衡量人才能力和业绩的重要依据，考核人才在参与的项目中所取得的成果和贡献，例如对于参与融合出版项目的人才，评价其策划的项目是否取得良好的市场反响和经济效益，对于参与科研管理项目的人才，评价其在项目中对科研成果转化和应用的推动作用。

团队协作能力在融合出版与科研管理中至关重要，考察人才在团队中的沟通协作能力、领导能力和团队凝聚力，例如通过团队项目评估、团队成员互评等方式，评价人才在团队中的表现。

社会影响力也是人才评价的重要方面，考察人才的科研成果、出版作品等在社会上的影响力和贡献，例如评价科研人员的论文被引用次数、科研成果的社会应用价值，评价出版人员策划的作品是否获得重要奖项、是否对社会文化发展产生积极影响等。

四、融合出版与科研管理的监管政策改进

在融合出版与科研管理领域不断创新发展的当下，监管政策的有效性对于确保其健康、有序前行起着关键作用，随着这两个领域的快速变革与融合，传统的监管模式已难以满足需求，因此，改进监管政策成为当务之急。这不仅需要构建协同监管机制，整合各方资源，形成监管合力，还需借助先进技术手段提升监管效能，同时建立风险评估与预警机制，加强对新兴领域的监管研究，全方位保障融合出版与科研管理的稳健发展。

（一）构建协同监管机制

融合出版与科研管理涉及多个领域和众多主体，构建协同监管机制，加强政府部门、行业协会、企业和社会公众之间的协作是关键，政府部门在监管中起着主导作用，具备宏观调控和政策制定的能力。例如新闻出版部门负责对融合出版的内容导向、资质审批等方面进行监管，确保出版内容符合国家法律法规和社会道德规范，科技管理部门则侧重于科研项目的立项审批、科研成果的鉴定等科研管理环节的监管。

行业协会作为行业自律组织，熟悉行业动态和企业实际情况，能够在政府与企业之间发挥桥梁纽带作用，它们可以制定行业规范和标准，引导企业自律。比如，出版行业协会可以制定融合出版产品的质量标准，科研行业协会可以规范科研成果的评价标准，从而促进行业的健康发展。

企业作为融合出版与科研管理的主体，应积极配合监管工作，同时加强自身内部监管，企业要建立健全内部管理制度，规范生产经营和科研活动流程。例如出版企业要建立严格的内容审核制度，科研企业要加强对科研项目的过程管理，确保自身行为合法合规。

社会公众是监管的重要力量，具有广泛的监督视角，可以通过举报、评价等方式，对融合出版产品和科研活动进行监督。例如读者可以对融合出版产品的内容质量、侵权行为等进行举报，科研成果的使用者可以对科研成果的真实性、实用性进行反馈。

为了避免监管空白和重复监管，必须明确各监管主体的职责和权限。政府部门之间要进行清晰的职责划分，例如在融合出版领域，文化和旅游部门可能侧重于文化产业政策的引导和文化市场的宏观管理，市场监督管理部门则主要负责市场秩序的维护，打击不正当竞争、侵权假冒等行为，而工信部门可能在技术标准制定、信息基础设施建设等方面发挥作用，各部门应依据自身职能，制定详细的监管清单，明确监管范围和重点。

行业协会要在其章程规定的范围内开展监管工作。例如出版行业协会主要负责对出版企业的行业自律管理，包括制定行业规范、开展行业培训、调解行业纠纷等，科研行业协会则专注于科研道德规范的监督、科研成果的行业评估等，行业协会的监管应侧重于行业内部的自我约束和协调，与政府部门的监管形成互补。

企业内部监管要明确各部门和岗位的职责。以融合出版企业为例，内容创作部门要对内容的原创性、合法性负责，技术部门要确保技术系统的稳定运行和数据安全，市场部门要规范市场推广和销售行为，通过明确内部职责，使企业监管工作有序开展。

社会公众的监督职责主要是发现问题并及时反馈。要建立健全公众举报和反馈机制，明确公众监督的途径和方式，同时保护举报人权益，例如设立专门的举报热线、在线举报平台等，对公众举报的问题及时进行核实和处理。

通过政府部门、行业协会、企业和社会公众之间的协作与明确职责，形成全方位、多层次的监管体系，从宏观层面看，政府部门通过制定政策法规、进行资质审批等方式，对融合出版与科研管理进行宏观把控。例如政府可以出台鼓励融合出版与科研创新的政策，同时对不符合产业发展规划的项目进行限制。从中观层面，行业协会通过制定行业标准、开展行业自律等活动，对行业进行中观管理。比如行业协会可以组织企业开展质量评比、信誉评级等活动，激励企业提升自身水平。从微观层面，企业内部监管和社会公众监督对具体的生产经营和科研活动进行微观监督，企业内部通过完善的管理制度和流程，对每个项目、每个环节进行严格把控，社会公众则从用户体验、社会影响等角度，对融合出版产品和科研成果进行监督，这种全方位、多层次的监管体系能够覆盖融合出版与科研管理的各个方面，确保监管无死角。

（二）利用技术手段提升监管效能

大数据技术在融合出版与科研管理监管中具有巨大潜力。在融合出版领域，通过收集和分析海量的出版数据，包括内容传播数据、用户行为数据等，实现对出版内容的精准监管。例如通过分析用户对不同类型融合出版产品的阅读时长、点击率等数据，了解哪些内容受到欢迎，哪些可能存在问题，利用大数据技术可以监测出版市场动态，及时发现市场中的异常波动和潜在风险，比如分析市场份额、价格波动等数据，判断是否存在不正当竞争行为。在科研管理方面，大数据可用于科研项目的全过程监管。收集科研项目的立项数据、研究过程数据、成果数据等，建立科研项目数据库，通过对这些数据的分析，可以评估科研项目的进展情况、资金使用效率等。例如分析科研经费的支出明细和项目进度数据，判断是否存在经费滥用或项目拖延的情况，大数据技术还可以对科研成果进行评估，通过分析论文引用量、成果应用情况等数据，客观评价科研成果的质量和影响力。

（三）建立风险评估和预警机制

在融合出版领域，风险评估要涵盖多个方面，内容风险方面，评估出版内容是否符合法律法规、社会道德规范，是否存在导向错误、侵权等问题。例如对于涉及敏感话题的内容，要评估其是否遵循相关政策规定，对于引用他人作品的内容，要评估是否获得合法授权，技术风险方面评估融合出版所依赖的技术系统是否稳定、安全，是否存在数据泄露、技术故障等风险，例如对在线出版平台的服务器稳定性、数据加密技术等进行评估，市场风险方面，分析市场需求变化、竞争态势等因素对融合出版企业的影响，例如评估新的竞争对手进入市场、市场需求突然下降等情况对企业经营的风险。

在科研管理领域，风险评估同样至关重要。科研项目风险方面，评估科研项目的可行性、创新性、资金预算合理性等，例如对于一些前沿性科研项目，要评估其技术路线是否可行，是否存在过高的技术风险。对于科研项目的资金预算，要评估是否存在资金不足或浪费的风险，科研成果风险方面，评估科研成果的真实性、可靠性、应用前景等。例如对于一些重大科研成果，要评估其是否经过严格的实验验证，是否存在夸大成果的情况，对于应用型科研成果，要评估其市场应用的可行性和潜在风险。

基于风险评估机制，构建预警机制能够及时发现和处理潜在风险。在融合出版领域，通过建立监测指标体系，对出版内容、技术系统、市场动态等进行实时监测。例如设定内容违规率、用户投诉率、服务器故障率、市场占有率变化等指标，当这些指标超出正常范围时，及时发出预警信号，预警信号可以通过多种方式传达给相关监管部门和企业，如短信、邮件、监管平台推送等，监管部门和企业收到预警信号后，迅速采取措施进行处理。例如对于内容违规预警，及时下架相关产品，对企业进行处罚和整改要求，对于技术故障预警，及时组织技术人员进行抢修，保障系统正常运行。在科研管理领域，同样建立监测指标体系对科研项目和成果进行监测，例如设定科研项目进度偏差率、经费超支率、论文撤稿率、成果转化率等指标，当指标出现异常时，发出预警，对于科研项目进度滞后的预警，科研管理部门可以督促项目承担单位加快进度，对于科研成果出现学术不端预警，及时进行调查处理，维护科研诚信环境。

建立风险评估和预警机制的最终目的是及时发现和处理潜在风险和问题。监管部门和企业要针对不同类型的风险和问题，制定相应的应对预案，对于融合出版领域的内容风险，要加强内容审核力度，完善审核流程，对违规企业进行严肃处理，包括罚款、吊销资质等，对于技术风险，要加大技术研发投入，提高技术系统的安全性和稳定性，建立应急响应机制，确保在出现技术故障时能够迅速恢复，对于市场风险，企业要加强市场调研，及时调整经营策略，监管部门可以通过政策引导，促进市场的健康发展。在科研管理领域，对于科研项目风险，要加强项目管理，定期对项目进行检查和评估，对存在问题的项目及时进行调整和优化。对于科研成果风险，要加强对科研成果的鉴定和审核，建立科研诚信档案，对学术不端行为进行严厉打击，维护科研秩序。

（四）加强对新技术新业务的监管研究

随着科技的不断发展，融合出版与科研管理领域涌现出许多新技术和新业务，给监管带来了诸多挑战，在融合出版领域，如区块链技术在版权保护中的应用，虽然为版权管理提供了新的手段，但也带来了监管难题。区块链的去中心化特点使得版权归属和交易记录难以被传统监管方式有效追踪和管理，又如，虚拟现实（VR）和增强现实（AR）技术在出版中的应用创造了全新的阅读体验，但也可能出现内容误导、用户沉迷等问题，需要新的监管措施。在科研管理领域，基因编辑、人工智能辅助科研等新技术的出现，引发了伦理和安全等方面的问题，例如基因编辑技术如果应用不当，可能对人类基因库造成不可逆的影响，人工智能辅助科研可能存在数据偏见、算法漏洞等问题，影响科研结果的准确性。同时，科研服务外包、众包科研等新业务模式的出现，使得科研管理的主体和流程更加复杂，增加了监管的难度。

面对这些挑战，必须加强对新技术新业务的监管研究。监管部门应组织专家学者、行业从业者等成立专门的研究小组，对新技术新业务的特点、发展趋势、潜在风险等进行深入研究。在融合出版领域，研究区块链技术在版权保护中的监管模式，探索如何利用区块链的技术特性实现更有效的版权监管，如建立基于区块链的版权监管平台，实现版权信息的透明化和可追溯，研究 VR 和 AR 出版内容的监管标准，制定相应的内容审核指南，规范此类出版产品的发展。在科研管理领域，研究基因编辑、人工智能辅助科研等新技术的伦理和安全监管标准，例如，制定基因编辑技术的应用规范和审批流程，确保其在符合伦理和安全的前提下发展，研究人工智能辅助科研的数据管理和算法审查机制，保障科研结果的可靠性，对于科研服务外包、众包科研等新业务模式，研究如何明确各方责任，加强对科研过程和成果的监管。

通过监管研究，制定相应的监管规则，确保融合出版与科研管理在创新发展的同时保持健康有序。在融合出版领域，针对区块链版权保护，制定相关的版权登记、交易监管规则，明确区块链版权信息的法律效力和监管要求，对于 VR 和 AR 出版，制定内容审核标准和用户保护措施，如限制不适宜内容的传播，防止用户过度沉迷。在科研管理领域，针对基因编辑技术，出台严格的伦理审查和技术监管法规，规范基因编辑的应用范围和操作流程，对于人工智能辅助科研，制定数据管理和算法审核规范，要求科研人员在使用人工智能技术时，确保数据的真实性、完整性和算法的公正性，对于科研服务外包、众包科研等新业务，制定合同管理、质量监督等方面的监管规则，保障科研项目的顺利进行和科研成果的质量。

第九章　案例分析与实践总结

第一节　成功案例的深入剖析

一、案例的背景与目标分析

在当今数字化浪潮席卷全球的时代背景下，各个行业都在经历着深刻的变革与转型，出版行业作为知识传播的重要载体，以及科研管理领域作为推动科技创新的关键环节，也不可避免地受到数字技术发展的巨大冲击。

（一）案例背景

数字技术的飞速发展，彻底改变了信息传播的方式和人们获取知识的习惯，互联网的普及、移动设备的广泛应用，使得数字化阅读逐渐成为主流阅读方式之一。据相关数据显示，近年来全球数字阅读市场规模持续增长，电子书、有声读物、在线课程等数字出版产品的市场份额不断扩大，面对这一趋势，传统出版行业面临着前所未有的挑战。

传统出版行业长期以来依赖纸质图书的生产和销售，其业务模式相对单一，在数字技术的冲击下，纸质图书的销量逐年下滑，市场份额被不断压缩，传统出版企业的生产流程繁琐，从选题策划、编辑加工、排版印刷到发行销售，周期较长，难以快速响应市场变化。而且，传统出版的内容呈现形式较为单一，主要以文字和图片为主，难以满足读者对于多样化、个性化阅读体验的需求。例如一些知名的传统出版社，由于未能及时跟上数字技术发展的步伐，在市场竞争中逐渐处于劣势，它们的库存积压严重，资金周转困难，部分小型出版社甚至面临倒闭的风险，为了生存和发展，传统出版行业急需进行转型升级，融合数字技术，探索新的业务模式和发展路径。

在科研领域，科研成果的传播与转化同样面临着诸多问题。科研成果是科技创新的结晶，其快速、有效地传播和转化对于推动社会进步和经济发展具有重要意义，当前科研成果的传播主要依赖于学术期刊、会议论文等传统渠道，传播范围有限，传播速度较慢。一方面，学术期刊的发表周期较长，从投稿到发表往往需要数月甚至数年的时间，这使得一些前沿的科研成果不能及时被同行了解和应用。另一方面，科研成果的传播存在一定的壁垒，很多学术资源需要付费才能获取，这限制了科研成果在更广泛范围内的传播和共享。

A 企业作为一家具有前瞻性的机构，在开展融合出版与科研管理创新实践方面具有诸多基础和优势，首先，其拥有丰富的出版资源，包括大量的版权作品、专业的编辑团队和完善的出版发行渠道，这些资源为其开展融合出版业务提供了坚实的基础，例如拥有多个知名的出版品牌，涵盖了学术出版、大众出版、教育出版等多个领域，在行业内具有较高的知名度和影响力。其次，在长期的发展过程中，积累了一定的科研合作基础，与众多科研机构、高校建立了良好的合作关系，参与了多个科研项目的研究和推广工作。这使得 A 企业对于科研成果的特点和需求有了更深入的了解，为其开展科研管理与出版融合业务提供了有力的支持，例如与某知名科研机构合作，共同出版了一系列学术著作和研究报告，在学术界取得了良好的反响。

(二) 目标设定

从出版角度来看，A 企业旨在打造一个集多种媒体形式于一体的出版平台，这个平台将整合文字、图片、音频、视频等多种内容形式，为读者提供全方位、沉浸式的阅读体验。例如在出版一本科普读物时，除了传统的文字和图片内容外，还将配备生动的音频讲解和精彩的视频演示，让读者能够更加直观地理解复杂的科学知识。通过打造这样的多媒体融合出版平台，满足不同读者的阅读习惯和需求。对于喜欢传统阅读方式的读者，可以提供纸质图书；对于追求便捷和多样化的读者，提供电子书、有声读物等数字产品；对于需要更丰富阅读体验的读者，提供融合多种媒体形式的数字出版物。

实现内容的多渠道传播是其的重要目标之一。平台将通过与各大数字阅读平台、社交媒体平台、在线教育平台等合作，将出版内容推送给更广泛的用户群体。例如与某知名数字阅读平台合作，将平台上的电子书和有声读物上架销售，借助其庞大的用户基础，扩大内容的传播范围，利用社交媒体平台进行内容推广，通过发布精彩的内容片段、用户评价等，吸引更多用户关注。

在多元化盈利方面，探索多种商业模式。除了传统的出版销售收入外，还将开展知识付费业务，如推出在线课程、专题讲座、学术报告等，为用户提供专业的知识服务，通过广告投放、平台增值服务等方式，实现多元化盈利。例如在平台上为相关企业投放广告，根据用户的兴趣和行为数据，进行精准广告推送，提高广告效果和收益。

融合数字技术，提升出版内容的质量和用户体验是其核心目标之一，利用人工智能技术，对内容进行智能审核、编辑和推荐，通过自然语言处理技术，对文字内容进行语法检查、语义分析，提高内容的准确性和可读性，利用图像识别技术，对图片内容进行优化和处理，提升图片质量，利用智能推荐算法，根据用户的阅读历史、兴趣偏好等数据，为用户推荐个性化的出版内容，提高用户的满意度和忠诚度。

在科研管理方面，首要目标是建立一个高效的科研成果转化机制。通过整合科研机构、企业、投资机构等各方资源，搭建科研成果转化平台，促进科研成果与市场的对接，例如平台将定期举办科研成果发布会、项目对接会等活动，邀请科研人员、企业代表、投资机构等参加，为科研成果的转化提供交流合作的机会。同时建立科研成果评估体系，对科研成果的技术水平、市场前景、应用价值等进行全面评估，根据评估结果，为科研成果匹配合适的企业和投资机构，推动科研成果的产业化应用，还将提供技术咨询、知识产权服务、市场推广等一站式服务，帮助科研人员解决科研成果转化过程中遇到的各种问题。

加强科研项目的全过程管理，提高科研资源的利用效率，是重要的目标之一。利用信息化技术，建立科研项目管理系统，对科研项目的申报、立项、实施、结题等环节进行全程跟踪和管理，在项目申报阶段，提供项目申报指南、模板下载、在线申报等服务，方便科研人员申报项目，在项目实施阶段，实时监控项目进展情况，对项目进度、经费使用、人员安排等进行管理和调整，在项目结题阶段，组织专家进行项目验收，对项目成果进行评估和总结。

推动科研创新是开展科研管理工作的最终目标。通过建立科研创新激励机制，鼓励科研人员开展具有创新性和前瞻性的研究工作，例如设立科研创新基金，对优秀的科研项目给予资金支持，开展科研成果评选活动，对取得突出科研成果的科研人员进行表彰和奖励，提供科研交流平台，组织科研人员参加国内外学术会议、研讨会等活动，促进科研人员之间的交流与合作。

二、实施过程中的关键举措

（一）技术融合与平台搭建

A 企业深刻认识到技术是驱动融合出版与科研管理变革的核心力量，因此毅然投入大量资金用于技术研发。这一决策并非盲目跟风，而是基于对行业发展趋势的精准洞察，在数字化转型的大背景下，传统的出版与科研管理模式已难以满足市场需求和行业发展要求，唯有借助先进技术，才能实现突破与创新。为确保技术研发的顺利进行，组建了专门的技术研发团队，团队成员汇聚了来自计算机科学、信息工程、数字媒体等多个领域的专业人才，他们深入研究数字出版技术、大数据分析技术、人工智能技术等前沿技术在出版与科研管理领域的应用可行性，并制定了详细的研发计划。

在数字出版方面，致力于实现内容的数字化采编、排版和发布全流程革新。传统的采编流程依赖人工操作，效率低下且容易出现错误，通过引入数字化采编系统，记者和编辑可以在同一平台上协同工作，实现稿件的在线撰写、编辑、审核和修改，该系统还具备智能语法检查、内容比对等功能，有效提高了稿件的质量和编辑效率。排版环节同样实现了数字化转型，以往排版工作需要专业的排版人员使用特定的软件进行操作，过程繁琐且耗时，现在借助先进的数字排版技术，系统可以根据预设的模板和格式要求，自动对内容进行排版，大大缩短了排版周期，数字排版还支持多种格式输出，满足不同终端设备的阅读需求。

大数据分析技术在融合出版与科研管理平台中发挥着关键作用。平台通过多种渠道收集读者的阅读行为数据，如阅读时间、阅读频率、阅读偏好、停留页面、购买记录等，以及科研人员在平台上的文献检索、下载、引用等数据，这些海量的数据为深入了解用户需求提供了丰富的素材。利用大数据分析工具，对收集到的数据进行清洗、整理和分析，通过数据挖掘算法，发现数据背后隐藏的规律和趋势。例如分析读者的阅读偏好数据，发现某一特定领域的内容受到广泛关注，平台便可以针对性地策划相关主题的出版项目，邀请专业作者进行创作，满足读者的需求。

在内容推荐方面，大数据分析技术更是发挥了巨大优势。基于读者的阅读历史和行为数据，平台运用个性化推荐算法，为每个读者量身定制推荐内容，当读者登录平台时，系统会自动推送其可能感兴趣的书籍、文章、科研文献等，这种精准推荐不仅提高了用户的阅读体验，还增加了平台的用户黏性和内容传播效率。例如一位对人工智能领域感兴趣的科研人员，平台会为其推荐最新的人工智能研究成果、相关学术会议信息以及行业动态等内容，帮助他及时掌握领域前沿信息。

人工智能技术在平台的多个环节得到广泛应用，显著提高了工作效率和服务质量。在内容审核环节，传统的人工审核方式效率低、主观性强，难以应对海量的内容审核需求，借助人工智能的自然语言处理技术和图像识别技术，平台可以实现对文字内容和图片内容的自动审核。自然语言处理技术能够对文字内容进行语义分析，识别其中是否存在违法违规、低俗暴力、抄袭侵权等问题，图像识别技术则可以检测图片中是否包含敏感信息、侵权图像等，通过人工智能审核，大大缩短了审核周期，提高了审核的准确性和一致性。

在科研文献筛选和分类方面，人工智能算法同样发挥了重要作用。科研领域的文献数量庞大且增长迅速，科研人员在查找相关文献时往往面临巨大的困难，平台利用人工智能算法对海量的科研文献进行筛选和分类，根据文献的主题、关键词、作者、引用次数等信息，将文献分为不同的类别，并为每篇文献生成详细的摘要和关键词。科研人员在搜索文献时，只需输入相关的关键词或主题，平台就能快速准确地返回相关的文献列表，大大提高了科研人员的工作效率。

（二）科研与出版协同机制建立

为了促进科研与出版的深度融合，A企业积极加强与科研机构的合作，深度参与科研项目的全过程。在选题策划阶段，充分发挥自身对市场需求和行业发展趋势的敏锐洞察力，与科研机构的研究人员密切沟通，共同探讨科研项目的选题方向，通过市场调研和数据分析，了解社会对不同科研领域的关注热点和需求，为科研项目提供具有针对性和前瞻性的选题建议。例如在生物医学领域，随着人们对健康问题的关注度不断提高，基因治疗、精准医疗等新兴领域成为研究热点，通过市场调研发现这一趋势后，主动与相关科研机构合作，共同策划了一系列关于基因治疗和精准医疗的科研项目。在项目策划过程中不仅提供了选题建议，还参与了项目的可行性研究和方案设计，确保项目能够满足市场需求和科研发展的要求。在科研项目实施过程中，安排专人及时跟踪项目进展，与科研团队保持密切联系，定期收集科研成果，包括研究报告、实验数据、学术论文等，并对这些成果进行整理和分析，通过与科研人员的沟通交流，了解成果的创新点和应用价值，为后续的出版工作做好准备，还利用自身的资源优势，为科研项目提供必要的支持和帮助，如协助科研团队组织学术会议、邀请专家进行技术指导等。

（三）人才培养与团队建设

融合出版与科研管理需要跨学科的复合型人才，为了满足这一需求，A企业高度重视内部培训工作，开展了一系列针对性强的培训课程，在数字技术方面，为员工提供人工智能、大数据分析、云计算、区块链等前沿技术的培训，通过理论讲解、案例分析和实践操作相结合的方式，让员工掌握这些技术的基本原理和应用方法。例如组织员工参加人工智能算法培训课程，学习如何运用机器学习算法进行数据挖掘和分析，以及如何将人工智能技术应用于内容审核、推荐系统等实际业务场景中。在科研管理方面，开展科研项目管理、科研成果转化、科技政策法规等方面的培训，邀请科研管理领域的专家学者和行业资深人士授课，介绍科研项目的申报流程、经费管理、风险管理等知识，以及科研成果转化的途径和方法，解读国家和地方的科技政策法规，帮助员工了解科研管理的政策环境，为科研项目的实施和管理提供指导。

针对出版业务，组织员工参加编辑实务、出版策划、市场营销、版权贸易等方面的培训。通过培训，提高员工的编辑技能，使其能够熟练掌握稿件的编辑加工流程和技巧，提升员工的出版策划能力，能够根据市场需求和读者喜好，策划出具有创新性和市场竞争力的出版项目，增强员工的市场营销意识和能力，学会运用各种营销手段和渠道，推广出版产品，了解版权贸易的基本知识和操作流程，为开展国际版权合作奠定基础。

在加强内部培训的同时，积极从外部引进具有相关专业背景和实践经验的人才，在数字技术领域，吸引数字技术专家加入团队，他们在人工智能、大数据分析、软件开发等方面具有深厚的专业知识和丰富的实践经验。这些专家的加入，为平台的技术研发和创新提供了强大的技术支持，例如一位在人工智能领域具有多年研究经验的专家，加入团队后，带领技术团队成功研发了基于人工智能的智能客服系统和内容推荐系统，大大提升了平台的服务质量和用户体验。

在科研管理方面，招聘具有丰富科研管理经验的人才，他们熟悉科研项目的全过程管理，能够有效地组织和协调科研资源，推动科研项目的顺利实施，这些人才还具有广泛的科研人脉资源，能够为出版单位与科研机构的合作搭建桥梁，促进科研成果的转化和应用。在出版业务方面，引进资深编辑和出版营销人才，资深编辑具有敏锐的选题眼光和精湛的编辑技巧，能够挖掘出优质的出版资源，将其打造成高质量的出版产品，出版营销人才则具有丰富的市场推广经验和营销策划能力，能够制定有效的营销策略，提高出版产品的市场占有率和品牌知名度。例如一位资深编辑加入团队后，成功策划并编辑出版了一系列畅销书，带来了良好的经济效益和社会效益，一位出版营销人才通过策划一系列线上线下营销活动，有效地提升了平台出版产品的销量和影响力。

三、融合出版与科研管理的创新点

（一）内容创新与个性化服务

在融合出版领域，率先打破传统出版内容单一的桎梏，积极探索多媒体融合的创新模式，传统出版主要以文字和静态图片作为内容呈现形式，这种方式在信息传播的丰富度和生动性上存在明显局限，随着数字技术的发展和读者阅读习惯的转变，单一的内容形式已难以满足读者日益多样化的需求。

A 企业充分利用数字技术的优势，将文字、图片、音频、视频等多种元素有机融合，为读者打造沉浸式的阅读体验，以出版历史文化类书籍为例，在策划和制作过程中，不再局限于传统的文字叙述和少量配图，除了精心撰写详实的文字内容，深入解读历史文化的内涵和背景，还广泛收集相关的历史图片，这些图片涵盖历史文物、古迹遗址、人物肖像等，通过高清的展示，让读者能够更直观地感受历史的风貌。为了增强内容的生动性和感染力，制作了专业的音频讲解。邀请历史文化专家进行深入浅出的解读，将文字内容转化为生动的声音，读者可以在阅读过程中随时聆听，仿佛专家就在身边进行讲解，还精心制作了视频纪录片，通过实地拍摄、历史资料重现等方式，全方位展示历史文化的发展脉络和重要事件，让读者如身临其境般感受历史的厚重与魅力。

这种多元素融合的出版方式极大地丰富了读者的阅读体验。不同的元素相互补充、相互强化，使读者能够从多个角度、多种感官去理解和感受内容，对于那些抽象的历史文化概念和复杂的历史事件，通过图片、音频和视频的辅助，变得更加具体、易懂。例如在讲述古代建筑文化时，图片可以展示建筑的外观和结构，音频可以讲解建筑的历史背景和文化意义，视频则可以呈现建筑的建造过程和在历史长河中的变迁，让读者对古代建筑文化有了更全面、深入的理解。

（二）科研管理模式创新

在科研管理方面，摒弃了传统的粗放式管理模式，引入项目管理的理念和方法，对科研项目进行全过程的精细化管理，传统的科研管理往往侧重于项目的立项和结题，对项目实施过程中的管理不够重视，导致项目进度难以把控、资源浪费等问题时有发生。

借鉴项目管理的成熟经验，建立一套科学的科研项目管理体系。从项目的申报阶段开始，就制定详细的项目申报指南和规范，明确项目的申报条件、流程和要求，利用信息化技术，搭建在线申报平台，方便科研人员提交申报材料，在项目立项阶段，组织专家对申报项目进行严格的评审，从项目的创新性、可行性、研究价值等多个维度进行评估，确保立项项目的质量。在项目实施过程中，引入项目进度管理工具，制定详细的项目进度计划，明确各个阶段的任务和时间节点，通过定期的项目进度汇报和检查，及时掌握项目的进展情况，一旦发现项目进度滞后或出现问题，及时组织相关人员进行分析和调整，采取有效的措施加以解决。例如利用甘特图对项目进度进行可视化管理，清晰展示项目各个任务的开始时间、结束时间和进度状态，方便项目管理人员和科研人员实时了解项目进展情况。

传统的科研成果评价机制过于注重论文数量和影响因子，这种单一的评价标准存在诸多弊端，一方面，容易导致科研人员过于追求论文发表数量，忽视科研成果的质量和实际应用价值，另一方面，一些具有创新性和实用性的科研成果，由于难以在高影响因子的期刊上发表，得不到应有的认可和推广。A企业创新了科研成果评价机制，建立了一套多元化、综合化的评价体系，不再仅仅以论文数量和影响因子为评价标准，而是综合考虑科研成果的创新性、实用性和社会影响力等因素。在创新性方面，评估科研成果在理论、方法、技术等方面是否有新的突破和创新，是否解决了行业内的关键问题或挑战，例如对于一项科研成果，评估其是否提出了新的理论模型、发明了新的技术方法，或者对现有技术进行了重大改进。

在实用性方面，关注科研成果是否能够转化为实际生产力，是否具有实际应用价值和市场前景，例如对于应用型科研成果，评估其在企业生产、社会服务等领域的应用效果和经济效益，对于基础研究成果，评估其对后续研究和学科发展的推动作用。在社会影响力方面，考量科研成果对社会发展、环境保护、民生改善等方面的贡献，例如一项关于环保技术的科研成果，评估其在减少环境污染、推动可持续发展方面的实际效果，如一项关于医疗技术的科研成果，评估其对提高医疗水平、改善患者健康状况的作用。

为了确保评价的科学性和公正性，组建了多元化的评价专家团队，成员包括科研领域的专家学者、企业界代表、行业协会代表等，不同背景的专家从各自的角度对科研成果进行评价，综合各方意见，得出客观、全面的评价结果。同时建立了评价结果公示和反馈机制，让科研人员能够了解评价过程和结果，对评价结果有异议的，可以提出申诉和反馈。

（三）商业模式创新

在传统出版模式下，A企业的主要收入来源是出版销售收入，收入结构相对单一，随着互联网技术的发展和用户需求的变化，积极探索多元化的商业模式，开展知识付费业务，拓展了新的盈利渠道。

知识付费业务以提供专业、优质的知识内容为核心，满足用户对知识的个性化学习和深度探索需求，A公司凭借自身在出版和科研领域的资源优势，开发了丰富多样的知识付费产品，包括在线课程、专题报告、学术讲座等，在线课程涵盖了多个领域和学科，邀请行业内的知名专家、学者和一线从业者担任授课教师，课程内容既有系统的理论知识讲解，又有实际案例分析和操作指导，具有很强的实用性和针对性。例如在人工智能领域，开设了从基础理论到应用实践的系列在线课程，包括机器学习、深度学习、自然语言处理等课程，满足不同层次用户的学习需求。

专题报告则聚焦于某一特定领域的热点问题或前沿研究，邀请相关领域的专家进行深入研究和分析，为用户提供专业、权威的研究报告，这些报告不仅具有很高的学术价值，还为企业决策、行业发展提供了重要的参考依据。例如针对新能源汽车行业的发展趋势和技术创新，发布了一系列专题报告，分析了行业的市场规模、竞争格局、技术突破等方面的内容，受到了企业和投资者的广泛关注。

学术讲座通过线上直播和线下举办的方式，邀请国内外知名学者分享最新的研究成果和学术观点，学术讲座不仅为科研人员提供了一个交流和学习的平台，也吸引了广大对学术研究感兴趣的普通用户，用户可以通过购买门票或会员的方式参加学术讲座，获取优质的学术资源。

A企业积极与其他企业合作，将科研成果进行产业化转化，实现科研成果的商业价值，科研成果的产业化转化是科研与经济结合的关键环节，也是推动科技创新和经济发展的重要途径，由于科研机构和企业之间存在信息不对称、合作机制不完善等问题，很多科研成果难以转化为实际生产力。

A企业充分发挥自身在科研管理和出版方面的桥梁作用，搭建产学研合作平台，促进科研机构、高校和企业之间的沟通与合作，通过与科研机构和高校合作，收集和筛选具有产业化潜力的科研成果，建立科研成果项目库，深入了解企业的技术需求和市场需求，将科研成果与企业需求进行精准匹配。

在科研成果转化过程中，A企业提供全方位的服务和支持，组织专家对科研成果进行技术评估和市场前景分析，为企业提供决策依据，协助科研机构和企业制定合作方案，明确双方的权利和义务，在合作过程中协调各方关系，解决合作中出现的问题和矛盾。例如在一项关于新材料研发的科研成果转化项目中，A企业帮助科研机构与一家企业建立合作关系，在项目实施过程中，组织专家对科研成果进行技术评估，确定其技术可行性和市场潜力，协助双方制定合作协议，明确科研机构负责技术研发和改进，企业负责生产和市场推广，在项目推进过程中，及时协调解决双方在技术、资金、市场等方面的问题，确保项目顺利进行。

四、成功经验的可复制性探讨

（一）技术投入与创新能力

A企业在融合出版与科研管理的发展过程中，对技术的持续投入是其取得成功的基石，技术作为驱动行业变革的核心力量，从根本上重塑了出版与科研管理的模式与流程。在融合出版方面，数字技术的应用实现了内容生产、传播与消费的全方位革新，科研管理中，先进技术助力数据的高效处理、项目的精准把控以及成果的有效转化。

对于其他机构而言，在借鉴这一经验时，首先要充分认识到技术投入的必要性。在当今数字化时代，不跟进技术发展就意味着被市场淘汰，技术投入并非盲目跟风，需要结合自身实际情况进行合理规划，机构应全面评估自身的业务规模、发展目标、资金状况以及现有技术基础。例如小型出版企业或科研机构，由于资金和资源相对有限，在技术投入上不能贪大求全，可以优先确定对核心业务影响最大的技术领域，如对于专注于某一专业领域出版的企业，优先投入资源改进该领域内容的数字化加工与传播技术。

合理安排技术研发资金是技术投入的关键环节。机构可制定详细的技术研发预算计划，将资金分配到不同的技术项目和研发阶段，一部分资金用于购买成熟的技术设备和软件，以满足当前业务的基本技术需求，如购置先进的数字采编系统、数据分析软件等，提升工作效率和质量。另一部分资金则用于自主研发或与外部合作研发新技术，对于具有一定技术实力和研发能力的机构，可以设立专门的技术研发基金，鼓励内部团队开展技术创新项目。

同时，要注重资金的使用效率，建立严格的资金监管与评估机制，定期对技术研发项目的资金使用情况进行审计，确保资金用于预定的技术研发目标。例如在研发一个融合出版平台时，对平台建设过程中的各项费用支出进行详细记录和分析，避免资金浪费和滥用，通过成本效益分析，评估每个技术研发项目的投入产出比，对于效益不佳的项目及时调整或终止，确保有限的资金能够产生最大的技术价值。

机构一方面要积极引进具有相关专业背景和实践经验的技术人才，在招聘过程中，明确所需技术人才的技能要求，如融合出版领域需要掌握数字媒体技术、人工智能算法、大数据分析等技能的人才，科研管理方面则需要熟悉科研数据管理、项目管理软件应用等技术的人才，通过提供具有竞争力的薪酬待遇、良好的工作环境和发展机会，吸引优秀的技术人才加入。另一方面，要重视内部技术人才的培养。制定系统的培训计划，针对不同层次和岗位的技术人员，开展有针对性的培训课程，对于初级技术人员，注重基础知识和技能的培训，如编程语言、数据库管理等，对于中高级技术人员，提供前沿技术培训和行业交流机会，如参加国际技术研讨会、与高校科研团队合作开展技术研究等，通过内部培训与外部引进相结合的方式，打造一支高素质的技术人才队伍。

与高校、科研机构合作开展技术研发是降低技术创新成本和风险的有效途径。高校和科研机构拥有丰富的科研资源、专业的研究团队和先进的科研设备，与它们合作可以充分利用这些优势，弥补企业自身技术研发能力的不足，机构可以与高校联合设立研发实验室，共同开展关键技术的研究。例如在融合出版的人工智能应用技术研发方面，与高校的计算机科学专业团队合作，借助高校的科研力量攻克技术难题，同时企业可以为高校提供实践场景和应用需求，实现产学研的深度融合。

通过合作，企业还可以共享高校和科研机构的科研成果，加速技术创新的进程，在合作过程中，企业可以参与高校的人才培养，提前锁定优秀的技术人才，为企业的发展储备力量，合作研发可以分散技术创新的风险，当技术研发遇到困难或失败时，合作各方可以共同承担损失，降低单一机构的风险压力。

（二）合作与协同机制

在融合出版与科研管理中，科研机构与出版单位的合作是实现资源共享、优势互补的关键，科研机构拥有丰富的科研成果和专业的科研人才，而出版单位则具备内容传播和市场推广的优势，两者合作能够将科研成果快速、有效地转化为出版内容，实现科研成果的广泛传播和应用。例如科研机构的最新研究成果通过出版单位的专业编辑和推广，能够以学术专著、研究报告、科普文章等多种形式呈现给不同的受众群体，提高科研成果的影响力和社会价值。

建立良好的合作关系首先要明确各方的职责和利益。在合作前，双方应进行充分的沟通和协商，签订详细的合作协议，协议中明确规定双方在合作项目中的权利和义务，如科研机构负责提供高质量的科研成果，确保成果的真实性和创新性，出版单位负责对科研成果进行编辑加工、排版设计和市场推广，保证出版内容的质量和传播效果，同时要明确利益分配机制，根据双方在合作中的投入和贡献，合理分配合作收益。例如对于合作出版的学术专著，双方可以按照一定比例分配版税收入，对于科研成果转化项目，根据技术转让收入或股权收益，按照事先约定的比例进行分成。

科研机构和出版单位应建立定期的沟通会议制度，如项目启动会、项目进展汇报会、问题解决会等，在会议中，双方及时交流项目进展情况，共同探讨解决合作过程中出现的问题，明确沟通渠道和责任人，确保信息能够及时、准确地传递。例如设立专门的项目联系人，负责协调双方的沟通与协作，及时反馈问题和解决方案。利用信息化工具建立沟通协作平台，如项目管理软件、即时通讯工具等，通过项目管理软件，双方可以实时跟踪项目进度、任务分配和资源使用情况，即时通讯工具则方便双方随时进行沟通交流，提高沟通效率，在遇到紧急问题时，能够迅速通过沟通渠道召集相关人员进行讨论和解决，确保合作项目的顺利进行。

（三）人才培养与团队建设

融合出版与科研管理领域对人才的要求具有跨学科、复合型的特点，这类人才不仅要具备扎实的专业知识，如出版专业的编辑、策划、发行知识，科研管理专业的项目管理、成果评估知识，还要掌握相关的数字技术，如人工智能、大数据分析、区块链等，需要具备良好的沟通协作能力、创新能力和市场洞察力。例如在融合出版项目中，人才需要能够将数字技术与出版业务相结合，创新出版模式和内容形式，在科研管理中，要能够运用数据分析技术优化科研项目管理流程，提高科研成果转化效率。

借鉴 A 企业的人才培养模式，其他机构应制定个性化的培训计划，对员工进行全面的能力评估，了解员工的专业技能、知识水平、职业发展需求等，根据评估结果，为不同岗位和不同层次的员工制定个性化的培训方案，对于新入职的员工，注重基础知识和岗位技能的培训，使其尽快熟悉工作环境和业务流程。例如为新入职的编辑人员提供编辑规范、出版流程等方面的培训，为新入职的技术人员提供编程语言、软件开发工具等基础技术培训。对于有一定工作经验的员工，提供进阶培训和专业技能提升培训，例如为编辑人员提供融合出版策划、新媒体营销等方面的培训，帮助他们适应融合出版的发展需求，为技术人员提供人工智能算法优化、大数据平台搭建等高级技术培训，提升他们的技术水平，鼓励员工参加行业培训、学术研讨会等活动，拓宽员工的视野和知识面。

第二节　实践中遇到的问题及对策

一、实践初期的规划问题与调整

（一）问题表现

在融合出版与科研管理项目启动之初，A 企业对市场需求和发展趋势的把握存在明显不足，融合出版作为新兴领域，市场需求复杂且多变，受到技术发展、用户阅读习惯转变、行业竞争格局等多种因素的交互影响，科研管理与出版的融合更是缺乏成熟的模式可供参考，使得准确预测难度倍增。

在平台建设初期，A 企业过于追求技术的先进性，将大量资源投入到前沿技术的研发与应用中，例如在数字出版平台搭建时，引入了当时最为先进的人工智能内容生成技术和虚拟现实阅读交互技术，虽然这些技术在技术层面展示出了强大的功能，能够实现高度自动化的内容创作和沉浸式的阅读体验，但却忽略了用户的实际需求和接受程度。

从用户角度来看，大部分用户更关注内容的质量、获取的便捷性以及价格的合理性，过于复杂和超前的技术应用，不仅增加了用户的使用门槛，还导致平台的稳定性和兼容性出现问题。许多用户在使用平台时，因无法熟练操作复杂的技术功能，或者在设备兼容性上遇到障碍，从而对平台产生负面评价，导致用户体验不佳。

在项目定位和目标设定上，由于对市场需求和趋势的误判，A 企业陷入了迷茫，项目定位摇摆不定，既想打造一个综合性的融合出版与科研管理超级平台，涵盖所有可能的功能和服务，又未能明确核心业务和独特价值主张。目标设定也缺乏明确的指向性和可衡量性，例如设定了"提高平台的影响力和用户数量"这样宽泛的目标，但没有具体的实施路径和量化指标，使得团队在执行过程中缺乏明确的方向。

在科研管理与出版融合的环节，资源配置同样失衡。过于注重科研项目的技术层面管理，如科研数据的采集和分析技术研发，而忽视了科研成果与出版内容的有效对接和转化机制建设，缺乏专业的团队来负责将科研成果转化为适合出版的形式，也没有建立起与科研机构、学术团体的有效合作渠道，导致科研成果在平台上的传播和应用受到极大限制。此外，在市场推广和运营方面，资源投入也相对较少，没有制定系统的市场推广策略，缺乏专业的营销团队，导致平台的知名度和影响力难以提升，即使平台具备了一定的功能和内容优势，但由于缺乏有效的市场推广，无法被更多的潜在用户知晓和使用，造成了资源的浪费。

（二）调整策略

意识到市场预测不准确带来的严重问题后，A企业迅速采取行动，加强市场调研工作，成立了专门的市场调研团队，团队成员涵盖了市场营销专家、数据分析人员、行业研究员等多领域专业人才。

市场调研团队运用多种调研方法，全面深入地了解用户需求和行业动态，结合大规模的问卷调查，广泛收集用户的基本信息、阅读习惯、对融合出版产品的需求偏好、使用体验反馈等数据，问卷设计经过精心打磨，涵盖了多个维度的问题，以确保能够获取到全面且有价值的信息。例如在询问用户对融合出版内容形式的偏好时，不仅提供了常见的文字、图片、音频、视频选项，还设置了开放性问题，让用户能够表达自己独特的需求和想法。

用户访谈则是市场调研的另一重要手段。调研团队选取了不同年龄、职业、地域的用户进行深入访谈，与用户进行面对面的交流，深入了解他们的需求动机、使用场景和期望改进的方向，在访谈过程中，调研人员采用引导式的提问方式，鼓励用户分享真实的感受和体验，挖掘出用户潜在的需求和痛点。

竞品分析也是市场调研的关键环节。团队对市场上已有的融合出版与科研管理平台进行了全面细致的分析，研究它们的功能特点、内容优势、市场定位、营销策略以及用户评价，通过竞品分析，找出自身与竞争对手的差距和优势，为项目的定位和目标调整提供参考依据。

在收集到大量的数据后，市场调研团队运用先进的数据分析工具和方法，对数据进行深入挖掘和分析，通过数据挖掘算法，发现用户需求的潜在模式和趋势，经过相关性分析，找出影响用户选择和使用平台的关键因素，例如通过数据分析发现，某一特定领域的专业用户对深度、权威的科研内容有强烈需求，且更倾向于使用简洁易用的平台界面。根据市场调研结果，A企业重新调整了项目的定位和目标，将平台定位为专注于某几个特定领域的融合出版与科研管理专业平台，突出专业性和深度服务，打造差异化竞争优势，明确了核心业务是为特定领域的科研人员、专业读者提供高质量的科研成果出版、传播和转化服务，以及个性化的知识学习和交流平台。

二、实施过程中的技术故障与解决方案

(一) 技术故障类型

融合出版与科研管理平台作为一个综合性的系统,承载着海量的数据处理任务以及复杂的业务逻辑,在实际运行过程中,随着用户数量的不断增长以及业务活动的日益频繁,高并发访问的情况愈发常见,这给平台的稳定性带来了巨大考验。

在高并发场景下,平台的服务器需要同时处理大量用户的请求,包括内容的查询、下载、上传,科研数据的分析、处理,以及各类业务操作的执行等,由于系统架构设计的局限性以及服务器性能的瓶颈,平台经常出现卡顿现象。用户在操作平台时,页面加载缓慢,响应时间大幅延长,严重影响了用户的使用体验,更为严重的是,在极端情况下,平台甚至会出现崩溃的情况,导致所有服务中断,用户无法正常访问平台,这不仅给用户带来了极大的不便,也对平台的声誉造成了严重损害。例如在平台举办一场大型学术讲座的在线直播活动时,大量用户同时涌入平台观看直播,由于瞬间的高并发访问量超出了平台服务器的承载能力,平台出现了严重的卡顿,直播画面频繁加载失败,声音也出现了严重的延迟和卡顿,许多用户纷纷抱怨无法正常观看直播,对平台的服务质量表示不满,这次事件不仅导致了用户的流失,还使得平台在学术圈的口碑受到了负面影响。

随着平台的不断发展,平台上的数据量呈现出爆发式增长,这些数据涵盖了用户的个人信息、科研成果数据、出版内容数据等,具有极高的价值,数据量的增加也使得数据安全问题日益凸显,数据泄露和篡改的风险不断增大。数据泄露可能会给用户带来严重的隐私侵犯和经济损失,一旦用户的个人信息,如姓名、联系方式、身份证号码、登录密码等被泄露,用户可能会面临垃圾邮件、骚扰电话的困扰,甚至可能成为诈骗分子的目标,对于科研成果数据和出版内容数据的泄露,不仅会损害科研人员和出版机构的利益,还可能导致知识产权纠纷,影响平台的正常运营。

融合出版与科研管理平台需要与众多外部系统和设备进行交互和对接,以实现功能的扩展和业务的协同,在实际对接过程中,技术兼容性问题频繁出现,严重影响了用户的使用体验和平台的业务拓展。平台与一些外部系统,如科研项目管理系统、数字图书馆系统、版权管理系统等,在数据格式、接口规范、通信协议等方面存在差异,导致数据传输和交互出现障碍。例如当平台试图从科研项目管理系统获取科研项目的最新进展数据时,由于双方的数据格式不兼容,数据无法正常传输和解析,使得平台无法及时更新科研项目的信息,影响了科研管理的效率。

(二) 解决方案

为了解决平台稳定性问题,A企业对平台的架构进行了全面优化,摒弃了传统的集中式架构,采用了分布式架构设计,分布式架构将平台的业务逻辑和数据存储分散到多个节点上,通过负载均衡技术将用户请求均匀地分配到各个节点上,从而大大提高了平台的处理能力和并发性能。即使在高并发访问的情况下,各个节点能够协同工作,有效避免了单个节点

因负载过重而导致的卡顿和崩溃问题。同时引入了云计算技术，利用云计算平台的弹性计算资源和存储资源，实现了平台资源的动态扩展和灵活调配，当平台面临高并发访问时，可以自动增加计算资源和存储资源，确保平台的稳定运行，当访问量较低时，可以自动缩减资源，降低运营成本，通过云计算技术的应用，平台的扩展性得到了极大提升，能够更好地适应业务的快速发展和变化。

除了架构优化，A 企业还加强了服务器的运维管理，建立了一套完善的实时监控系统，对平台服务器的各项性能指标进行实时监测，包括 CPU 使用率、内存使用率、磁盘 I/O 速率、网络带宽等，一旦发现某个指标超出正常范围，系统会立即发出警报，运维人员可以及时采取相应的措施进行处理。例如当发现 CPU 使用率过高时，运维人员可以通过分析系统日志，找出占用 CPU 资源的进程，并进行优化或调整，当发现网络带宽不足时，可以及时升级网络设备或增加带宽资源。A 企业还制定了详细的应急预案，针对可能出现的服务器故障、网络中断等突发情况，明确了应急处理流程和责任分工，定期组织运维人员进行应急演练，提高应对突发事件的能力和效率，通过这些措施，平台的稳定性得到了显著提升，能够为用户提供更加稳定、可靠的服务。

针对技术兼容性问题，A 企业成立了专门的技术对接团队，该团队由具有丰富技术经验和沟通能力的专业人员组成，负责与外部系统和设备供应商进行沟通和协调，解决技术兼容性问题。在与外部系统对接方面，技术对接团队首先对平台与外部系统之间的数据格式、接口规范、通信协议等进行全面梳理和分析，找出存在的差异和问题，与外部系统供应商进行深入沟通，共同商讨解决方案。对于一些无法直接兼容的情况，通过开发数据转换接口或中间件的方式，实现数据的格式转换和通信协议的适配。例如在与科研项目管理系统对接时，开发了专门的数据转换接口，将科研项目管理系统的数据格式转换为平台能够识别和处理的格式，确保数据的正常传输和交互。

三、人员管理与协作的问题应对

（一）问题描述

融合出版与科研管理项目具有跨学科、综合性强的特点，涉及技术研发、内容创作、科研管理、市场营销等多个专业领域，不同专业背景的团队成员在沟通协作过程中，因专业知识和思维方式的差异，时常出现沟通不畅的情况。

在技术人员与编辑人员交流平台功能需求时，这一问题尤为突出。技术人员熟悉代码编写、算法逻辑和系统架构等专业知识，习惯从技术实现的角度思考问题，而编辑人员则专注于内容策划、文字编辑和出版规范，更关注用户对内容的阅读体验和需求，双方在讨论平台功能时，由于对专业术语的理解不同，容易产生误解。例如技术人员提及"API 接口""数据缓存机制"等专业词汇，编辑人员可能难以理解其具体含义和对平台功能的影响，编辑人员强调的"内容排版的灵活性""用户交互的便捷性"等需求，技术人员可能无法准确把握其技术实现的要点，这种沟通障碍导致信息传递不准确，工作效率低下，甚至可能引发工作方向的偏差，影响项目的整体进度。

人员流动是项目实施过程中不可避免的现象，但关键岗位人员的离职会对融合出版与科研管理项目的进展产生较大影响。关键岗位的人员通常掌握着项目的核心技术、重要业务流程和关键人脉资源，他们的离职可能导致项目技术难题无人解决、业务流程中断、客户关系受损等问题。例如负责平台核心算法研发的技术人员离职，可能使正在进行的算法优化工作陷入停滞，影响平台的智能推荐和数据分析功能，熟悉科研项目申报流程和评审标准的科研管理人员离职，可能导致科研项目申报工作出现延误或失误，影响项目的科研成果产出和转化。此外，人员流动还会对团队的稳定性和凝聚力产生负面影响，新成员的加入需要一定的时间来适应团队文化、熟悉工作流程和融入团队协作，这期间可能会出现团队协作效率下降、工作质量波动等问题，频繁的人员流动也会使团队成员产生不安定感，影响团队的士气和工作积极性。

　　（二）应对措施

　　为解决团队沟通不畅的问题，A企业建立了多元化的沟通会议制度，项目周会成为项目团队成员沟通项目进展、协调工作任务的重要平台，在周会上，各小组负责人汇报上周工作完成情况、本周工作计划以及遇到的问题和困难，通过项目周会，团队成员能够及时了解项目的整体进度，发现工作中的问题和冲突，并共同商讨解决方案。

　　技术交流会则为技术人员提供了深入交流技术难题、分享技术经验的机会，在技术交流会上，技术人员可以就平台开发过程中的技术选型、算法优化、系统架构等问题进行讨论和分享，这种专业领域的深度交流有助于技术人员拓宽技术视野，提升技术水平，解决技术难题。例如在一次技术交流会上，针对平台在高并发情况下的性能优化问题，不同技术小组的成员分享了各自的经验和解决方案，通过讨论和实践，最终确定了优化方案，有效提升了平台的性能。

　　业务研讨会聚焦于融合出版与科研管理的业务层面，邀请不同专业背景的团队成员共同参与，在业务研讨会上，成员们可以就市场需求分析、产品定位、业务流程优化等问题进行深入探讨。编辑人员、技术人员、科研管理人员和市场营销人员从各自的专业角度出发，提出不同的观点和建议，促进跨部门的知识共享和思维碰撞。例如在讨论平台的内容营销策略时，编辑人员从内容创作的角度提出了打造系列化、品牌化内容的建议，市场营销人员则根据市场调研和用户需求分析，提出了精准定位目标用户群体、开展社交媒体营销的方案，通过业务研讨会，不同专业背景的团队成员能够更好地理解彼此的工作内容和需求，提高沟通的效率和效果。除了沟通会议制度，A企业还积极开展跨部门的培训和交流活动，定期组织技术人员参加编辑业务培训，让技术人员了解出版行业的规范和流程，掌握内容创作和编辑的基本知识，从而在与编辑人员沟通时能够更好地理解对方的需求。同时安排编辑人员参加技术培训，学习数字技术在出版领域的应用，了解平台的技术架构和功能特点，提高与技术人员沟通的专业性，还组织团队建设活动，增强团队成员之间的信任和默契，营造良好的沟通氛围。

　　为应对人员流动问题，A企业建立了完善的人才储备机制，提前识别和确定关键岗位，制定关键岗位人才储备计划，通过内部选拔和外部招聘相结合的方式，选拔有潜力、有能力的员工作为关键岗位的后备人才。

在内部选拔方面，建立了员工晋升通道和人才培养体系，定期对员工进行绩效评估和能力测评，选拔表现优秀、具有发展潜力的员工进行重点培养，为后备人才提供丰富的培训和学习机会，包括内部培训课程、外部培训研讨会、岗位轮换等，帮助他们拓宽知识面，提升综合能力，为后备人才安排导师，由经验丰富的资深员工对其进行一对一的指导和培养，使其能够快速成长为胜任关键岗位的人才。在外部招聘方面，与高校、专业人才机构建立合作关系，及时获取优秀人才信息，针对关键岗位的需求，制定有针对性的招聘计划，吸引具有相关专业背景和工作经验的优秀人才加入，通过外部招聘，不仅可以补充关键岗位的人才缺口，还可以为团队带来新的思想和理念，促进团队的创新发展。除了人才储备机制，A 企业还加强了企业文化建设。明确企业的核心价值观和发展愿景，通过培训、宣传等方式，让员工深入理解和认同企业文化，营造积极向上、团结协作的工作氛围，鼓励员工勇于创新、敢于担当，开展丰富多彩的企业文化活动，如员工生日会、团队拓展训练、节日庆祝活动等，增强员工的归属感和凝聚力，通过良好的企业文化建设，提高员工对企业的忠诚度，减少人员流动对项目的影响。

四、外部环境变化的应对策略

（一）政策法规变化带来的影响

在项目推进期间，国家对出版行业的监管力度持续加大，旨在营造健康、有序的文化市场环境，在内容审核方面，要求出版机构对内容的思想性、科学性、合法性进行更为严格的把关，对于融合出版平台而言，由于其内容来源广泛，包括用户生成内容、合作机构提供内容等，使得内容审核的难度和复杂性大幅增加，任何违反法律法规、社会道德规范以及意识形态要求的内容，一旦出现在平台上，不仅会损害平台的声誉，还可能面临严厉的行政处罚，如罚款、停业整顿等。

版权保护方面的政策法规也越发完善和严格。随着知识经济的发展，版权作为出版行业的核心资产，其保护的重要性不言而喻，新的政策法规对版权的归属、授权使用、侵权责任等方面做出了更为细致的规定，对于 A 企业来说，在整合各类出版资源时，需要更加谨慎地处理版权问题。一方面，要确保自身获取的版权合法有效，避免因版权纠纷导致经济损失和法律风险，另一方面，也要加强对平台上内容的版权管理，防止用户或合作方的侵权行为。例如若平台上出现未经授权的盗版内容，A 企业可能会被追究连带责任，承担侵权赔偿责任，这将对平台的经济利益和品牌形象造成严重打击。

科研管理政策的不断调整旨在提高科研资源的配置效率，促进科研成果的转化和应用。在科研项目申报环节，政策对申报条件、申报流程和申报材料的要求更加规范和细化，这就要求 A 企业在协助科研人员进行项目申报时，要更加深入地了解政策细节，确保申报材料的完整性和准确性。例如一些政策可能对科研项目的创新性、可行性以及社会经济效益等方面提出了更高的评价标准，需要帮助科研人员在申报材料中充分体现项目的优势和价值，以提高申报的成功率。

审批环节的政策变化也对 A 企业产生了影响。审批流程可能更加严格和透明，审批时间可能有所延长或缩短，若审批时间延长，则需要做好科研人员的沟通和解释工作，同时合理调整项目计划，确保科研工作不受太大影响；若审批时间缩短，则需要提高工作效率，及时完成相关准备工作，以适应快速的审批节奏。

在科研成果转化方面，政策鼓励科研机构与企业加强合作，促进科研成果的产业化应用，这为 A 企业提供了机遇，但也带来了挑战，需要积极搭建科研成果转化平台，加强与企业的对接和合作。在实际操作中，由于科研成果的技术成熟度、市场需求匹配度等因素的影响，科研成果转化并非一帆风顺，需要投入更多的资源和精力，帮助科研人员解决成果转化过程中遇到的技术、市场、资金等问题。

（二）市场竞争加剧的现状与挑战

随着融合出版与科研管理市场的热度不断攀升，越来越多的机构纷纷涉足这一领域，这些同行机构包括传统出版企业、科研机构、互联网科技公司等，它们凭借各自的资源优势和技术优势，推出了各式各样的融合出版与科研管理产品和服务。传统出版企业在内容资源和品牌影响力方面具有深厚的积累，科研机构则在科研成果和专业人才方面占据优势，互联网科技公司则凭借先进的技术和强大的平台运营能力迅速抢占市场份额。

面对激烈的同行竞争，A 企业在市场份额的争夺上面临巨大压力，同行之间在产品功能、服务质量、价格策略等方面展开了全方位的竞争，一些竞争对手可能通过低价策略吸引用户，导致市场价格战的出现，压缩了利润空间，另一些竞争对手则可能凭借独特的技术优势，推出更具创新性和用户体验的产品，吸引用户的关注和使用，从而分流潜在的用户群体。

在市场竞争加剧的同时，用户需求也在不断演变。用户对于融合出版与科研管理产品和服务的质量要求越来越高，在融合出版方面，用户不仅期望获得高质量的内容，还希望内容的呈现形式更加多样化、个性化，能够满足不同场景下的阅读和学习需求。例如对于科研人员来说，他们希望能够在融合出版平台上快速获取到最新、最权威的科研文献，能够通过智能推荐系统精准地找到与自己研究方向相关的资料；对于普通读者来说，他们希望阅读界面更加友好、交互性更强，能够提供沉浸式的阅读体验。

在科研管理服务方面，用户对服务的专业性、便捷性和高效性提出了更高的要求，科研人员希望科研管理平台能够提供一站式的服务，包括项目申报、过程管理、成果评估、转化推广等，并且能够实现信息的实时共享和协同工作，用户对于产品和服务的价格也更加敏感，在追求高质量的同时，也希望能够获得性价比更高的产品和服务，随着个性化需求的增长，用户期望平台能够根据自己的兴趣、偏好和使用习惯，提供个性化的推荐和定制化的服务。

（三）应对策略与措施

为了应对政策法规的变化，A 企业成立了专门的政策研究小组，该小组由法律专家、行业分析师和业务骨干组成，负责密切关注国家和地方政策法规的动态变化，通过订阅专业的政策法规数据库、参加行业研讨会和政策解读会等方式，及时获取最新的政策信息，并对政策法规进行深入解读和分析。

在内容审核方面，建立了严格的内容审核流程，制定了详细的内容审核标准和规范，明确了审核的重点和要点，审核流程包括初审、复审和终审三个环节，初审主要对内容的基本合规性进行检查，复审则对内容的质量、思想性等方面进行深入审查，终审由资深编辑和法律专家共同把关，确保内容符合政策法规要求，利用人工智能技术辅助内容审核，通过自然语言处理和图像识别技术，对内容进行快速筛查，提高审核效率和准确性。

在版权保护方面，制定了完善的版权管理制度。在内容采购环节，严格审查版权授权文件，确保版权来源合法，在内容发布环节，对平台上的所有内容进行版权标识和声明，明确版权归属，加强对用户和合作方的版权教育，提高他们的版权意识，防止侵权行为的发生，建立了版权监测机制，定期对平台上的内容进行版权监测，一旦发现侵权行为，及时采取法律措施进行维权。

在科研管理方面，根据新的政策要求，优化了科研项目的管理流程，重新梳理了项目申报、审批、实施和结题等各个环节的工作流程，明确了各环节的责任人和时间节点，开发了科研项目管理系统，实现了项目信息的在线申报、审核和管理，提高了工作效率和透明度，加强了对科研人员的政策培训和指导，帮助他们了解政策变化，掌握申报技巧，提高项目申报的成功率。

面对市场竞争加剧和用户需求变化，加强了市场调研和用户需求分析，组建了专业的市场调研团队，通过问卷调查、用户访谈、竞品分析等方式，深入了解市场动态和用户需求。定期收集和分析市场数据，包括市场规模、增长率、竞争格局等，为企业的战略决策提供依据，建立了用户反馈机制，及时收集用户对产品和服务的意见和建议，以便对产品和服务进行优化和改进。

在产品和服务优化方面，加大了技术研发和创新投入，利用人工智能、大数据、区块链等先进技术，提升产品的功能和性能，例如通过人工智能算法优化内容推荐系统，实现个性化推荐，提高用户的满意度和黏性，利用大数据分析用户行为和需求，为产品的研发和改进提供数据支持，应用区块链技术加强版权保护和数据安全管理，提高产品的可信度和安全性。不断拓展产品和服务的边界，推出更多具有差异化竞争优势的产品和服务，例如针对科研人员的需求，推出了科研成果转化加速器服务，帮助科研人员快速将科研成果转化为实际生产力，针对普通读者的需求，推出了融合阅读社区服务，提供社交互动、知识分享等功能，增强用户的参与感和归属感。

第三节　实践中的经验与教训

一、团队建设与沟通的经验积累

（一）多元化团队的优势与挑战

在融合出版与科研管理的实践中，组建多元化团队是顺应项目复杂性与创新性需求的必然选择，团队成员来自不同专业背景，如同汇聚了各个领域的智慧源泉，为项目提供了全方位、多层次的思考角度与解决方案。

技术人员作为团队中的技术先锋，凭借其对先进技术的敏锐洞察力与精湛的专业技能，为项目提供了坚实的技术支撑，在融合出版方面，他们能够引入如人工智能、大数据分析、虚拟现实等前沿技术，实现内容的智能化创作、个性化推荐以及沉浸式阅读体验的打造。例如利用人工智能算法对海量的科研文献进行筛选与分类，为科研人员精准推送相关研究资料，借助大数据分析读者的阅读习惯与兴趣偏好，为出版内容的策划提供数据驱动的决策依据。在科研管理领域，技术人员开发的项目管理系统，实现了科研项目从申报、立项、实施到结题的全过程信息化管理，提高了管理效率与透明度。

科研人员则以其深厚的专业知识与前沿的科研视野，为项目注入了科学性与专业性，他们熟悉科研领域的发展动态、研究方法与学术规范，能够确保出版内容的科学性与权威性。在科研成果转化为出版内容的过程中，科研人员能够准确把握研究成果的核心价值，将复杂的科研知识以通俗易懂的方式呈现给不同层次的读者，在科研管理方面，他们凭借对科研项目的深入理解，为项目管理流程的优化、资源的合理配置提供专业建议，助力科研项目高效推进。

编辑人员在内容创作与策划方面独具匠心，擅长将专业的科研内容进行加工与润色，使其更具可读性与吸引力，编辑人员能够根据不同受众的需求，策划多样化的出版形式，如学术专著、科普读物、在线课程等。在内容创作过程中，他们注重内容的逻辑性、连贯性与趣味性，通过巧妙的叙事方式和生动的语言表达，将科研知识以生动有趣的形式传递给读者，编辑人员对市场需求的敏锐感知，也有助于出版项目更好地契合市场需求，提高项目的市场竞争力。

尽管多元化团队拥有丰富的知识与技能优势，但不可忽视的是，团队成员因专业背景不同而存在的思维方式与工作习惯差异，给沟通与协作带来了诸多挑战。

不同专业领域有着各自独特的思维模式。技术人员往往注重逻辑推理与技术实现，以数据和算法为导向解决问题；科研人员则更侧重于理论研究与实证分析，追求严谨的学术论证；编辑人员则强调内容的创意表达与受众感受，注重文字的感染力与传播效果，这种思维方式的差异，使得在团队讨论项目方案时，容易出现理解偏差与沟通障碍。例如在讨论一款融合出版产品的功能设计时，技术人员从技术可行性角度提出复杂的功能架构，但编辑人员可能因缺乏对技术细节的理解，难以准确把握其意图，导致双方在沟通中出现误解，影响项目推进效率。

（二）有效沟通机制的建立

为了克服多元化团队的沟通障碍，建立有效的沟通机制成为当务之急，而定期的团队会议则是这一机制的核心平台，团队会议为成员提供了一个集中交流的空间，确保项目信息的及时传递与共享。

项目进展分享是团队会议的重要环节。在会议中，各成员或小组负责人详细汇报自己负

218

责的工作进展情况，包括已完成的任务、取得的成果、遇到的问题等，这使得团队成员能够全面了解项目的整体推进情况，明确项目所处阶段以及各部分工作之间的关联。例如技术小组汇报平台功能开发的进度，编辑小组分享内容创作的完成度，科研小组介绍科研成果的最新进展，通过这种方式，团队成员可以清晰地看到项目的全貌，为后续的协作与决策提供基础。

问题讨论与解决方案制定是团队会议的关键内容。当成员在工作中遇到问题时，可在会议上提出，引发团队共同讨论，不同专业背景的成员从各自角度出发，提供多样化的思路与解决方案。例如在处理平台用户体验不佳的问题时，技术人员从技术层面分析可能存在的系统漏洞或性能瓶颈，编辑人员根据对读者需求的了解，提出优化界面设计与内容呈现方式的建议，科研人员则可能从用户行为研究的角度，为改进用户体验提供理论支持。通过充分的讨论与交流，团队能够综合各方意见，制定出全面、有效的解决方案。

在信息时代，借助即时通讯工具、项目管理软件等信息化手段，实现团队成员之间的实时沟通与信息共享，打破时间与空间的限制，提高沟通效率。即时通讯工具如微信、Slack等，为团队成员提供了便捷的沟通渠道，在日常工作中，成员遇到问题或有新的想法时，可以随时通过即时通讯工具与相关人员交流，这种即时沟通方式能够快速解决一些简单问题，避免问题积累。例如编辑人员在对科研内容进行编辑时，对某个专业术语的表述存在疑问，可立即通过即时通讯工具向科研人员请教，及时获得准确解答，确保编辑工作的顺利进行，即时通讯工具的群组功能也方便团队成员进行小组讨论，针对特定项目或任务，成员可以在群组内分享信息、交流意见，提高协作效率。

（三）团队协作文化的培育

培育团队协作文化，要鼓励团队成员相互支持、相互协作，共同为实现项目目标而努力，在融合出版与科研管理项目中，各环节紧密相连，任何一个环节出现问题都可能影响项目的整体进度与质量。在项目执行过程中，当科研人员在研究过程中遇到数据收集困难时，编辑人员可以利用自己的资源网络，帮助联系相关机构或专家，获取必要的数据支持，技术人员则可以开发数据收集工具，提高数据收集的效率与准确性。当技术人员在平台开发过程中遇到技术难题时，科研人员可以从理论层面提供指导，编辑人员则可以从用户需求角度提供建议，协助技术人员找到解决方案，通过这种相互支持与协作，团队能够充分发挥多元化的优势，共同攻克项目中的各种难关。

营造开放的沟通氛围是团队协作文化的重要组成部分。在一个开放的沟通环境中，团队成员能够自由表达自己的意见和建议，无论是对项目方案的质疑，还是对工作流程的改进想法，都能够毫无保留地分享出来。团队领导应以身作则，鼓励成员积极发言，在团队会议或日常工作交流中，领导要认真倾听每一位成员的意见，不轻易打断或否定，对于成员提出的不同观点，要给予充分的尊重与认可，并引导团队成员进行深入讨论。例如在讨论一个融合出版产品的市场推广策略时，一位编辑人员提出了与传统思路不同的推广方案，领导应鼓励其详细阐述方案的思路与优势，组织团队成员共同分析该方案的可行性，通过这种方式，激发团队成员的创新思维，拓宽项目发展思路。

当成员在项目中取得突出成绩时，无论是在技术创新、内容创作还是项目管理方面，团队应及时给予公开表扬，例如在团队会议上，对成功攻克技术难题的技术人员、创作出高质量内容的编辑人员、有效协调各方资源推动项目进展的科研管理人员等进行表扬，肯定他们的努力与贡献，这种公开表扬不仅能够增强受表扬成员的成就感与自信心，还能够为其他成员树立榜样，激励大家向优秀成员学习。除了精神奖励，物质奖励也是必不可少的，设立项目奖励制度，根据成员在项目中的贡献大小，给予相应的物质奖励，如奖金、奖品、晋升机会等。例如对于在项目中表现卓越，为项目带来显著经济效益或社会效益的成员，给予丰厚的奖金和晋升机会，对于在某一阶段工作中表现突出的成员，颁发荣誉证书和奖品。通过及时、合理的认可与奖励机制，激发团队成员的工作热情，促使他们更加积极主动地为团队做出贡献，共同推动项目的成功。

二、风险预测与控制的经验教训

（一）风险识别的重要性

在融合出版与科研管理项目的复杂环境中，风险识别是整个风险管理流程的起点和基础，只有全面、准确地识别出潜在风险，才能有的放矢地采取应对措施，避免风险演变成威胁项目的危机。融合出版与科研管理项目涉及多个领域的交叉融合，从技术应用到市场运营，从政策法规遵循到人员协同合作，每个环节都蕴含着各种风险因素，这些风险相互交织，构成了一个复杂的风险网络，如果不能及时、有效地识别这些风险，项目就如同在迷雾中航行，随时可能触礁沉没。

在技术日新月异的时代，融合出版与科研管理项目对技术的依赖程度极高，这也使得技术风险成为首要关注对象，技术故障是较为常见的技术风险之一，例如融合出版平台可能因服务器过载、软件漏洞等原因出现卡顿、崩溃现象，影响用户体验和业务正常开展，在科研管理方面，数据处理系统可能遭遇数据丢失、损坏等问题，危及科研数据的完整性和安全性。

技术更新换代同样带来巨大挑战。随着人工智能、大数据、区块链等新兴技术不断涌现，若项目不能及时跟进并应用，可能导致平台功能落后于竞争对手，无法满足用户日益增长的需求，比如当竞争对手利用先进的人工智能算法实现了更精准的内容推荐时，本项目若仍采用传统的推荐方式，就可能在市场竞争中处于劣势。

市场环境瞬息万变，市场需求的变化犹如难以捉摸的风向，时刻影响着项目的发展方向，随着读者阅读习惯的改变以及科研人员对管理工具需求的升级，若项目不能敏锐捕捉这些变化，推出的产品和服务可能无人问津。例如当市场对互动式、沉浸式阅读体验需求大增时，若融合出版项目仍局限于传统的文字图片展示，就可能失去市场份额。

政策法规是项目运行的框架，其调整和变化对融合出版与科研管理项目具有重大影响，政策法规的调整可能涉及出版内容审核标准的变化、科研项目申报条件的收紧等。例如出版行业对内容的意识形态、版权保护等方面的监管日益严格，若项目不能及时了解并遵循新的审核标准，可能面临内容下架、罚款等处罚。随着行业的发展，科研成果评价标准、出版质量标准等可能会进行修订，若项目团队未能及时掌握这些变化，可能导致科研成果无法得到认可，出版产品不符合市场要求。

项目的顺利推进离不开人员的协作，而人员风险可能成为项目的软肋，关键人员离职会给项目带来严重影响，例如负责平台核心技术研发的工程师离职，可能导致技术研发进度受阻，甚至出现技术难题无人解决的局面，在科研管理方面，熟悉科研项目流程和资源的管理人员离职，可能使科研项目的组织协调陷入混乱。

（二）风险评估与应对策略制定

在识别出各类风险后，风险评估旨在确定风险发生的可能性以及一旦发生可能产生的影响程度，通过定性和定量分析相结合的方法，对每个风险进行深入评估。

定性分析主要依靠团队成员的经验和专业知识，对风险的可能性和影响程度进行主观判断，例如组织项目团队成员、行业专家对技术故障发生的可能性进行评估，从技术系统的稳定性、维护情况等方面进行综合考量，判断其发生概率是高、中还是低，分析技术故障对项目的影响程度，如是否会导致业务中断、用户流失等，评估其影响程度是严重、一般还是轻微。定量分析则借助数据和模型进行更为精确的评估，例如通过收集历史数据，分析市场需求变化的频率和幅度，利用统计模型预测未来市场需求变化的可能性和影响程度，对于政策风险，可以研究政策调整的历史规律和趋势，结合当前政策环境，运用相关分析方法评估政策变化对项目的影响。

针对技术故障风险，采取技术备份措施是保障系统稳定运行的重要手段。建立冗余的服务器系统，当主服务器出现故障时，备用服务器能够迅速接管业务，确保平台的正常运行，制定完善的定期维护计划，对系统进行全面检查、漏洞修复和性能优化，例如每周对融合出版平台进行一次全面检测，及时更新软件补丁，确保系统的安全性和稳定性。

为应对市场需求变化风险，加强市场调研是获取市场信息的重要途径。组建专业的市场调研团队，通过问卷调查、用户访谈、竞品分析等方式，深入了解市场需求的变化趋势和用户的潜在需求，例如定期开展针对读者和科研人员的问卷调查，了解他们对融合出版产品和科研管理服务的满意度和新需求，根据调研结果及时调整产品和服务策略。

面对政策风险，加强政策研究是及时了解政策动态的重要手段。成立政策研究小组，密切关注国家和地方政策法规的变化，深入研究政策对项目的影响。例如，定期收集和分析出版行业、科研管理领域的政策文件，解读政策要点，为项目决策提供政策依据。

为降低关键人员离职风险，建立人才储备机制是未雨绸缪的重要举措。提前识别关键岗位，制定人才储备计划，通过内部培养和外部招聘相结合的方式，选拔和培养潜在的继任者。例如针对核心技术岗位，在内部选拔有潜力的技术人员进行重点培养，提供专业培训和晋升机会，同时，与高校、专业人才机构建立合作关系，及时获取外部优秀人才信息，为关键岗位补充新鲜血液。

（三）风险监控与调整

风险并非一成不变，而是随着项目的推进和外部环境的变化而动态演变，因此，对风险进行持续监控至关重要，建立科学的风险监控指标体系是实现有效监控的关键。

针对技术风险，设定服务器性能指标、软件漏洞数量等监控指标。通过实时监测服务器的 CPU 使用率、内存占用率、网络带宽等性能指标，及时发现服务器过载等潜在问题，定期统计软件漏洞数量，评估软件的安全性和稳定性，一旦指标超出正常范围，及时发出预警信号，提醒技术团队采取相应措施。

对于市场风险，关注市场份额变化、用户满意度、竞争对手动态等指标，通过市场调研和数据分析，定期评估项目在市场中的份额变化情况，收集用户反馈，计算用户满意度指标，了解用户对产品和服务的评价，密切关注竞争对手的新产品发布、市场策略调整等动态，及时掌握市场竞争态势。

在政策风险监控方面，关注政策法规的出台频率、政策调整方向等指标，通过订阅政策资讯平台、参加政策解读会议等方式，及时获取政策动态信息，对政策法规的出台频率进行统计分析，判断政策环境的稳定性，深入研究政策调整方向，评估其对项目的潜在影响。

人员风险监控则侧重于人员流动率、团队协作氛围等指标，定期统计关键岗位人员的离职率，分析人员流动的原因和趋势；通过团队成员满意度调查、团队沟通效率评估等方式，了解团队协作氛围是否良好。

当风险监控指标显示风险发生变化时，必须及时调整应对策略，确保风险始终处于可控范围内，例如若技术风险监控指标显示服务器性能下降，可能需要增加服务器资源、优化系统代码或更新硬件设备，以应对潜在的技术故障风险。若市场风险监控发现竞争对手推出了更具竞争力的产品，导致本项目市场份额下降，应及时调整市场策略，一方面，加大产品研发投入，推出更具差异化的产品功能，另一方面，优化营销策略，通过举办促销活动、加强品牌推广等方式，提高产品的市场竞争力。面对政策风险的变化，如政策法规对科研项目申报条件进行了重大调整，项目团队应迅速调整科研管理策略，加强对科研人员的政策培训，确保其了解新的申报条件；优化项目申报流程，按照新政策要求准备申报材料，提高申报成功率。在风险事件处理完毕后，组织项目团队进行复盘，分析风险产生的原因、应对过程中的不足之处以及可以改进的地方，例如若因关键人员离职导致项目进度延误，应反思人才储备机制是否完善，是否对关键人员的离职风险估计不足，进而完善人才储备计划，加强对关键人员的关注和激励。

三、资源整合与利用的实践心得

（一）资源整合的必要性

在融合出版与科研管理领域，融合出版需要运用数字排版、内容加密、多终端适配等技术，以实现内容的高效生产与传播，科研管理则依赖科研数据管理、项目进度跟踪、成果评估分析等技术工具，确保科研活动的有序开展，倘若每个项目都各自进行全面的技术研发，不仅会耗费大量的时间、人力和资金，还可能因技术研发能力和资源的限制，导致技术水平参差不齐。以某融合出版项目为例，若自行研发一套完整的数字版权保护系统，从底层算法研究到应用程序开发，需要投入大量的研发资金，组建专业的技术团队，历经漫长的研发周期。在研发过程中可能面临技术难题无法攻克、系统稳定性和兼容性不佳等问题，通过整合市场上已有的成熟技术资源，如与专业的数字版权保护技术供应商合作，直接引进其成熟的技术解决方案，不仅能够快速满足项目对数字版权保护的需求，还能避免重复研发带来的高昂成本，借助供应商的技术支持和后续维护服务，确保系统的稳定运行和持续升级，降低技术风险。

融合出版与科研管理项目涉及多个专业领域，需要不同专业背景的人才协同工作，从技术研发、内容创作、科研管理到市场营销，每个环节都对人才的专业技能和经验有着特定要求，技术人员负责搭建和维护平台的技术架构，保障系统的稳定运行，编辑人员专注于内容的策划、编辑和审核，确保内容的质量和可读性，科研人员凭借专业知识和研究能力，提供科研成果和专业指导，市场营销人员则负责推广项目产品和服务，拓展市场份额。

内容是融合出版与科研管理项目的核心。在融合出版方面，用户期望获取丰富多样的知识内容，涵盖学术研究、科普知识、文化艺术等多个领域，在科研管理方面，科研人员需要全面、准确的科研数据和文献资料，以支持科研工作的开展。以一个综合性的融合出版与科研管理平台为例，通过版权购买，获取大量经典学术著作、热门科普读物以及权威科研报告的版权，丰富平台的内容库，积极与科研机构、高校、作家协会等合作创作，针对特定领域和热点话题，组织专业人员进行内容创作，确保平台内容的专业性和时效性，鼓励用户生成内容（UGC），如科研人员分享研究心得、读者发表书评和读后感等，增加平台的互动性和内容的多样性。通过这些方式整合内容资源，平台能够为不同用户群体提供个性化的内容服务，满足他们在学习、研究和娱乐等方面的多样化需求。

融合出版与科研管理项目通常需要大量的资金投入，包括技术研发、平台建设、内容创作、市场推广等多个方面，单一的资金来源往往难以满足项目的资金需求，且存在资金短缺和资金链断裂的风险。政府在推动文化产业发展和科技创新方面发挥着重要作用，通过申请政府扶持资金，如文化产业发展专项资金、科技创新基金等，为项目提供资金支持，这些资金通常具有政策导向性，能够鼓励项目在关键领域进行创新和突破，企业投资也是重要的资金来源之一，通过与相关企业合作，吸引企业对项目进行投资，企业可以获得项目的部分权益或未来收益，为项目带来资金和资源支持。此外，通过社会融资，如股权融资、债权融资等方式，从社会资本中筹集资金，拓宽资金渠道。例如通过股权融资吸引风险投资机构的关注，为项目注入发展资金，借助风险投资机构的行业资源和经验，提升项目的市场竞争力。

（二）资源整合的方法与策略

对于一些具有核心竞争力且市场上缺乏成熟解决方案的技术，自主研发是必要的选择，通过组建专业的技术研发团队，投入人力、物力和时间进行技术攻关。例如在融合出版平台的个性化推荐算法研发中，由于不同平台的用户行为和内容特点存在差异，现有的通用算法难以满足项目的精准推荐需求，项目团队自主研发个性化推荐算法，通过对平台用户的阅读历史、搜索记录、收藏行为等数据进行深度分析，结合机器学习和深度学习技术，构建适合本平台的推荐模型，自主研发虽然投入较大，但能够打造具有独特优势的技术，提升项目的核心竞争力。

当市场上存在成熟且符合项目需求的技术时，技术引进是一种快速获取技术资源的有效方式，与技术供应商签订技术许可协议，引进其成熟的技术产品或解决方案。例如在科研管理系统中，为了实现高效的科研数据管理和分析功能，引进专业的数据管理软件，该软件具备数据存储、检索、分析等一系列功能，能够满足科研项目对数据管理的要求，技术引进可以节省研发时间和成本，使项目能够快速应用先进技术，提升项目的技术水平。

合作研发是整合多方技术资源、共同攻克技术难题的重要策略，与高校、科研机构或其他企业开展合作研发项目，充分发挥各方的技术优势和资源优势。例如在融合出版与虚拟现实（VR）技术融合的项目中，与高校的计算机图形学研究团队合作，利用高校在VR技术研究方面的专业知识和科研设备，结合企业在出版领域的实践经验和市场需求，共同研发适用于融合出版的VR应用技术。通过合作研发，实现技术资源的共享和优势互补，提高技术研发效率和成功率。

内部培训是提升现有团队成员能力和素质的重要手段，根据项目需求和团队成员的技能短板，制定个性化的培训计划。例如为了提升编辑人员对数字出版技术的了解和应用能力，组织数字出版技术培训课程，邀请行业专家进行授课，内容包括数字排版软件的使用、电子书制作技术、数字版权管理等，使团队成员能够掌握新的知识和技能，更好地适应项目发展的需要，同时增强团队成员的归属感和忠诚度。外部招聘是引入新鲜血液和专业人才的直接方式，根据项目的岗位需求，制定详细的招聘计划，通过招聘网站、人才市场、校园招聘等渠道，吸引具有相关专业背景和工作经验的人才加入。例如在项目拓展国际市场时，招聘具有国际市场营销经验和外语能力的人才，负责国际市场的开拓和推广工作，外部招聘能够快速补充项目所需的专业人才，为项目带来新的思路和方法。

版权购买是获取优质内容资源的常见方式，与版权所有者签订版权购买协议，获得内容的使用权。例如在融合出版平台上，购买知名作家的畅销小说版权，将其转化为电子书、有声书等多种形式，丰富平台的内容库，版权购买能够快速获取具有市场影响力和用户吸引力的内容，提升平台的知名度和用户黏性。合作创作是整合各方创作资源、打造优质内容的有效途径，与科研机构、高校、专业作家等合作，共同策划和创作内容。与科研机构合作创作科普读物，由科研人员提供专业的科学知识和研究成果，作家负责将其转化为通俗易懂、生动有趣的科普内容。通过合作创作，充分发挥各方的专业优势，创作出具有专业性和可读性的优质内容。

积极申请政府扶持资金是获取资金支持的重要渠道。关注政府发布的各类扶持政策，如文化产业发展专项资金、科技创新基金、创业扶持资金等，根据项目的特点和需求，准备详细的项目申报材料，申请政府资金支持。例如在融合出版项目中，若项目在数字出版技术创新、文化内容传播等方面具有突出表现，可申请文化产业发展专项资金，用于技术研发、内容创作和市场推广等方面。与相关企业合作，吸引企业投资是解决资金问题的有效方式，通过向企业展示项目的商业价值和发展前景，吸引企业对项目进行投资，企业可以以资金入股、项目合作等方式参与项目，获得项目的部分权益或未来收益。例如在科研成果转化项目中，与相关企业合作，企业投资参与项目研发，项目成功后，企业可以获得科研成果的使用权或部分股权收益。

（三）资源利用效率的提升

对于技术资源，制定技术选型标准、技术更新计划和技术维护流程，确保技术的合理应用和持续优化，例如规定在技术选型时，要综合考虑技术的成熟度、兼容性、成本效益等因素，选择最适合项目需求的技术方案，制定技术更新计划，明确技术更新的时间节点和目标，确保技术始终保持先进性，建立技术监控机制，定期对技术系统的性能、稳定性和安全性进行评估，及时发现和解决技术问题。对于人力资源，建立岗位责任制、绩效考核制度和人才培养计划，明确每个岗位的职责和工作任务，确保人力资源的合理配置，通过绩效考核制度，对员工的工作表现进行评估和激励，提高员工的工作积极性和效率，制定人才培养计划，根据员工的职业发展需求和项目发展需要，为员工提供培训和晋升机会，提升员工的能力和素质。在内容资源管理方面，建立内容审核制度、内容更新机制和用户反馈处理流程，严格的内容审核制度确保平台内容的质量和合法性，定期的内容更新机制保证平台内容的时效性和吸引力，及时处理用户反馈，根据用户需求调整和优化内容资源，提高用户满意度。资金资源管理则需要建立预算管理制度、资金使用审批流程和财务审计制度，通过预算管理，合理规划项目资金的使用，确保资金的合理分配，严格的资金使用审批流程防止资金的滥用和浪费，定期的财务审计制度对资金的使用情况进行监督和评估，确保资金的安全和合规使用。

四、持续改进与优化的实践反思

（一）持续改进的理念树立

从技术层面来看，数字技术的迭代日新月异，人工智能、区块链、虚拟现实等新兴技术不断涌现并迅速融入出版与科研管理流程，在融合出版方面，这些技术为内容创作、编辑加工、传播分发和用户体验带来了颠覆性的变化。例如人工智能辅助创作工具能够提高内容生产效率，虚拟现实技术打造沉浸式阅读体验，吸引更多用户，科研管理领域同样如此，新技术为科研数据管理、项目协作和成果评估提供了更高效、精准的手段。

随着用户知识水平和阅读习惯的变化，他们对融合出版产品和科研管理服务的要求日益多元化和个性化，读者期望在融合出版平台上获得更符合自身兴趣和需求的内容，科研人员则希望科研管理工具能够提供更便捷、智能的服务，助力科研工作高效开展。随着行业竞争愈发激烈，新的竞争对手不断进入市场，带来新的理念和模式，在这样的环境下，若不能持续改进和优化，项目很容易被市场淘汰。

团队领导者应以身作则，展现对持续改进的坚定支持和积极态度，通过定期组织团队会议、研讨会等形式，鼓励成员分享在工作中遇到的问题以及对改进的想法。例如设立专门的改进意见分享会，让成员们畅所欲言，交流在融合出版内容创作、平台技术维护、科研项目管理流程等方面的观察和思考。对提出有价值改进建议的成员给予物质奖励和精神表彰，物质奖励可以包括奖金、奖品或晋升机会，精神表彰则通过公开表扬、荣誉证书等方式，增强成员的成就感和归属感，确保改进建议能够得到认真对待和及时反馈。对于合理的建议，迅速组织实施，并向提出者反馈实施进展和效果，对于因各种原因暂无法实施的建议，也要向成员解释原因，避免打击成员的积极性。

（二）数据驱动的改进决策

搭建完善的数据采集系统能收集项目实施过程中的多源数据，包括用户行为数据、业务运营数据、市场反馈数据等，在融合出版平台上，用户行为数据涵盖用户的登录时间、浏览内容、阅读时长、搜索关键词、评论分享等信息，业务运营数据则包括内容生产数量、发布频率、平台流量、收入来源与金额等。

利用先进的数据分析工具和算法，对这些海量数据进行深入挖掘和分析，例如通过聚类分析算法对用户行为数据进行处理，将用户按照兴趣偏好、阅读习惯等特征进行分类，从而深入了解不同用户群体的特点和需求。运用关联规则挖掘算法，分析用户行为之间的关联关系，发现潜在的用户需求和行为模式，比如发现某一部分用户在阅读特定类型的科研文献后，会频繁搜索相关的应用案例，这就为内容创作和推荐提供了重要线索。

基于数据分析结果，能够精准发现项目中存在的问题和不足，并据此制定针对性的改进决策，在融合出版内容创作方面，根据用户对平台内容的反馈数据，分析用户对不同主题、体裁、风格内容的喜好程度，如果发现某一领域的内容阅读量和用户互动率较高，但相关内容的更新速度较慢，就可以加大在该领域的内容创作投入，增加内容的更新频率和多样性，根据用户对内容质量的反馈，优化内容的策划、编辑和审核流程，提高内容的专业性和可读性。

在内容推荐策略上，利用用户行为数据和数据分析模型，实现个性化推荐，分析用户的历史阅读记录和行为偏好，为每个用户生成个性化的推荐列表，例如对于一位经常阅读人工智能领域科研文献的用户，推荐系统不仅为其推送最新的人工智能研究成果，还推荐相关的学术会议信息、专家讲座视频以及同领域其他用户的讨论话题，提高用户对平台内容的关注度和参与度。在科研管理方面，根据业务运营数据，优化资源配置和业务流程，分析科研项目的申报、审批、执行和结题等各个环节的时间周期和资源消耗情况，找出流程中的瓶颈和低效环节。如果发现科研项目审批环节耗时较长，影响项目的整体进度，可以通过优化审批流程，明确各部门职责，引入信息化审批系统等方式，提高审批效率，合理配置人力、物力和财力资源，确保科研项目的顺利推进。

（三）创新与改进的平衡

创新能够带来新的产品形态、服务模式和技术应用，为项目开拓新的市场空间，提升竞争力，例如在融合出版领域，创新的互动式电子书、知识付费课程等产品形式，满足了用户多样化的学习和阅读需求，在科研管理方面，创新的科研协作平台和智能化成果评估系统，提高了科研工作的协同效率和评估准确性。

但是创新也伴随着诸多风险，技术创新可能面临技术不成熟、兼容性问题和高昂的研发成本，例如在尝试应用新兴的区块链技术进行版权保护时，可能会遇到技术稳定性不足、与现有系统集成困难等问题，导致项目进度延误和成本增加，市场创新则面临市场接受度不确定的风险，新的产品或服务模式可能因为不符合用户的使用习惯或市场需求，而难以获得用户的认可和市场的接纳，创新还可能引发组织内部的变革阻力，员工对新的工作方式和流程不适应，影响项目的实施效果。

在持续改进过程中，一方面，要充分考虑项目的实际情况和风险承受能力，避免盲目创新，在决定引入新的技术、产品或服务模式之前，进行全面的风险评估和可行性研究，评估创新可能带来的收益和风险，分析项目团队的技术能力、资源储备和市场适应能力是否能够支持创新的实施。例如在计划推出一款全新的融合出版产品时，先进行小规模的市场测试，收集用户反馈，评估市场需求和潜在风险，根据测试结果调整和优化产品方案，再进行大规模推广。另一方面，要将创新与改进有机结合起来，在现有基础上进行创新，持续改进是一个渐进的过程，创新则是在这个过程中的突破和飞跃，通过对现有业务流程、产品和服务的深入分析，找出可以改进和创新的关键点。例如在优化融合出版平台的用户界面时，可以在现有界面设计的基础上，引入创新的交互设计理念，提升用户体验。利用创新的技术手段改进现有业务流程，提高工作效率和质量。在科研管理中，运用人工智能技术优化科研项目申报流程，实现智能审核和辅助决策，这既是对现有流程的改进，也是一种创新应用。

第十章 融合出版与科研管理的未来展望

第一节 发展趋势预测

一、智能化融合发展趋势

（一）融合出版的智能化变革

在内容创作阶段，人工智能辅助创作工具的成熟与应用，为创作者带来了前所未有的便利与灵感激发，以往，创作者在面对一个全新的主题时需要耗费大量的时间进行资料收集、思路梳理以及初稿撰写，而如今，AI 技术的介入彻底改变了这一局面，以自然语言处理技术为核心的 AI 创作工具，能够根据创作者设定的主题、风格、字数要求等参数，在极短的时间内生成内容初稿。例如一位财经领域的创作者计划撰写一篇关于当前宏观经济形势分析的文章，他只需在 AI 创作工具中输入诸如"当前宏观经济形势分析""严谨、专业的风格""3000 字左右"等指令，AI 便能迅速从海量的财经数据、新闻资讯、学术研究等文本资源中提取相关信息，并按照逻辑结构组织语言，生成一篇结构完整、内容丰富的初稿，这不仅大大节省了创作者的时间和精力，还能为创作者提供多元的观点和新颖的思路，激发其创作灵感。

AI 在文学创作和学术论文大纲生成方面也展现出了巨大的潜力，通过对大量经典文学作品和学术论文的深度学习，AI 能够理解不同文学体裁和学术领域的写作规范、风格特点以及思维逻辑，在文学创作中，AI 可以创作出具有一定情节、人物形象和情感表达的小说、诗歌等作品，虽然目前 AI 创作的文学作品在情感深度和人文内涵上与人类创作仍有差距，但它们为文学创作提供了新的视角和创意源泉。在学术论文大纲生成方面，AI 能够根据用户输入的研究主题，快速生成涵盖研究背景、目的、方法、预期成果等内容的论文大纲框架，帮助科研人员梳理研究思路，提高研究效率。

编辑环节是保障内容质量的关键环节，智能化技术的应用为编辑工作带来了革命性的变化，智能化的内容审核系统利用先进的自然语言处理技术，能够对稿件进行全方位、多层次的审核。在语法和逻辑检测方面，智能审核系统能够快速识别稿件中的语法错误、用词不当、句子结构混乱等问题，并给出修改建议，例如当稿件中出现"通过这次实验，使我明白了科学研究的严谨性"这样的句式杂糅错误时，智能审核系统能够准确指出问题所在，并提供正确的表达方式，如"通过这次实验，我明白了科学研究的严谨性"或"这次实验使我明白了科学研究的严谨性"。在逻辑审核方面，系统能够分析稿件的篇章结构、段落之间的逻辑关系以及论证的合理性，帮助编辑发现稿件中存在的逻辑漏洞和前后矛盾之处。

智能化的排版系统则为编辑工作带来了极大的便利，能够显著提升内容的呈现效果，该系统能够根据内容的类型、篇幅、读者群体等因素，自动生成美观、易读的排版格式。例如对于一本儿童读物，排版系统会采用较大的字体、丰富的色彩和生动的插图，以吸引儿童读者的注意力，对于学术期刊论文，排版系统会遵循学术规范，采用统一的字体、字号和格式，确保论文的专业性和严肃性，智能化排版系统还能够自适应不同的终端设备，如电脑、平板、手机等，根据设备的屏幕尺寸和分辨率自动调整排版布局，为读者提供最佳的阅读体验。

个性化推荐系统的工作原理是通过对用户在融合出版平台上的各种行为数据进行收集和分析，构建用户画像，从而深入了解用户的兴趣偏好、阅读习惯、知识需求等特征，这些行为数据包括用户的登录时间、浏览记录、阅读时长、搜索关键词、点赞评论、收藏分享等。例如一位用户经常在平台上浏览历史文化类的文章，并且对古代诗词表现出浓厚的兴趣，频繁搜索相关内容并进行收藏和分享，个性化推荐系统通过对这些行为数据的分析，能够判断出该用户对历史文化尤其是古代诗词有着较高的兴趣，从而在内容推荐中，为其推送更多关于古代诗词的研究论文、赏析文章、诗词朗诵音频视频等内容。

个性化推荐系统还能够根据内容的特征和热度，将优质、热门的内容推荐给潜在感兴趣的用户，通过对内容的主题、关键词、作者影响力、阅读量、评论量等多维度数据的分析，系统能够评估内容的价值和吸引力，并将其与用户画像进行匹配，实现精准推荐。例如，一篇关于人工智能最新研究成果的文章，在发布后阅读量和评论量迅速上升，个性化推荐系统会将这篇文章推荐给对人工智能领域感兴趣的用户，进一步扩大文章的传播范围和影响力。

（二）科研管理的智能化转型

科研项目管理是科研工作顺利开展的重要保障，智能化技术的应用为科研项目管理带来了全新的模式和方法，使其具备智能预警和决策支持功能，有效提升了科研项目的管理效率和成功率。

科研项目管理系统通过对项目进度、资源使用、科研数据等信息的实时监测和分析，实现对项目风险的提前预测和预警，在项目进度管理方面，系统利用项目管理软件和数据分析工具，实时跟踪项目各个阶段的任务完成情况，与预设的项目计划进行比对。一旦发现某个任务的进度滞后，系统会立即发出预警信号，并分析进度滞后的原因，如人力不足、技术难题、外部环境变化等，为项目管理者提供详细的进度偏差报告和应对建议。例如在一个科研项目中，原计划在某个时间节点完成实验数据的采集工作，但由于实验设备出现故障，导致数据采集进度延迟。科研项目管理系统及时检测到这一情况，并向项目负责人发送预警信息，同时提供了可能的解决方案，如联系设备维修人员尽快修复设备、调整实验计划采用备用设备进行数据采集等。

在资源使用管理方面，系统能够实时监控科研项目的经费使用情况、设备使用情况以及人力资源分配情况，通过对经费支出数据的分析，系统可以预测项目经费是否会超支，并提前发出预警。系统还能对设备的使用效率进行评估，发现设备闲置或使用不合理的情况，为资源的优化配置提供依据。例如系统监测到某个科研项目的经费在前期使用过快，可能导致后期经费不足，便会向项目管理者发出经费预警，建议调整经费使用计划，合理分配经费。在人力资源管理方面，系统根据项目任务的分配和人员的工作进度，分析人员的工作负荷是否均衡，是否存在人员闲置或过度劳累的情况，为项目管理者调整人员安排提供参考。

在科研数据管理方面，智能化的科研项目管理系统能够对科研数据进行实时采集、存储和分析，通过与科研设备的连接，系统可以自动采集实验数据、观测数据等，并进行实时备份，确保数据的安全性和完整性。系统利用数据分析工具对科研数据进行深度挖掘和分析，帮助科研人员发现数据中的规律和趋势，为科研决策提供数据支持。例如在生物医学研究中，科研项目管理系统可以实时采集实验动物的生理指标数据、基因测序数据等，并通过数据分析发现某些基因与疾病之间的关联，为科研人员的研究方向提供重要参考。

传统的科研成果评估主要依赖于同行评议和一些简单的量化指标，如论文的发表数量、引用次数等，存在一定的主观性和局限性，而利用机器学习算法对科研论文的引用量、影响力因子、同行评价等多维度数据进行综合分析，能够更客观、准确地评估科研成果的价值，避免人为因素的干扰。

机器学习算法在科研成果评估中的应用需要构建一个全面、准确的科研成果评估模型，该模型基于大量的科研数据和评估指标，通过机器学习算法进行训练和优化，使其能够准确地评估科研成果的价值。在数据收集方面，模型会收集科研论文的基本信息，如题目、作者、发表期刊、发表时间等，以及多维度的评估数据，如论文的引用量、被下载次数、影响力因子、同行评价得分等，模型还会考虑科研成果的创新性、实用性、社会影响力等因素，通过对这些数据的综合分析，构建出一个科学合理的评估体系。

随着人工智能、机器学习、深度学习等技术的不断发展和应用，融合出版与科研管理的智能化融合将不断深入，为这两个领域带来更多的创新和变革，这种智能化融合不仅能够提高工作效率、提升产品和服务质量，还将为知识的传播、创新和应用创造更加广阔的空间，推动社会的进步和发展。

二、全球化融合的拓展趋势

（一）融合出版领域的全球化融合

在融合出版领域，数字化平台成为连接全球内容资源的桥梁，使得各国的优秀文化作品、学术成果得以在世界范围内广泛传播，从古老的东方文学经典，如中国的《红楼梦》、日本的《源氏物语》，到西方的文学巨著，如莎士比亚的戏剧、托尔斯泰的小说，都能够通过数字化的形式跨越千山万水，呈现在世界各地读者的面前，这些作品不仅承载着丰富的文化内涵，更成为不同文化之间交流与对话的重要载体。

学术成果的传播同样如此，数字化平台为全球科研人员提供了一个广阔的交流空间，无论是前沿的科学研究报告、创新性的技术论文，还是深入的学术分析著作，都能够在瞬间传遍全球。例如在物理学领域，关于量子力学的最新研究成果，通过在线学术平台，能够迅速被世界各地的科研人员获取和研究，促进了全球物理学界的学术交流与合作，加速了科学研究的进程。这种全球范围内的内容资源共享与流通，打破了以往文化和学术传播的地域限制，使得知识的传播不再受限于时间和空间，读者可以随时随地通过互联网访问各种数字化内容，无论是在偏远的山区，还是繁华的都市，都能享受到全球知识的盛宴，这也为不同文化之间的相互理解和融合提供了契机，促进了多元文化的共生共荣。

随着全球化融合的深入，国际出版集团如雨后春笋般不断涌现。这些集团凭借强大的资金实力、广泛的资源网络和先进的管理经验，通过并购、合作等多种方式，整合全球出版资源，打造出具有广泛影响力的跨国界出版平台。以汤森路透集团为例，它通过一系列的并购活动，整合了众多知名的学术出版机构和信息服务提供商，构建了涵盖多个学科领域的学术资源平台，该平台收录了大量的学术期刊、专利文献、研究报告等内容，为全球科研人员提供了一站式的知识服务，通过不断优化平台的功能和服务，汤森路透集团不仅提高了内容的传播效率，还为科研人员提供了数据分析、学术评价等增值服务，成为全球学术出版领域的领军者。

这些跨国界出版平台汇聚了来自世界各地的优质内容，并以多种语言版本呈现给全球读者，通过专业的翻译团队和本地化运营，平台能够根据不同地区读者的语言习惯和文化背景，提供个性化的内容服务。例如将一本英文的科普读物翻译成中文、法文、阿拉伯文等多种语言，满足不同地区读者的阅读需求，平台还利用人工智能技术，实现内容的智能推荐和个性化定制，提高读者的阅读体验。

（二）科研管理领域的全球化融合

在科研管理方面，全球化融合最显著的体现就是跨国科研项目的日益增多，随着全球性问题的不断涌现，如气候变化、生物医药研发、人工智能发展等，单靠一个国家或地区的科研力量已经难以应对，需要全球科研人员的共同努力。在气候变化领域，国际上众多科研团队参与了政府间气候变化专门委员会（IPCC）的相关研究项目，这些团队来自不同的国家和地区，他们通过网络平台实现实时协作，共同开展气候数据的监测、分析和预测研究。在数据采集方面，分布在世界各地的气象观测站、卫星遥感设备等收集大量的气候数据，并通过网络传输到统一的数据中心。科研人员利用先进的数据分析技术，对这些数据进行整合和分析，共同探讨气候变化的原因、影响及应对策略，通过跨国科研合作，各国科研人员能够充分发挥各自的优势，共享科研资源，加速气候变化研究的进程，为全球应对气候变化提供科学依据。在生物医药领域，跨国科研项目同样取得了丰硕的成果，例如针对一些罕见病的药物研发，由于患者数量稀少，单个国家的科研机构和药企难以承担巨大的研发成本和风险，多个国家的科研团队和药企联合起来，共同开展研究。他们共享临床数据、实验技术和研发资金，加快了罕见病药物的研发速度，一些国际知名的药企与高校、科研机构合作，在全球范围内开展临床试验，招募患者参与研究，为罕见病患者带来了新的希望。

三、绿色可持续融合的方向

（一）融合出版领域的绿色可持续发展

在融合出版领域，随着数字化技术的迅猛发展，电子出版物正逐渐崭露头角，成为推动这一目标实现的关键力量，电子出版物的兴起，使得纸张的使用量显著下降。传统纸质出版过程中，从纸张的生产到印刷成书，每一个环节都伴随着大量的资源投入和环境影响，纸张的生产需要砍伐大量的森林资源，这不仅破坏了生态平衡，还加剧了水土流失和生物多样性减少等问题，而印刷过程中使用的油墨、化学药剂以及庞大的能源消耗，也对环境造成了不可忽视的污染。

相比之下，电子出版物以数字代码的形式存储和传播内容，无需纸张作为载体，从源头上杜绝了纸张生产带来的资源浪费和环境破坏，读者只需通过电子设备，如平板电脑、电子阅读器、智能手机等，即可随时随地获取丰富的阅读内容，这种便捷的阅读方式不仅满足了现代快节奏生活中人们对知识的即时需求，还极大地减少了印刷和运输环节所产生的能源消耗和碳排放。以一本发行量为10万册的纸质图书为例，其印刷过程可能需要消耗数吨纸张，同时在运输过程中，无论是通过公路、铁路还是航空运输，都需要消耗大量的燃油，产生大量的温室气体排放，而如果将其转化为电子出版物，这些资源消耗和碳排放将几乎归零。

在内容生产过程中，融合出版行业正积极探索和采用环保的生产方式和技术，以进一步降低对环境的影响，数据中心作为数字化内容存储和传输的核心枢纽，其能源消耗一直是一个备受关注的问题。为了解决这一问题，越来越多的出版企业开始尝试使用可再生能源为数据中心供电，太阳能、风能、水能等可再生能源具有清洁、无污染、取之不尽用之不竭的特点，使用它们为数据中心供电，能够显著减少对传统化石能源的依赖，降低碳排放。例如一些位于阳光充足地区的出版企业，在数据中心的屋顶安装了大规模的太阳能电池板，将太阳能转化为电能，为数据中心的服务器、存储设备等提供电力支持，这些太阳能电池板在白天充分吸收阳光，将多余的电能储存起来，以供夜间或阴天使用，据统计，使用太阳能供电的数据中心，其碳排放可降低50%以上。

除了能源供应的绿色化，在数据存储和传输过程中，也在不断研发和应用节能技术，新型的存储设备和网络传输技术正朝着低功耗、高效率的方向发展。例如采用闪存技术的固态硬盘（SSD）相比传统的机械硬盘，具有更低的能耗和更快的数据读写速度，在网络传输方面，采用更高效的编码算法和传输协议，能够在保证数据传输质量的前提下，减少数据传输过程中的能量损耗。通过优化数据中心的散热系统，提高散热效率，也能够降低数据中心的能源消耗，例如，采用液冷技术代替传统的风冷技术，能够更有效地降低服务器的温度，提高服务器的运行效率，减少散热设备的能源消耗。

（二）科研管理领域的绿色可持续融合

科研管理领域的绿色可持续融合，体现在科研资源的高效利用上，科研设备作为科研工作的重要物质基础，其共享和合理使用对于提高资源利用效率、减少资源浪费具有重要意义。在传统的科研模式下，科研机构往往各自为政，科研设备的重复购置现象较为严重，许多科研设备在使用一段时间后，由于研究方向的调整或项目的结束，便处于闲置状态，造成了极大的资源浪费。

为了解决这一问题，越来越多的科研机构开始建立科研设备共享平台。通过这个平台，科研人员可以方便地查询其他机构拥有的科研设备信息，并根据自己的研究需求进行预约使用。例如在生物医学研究领域，一些先进的基因测序设备价格昂贵，单个科研机构购买后可能无法充分发挥其效用，通过科研设备共享平台，多个科研机构可以共同使用这些设备，不仅提高了设备的利用率，还降低了科研成本，共享平台还可以配备专业的设备维护人员，对设备进行定期维护和保养，确保设备的正常运行，延长设备的使用寿命。

除了科研设备的共享，科研数据的管理和保护也是实现科研资源高效利用的重要方面。科研数据是科研工作的重要成果之一，也是开展后续研究的重要基础，在实际科研过程中，由于缺乏有效的数据管理和保护机制，科研数据的丢失、重复采集等问题时有发生，这不仅浪费了大量的科研资源，还影响了科研工作的连续性和效率。

随着全球环境问题的日益严峻，新能源研究、环境保护技术研发等绿色科研项目成为科研工作的重点方向。在新能源研究方面，科研人员致力于开发和利用太阳能、风能、水能、生物质能等可再生能源，以减少对传统化石能源的依赖，降低碳排放，例如在太阳能光伏技术研究中，科研人员不断探索提高太阳能电池转换效率的方法，降低太阳能发电的成本。在环境保护技术研发方面，科研人员开展了一系列的研究工作，旨在解决大气污染、水污染、土壤污染等环境问题，例如在大气污染治理方面，科研人员研发了新型的空气净化技术和设备，能够有效地去除空气中的颗粒物、有害气体等污染物。在科研项目的实施过程中，科研人员也越来越注重对科研环境的保护，在野外科学考察中，严格遵守相关的环境保护法律法规，避免对自然环境造成破坏。例如在生物多样性研究中，科研人员在采集生物样本时，遵循科学合理的原则，尽量减少对生物栖息地的干扰，在实验室内，合理处理实验废弃物，避免对环境造成污染。

四、融合深度与广度的提升趋势

（一）融合深度的持续拓展

科研人员作为知识的前沿探索者和创造者，凭借其在专业领域的深耕细作，掌握着大量前沿的学术知识和极具创新性的研究成果，以生命科学领域为例，科研人员经过长期艰辛的实验研究，可能会获得关于基因编辑技术的最新突破成果，这些成果或许揭示了基因编辑在攻克疑难病症方面的潜在应用，或在优化生物遗传特性上展现出巨大潜力，其蕴含的科学价值和应用前景无疑是十分巨大的。出版人员凭借对受众需求的敏锐洞察以及丰富的内容策划经验，从内容呈现和传播效果的角度，为科研成果的转化提供关键支持，他们会根据不同受众群体的特点，如专业科研人员、普通学生、科普爱好者等，精心制定个性化的内容策划方案。

对于专业科研人员而言，出版人员会全力协助科研人员将研究成果以严谨规范的学术论文形式发表，在这个过程中，出版人员会严格把关论文的格式规范，确保其符合各类学术期刊的投稿要求，仔细梳理论文的逻辑架构，使其论证过程更加严密、清晰，在语言表达方面，出版人员会对论文进行精心雕琢，优化专业术语的表述，使科研成果的阐述更加准确、流畅，便于同行之间的交流与引用。例如在一篇关于量子计算研究的论文中，出版人员可能会协助科研人员将复杂的量子算法原理用更通俗易懂的语言进行解释，同时对论文中的图表进行规范处理，使其更直观地展示研究数据和结果。

在科研管理过程中，出版机构将深度参与科研成果的转化和推广，成为科研成果走向市场和社会的关键桥梁，科研机构在完成科研项目后面临着如何将科研成果有效转化并广泛传播的难题，出版机构凭借其专业的出版发行能力、丰富的市场资源以及对内容传播的深刻理解，能够为科研成果的转化提供全方位、多层次的支持。学术专著能够系统、全面地阐述科研项目的研究背景、方法、过程和结论，为专业领域的科研人员提供深入、权威的研究参考，在学术专著的出版过程中，出版机构会组织专业素养极高的编辑团队对书稿进行严格的审核和精心的编辑加工。编辑团队不仅会对学术内容的准确性、创新性进行把关，还会对书稿的结构、语言表达进行优化，确保专著的学术质量和出版品质达到一流水平。例如在一本关于人工智能深度学习算法研究的学术专著中，编辑团队可能会邀请相关领域的专家对书稿进行评审，根据专家意见对内容进行进一步完善，同时对书中复杂的公式推导过程进行清晰标注和解释，以便读者更好地理解。

随着数字化技术的飞速发展，数字课程也成为科研成果转化的重要形式，出版机构可以利用自身的技术优势和平台资源，与科研人员合作开发数字课程，这些数字课程可以涵盖从基础理论到前沿应用的各个方面，为学习者提供灵活、便捷的学习方式。例如在计算机科学领域，出版机构可以与科研人员合作，开发关于人工智能算法、大数据分析等方面的数字课程，这些课程可以采用线上直播、录播、互动答疑等多种教学形式，满足不同学习者的学习需求。学习者可以通过在线学习平台随时随地学习这些课程，根据自己的学习进度和兴趣选择相应的课程内容，提升自己的专业技能。

（二）融合广度的不断延伸

在教育内容方面，融合出版平台将成为教育教学资源的重要提供者，数字化教材作为融合出版的重要成果之一，将逐渐取代传统纸质教材，成为教育教学的主要载体，数字化教材不仅具有丰富的多媒体资源，如高清图片、生动音频、精彩视频等，能够使学习内容更加生动、形象，激发学生的学习兴趣，还具备互动性强的特点，学生可以通过电子设备与教材进行互动，如在线测试、讨论交流、虚拟实验等，提高学习的参与度和效果。例如在一本数字化历史教材中，学生可以通过点击教材中的历史图片，查看详细的历史背景介绍和相关历史故事，通过观看历史事件的视频资料，更加直观地感受历史的发展脉络；参与在线讨论，与其他同学分享自己对历史事件的看法和见解。

学术文献作为教育教学和学术研究的重要参考资料，可以通过融合出版平台实现便捷的获取和共享，融合出版平台可以建立学术文献数据库，收录国内外各类学术期刊，如《Nature》《Science》《中国科学》等，会议论文，如国际计算机学会（ACM）会议论文、电气与电子工程师协会（IEEE）会议论文等，学位论文，涵盖各个学科领域的博士、硕士学位论文等，为教师和学生提供丰富的学术资源，平台还可以利用人工智能技术，实现学术文献的智能推荐和精准检索。例如学生在平台上搜索关于"机器学习在医学影像诊断中的应用"的文献时，可根据学生的搜索历史、浏览记录及其他相关数据，为学生推荐最相关、最有价值的学术文献，提高学术资源的利用效率。

融合出版与科研管理与文化创意产业的融合，将为文化市场带来全新的产品和服务，极大地丰富文化市场的供给，科研成果中蕴含着丰富的科学知识和创新理念，将其与文化元素相结合，能够开发出具有创新性的文化产品。科普动漫是融合出版与文化创意产业融合的典型代表，以生动有趣的动画形式，将科学知识和科研成果呈现给观众，通过将复杂的科学原理转化为形象的动画角色和故事情节，吸引更多的观众，尤其是青少年群体，激发他们对科学的兴趣和热爱。例如一部关于宇宙探索的科普动漫，通过精彩的动画画面和有趣的故事，向观众介绍宇宙的起源、星系的形成、行星的特点等科学知识，动漫中可以设计一群可爱的动画角色，他们乘坐宇宙飞船在宇宙中冒险，在这个过程中通过角色之间的对话和互动，向观众介绍宇宙中的各种奥秘，如黑洞的形成原理、恒星的生命周期等，观众在欣赏动漫的同时，能够轻松地学习到科学知识，这种寓教于乐的方式深受青少年喜爱。

第二节　潜在的问题与解决方案

一、未来可能出现的技术垄断问题

（一）技术垄断形成的原因

大型科技公司在技术研发方面投入了巨额资金和大量的顶尖人才，以谷歌、微软、亚马逊等科技巨头为例，它们每年在研发上的投入高达数十亿甚至上百亿美元，这些资金被广泛用于人工智能算法的优化、大数据分析平台的升级以及新型技术的探索研究，谷歌旗下的DeepMind团队在人工智能领域的研究成果举世瞩目，通过大量的实验和数据训练，不断提升算法的性能和智能水平。相比之下，小型企业和创新型企业由于资金和人才的匮乏，在技术研发上举步维艰，研发新技术需要大量的前期投入，包括购买昂贵的实验设备、支付高额的人才薪酬以及承担研发失败的风险，小型企业往往难以承担如此高昂的成本，导致它们在技术研发上远远落后于大型科技公司。据统计，在人工智能领域，大型科技公司的研发投入是小型企业的数十倍甚至数百倍，这种巨大的投入差距使得技术研发实力的鸿沟不断扩大。

数据是智能化技术发展的核心要素，大型科技公司在数据收集和积累方面具有先天的优势，它们通过多元化的业务布局，涵盖搜索引擎、社交媒体、电商平台等多个领域，能够收集到海量的用户数据。例如亚马逊作为全球最大的电商平台之一，拥有数以亿计的用户购物数据，包括用户的购买偏好、浏览记录、消费金额等，这些数据为亚马逊开发精准的推荐算法和优化供应链管理提供了强大的支持。大型科技公司还通过收购数据丰富的初创企业，进一步巩固其数据优势，例如Facebook收购Instagram和WhatsApp，不仅扩大了其社交网络的用户规模，还获取了大量的用户数据，包括用户的社交关系、兴趣爱好等，这些数据经过整合和分析，为Facebook的广告投放和产品优化提供了有力的依据。

大型科技公司在技术研发的过程中，积极申请技术专利，构建专利壁垒。以人工智能算法为例，大型科技公司通过对算法的创新和改进，申请了大量的专利，这些专利涵盖了算法的核心技术、应用场景以及优化方法等多个方面。例如微软在自然语言处理领域拥有众多专利，包括语音识别、机器翻译、文本生成等技术。这些专利使得其他企业在使用相关技术时，可能会面临专利侵权的风险，从而限制了它们的技术创新和应用。大型科技公司还积极参与行业标准的制定，将自己的技术优势转化为行业标准，在大数据分析平台领域，一些大型科技公司主导制定了数据存储、处理和分析的标准，使得其他企业在开发和使用大数据分析平台时，不得不遵循这些标准，这进一步巩固了大型科技公司在技术领域的主导地位，增加了小型企业和创新型企业进入市场的难度。

(二) 技术垄断对融合出版与科研管理的影响

在融合出版领域，大型科技公司凭借先进的内容推荐算法和强大的数据分析能力，能够精准地把握用户需求，为用户提供个性化的内容推荐服务，而小型出版企业由于缺乏这些技术，很难在市场中脱颖而出，吸引用户的关注。在科研管理领域，大型科技公司开发的科研项目管理系统和科研成果评估系统，利用人工智能和大数据技术，能够实现对科研项目的实时监控和精准评估，小型科研管理企业由于技术落后，无法提供类似的服务，在市场竞争中处于劣势。这种不公平的竞争环境严重阻碍了行业的创新发展，小型企业和创新型企业往往是创新的主力军，它们具有灵活的创新思维和敏锐的市场洞察力。由于技术垄断的存在，它们无法将创新想法转化为实际产品和服务，限制了行业的创新活力，据研究表明，在技术垄断程度较高的行业，创新速度比竞争充分的行业慢30%以上。

在融合出版领域，技术垄断可能会导致知识传播的渠道被少数企业控制，大型科技公司通过其强大的内容分发平台和推荐算法，决定了哪些内容能够被用户看到，这可能会导致一些优秀的学术成果和文化作品因为缺乏推荐而无法广泛传播，影响知识的共享和传承。在科研管理领域，技术垄断可能会阻碍科研合作的开展，不同科研机构使用的科研管理系统和工具可能来自不同的技术提供商，而技术垄断企业可能会设置技术壁垒，使得不同系统之间难以实现数据共享和协同工作，这会增加科研合作的难度和成本，影响科研工作的效率和效果。例如在跨国科研合作项目中，由于不同国家的科研机构使用的科研管理系统不兼容，导致数据传输和共享困难，延误了科研项目的进度。

(三) 应对技术垄断问题的策略

政府应加强对技术垄断行为的监管，制定和完善相关法律法规，规范市场竞争秩序，例如加强对技术专利的审查和管理，防止大型科技公司滥用专利权利，限制其他企业的技术创新，政府可以通过政策引导，鼓励企业加大技术研发投入，提高自主创新能力，设立科技创新专项资金，对在融合出版与科研管理领域进行技术创新的企业给予资金支持和税收优惠。

推动技术开源和共享是打破技术垄断的有效途径。开源技术能够让更多的企业和开发者参与到技术创新中来，降低技术创新的门槛和成本，在人工智能和大数据领域，已经出现了许多开源的技术框架和工具，如 TensorFlow、PyTorch 等，政府和行业协会可以鼓励企业和科研机构积极参与开源项目，推动技术的共享和创新，建立技术共享平台，促进企业之间的技术交流和合作，实现技术资源的优化配置。

小型企业和创新型企业可以通过合作和建立创新联盟的方式，整合资源，共同应对技术垄断的挑战，企业之间可以在技术研发、数据共享、市场推广等方面开展合作，实现优势互补。例如几家小型出版企业可以联合起来，共同开发一套适合自身需求的内容推荐系统，降低技术研发成本，企业可以与科研机构、高校等建立创新联盟，加强产学研合作，提高技术创新能力。

政府和企业应加大对技术人才培养的投入，鼓励高校和职业院校开设相关专业和课程，培养人工智能、大数据、机器学习等领域的专业人才，加强对现有从业人员的培训和继续教育，提高他们的技术水平和创新能力，多元化的技术人才队伍能够为行业的创新发展提供源源不断的动力，打破技术垄断的局面。

二、新环境下管理理念滞后问题

（一）融合出版领域管理理念滞后的表现与影响

在数字化时代，信息传播的速度呈指数级增长，融合出版领域的内容生产也进入了快速迭代的阶段，传统出版管理理念下的出版流程却极为繁琐，以一本纸质图书的出版为例，从选题策划开始，要经过市场调研、选题论证、组稿、编辑加工、排版设计、校对、印刷等多个环节，每个环节都有严格的流程和规范，整个过程往往需要数月甚至数年时间。

在数字内容生产方面，这种传统流程的弊端更加明显，例如对于突发的热点事件，如重大科技突破、社会热点话题等，读者期望能够在第一时间获取相关的深度解读和分析内容。但按照传统出版流程，从策划选题到内容上线，可能热点已经冷却，无法满足读者对内容时效性的迫切需求，据调查显示，在新闻出版领域，超过70%的读者希望在事件发生后的24小时内获取到相关的深度报道，而传统出版模式下，这一比例仅能达到10%左右。

随着互联网的普及和用户需求的多样化，融合出版的用户越来越追求个性化的阅读体验，他们不再满足于千篇一律的内容，而是希望根据自己的兴趣、知识水平和阅读习惯获取定制化的内容。传统出版管理理念却过于注重对内容的管控，强调内容的统一性和规范性，忽视了用户的参与和互动，在选题策划阶段，往往是基于编辑的经验和市场的大致需求来确定选题，缺乏对用户个性化需求的精准分析。在内容编辑过程中，也较少考虑不同用户群体的阅读偏好和接受能力，例如对于科普类内容，不同年龄段、不同知识背景的用户对内容的深度和表现形式有不同的需求。青少年可能更倾向于生动有趣、图文并茂的科普读物，而专业人士则需要更深入、更具学术性的内容。但传统出版管理模式下，很难做到针对不同用户群体提供个性化的内容服务。

（二）科研管理领域管理理念滞后的表现与影响

传统的科研管理理念过于强调科研项目的计划性和规范性，制定了详细的项目计划和严格的执行流程，在科研项目申报阶段，科研人员需要填写大量的表格，详细说明研究计划、预期成果和时间节点等，但在实际研究过程中，由于科研的不确定性，会出现新的研究方向和问题，需要对研究计划进行调整，传统的管理流程使得项目调整变得困难重重，需要经过繁琐的审批程序，这不仅耗费了科研人员大量的时间和精力，还可能错失最佳的研究时机。例如在一项关于人工智能算法研究的项目中，科研人员在研究过程中发现了一种新的算法思路，可能会带来更具突破性的研究成果，但由于担心调整项目计划会影响审批进度和经费支持，只能放弃新的思路，按照原计划继续研究。

科研项目的申报、审批和评估是科研管理的重要环节，但传统的管理模式下，这些过程往往过于繁琐，在申报环节，科研人员需要准备大量的申报材料，包括项目申请书、研究方案、可行性报告、团队成员介绍等，且格式要求严格。审批过程中，涉及多个部门和专家的评审，周期较长，例如一些国家级科研项目的申报，从提交申请到最终获批，可能需要一年以上的时间。

在科研成果评估方面，传统的管理理念注重对科研成果的量化考核，如论文发表数量、影响因子、专利申请数量等，这种量化考核方式虽然在一定程度上便于管理和比较，但却忽视了科研成果的质量和影响力。一些具有重要理论价值和实际应用价值的科研成果，可能由于发表在影响因子较低的期刊上，或者专利申请数量较少，而得不到应有的认可和奖励。这不仅打击了科研人员的积极性，也不利于科研的长远发展。

(三) 解决管理理念滞后问题的建议

融合出版与科研管理领域的管理者应紧跟时代步伐，树立数字化、智能化、全球化的管理理念，在融合出版领域，要充分认识到数字化技术对出版流程和用户需求的深刻影响，利用大数据分析、人工智能等技术手段，实现内容生产的智能化和个性化，提升出版效率和用户满意度。同时，要具备全球化的战略眼光，积极拓展国际市场，加强国际合作与交流。在科研管理领域，要尊重科研创新的规律，认识到科研活动的不确定性和灵活性，建立更加灵活、开放的管理机制，利用数字化技术，优化科研项目的申报、审批和评估流程，提高管理效率和决策科学性，注重科研成果的质量和影响力，建立多元化的科研成果评价体系。

针对传统管理流程繁琐的问题，应进行全面的梳理和优化。在融合出版领域，简化选题策划、编辑加工、出版发行等环节的流程，利用信息化系统实现流程的自动化和标准化。例如建立数字化的选题管理平台，科研人员可以在线提交选题申请，系统自动进行初审和分类，提高选题策划的效率，在出版发行环节，采用数字化发行渠道，减少中间环节，加快内容的传播速度。在科研管理领域，优化科研项目申报、审批和评估流程，利用电子政务平台，实现项目申报材料的在线提交和审核，减少纸质材料的传递和人工干预，建立专家库和在线评审系统，提高评审的公正性和效率，简化项目调整的审批程序，为科研人员提供更多的自主空间。

三、国际融合中的文化冲突问题

(一) 文化冲突在融合出版中的表现及影响

不同文化背景下的价值观、思维方式和生活经验存在显著差异，这使得文学作品和学术成果在跨文化传播时面临重重困难，以文学作品为例，西方文学作品常常强调个人主义和自我实现，其叙事方式和人物塑造往往围绕个体的成长、奋斗与自我救赎展开。像美国作家海明威的《老人与海》，塑造了一位独自与大自然顽强抗争的老渔夫形象，突出了个人在困境中不屈不挠的精神。当这部作品传播到一些强调集体主义和家族观念的东方文化地区时，部分读者可能难以深刻理解主人公这种近乎孤独的奋斗精神，甚至会对作品中所传达的价值观产生质疑。

在学术成果传播方面，文化差异同样会造成理解障碍，例如在管理学领域，西方的管理理论大多基于其市场经济体制和个人主义文化背景构建，强调理性分析、量化管理和竞争机制。而一些东方国家，如日本，其管理理念深受儒家文化影响，更注重人际关系的和谐、团队的凝聚力以及员工的忠诚度培养，当西方的管理学成果传播到日本等东方国家时，当地的学者和企业管理者可能需要花费大量时间去理解和适应这些理论背后的文化逻辑，甚至需要对其进行本土化改造才能有效应用。

内容翻译是融合出版实现国际传播的重要环节，但文化差异常常导致翻译过程中信息的丢失或误解，语言是文化的载体，不同语言背后蕴含着独特的文化内涵和语义场，一些具有特定文化背景的词汇和表达方式，在翻译时很难找到完全对应的词汇或表达方式。

（二）文化冲突在科研合作中的表现及影响

不同国家的科研人员在沟通方式上存在显著差异，一些西方国家，如美国，科研人员在交流时通常较为直接、坦率，注重表达自己的观点和想法，敢于质疑和挑战他人的观点。在科研讨论会上，他们会积极发言，直接指出研究中存在的问题和不足，而在一些东方国家，如中国和日本，科研人员的沟通方式则相对委婉、含蓄，更倾向于先肯定他人的观点，再以较为温和的方式提出自己的建议或意见。这种沟通方式的差异在国际科研合作中容易引发误解，例如在国际科研项目的研讨会议上，美国科研人员可能会因为中国科研人员没有直接表达反对意见，而认为他们完全认同自己的观点。但实际上，中国科研人员可能只是出于礼貌，没有当场提出异议，而在内心可能存在不同的看法。这种误解可能导致研究方向的偏差或决策的失误。

工作习惯的差异也是国际科研合作中文化冲突的重要表现。西方科研人员通常注重工作效率和时间管理，他们会制定详细的工作计划和时间表，并严格按照计划执行。例如在进行实验研究时，他们会精确安排每个实验步骤的时间和人员分工，而一些东方国家的科研人员，虽然也重视工作效率，但在时间安排上可能相对灵活，更注重人际关系和团队氛围的营造。这种工作习惯的差异可能会在科研合作中产生矛盾，例如在一个跨国科研项目中，西方科研人员按照预定的时间表要求东方科研人员按时完成某项任务，但东方科研人员可能因为注重与团队成员的沟通协调，或者在解决问题时更倾向于全面考虑各种因素，导致任务完成时间稍有延迟，这可能会引起西方科研人员的不满，认为东方科研人员缺乏时间观念和工作效率。

（三）应对国际融合中文化冲突的策略

对于融合出版领域的从业者和科研人员，应提供系统的跨文化培训课程，帮助他们了解不同国家和地区的文化特点、价值观、思维方式和沟通习惯，培训内容可以包括文化理论知识的学习、案例分析、模拟跨文化交流场景等。例如对于准备参与国际科研合作的科研人员，可以组织他们参加为期数周的跨文化培训项目，在培训中，邀请文化专家讲解不同国家的文化差异，通过分析实际科研合作案例，让科研人员了解文化冲突可能产生的环节和表现形式，设置模拟科研讨论会议等场景，让科研人员在实践中体验和学习如何与不同文化背景的人进行有效沟通和协作。

在融合出版与科研管理的国际合作中，建立文化适应机制至关重要，包括在项目开展前对合作方的文化进行深入调研，了解其文化特点和需求，制定相应的合作策略，在项目实施过程中，尊重合作方的文化习惯和工作方式，灵活调整工作计划和流程。例如在融合出版项目中，当涉及跨文化内容创作和传播时，出版方可以邀请来自不同文化背景的专家和顾问参与项目，对内容进行文化适应性评估和调整，在科研合作项目中，成立跨文化协调小组，负责处理因文化差异引发的问题，促进不同文化背景的科研人员之间的沟通和理解。

四、相应潜在问题的应对策略

（一）应对技术垄断问题的策略

政府应发挥主导作用，加强法律法规的制定与完善，为技术市场的公平竞争提供坚实的法律保障，例如出台专门针对技术垄断的反垄断法细则，明确界定技术垄断行为的范畴，包括滥用市场支配地位、经营者集中等可能导致技术垄断的情形，并制定相应的严厉处罚措施。在技术专利审查和管理方面，政府需进一步严格审查标准，不仅要对专利的创新性、实用性进行评估，还要考量其对市场竞争的潜在影响，对于那些可能被用于构建技术壁垒、限制竞争的专利申请，应进行更为深入的审查，建立专利回溯机制，对于已授权的专利，若发现其存在滥用权利、阻碍技术创新和市场竞争的行为，应及时撤销专利或采取强制许可措施，确保专利制度真正服务于技术创新和社会发展。

行业协会作为连接政府与企业的桥梁，应积极协助政府开展监管工作。一方面，行业协会可以制定行业自律准则，引导企业遵守市场竞争规则，抵制技术垄断行为，通过定期发布行业规范和指南，向企业明确传达合法合规的技术竞争边界。另一方面，行业协会应建立技术垄断行为的监测与举报机制，鼓励企业和从业者对技术垄断行为进行监督和举报，对于查证属实的举报，给予举报人一定的奖励，并对违规企业进行行业内通报批评，形成行业内的监督压力。

为打破技术垄断格局，必须大力鼓励和支持技术创新，培育多元化的技术创新主体，政府应加大对科研机构和企业的研发投入，通过设立专项科研基金、提供税收优惠等方式，降低企业和科研机构的研发成本，提高其创新积极性。例如对于在融合出版与科研管理领域开展关键技术研发的企业，给予一定比例的研发费用加计扣除税收优惠，或者直接提供专项研发资金支持。政府还应加强科技基础设施建设，搭建公共技术研发平台，为科研机构和企业提供共享的实验设备、数据资源等，降低创新门槛。例如建立国家级的融合出版与科研管理技术创新平台，整合各方资源，为企业和科研机构提供技术研发、测试、验证等一站式服务，促进技术创新的协同发展。

（二）应对管理理念滞后问题的策略

在融合出版领域，出版机构需积极采用敏捷出版管理模式，以适应快速变化的市场需求，敏捷出版管理模式强调灵活性、快速迭代和团队协作，出版机构应打破传统的层级式管理结构，建立跨部门的项目团队，让编辑、技术人员、营销人员等紧密合作，共同参与出版项目的策划、执行和优化。

在项目策划阶段，团队成员应充分沟通，根据市场需求和用户反馈，快速确定选题方向和出版计划，例如针对当下热门的人工智能话题，出版团队可以迅速组织相关专家和作者，策划一系列关于人工智能科普、应用案例等方面的出版物。在内容生产过程中，采用迭代式开发方式，根据用户的实时反馈，及时调整和优化内容，运用在线平台收集读者对某本电子书的反馈意见，对书中的内容进行修订和更新，推出新版本。

在科研管理方面，科研管理部门应积极推行创新管理理念，营造宽松自由的科研环境，鼓励科研人员自由探索和创新，改变传统的指令式管理方式，给予科研人员更多的自主决策权，让他们能够根据自己的兴趣和专业判断，选择研究课题和研究方法，设立自由探索科研基金，科研人员可以自主申报项目，无需过多的前期审批和限制，充分激发科研人员的创新活力。

（三）应对国际融合中文化冲突问题的策略

在融合出版过程中，加强对不同文化的研究和理解是实现文化兼容性和适应性的基础，出版机构应设立专门的跨文化研究部门或与相关学术机构合作，深入研究不同国家和地区的文化特点、价值观、审美观念等。例如针对欧美、亚洲、非洲等不同文化区域，开展系统性的文化研究项目，分析其文化差异对出版内容的影响。在内容创作环节，充分考虑文化差异，确保内容能够被不同文化背景的读者接受，对于涉及文化敏感内容的创作，要进行充分的调研和论证，避免因文化误解而引发争议，在创作关于不同民族历史文化的书籍时，要尊重各民族的文化传统和情感，避免歪曲或不当表述。

在科研合作中，开展跨文化培训是提高科研人员跨文化沟通能力和团队协作能力的有效途径，跨文化培训应涵盖文化知识、沟通技巧、团队协作等多个方面，文化知识培训让科研人员了解不同国家的文化背景、价值观、工作习惯等，增强文化敏感度，通过讲座、案例分析等方式，介绍不同国家科研人员在沟通方式、决策风格等方面的差异。在团队管理中，尊重不同文化背景科研人员的差异，制定包容多元文化的团队规则和制度，例如在会议安排、工作时间等方面，充分考虑不同文化背景科研人员的习惯和需求，建立有效的冲突解决机制，当文化冲突发生时，能够及时、公正地进行处理，避免冲突升级影响团队协作。鼓励团队成员之间的文化交流和相互学习，通过组织文化交流活动，如文化分享会、国际美食节等，增进彼此之间的了解和友谊，营造和谐的团队氛围。

第三节　对未来教育与社会的影响

一、对教育内容和形式的革新影响

融合出版平台宛如一座知识的宝库，凭借其强大的整合能力，汇聚了来自全球各地的丰富学术资源、前沿科研成果以及通俗易懂的科普知识，这些资源涵盖了各个学科领域，从自然科学到社会科学，从基础学科到应用学科，无所不包。以学术资源为例，融合出版平台与众多知名学术期刊、科研机构建立了紧密的合作关系，能够实时获取最新的学术研究论文、研究报告等，这些学术资源为高校、科研院所等教育机构的教学和研究提供了权威的参考资料，帮助教师和学生了解学科前沿动态，拓宽学术视野。

科研成果更是融合出版平台的重要资源之一。随着科研活动的日益活跃，新的科研成果层出不穷，融合出版平台通过与科研管理部门、科研人员的合作，能够及时将这些成果纳入平台资源库。例如在物理学领域，关于量子计算、暗物质研究等前沿科研成果，能够迅速在融合出版平台上发布，为相关专业的教育教学提供最新的知识素材。

科研成果的及时转化为教育内容注入了源源不断的新活力。科研人员在各自的研究领域不断探索创新，取得了一系列具有重要价值的研究成果，这些成果通过融合出版平台能够迅速传播到教育领域，成为更新教学内容的重要素材。高校的教师和科研人员往往身兼数职，他们在进行科研工作的同时，也承担着教学任务，通过融合出版平台，他们能够将自己的最新研究成果融入到教学中，使学生能够接触到最前沿的知识。例如在计算机科学领域，关于人工智能算法、大数据处理技术等方面的科研成果不断涌现，教师可以将这些成果引入到相关课程的教学中，更新教学案例和实验内容，让学生了解行业的最新发展趋势，掌握最新的技术方法。在职业教育中，科研成果的转化也能够提高学生的职业技能和就业竞争力，职业院校与企业、科研机构紧密合作，将科研成果转化为实际的生产技术和工艺流程，融入到专业教学中。例如在机械制造专业，科研人员研发出的新型数控加工技术、智能制造系统等，可以通过融合出版平台以教材、在线课程等形式传播给学生，学生在学习过程中能够接触到行业的最新技术，提高自己的实践操作能力，毕业后能够更快地适应工作岗位的需求。

科研管理中的协作理念和方法逐渐应用于教育领域，对培养学生的团队合作能力和创新能力起到了积极的促进作用，在科研活动中，科研人员往往需要组成团队，共同开展研究工作，他们通过分工合作、资源共享、信息交流等方式，充分发挥各自的优势，实现科研目标。

将这种协作理念引入教育领域，能够培养学生的团队合作意识和能力。在课堂教学中，教师可以组织学生进行小组合作学习，让学生在小组中共同完成学习任务，例如在语文写作教学中，教师可以让学生组成小组，共同完成一篇作文的创作，小组成员通过分工合作，有的负责收集资料，有的负责撰写大纲，有的负责润色修改，最后共同完成作文，在这个过程中，学生不仅能够提高自己的写作能力，还能学会如何与他人合作，发挥团队的力量。

二、对社会知识传播体系的优化作用

传统的知识传播体系主要依托图书、期刊、报纸等传统媒体，在时间和空间维度上存在诸多瓶颈，以纸质书籍为例，从作者创作完成，历经编辑校对、排版设计、印刷装订，再到通过各级经销商抵达读者手中，这一过程往往需要数月之久，遇上复杂的出版流程或发行环节，耗时甚至更长。期刊同样如此，有着固定的出版周期，无论是月刊、季刊还是年刊，最新的研究成果或知识资讯都要遵循既定的时间节奏才能与读者见面。

从空间角度来看，传统的销售渠道和物理库存限制了知识传播的范围，偏远地区由于物流配送不便、书店覆盖不足等原因，读者获取最新知识的难度较大，即便在城市中，实体书店的分布也并非均匀，部分区域的读者前往书店选购书籍也存在一定的不便，这种地域差异导致知识传播的不均衡，使得知识成为少数地区或人群的相对专属。

融合出版依托数字化平台彻底打破了这些时间和空间上的束缚。在时间维度上，信息发布实现了近乎实时性，无论是前沿的学术研究成果、瞬息万变的行业动态，还是生动有趣的科普知识，只要内容审核通过，便能即刻在融合出版平台上发布，迅速触达全球范围内的用户，以医学领域为例，每当有新的疾病治疗方法、药物研发成果诞生，科研人员可在融合出版平台上迅速发表相关论文、研究报告。世界各地的医学从业者、研究人员能在第一时间获取这些信息，为临床治疗提供及时参考，为后续的深入研究奠定基础，这不仅加快了医学知识的传播速度，更可能在关键时刻挽救患者生命，推动医学科学的快速发展。在空间维度上，数字化平台彻底消除了地域界限，无论身处繁华都市的写字楼，还是偏远乡村的农家小院，只要具备网络接入条件，用户都能平等地访问融合出版平台上的海量知识资源。在线学术数据库便是典型代表，全球各地的科研人员可以随时随地登录平台，查阅各类学术文献，开展学术研究，这种跨越地域的知识获取方式，极大地促进了全球范围内的学术交流与合作，让不同地区的科研人员能够站在同一知识起跑线上，共同推动学术进步。

融合出版平台配备了先进的搜索引擎，这一引擎如同知识宝库的智能导航系统，能够对平台上的海量知识内容进行高效分类、精准标注和详细索引，借助自然语言处理、机器学习等前沿技术，搜索引擎将平台上的知识资源梳理得井然有序，如同图书馆中按照学科分类、主题索引排列的藏书，方便读者快速查找。

通过关键词搜索，读者只需在搜索框中输入与所需知识相关的几个词汇，搜索引擎便能在毫秒级的时间内从庞大的数据库中筛选出相关的知识资源，无论是晦涩难懂的学术论文、通俗易懂的科普文章，还是专业书籍中的具体章节，都能被精准定位。例如一位对人工智能伦理问题饶有兴趣的读者，在融合出版平台搜索框中输入"人工智能伦理困境"，搜索引擎会迅速响应，呈现出一系列相关的研究论文，这些论文涵盖了从哲学层面的深度剖析，到具体应用场景下的实践探讨，如自动驾驶中的伦理决策、人工智能算法中的偏见问题等，还会展示专家观点文章，以及相关书籍推荐，帮助读者从多维度深入了解这一复杂的知识领域。

科研管理的发展对科研成果的传播产生了意义深远的积极影响。在传统模式下，科研成果从完成到发表，需要历经投稿、同行评审、编辑排版等诸多繁琐环节，投稿过程中，科研人员需要根据不同期刊的要求，精心准备格式各异的投稿材料，同行评审阶段，由于评审专家的时间安排、研究方向匹配度等因素，评审周期往往较长，少则数月，多则一年甚至更久，编辑排版环节同样需要耗费一定时间，对论文格式、图表处理等进行细致调整，不同学术期刊的出版周期也参差不齐，进一步延长了科研成果与公众见面的时间。融合出版平台为科研人员开辟了一条直接、快速的成果发布渠道，科研人员完成研究后，可以选择在融合出版平台上以预印本的形式先行发布，预印本是指科研工作者的研究成果还未在正式出版物上发表，但出于和同行交流目的自愿先在学术会议上或通过互联网发布的科研论文、科技报告等文章，这种方式使得同行和相关领域的人员能够第一时间获取研究成果，迅速展开讨论与交流。在一些新兴的交叉学科领域，如量子信息科学与生物医学的交叉研究，研究成果的快速传播有助于不同研究团队之间相互启发，促进学科的快速发展，不同团队可以基于最新的研究成果，迅速调整研究方向，开展合作研究，加速知识的创新与迭代。

三、培养创新人才的积极意义

融合出版作为一个新兴领域，打破了传统出版的单一学科界限，深度融合了出版学、传播学、计算机科学、人工智能等多个学科领域，这一特性使得在该领域工作的人才必须具备跨学科知识综合运用的能力。

从出版学角度看，专业人才需要掌握出版流程的各个环节，包括选题策划、编辑加工、校对排版、印刷发行等基础知识，以确保内容的质量和出版的规范性，传播学知识则帮助他们理解信息传播的规律和受众心理，能够根据不同的受众群体制定精准的传播策略，使出版内容能够有效触达目标受众。

计算机科学和人工智能技术的融入更是为融合出版带来了革命性的变化。掌握这些技术的人才可以利用大数据分析读者的阅读习惯、兴趣偏好，从而实现精准的内容推荐，运用人工智能算法进行内容的自动生成、智能编辑和翻译，提高出版效率，借助数字技术开发各种形式的数字出版物，如电子书、有声读物、互动式数字教材等，丰富出版内容的呈现形式。例如在开发一款互动式数字教材时，出版人员需要结合出版学知识确定教材的内容框架和教学目标，运用传播学原理设计符合学生认知特点的呈现方式，依靠计算机科学技术搭建互动平台，利用人工智能技术实现个性化学习路径推荐，这就要求相关人才必须具备跨学科的知识储备，能够在不同学科知识之间灵活切换和运用，成为复合型人才。

科研管理机构在培养创新人才方面发挥着关键作用，通过优化科研项目管理流程，为科研人员创造更加宽松、自由的创新环境，传统的科研项目管理流程繁琐复杂，从项目申报、审批到执行、验收，各个环节都有严格的规定和程序，这在一定程度上限制了科研人员的创新积极性。如今，科研管理机构逐渐简化项目申报手续，减少不必要的申报材料和审批环节，采用线上申报、电子评审等方式，提高审批效率，在项目执行过程中，给予科研人员更多的自主决策权，允许他们根据实际研究情况灵活调整研究方案和进度。例如一些科研管理机构设立了绿色通道，对于具有创新性和紧迫性的科研项目，加快审批速度，确保项目能够及时启动。在项目验收环节，不再仅仅以论文发表数量、专利申请数量等量化指标作为唯一标准，而是更加注重科研成果的质量和创新性，鼓励科研人员开展具有挑战性的基础研究和应用研究，即使研究结果可能短期内无法产生明显的经济效益或量化成果，只要具有科学价值和创新意义，也能得到认可和支持，这种宽松的管理环境激发了科研人员的创新活力，让他们能够更加专注于科研工作，大胆探索未知领域。

科研合作的不断加强为科研人员提供了更广阔的交流平台，促进了科研人员之间的思想碰撞和创新灵感的激发，在当今科学研究日益复杂和专业化的背景下，单一科研人员或科研团队很难凭借自身力量完成重大科研项目，跨学科、跨领域的科研合作成为必然趋势。

科研管理机构积极推动科研合作，组织开展各类学术交流活动、科研合作项目等，在学术交流活动中，科研人员可以分享自己的研究成果和研究思路，了解同行的最新研究进展，拓宽自己的学术视野，不同学科、不同领域的科研人员在交流中往往能够从不同的角度思考问题，为解决科研难题提供新的思路和方法。例如在生物医学领域，医学专家、生物学家、材料科学家等多学科科研人员合作开展研究，共同攻克疾病治疗的难题，医学专家从临床需求出发，提出研究问题，生物学家利用专业知识研究疾病的发病机制，材料科学家则研发新型的治疗材料和器械。科研合作项目也为科研人员提供了实践锻炼的机会，培养他们的团队协作能力和创新能力，在合作项目中，科研人员需要明确各自的职责和任务，密切配合，共同解决研究过程中遇到的各种问题，这种团队协作不仅能够提高科研效率，还能够促进科研人员之间的知识共享和经验交流，激发创新思维，培养出更多具有创新能力的科研人才。

四、推动社会进步的长期价值

融合出版平台的崛起，宛如一颗投入文化产业湖面的巨石，激起层层涟漪，带动了数字内容产业的全面兴起，在传统出版行业面临转型挑战的背景下，融合出版凭借其数字化、多元化的特性，为文化产业开辟了全新的发展路径。

电子书的普及改变了人们的阅读习惯，也为出版行业带来了新的商业模式，读者可以通过电子设备随时随地阅读各类书籍，不受时间和空间的限制，这不仅满足了现代快节奏生活中人们对便捷阅读的需求，也为出版企业降低了印刷、仓储和物流成本，电子书的互动性和个性化功能不断增强，如添加批注、书签，根据读者阅读习惯推荐书籍等，进一步提升了读者的阅读体验，吸引了更多的用户。据统计，近年来全球电子书市场规模持续增长，越来越多的读者选择电子书作为主要的阅读方式之一。

随着移动互联网的普及和智能语音技术的进步，有声书成为人们利用碎片化时间获取知识和娱乐的重要途径，无论是在通勤路上、健身时还是做家务时，人们都可以通过听书来丰富自己的生活，有声书的制作也越来越精良，专业的配音演员、生动的音效和配乐，为听众带来了沉浸式的听觉体验，许多知名作家的作品被制作成有声书，进一步扩大了作品的传播范围和影响力。在线课程作为融合出版的重要组成部分，也在教育领域掀起了一场变革，打破了传统教育的时空限制，让优质的教育资源能够惠及更多的人，无论是职业技能培训、学术知识学习还是兴趣爱好培养，都可以通过在线课程实现，许多高校和教育机构纷纷推出在线课程平台，邀请知名教授和专家授课，吸引了大量的学员，在线课程的发展不仅为教育机构带来了新的收入来源，也促进了教育公平的实现，让更多人有机会接受高质量的教育。

科研成果的转化和应用是科技创新驱动经济发展的关键环节。科研管理的发展为科研成果的转化提供了有力的支持和保障，推动了产业的升级和创新发展，在高新技术产业领域，科研成果的转化带来了一系列的创新产品和技术，以人工智能为例，科研人员在人工智能算法、机器学习等方面的研究成果不断应用于各个行业，推动了智能语音识别、图像识别、智能机器人等技术的发展，这些技术的应用不仅提高了生产效率，降低了成本，还创造了新的市场需求。例如智能语音识别技术在智能客服、智能音箱等产品中的应用，极大地改善了用户体验，市场规模不断扩大。在制造业领域，科研成果的转化促进了制造业的智能化、自动化升级，先进的制造技术，如 3D 打印、工业互联网、智能制造等，都是科研成果在制造业的具体应用，3D 打印技术可以实现复杂零部件的快速制造，缩短产品研发周期，工业互联网通过将设备、生产线、工厂、供应商、产品和客户紧密地连接融合，实现了生产过程的实时监控和优化管理，智能制造则通过引入人工智能、大数据等技术，实现了生产过程的智能化决策和自主控制，这些技术的应用提高了制造业的生产效率和产品质量，增强了企业的竞争力。

融合出版平台作为文化传播的新载体，打破了地域和文化的界限，让世界各地的优秀文化作品和学术成果得以广泛传播和共享，通过数字化技术，融合出版平台可以将文学、艺术、历史、哲学等各个领域的文化作品以多种形式呈现给全球读者。

文学作品不再局限于纸质书籍的传播方式，通过融合出版平台，读者可以阅读到来自不同国家和地区的经典文学作品，以及当代优秀作家的新作，这些作品以电子书、有声书、在线阅读等形式，跨越千山万水，走进读者的生活。例如中国的古典文学名著《红楼梦》，通过融合出版平台，不仅在国内拥有大量的读者，还被翻译成多种语言，传播到世界各地，让更多的人了解中国传统文化的魅力。

学术成果的传播也因融合出版平台而更加便捷高效。科研人员可以通过融合出版平台快速发表自己的研究成果，与全球同行进行交流和分享，不同国家和地区的学术思想、研究方法得以相互借鉴和融合，促进了学术的繁荣和发展，例如在医学领域，融合出版平台上的学术论文和研究报告，让世界各地的医学专家能够及时了解最新的研究进展，共同攻克医学难题。

科研管理中的国际合作不仅促进了科学技术的进步，也为不同国家和地区的科研人员提供了文化交流的平台，在科研合作项目中，来自不同文化背景的科研人员共同工作、交流和学习，增进了相互之间的了解和友谊。

科研人员在合作过程中不仅分享科学知识和研究成果，还交流各自的文化、价值观和生活方式，这种跨文化的交流和碰撞，不仅拓宽了科研人员的视野，也促进了不同文化之间的相互理解和包容。例如在国际航天合作项目中，来自不同国家的科研人员共同参与航天器的研发和发射，他们在合作过程中了解了不同国家的航天文化、科研管理模式和团队协作方式，同时也分享各自国家的文化传统和风俗习惯。

科研国际合作还促进了不同国家和地区的教育交流。许多科研合作项目与高校和科研机构的人才培养相结合，通过联合培养研究生、学术访问等方式，让学生和科研人员有机会到其他国家和地区学习和交流，这些学生和科研人员在国外学习期间，不仅学到了先进的科学技术和研究方法，还体验了不同国家的文化，成为文化交流的使者。例如中国"一带一路"倡议下的科研合作项目，促进了中国与沿线国家的教育交流与合作，许多中国学生到沿线国家学习，同时也有大量的外国学生到中国深造，增进了不同国家和地区之间的文化交流和相互理解。

融合出版与科研管理的发展促进了知识的广泛传播和应用，提高了社会的知识水平和人们的科学文化素质，融合出版平台汇聚了丰富的知识资源，包括科普知识、学术知识、生活常识等，为人们提供了便捷的学习渠道。

科普知识的传播对于提高全民科学素养具有重要意义。通过融合出版平台，科普作品以生动有趣的形式呈现给大众，激发了人们对科学的兴趣和好奇心，科普文章、科普视频、科普游戏等多种形式的科普作品，让科学知识不再枯燥乏味，而是变得通俗易懂、引人入胜。例如一些科普网站和平台通过制作有趣的科普动画，向大众介绍宇宙奥秘、生命科学、物理化学等领域的知识，让观众在轻松愉快的氛围中学习科学知识。

学术知识的传播也为专业人士和爱好者提供了学习和交流的平台。融合出版平台上的学术期刊、学术论文、学术专著等，让科研人员和学者能够及时了解最新的学术动态和研究成果，促进了学术研究的发展，一些科普性质的学术作品也通过融合出版平台传播给大众，让更多的人了解学术研究的前沿发展和应用，例如一些关于人工智能、基因编辑等热门领域的科普书籍和文章，让大众对这些新兴技术有了更深入的了解。

未来，需通过融合出版与科研管理的有效结合，建立协同合作机制，实现资源的共享与优化配置，更高效地将我国的科研成果转化为国际影响力。而融合出版与科研管理的结合将在知识经济领域培育新的经济增长点，为我国经济的可持续发展注入新的动力，提升我国在全球知识经济领域的地位。

参考文献

[1] 徐媛媛. 我国出版政策研究的科学知识图谱分析 [J]. 江苏师范大学学报（哲学社会科学版），2024，50（01）：99 – 111.

[2] 向飒. 用户画像下学术期刊智能出版的融合发展及系统构建 [J]. 郑州大学学报：工学版，2023，44（03）：121 – 127.

[3] 周华清，李来斌，林珑. 科研人员预印本使用与情感对学术期刊出版的启示——基于"小木虫"与"知乎"网络文本 [J]. 中国科技期刊研究，2024，35（08）：1116 – 1124.

[4] 王金龙. 新时代大学出版社高质量发展路径研究 [J]. 传播与版权，2024（17）：8 – 11.

[5] 魏玉山，李子瑶，丛挺. 学术的"声音"：基于中文学术播客的在地观察与发展思考 [J]. 中国编辑，2023（07）：44 – 50.

[6] 张逸群. 科技期刊融合发展现状及策略探究 [J]. 融媒，2024（08）：36 – 40.

[7] 王晖. 智媒时代学术期刊融合升级的特征及实践策略探究 [J]. 新闻研究导刊，2024，15（10）：234 – 236.

[8] 刘亚珍. 前沿科学技术与图书出版融合创新路径探索 [J]. 中国传媒科技，2023（04）：145 – 148，153.

[9] 肖纲领，李威，林荣日. 地方本科院校产教融合制度建设困境的审视与纾解——组织社会学新制度主义的视角 [J]. 高教探索，2023（03）：12 – 18.

[10] 赵文青，狄冀丰，宗明刚，等. 面向开放科学的中国学术期刊出版与交流模式重构 [J]. 中国科技期刊研究，2024，35（01）：36 – 42.

[11] 庞丽，王利鹏，郑春雨，等. 科技期刊文本与数据挖掘人工智能应用的研究进展 [J]. 中国科技期刊研究，2023，34（08）：1007 – 1013.

[12] 宋洁. 传统学术期刊与新技术融合应用场域中数字化变革创新路径探析 [J]. 新闻研究导刊，2023，14（19）：242 – 245.

[13] 祝叶华，卫夏雯. 我国综合性科技期刊国际化发展实践与路径 [J]. 出版广角，2023（22）：11 – 16.

[14] 黎珂含，王亮. 价值共创视角下出版物新媒体运营校企协作模式探析 [J]. 中国出版，2023（22）：56 – 61.

[15] 朱昱霞. 学术期刊媒体融合发展困局与破局之策 [J]. 中国报业，2024（06）：230 – 231.

[16] 刘睿，欧剑. 出版深度融合发展背景下版权人才培养的路径与方法 [J]. 中国编辑，2023（07）：76 – 80.

[17] 王永超. 出版融合发展背景下科技期刊高质量发展探析 [J]. 天津科技，2023，50（12）：89 – 91.

[18] 张婧睿，孙蒙鸽，韩涛. 科研智能化趋势下科研数据研究 [J]. 科学观察，2023，18（04）：49 – 61.

[19] 杜立立，李玥. 出版行业与智能技术融合价值探析——以中教汇据（北京）科技有限公司开发的"中教数据库"为例 [J]. 科技创新导报，2018，15（25）：2.

[20] 王磊. 服务国家战略需求：科技出版的时代使命与文化自觉——以清华版航天类系列图书策划为例 [J]. 科技与出版，2013（06）：3.